Martin Jörg Schäfer
Das Theater der Erziehung

Martin Jörg Schäfer (Prof. Dr. phil.) lehrt Neuere deutsche Literatur mit dem Schwerpunkt Theaterforschung an der Universität Hamburg.

MARTIN JÖRG SCHÄFER

Das Theater der Erziehung
Goethes »pädagogische Provinz« und die Vorgeschichten
der Theatralisierung von Bildung

[transcript]

Gedruckt mit freundlicher Unterstützung der Deutschen Forschungsgemein-schaft

Bibliografische Information der Deutschen Nationalbibliothek
Die Deutsche Nationalbibliothek verzeichnet diese Publikation in der Deut-schen Nationalbibliografie; detaillierte bibliografische Daten sind im Internet über http://dnb.d-nb.de abrufbar.

Umschlagkonzept: Kordula Röckenhaus, Bielefeld
Umschlagabbildung: »Wie unglücklich macht mich der Eigensinn!«, Kupfer-stich von Daniel Chodowicki, in Christian Gotthilf Salzmann: Moralisches Elementarbuch, Nachdr. d. Aufl. v. 1785, hg. v. Hubert Göbels, Dortmund 1980.
Printed in Germany
Print-ISBN 978-3-8376-3488-4
PDF-ISBN 978-3-8394-3488-8

Gedruckt auf alterungsbeständigem Papier mit chlorfrei gebleichtem Zellstoff.
Besuchen Sie uns im Internet: *http://www.transcript-verlag.de*
Bitte fordern Sie unser Gesamtverzeichnis und andere Broschüren an unter:
info@transcript-verlag.de

Inhalt

I Vorspiel

Das Theater des lebenslangen Lernens im 21. Jahrhundert
und seine Vorgeschichten im späten 18. Jahrhundert

Von Vorgeschichten ist im Titel dieser Studie auf einer weit und einer eng gefassten Ebene die Rede: Das Theatervokabular und die theatralen Semantiken der im frühen 21. Jahrhundert geführten Diskussion um Erziehung, Bildung und ›lebenslanges Lernen‹ beziehen sich auf zahlreiche Semantiken und Diskurse, die auch bei der Entstehung der modernen Pädagogik in der zweiten Hälfte des 18. Jahrhunderts verhandelt und teilweise geprägt werden. Das ist die ›weite‹ Version von Vorgeschichte, auf die im Folgenden ein einleitender und ein abschließender Essay, im Sinne des Theaters ›Vorspiel‹ und ›Nachspiel‹ genannt, Bezug nehmen werden.

Die mit historischen Analysen gefüllten Kapitel dazwischen nehmen ihren Ausgang von den berühmten Kapiteln zur sogenannten ›pädagogischen Provinz‹ aus Johann Wolfgang von Goethes spätem Roman *Wilhelm Meisters Wanderjahre oder die Entsagenden* von 1821 bzw. 1829. Diese Kapitel beschreiben einen eigenwilligen erzieherischen Entwurf und liefern implizit einen rückblickenden Kommentar zu den Bemühungen des 18. als des selbsternannten ›pädagogischen Jahrhunderts‹[1], aus dem zahlreiche Problemstellungen, Thesen, Schriften und Protagonisten aufgerufen werden. Dies sind die Vorgeschichten im engeren Sinne: als intertextuelle Bezugnahme auf voranliegende Geschichten und Geschichte.[2]

---

[1] Vgl. zur sprichwörtlich gewordenen Formulierung Joachim Heinrich Campes die Arbeit von Ulrich Herrmann (Hg.): *»Das pädagogische Jahrhundert«. Volksaufklärung und Erziehung zur Armut im 18. Jahrhundert in Deutschland.* Weinheim 1981.

[2] Der Aspekt, dass Goethes *Wanderjahre* auch als Roman von zahlreichen Vorgeschichten handeln und der Text die eigene formale Organisation darauf abstellt, bleibt

Diese beiden Ebenen sind ineinander verschränkt, denn randständig, jedoch bei genauerem Hinsehen umso markanter findet in diesen Kapiteln auch eine Auseinandersetzung mit den theatralen Aspekten von Erziehung, Ausbildung und Bildung statt: Goethes Kapitel zur pädagogischen Provinz untersuchen die eigenen Vorgeschichten also auf eben jene Aspekte hin, unter denen diese ihrerseits Spuren in die Arbeits- und Bildungsdiskurse des 21. Jahrhunderts ziehen. Das entsprechende Verhältnis von Theater und Theatralität einerseits und Erziehung und Bildung andererseits rücken die folgenden Studien in den Fokus. Goethes literarische Inszenierung der dreißig bis sechzig Jahre alten Vorgeschichten zu seiner ›pädagogischen Provinz‹ liefert den Einsatzpunkt, von dem aus einige prominente Präfigurationen der im frühen 21. Jahrhundert um sich greifenden Theaterrhetorik auf dem Bildungs- und Arbeitssektors einer genaueren Analyse unterworfen werden. Diese gilt nicht zuletzt der Dimension einer literarischen Inszenierung: neben den Theater und Theatralität gewidmeten impliziten und expliziten Argumenten auch der Art und Weise, wie in der jeweiligen Narration und Argumentation das Theater jeweils ›auftritt‹, im Verborgenen gehalten oder gar ›weginszeniert‹ wird.[3] Exkursartig findet sich ebenfalls eine ›Urgeschichte‹ einbezogen bzw. die Vorgeschichte aller Vorgeschichten: die antike Beziehung von Theater, Theatralität, Erziehung und (im heutigen Vokabular gesprochen) Subjektbildung in Platons *politeia*, dem ›Urtext‹ der entsprechenden Diskurse, Narrative[4] und Dispositive[5].

---

im Folgenden unberücksichtigt. Vgl. dazu Cornelia Zumbusch: »Nachgetragene Ursprünge. Vorgeschichten im Bildungsroman (Wieland, Goethe und Stifter)«, in: *Poetica* 43/3-4 (2011), S. 267-299.

3 Dies wäre komplementär zur von Martin Huber für die Zeit um 1800 entwickelten Theorie theatralen Erzählens zu fassen. Vgl. Martin Huber: *Der Text als Bühne. Theatrales Erzählen um 1800.* Göttingen 2003.

4 Zum Narrativ-Begriff vgl. Albrecht Koschorke: *Wahrheit und Erfindung. Grundzüge einer Allgemeinen Erzähltheorie.* Frankfurt a.M. 2012. Vgl. Eva Horn: *Zukunft als Katastrophe.* Frankfurt a.M. 2014.

5 Unter Dispositiv ist hier die Verschränkung von kulturellen Techniken und Lebensformen zu verstehen in Anlehnung an Giorgio Agamben: *Was ist ein Dispositiv?* Zürich/Berlin 2008.

1. LEBENSLANGES LERNEN:
DAS THEATRALE ›VORSPIEL‹
DER ›SCHÖNEN NEUEN ARBEITSWELT‹

Die in den folgenden Kapiteln vorgestellten Studien widmen sich den Vorgeschichten im engeren Sinne: zwischen den Jahren 1762 und 1829 publizierten
Texten (sowie einem Abstecher in die Antike). Das Interesse an Goethes Roman
aus den 1820ern und einigen dort aufgerufenen Prätexten des späten 18. Jahrhunderts rührt jedoch daher, dass es sich bei diesen um Vorgeschichten im weiten Sinne handelt. Zahlreiche dort verhandelte kulturelle Bedeutungsmuster werden im frühen 21. Jahrhundert wieder in den Diskussionen über den und den Erzählungen von dem Erziehungs-, Bildungs- und Arbeitsmarkt virulent. Das entsprechende soziologische Narrativ in seinen unterschiedlichen Variationen ist
bekannt: Viel diskutiert und kritisiert wird im ersten Jahrzehnt des 21. Jahrhunderts die Transformation der Arbeitskultur in der ehemaligen ›ersten Welt‹, die
auch eine ganz andere Art der Erziehung und Bildung nach sich zieht: das ›lebenslange Lernen‹, das möglichst im frühkindlichen Alter zielführend begonnen
werden soll und bis zum Austritt aus dem Arbeitsmarkt durch beständige Fort-
bildungen, Optimierungsmaßnahmen und Weiterbildungen eine Ausschöpfung
des eigenen Potentials bzw. die flexible Anpassung an die wechselnden Bedürfnisse des Arbeitsmarkts ermöglichen soll.[6] Eine solche Forderung nach lebenslangem Lernen betrifft die Hochqualifizierten ebenso wie die Niedrigqualifizier-
ten, diejenigen, die der Arbeitswelt nur als Reservearmee zur Verfügung stehen,
und diejenigen, die von den Chancen auf lebenslanges Lernen ausgeschlossen
sind, aber für ihre Chancenlosigkeit so selber verantwortlich gemacht werden
können.

Die im deutschsprachigen Raum lange Zeit übliche Unterscheidung von äußerer, institutionell verankerter Erziehung und innerer, nicht notwendig auf Institutionen angewiesener Bildung lässt sich schon für die historische Gemengelage
um 1800 nicht aufrechterhalten;[7] im Paradigma des lebenslangen Lernens wird
sie durchlässig: Bildung ist immer auch im grundsätzlichen Sinne von Subjekt-

---

6 Vgl. z.B. Claudia Bade: *Lebenslanges Lernen. Von der Vorschule bis zur Erwachsenenbildung.* Hamburg 2014.
7 Vgl. Bettine Menke/Thomas Glaser: »Experimentalanordnungen der Bildung. Exteriorität – Theatralität – Literarizität. Ein Aufriss«, in: Dies. (Hg.): *Experimentalanordnungen der Bildung. Exteriorität – Theatralität – Literarizität.* München 2014, S. 7-
   21, hier S. 7-9. Vgl. Heinrich Bosse: *Bildungsrevolution 1770-1830.* Heidelberg 2013,
   S. 105-120.

bildung und Subjektkonstitution zu verstehen; sie vollzieht sich in einem dicht gesponnenen, aber flexiblen Netz von Institutionen, innerhalb dessen erst das humboldtschen Ideal einer individuellen Bildung möglich wird. Erziehung soll von jeher das Eigenständigkeitspotential der Zöglinge abschöpfen und sich zunutze machen. Im lebenslangen Lernen fallen beide zusammen. Häufig genug läuft die durch lebenslanges Lernen ermöglichte vermeintliche berufliche Selbstverwirklichung auf Selbstausbeutung hinaus,[8] die Anteil an im 21. Jahrhundert übergreifenden Prekarisierungstendenzen hat.[9]

Wenig in den Blick kommt bisher das intime Verhältnis des entsprechenden Narrativs und seiner Diskurse zu Theater und Theatralität: zu aufgerufenen semantischen Feldern, die sich auf institutionalisiertes Theaters und Theatralität als auch außerhalb dieser Institution anzutreffender theaterartiger Praktiken beziehen.[10] Dem analysierten Material gemäß ist mit Theatralität nur teilweise das meist in den Debatten seit dem Ende des 20. Jahrhunderts gemeinte Schau- und Wahrnehmungsdispositiv angesprochen.[11] Stattdessen geht es vor allem um theaterartigen Verhaltensweisen zugeschriebene Techniken und Probleme des Subjektbildens und als Subjekt gebildet Werdens: nicht in ihrer ›tatsächlichen‹ Wirkungsweise, sondern wie sie imaginiert, beschrieben und erzählt werden. Diesen Narrativen vom Theater ist gemeinsam, dass sie einer solchen Theaterartigkeit ein überschüssiges Moment zuschreiben: Es ist ein Medium, das zur Übertragung von Inhalten und zum Erreichen von Zielen dient, welche außerhalb des Theaters liegen. Die Erziehungsnarrative des späten 18. Jahrhunderts sehen in

---

8   Vgl. Netzwerk Kunst & Arbeit: *art works. Ästhetik des Postfordismus.* Berlin 2015, S. 11-23.

9   Vgl. Oliver Marchart: *Die Prekarisierungsgesellschaft. Prekäre Proteste. Politik und Ökonomie im Zeichen der Prekarisierung.* Bielefeld 2013. Vgl. Judith Butler: *Gefährdetes Leben. Politische Essays.* Frankfurt a.M. 2005. Vgl. Maurizio Lazzarato: *Die Fabrik des verschuldeten Menschen. Ein Essay über das neoliberale Leben.* Berlin 2012.

10 Zur hier aufgerufenen Breite des Theatralitätsbegriffs in der akademischen Diskussion des 21. Jahrhunderts vgl. Helmar Schramm:»Theatralität«, in: Karlheinz Barck et al. (Hg.): *Ästhetische Grundbegriffe. Wörterbuch in sieben Bänden.* Band 6. Stuttgart 2005, S. 48-73. Vgl. Erika Fischer-Lichte:»Theatralität«, in: Dies./Doris Kolesch /Matthias Warstatt (Hg.): *Metzler Lexikon Theatertheorie.* Stuttgart 2005, S. 358-364. Vgl. Martin Jörg Schäfer: *Szenischer Materialismus. Dionysische Theatralität zwischen Hölderlin und Hegel.* Wien 2003.

11 Vgl. Fischer-Lichte:»Theatralität«. Vgl. Rudolf Münz: *Theatralität und Theater. Zur Historiographie von Theatralitätsgefügen.* Berlin 1998, S. 66-81.

Anklang an das traditionell problematische Verhältnis von Theater und Theorie die Gefahr von Theater und Theatralität darin, diese Medialität könnte sich verselbständigen oder gar uneinholbar vorgängig bleiben.[12] Die Narrative des 21. Jahrhunderts kommen hingegen meist ohne die Thematisierung von Theater und Theatralität aus und lassen diesen Aspekt implizit mitlaufen. Damit ignorieren sie eine entsprechende Problematisierung von Theater und Theatralität und erzeugen so im eigenen Diskurs eine ihrerseits zu problematisierende Bruchstelle.

Bereits in den frühen 1990er Jahren schreibt Gilles Deleuze in Anschluss an Michel Foucault seine kurzen Texte über die Kontrollgesellschaften, die er in Westeuropa und Nordamerika seit den 1950ern entstehen sieht: Im Zeichen der immer weiteren Auslagerung manueller Tätigkeiten an die Peripherien einer sich zunehmend vernetzenden Welt tritt in den vormaligen Metropolen an die Stelle des Disziplinarparadigmas Fabrik – mit einer von Foucault in seiner Gouvernementalitätsttheorie gebrauchten Denkfigur – das Kontrollparadigma des Unternehmens. Das Kontrollparadigma dynamisiert die Arbeit, flexibilisiert sie und lässt sie nie zu Ende kommen.[13] Die Subjekte der Kontrollgesellschaft sind mit einem von Ulrich Bröckling in Anschluss an Foucault und Deleuze popularisierten Wort, »Selbstunternehmerinnen« und »Selbstunternehmer«[14], die ihren eigenen Lebenslauf so kreativ und innovativ entwickeln sollen, wie sie auch mit ihrer Kreativität und Innovationskraft das Unternehmen, für das sie arbeiten, voranbringen. Die von außen kommende Erziehung hört also nie auf, wird aber als lebenslanges Lernen internalisiert: als beständige, von innen motivierte Selbstbildung. Gefragt sind neben basalen Fähigkeiten Potentiale, die es zu entwickeln und dann abzuschöpfen gilt. Und diese Abschöpfung besteht nicht zuletzt aus der Entwicklung weiterer Potentiale. Die Selbstunternehmerinnen und Selbstunternehmer haben in diesem Sinne nicht nur spezifische Fähigkeiten, sondern vor allem Kompetenzen im streng genommen Sinne von Problemlösungsfähigkeiten:

---

12 Auf diese Weise gegen die theaterfeindliche Tradition affirmativ beschrieben und analysiert in Samuel Weber: *Theatricality as Medium*. New York 2004.

13 Vgl. Gilles Deleuze: »Postskriptum über die Kontrollgesellschaften«, in: Ders. *Unterhandlungen. 1972-1990*. Frankfurt a.M. 1993, S. 254-263. Vgl. Michel Foucault: *Die Geburt der Biopolitik. Geschichte der Gouvernementalität. Band II*. Frankfurt a.M. 2004.

14 Vgl. Ulrich Bröckling: *Das unternehmerische Selbst. Soziologie einer Subjektivierungsform*, Frankfurt a.M. 2007. Vgl. Netzwerk Kunst & Arbeit: *art works*. Vgl. Martin Jörg Schäfer: *Die Gewalt der Muße. Wechselverhältnisse von Arbeit, Nichtarbeit, Ästhetik*. Zürich/Berlin 2013, S. 516-537.

diffuse »Kompetenzkompetenzen«[15] (im Sinn der Benutzung dieses Worts durch Joseph Vogl). Sie besitzen die Kompetenz, sich beständig weitere Kompetenzen anzueignen, mit ihren eigenen Potentialen zu kalkulieren und sich wie ein ›gut funktionierendes‹ Unternehmen zu verwalten. Auf diese Art bestimmt schon Deleuze den Imperativ zum lebenslangen Lernen: nicht als Erweiterung der eigenen Kenntnisse, sondern als nie enden wollende Flexibilisierung, die per definitionem nicht zur Ruhe kommen darf.

Mit ihrem so einflussreichen wie problematischen Buch prägen Luc Boltanski und Ève Chiapello 1999 die Rede vom »neuen Geist des Kapitalismus«[16]. Hinter dem Anschein der Befreiung der Arbeit von ihren Zwängen im Namen einer romantischen Künstlerkritik und einer freien Entfaltung der eigenen Interessen und Fähigkeiten entstehen die neuen Zwänge der Projektarbeit: die Unsicherheit wechselnder Arbeitszusammenhänge, der Anpassungsdruck an neue Konstellationen, der Zwang zur Selbstvermarktung und Selbsttransformation. Das Versprechen der Transformation der Arbeit führt zu einer Dynamisierung und Flexibilisierung des Arbeitsmarkts, der die arbeitenden Subjekte am ihnen vorgesetzten Ideal permanent scheitern lässt. Der Dauerzwang zur Kreativität tendiert dazu, Depression[17] und Nostalgie für die relativ kurze historische Periode der einer nach dem Disziplinarparadgima organisierten Arbeit zu erzeugen.

---

15 Vgl. Joseph Vogl: »Lernen, lebenslanges«, in: Unbedingte Universitäten (Hg.): *Bologna-Bestiarium*. Zürich/Berlin 2013, S. 227-230, hier: S. 230. Vgl. auch Andreas Gelhard: *Kritik der Kompetenz*. Zürich/Berlin 2012.

16 Vgl. Luc Boltanski/Ève Chiapello: *Der neue Geist des Kapitalismus*. Konstanz 2003. Das Problematische an diesen und entsprechenden Analysen ist in den letzten Jahren auch häufig benannt worden: Das Vokabular zur Beschreibung der angloamerikanischen Dienstleistungsgesellschaft wird übernommen und vor allem in französischer, deutscher und italienischer Theoriebildung manchmal deskriptiv, manchmal geradezu imperativisch auf andere Zusammenhänge übertragen. Auch wenn Antonio Negri und Michael Hardt, die mit *Empire* im Jahre 2000 die Debatte mitgeprägt haben, betonen, dass es sich um Arbeitsstrukturen handelt, die eher metaphorisch für sämtliche Arbeitszusammenhänge gelten (von den Arbeitssuchenden bis zu den privilegiert Beschäftigten: vgl. Michael Hardt/Antonio Negri: *Empire. Die neue Weltordnung*. Frankfurt a.M. 2003, S. 37-49), so bleibt doch immer eine gewisse Widerständigkeit der Praxis. Der auf mittelständischer Industriearbeit aufbauende Wohlstand einer immer noch hochindustrialisierten Bundesrepublik Deutschland Anfang des 21. Jahrhunderts steht dafür.

17 Vgl. Christoph Menke/Juliane Rebentisch (Hg.): *Kreation und Depression. Freiheit im gegenwärtigen Kapitalismus*. Berlin 2010.

Schon Ende der 1990er spricht Richard Sennett für die flexibilisierte Arbeitswelt mit kulturkritischem Pathos von einem »Corrosion of Charakter«[18].

Meist nicht richtig thematisch wird in diesen Theorien und den von ihnen angebotenen Narrativen das Theatervokabular, das zur Beschreibung der vom lebenslangen Lernen hervorgebrachten Subjektformen verwendet wird. Implizit erscheinen die Selbstunternehmerinnen und -unternehmer immer auch als theatrale Wesen, vor allem als Schauspielerinnen und Schauspieler: Gefordert wird in der Arbeitswelt des frühen 21. Jahrhunderts die flexible Übernahme wechselnder Rollen. Gefordert wird zudem die Fähigkeit zur Selbstdarstellung als Demonstration der Kompetenz, des Potentials oder zumindest der ›Kompetenzkompetenz‹ und immer auch die Fähigkeit zur Verführung potentieller Arbeitgeberinnen und Arbeitgeber, Kolleginnen und Kollegen, Kundinnen und Kunden etc. Das lebenslange Lernen ist auch die Probe für den immer für möglich zu erachtenden nächsten Job und will als solche vor einem möglichst großen Publikum vorgeführt sein. Wo ein flexibler Mensch im Sinne Boltanskis und Chiapèllos viel von einer freien Künstlerexistenz hat, lässt sich diese genauer über die Figur einer Schauspielerin oder eines Schauspielers beschreiben, die sich als eigener Regisseur oder eigene Regisseurin in Szene setzt und gleichzeitig nach zukünftigen Regisseuren und Skripts sucht.

Die mit der Konzeption des flexiblen Menschen evozierten Theatersemantiken haben wenig mit den im 21. Jahrhundert vorherrschenden Theaterformen zu tun. Angerufen wird hier vielmehr die Konzeption einer Schauspieltechnik, wie sie in der Zeit von etwa 1750 bis 1950 dominiert[19]; und auch diese Aufrufung geschieht äußerst selektiv. Das Anforderungsprofil des flexiblen Menschen folgt der im 18. Jahrhundert besonders prominent von Denis Diderot stark gemachten Variante: Der ›kalte‹ Schauspieler muss seine Leidenschaften kühl kontrollieren und kann sie dadurch behände wechseln. Nur auf diese Weise kann er die Leidenschaften derart präzise und derart überzeugend zur Darstellung bringen, dass er auf das jeweilige Publikum die gewünschten Effekte hat.[20]

Als dieses Schauspielparadigma ab den 1950ern Konkurrenz von der neu entstehenden Kunst des ›Performens‹ erhält, hat die traditionelle Schauspieltheorie auch die Kulturtheorie von Simmel und Plessner bis Goffman schon lange er-

---

18 Richard Sennett: *The Corrosion of Character. The Personal Consequences of Work in the New Capitalism.* New York 1998.

19 Vgl. Jens Roselt: »Seelen mit Methode. Einführung«, in: Ders. (Hg.): *Seelen mit Methode. Schauspieltheorien vom Barock bis zur Gegenwart.* Berlin 2005, S. 8-34.

20 Vgl. Denis Diderot: *Das Paradox über den Schauspieler.* Frankfurt a.M. 1964. Vgl. Denis Diderot: *Paradoxe sur le comédien.* Paris 2001.

reicht: »Wir alle spielen Theater«[21]. Die beginnende Flexibilisierung des Arbeitsmarkts verlangt von seinen Teilnehmerinnen und Teilnehmern ein immer theatraleres Subjekt. Aber gespielt wird in der ›schönen neuen Arbeitswelt‹ eben nicht nur Goffmans Theater der sozialen Rollenwechsel, sondern ein Theater der Selbstpräsentation, Verführung und Überzeugung: Überzeugen muss der flexible Mensch sein Publikum nicht zuletzt davon, dass er ›mit Haut und Haaren‹ im nächsten Projekt aufgehen wird: dass es sich bei seiner neuen Rolle um sein authentisches, durch den bisherigen Lebenslauf beglaubigtes Selbst handelt.[22] Im Lichte dieser Anforderung erscheint das inzwischen ebenfalls historischen ›Performen‹, dem es statt um Rollenspiel und Theaterblut um Selbstpräsenz und echtes Blut zu tun ist, nicht nur als kritischer Gegenentwurf zur traditionellen Schauspielerei. Eher wirkt das ›Performen‹ wie ein die Tradition weiterentwickelndes Testfeld für sich entwickelnde gesellschaftliche Anforderungsprofile:[23] Ein solches Performen stellt das sich ›mit Haut und Haaren‹ seinem Publikum aussetzende Subjekt überhaupt erst her und führt diese Herstellung gleichzeitig vor.

Am ehesten in der Theoriebildung zur ›schönen neuen Arbeitswelt‹ findet sich die Relation von Subjektbildung, lebenslangem Lernen und Theater bei Paolo Virno in seiner *Grammatik der Multitude* von 2004 beschrieben: Virno spricht von der »Virtuosität« der Arbeit in flexibilisierten und deregulierten Verhältnissen. Dieser Virtuosität geht es beständig darum, sich zu exponieren, vorzuführen, aufzuführen, andere zu beeindrucken, ohne dass sie sich dabei doch für das Skript, das sie vorführt, verantwortlich zeichnet.[24] Es wäre wohl zu ergänzen: Das flexible Subjekt muss so virtuos sein, dass auch noch das aufgeführte Skript als das seine erscheint. Zum nie zu Ende kommenden Lernen gehören auch die Abschöpfung und potentielle Verwertung einer Freizeit, die zwar nicht nur der Weiterbildung dient, sondern auch dem Müßiggang, welcher aber seinerseits po-

---

21 Vgl. Erving Goffman: *Wir alle spielen Theater. Die Selbstdarstellung im Alltag.* München 1969.

22 Vgl. Boltanski/Chiapello: *Der neue Geist des Kapitalismus*, S. 462-465.

23 Vgl. Bojana Kunst: *Artist at Work. Proximity of Art and Capitalism.* London 2015. Vgl. Dirk Baecker: *Wozu Theater?* Berlin 2013, S. 88f.

24 Vgl. Paolo Virno: *Grammatik der Multitude. Öffentlichkeit, Intellekt und Arbeit als Lebensformen. Mit einem Anhang: Die Engel und der General Intellect. Individuation bei Duns Scotus und Gilbert Simondon.* Wien 2005, S. 65-71, S. 82-91. Vgl. Gabriele Brandstetter/Bettina Brandl-Risi/Kai van Eikels (Hg.): *Szenen des Virtuosen.* Bielefeld 2015.

tentiell Verwertbares produzieren kann – oder zumindest in der Zukunft eventuell verwertbare Kontakte.[25]

Die Theater- und Performanceforscherin Giulia Palladini hat für die New Yorker und Berliner Bohème-Szene des frühen 20. Jahrhunderts als der Vorläuferin der späteren *Performance Art* gezeigt, wie sehr ihr freies Spiel und ihr freies Probieren durch den impliziten Publikumsbezug auch immer das Warten auf und die Probe für eine potentielle Verwertung ist. Eine Spekulation auf die Zukunft und eine Verführung des Publikums fallen hier zusammen: Die Verführung des Publikums ist eine spekulative, d.h. in der Zukunft mögliche. Das Theater bzw. die Performance wird mit einer Pointierung Palladinis zum »foreplay«, zum Vorspiel auch im zeitlichen Sinne – und greift als dieses Vorspiel auf den Beruf und das Leben über, die strukturell ebenfalls zum beständigen Vorspiel werden:[26] zum Training für das, was noch kommen kann. Richard Schechner, einer der großen Fürsprecher der Ablösung des Schauspielparadigmas durch eines des Performens in der zweiten Hälfte des 20. Jahrhunderts, betont in seiner Performance-Theorie entsprechend, »daß die Arbeit des Performers eine Lebensaufgabe ist«[27], die nie zu Ende kommen kann. Der Trainingsprozess ist in diesem Sinne nicht so vorläufig wie die sentimental am alten Schauspielparadigma Hängenden denken: »Viele Schauspieler lehnen den Prozeß ab; sie glauben, das Training bereite sie nur auf das Spielen vor.«[28] Für diese Performerinnen und Performer besteht das Spielen hingegen aus ihrem Training; sie sind lebenslang Lernende, lange bevor dieses Konzept kulturelle Hegemonie erlangt.

Vom Arbeitsmarkt des lebenslangen Lernens aus betrachtet entsteht auch eine andere Perspektive auf die Konjunktur, die Schultheater und Theaterpädagogik nicht nur im deutschsprachigen Raum im 21. Jahrhundert erleben.[29] Mit den

---

25 Vgl. Boltanski/Chiapello: *Der neue Geist des Kapitalismus*, S. 191ff.

26 Vgl. Giulia Palladini: *The Scene of Foreplay: Theatre, Labor and Leisure in 1960s New York*. In Veröffentlichung begriffen. Zur Diskussion über die Probe vgl. Sabeth Buchmann/Constanze Ruhm: »Subjekte auf Probe«, in: *Texte zur Kunst 90* (2013), S. 89-107. Vgl. Annemarie Matzke: *Arbeit am Theater. Eine Diskursgeschichte der Probe*. Bielefeld 2012.

27 Richard Schechner: »Environmental Theater«, in: Jens Roselt (Hg.): *Seelen mit Methode. Schauspieltheorien vom Barock bis zur Gegenwart*. Berlin 2005, S. 330-357, hier S. 333.

28 Ebd., S. 334.

29 Vgl. Gabi dan Droste (Hg.): *Theater von Anfang an! Bildung, Kunst und frühe Kindheit*, Bielefeld 2009. Vgl. Volker Jurké/Dieter Linck/Joachim Reiss (Hg.): *Zukunft Schultheater: Das Fach Theater in der Bildungsdebatte*. Hamburg 2008. Vgl. Volker

aus der frühen Neuzeit bekannten Semantiken[30] soll den Zöglingen sicheres kör-
perliches wie sprachliches Auftreten ermöglicht werden, außerdem die Flexibili-
tät der Übernahme wechselnder Rollen und die Sozialität des Arbeitens in der
heterogen zusammengesetzten Gruppe.[31] Die Erweiterung des schulischen Thea-
terbegriffs auf performative Formen[32] eröffnet nicht nur andere Felder der Wissensproduktion und neue Weisen der Teilhabe,[33] sondern auf deren Kehrseite
auch ganz andere Felder des Vermessens von und Experimentierens mit den eigenen Möglichkeiten. Was künstlerisch als Suche nach zukünftigen Lebensformen[34] oder gar als eine »Wiederverzauberung der Welt«[35] erscheint, ist aus Perspektive eines lebenslangen Lernens für den Arbeitsmarkt zuallererst ein Training
des Möglichkeitssinns, dessen Ausweitung flexiblere zukünftige Ökonomisier-
barkeit verspricht. Konjunktur hat in diesem Sinne auch Theatertraining für Erwachsene.[36] Diese Ausweitung verändert zwar nicht die traditionelle Anforderung an das Schultheater, die in der Stärkung und Bildung des am Theater als
Rollenspiel (und sei es die Rolle des eigenen Selbst) geübten Subjekts besteht.
Diese Übung wird aber in ein ökonomisches Verwertbarkeitsstreben integriert
und auf Dauer gestellt, ohne je zu einem Ziel gelangen zu können.

List/Malte Pfeiffer: *Kursbuch Darstellendes Spiel*. Stuttgart/Leipzig 2009. Vgl. Leo-
pold Klepacki et al. (Hg.): *Grundrisse des Schultheaters. Pädagogische und ästheti-
sche Grundlegung des Darstellenden Spiels in der Schule*. Weinheim/München 2005.
Vgl. Wolfgang Schneider (Hg.): *Theater und Schule. Ein Handbuch zur kulturellen
Bildung*. Bielefeld 2009. Vgl. Wolfgang Sting et. al. (Hg.): *TUSCH: Poetiken des
Theatermachens. Werkbuch für Theater und Schule*. München 2012.

30 Vgl. für einen beispielhaften frühneuzeitlichen Überblick Konradin Zeller: *Pädagogik
und Drama. Untersuchungen zur Schulcomödie Christian Weises*. Tübingen 1980.

31 Vgl. z.B. Wolfgang Sting et. al. (Hg.): *Irritation und Vermittlung. Theater in einer interkulturellen und multireligiösen Gesellschaft*. Berlin 2010.

32 Vgl. z.B. Eckart Liebau/Jörg Zirfas (Hg.): *Die Sinne und die Künste. Perspektiven ästhetischer Bildung*. Bielefeld 2008.

33 Vgl. Sibylle Peters (Hg.): *Das Forschen aller. Artistic Research als Wissensproduktion zwischen Kunst, Wissenschaft und Gesellschaft*. Bielefeld 2013.

34 Vgl. Baecker: *Wozu Theater?*, S. 88f.

35 Vgl. Erika Fischer-Lichte: *Ästhetik des Performativen*. Frankfurt a.M. 2004, S. 353-
362.

36 Vgl. Maria Havermann-Feye/Amelie Funcke: *Training mit Theater. Wie Sie Theaterelemente in Trainings und Unternehmensveranstaltungen erfolgreich einsetzen*. Bonn
2015.

›Theater der Erziehung‹ meint also bezüglich der Konstellation im frühen 21. Jahrhundert die Erziehung und nie zu einem Ende kommende Weiterbildung zu einem theatralen Subjekt. ›Theatralität‹ ist hier in einem weiten Sinne als orientiert an mit dem Theater assoziierten Semantiken zu verstehen. Selektiv importiert finden sich Anteile bestimmter Semantiken, Diskurse, Narrative und Dispositive, die mit der kulturellen Institution Theater oder dem Theater als metaphorischem und rhetorischem Modell assoziiert sind. Vor allem aufgegriffen werden unterschiedliche Bedeutungsaspekte von Mimesis (Schauspielerei als Rollenspiel und Nachahmung oder als Wirkung auf ein zu beeinflussendes Publikum) aber auch szenische Anordnungen, in denen auf die Wahrnehmbarkeit und Nichtwahrnehmbarkeit von einzelnen Elementen und deren Gesamtkomposition spekuliert wird.

Mit dem Verweis auf Theatralität und Theater ist weder der aus der Tradition der Theaterfeindlichkeit schöpfenden Kritik an einer vorherrschenden ›Gesellschaft des Spektakels‹, die das eigentliche Leben aushöhle, das Wort geredet;[37] noch ist die sich im 20. Jahrhundert durchsetzende Einsicht in eine grundlegende Theatralität und Inszenierung von ›natürlich‹ erscheinenden kulturellen Ordnungen und Subjektpositionen bestritten.[38] In einem engeren Sinne geht es vielmehr

---

37 Im Zeichen der medialen Transformation der Lebenswelt wird das frühe 21. Jahrhundert manchmal kulturkritisch als die Verwirklichung von Guy Debords »Gesellschaft des Spektakels« beschrieben: als eine Gesellschaft, in der Inszenierung allgegenwärtig ist und Authentizität vom Verschwinden bedroht. Für solche Zeitdiagnosen lässt sich bequem auf die Tradition der Theaterfeindschaft zurückgreifen, die auch häufig Bezugspunkt der in den folgenden Kapiteln behandelten Theorien ist. Vgl. Guy Debord: *Die Gesellschaft des Spektakels*. Berlin 1996. Vgl. Jonas Barish: *The Antitheatrical Prejudice*. Berkeley/London 1981.

38 In Weiterführung Simmels, Plessners oder Goffmans und im Zeichen performativer, postfeministischer und postkolonialer Ansätze gehen seit den 1990ern zahlreiche Theorieentwürfe von einer inhärenten Theatralität der Subjektbildung aus: Judith Butler sieht bekanntlich Geschlechtsidentität über die Imitationen und Aufführungen kultureller Muster konstituiert. Diese lassen durch die Kontinuität des Wiederholens erst die Illusion eines naturgegebenen Originals entstehen, welches hier imitiert und zur Aufführung gebracht wird. Die Aufführung bringt sich selbst als Aufführung mit der Effektivität der eigenen Inszenierung zum Verschwinden. Stattdessen produziert sie die scheinbare Evidenz eines impliziten Wissens, das sich aber mittels abweichender Aufführungen und Imitationen potentiell verstören und aus der Bahn werfen lässt. (Theatralität heißt hier gerade, dass eine der grundlegenden Vereinbarungen des kulturellen Dispositivs Theater fehlt: die Unterscheidung zwischen der Rolle und dem Sub-

um einen spezifischen Aspekt der kritikwürdigen Ökonomisierung, Regulierung und Prekarisierung von Lebensformen[39] im 21. Jahrhundert, deren Selbst- und Fremdbeschreibungen Anleihen bei Theater- und Theatralitätsdiskursen machen: Diese in den Anforderungen an ein für den Arbeitsmarkt bereites und von ihm verwertbares Subjekt rezitierten traditionellen Theater- und Theatralitätsdiskurse haben wie gesagt nicht notwendig etwas mit den ihre Gegenwart dominierenden Theaterformen zu tun. Die bereits erwähnte Referenz auf den ›kalten‹ Schauspieler von Diderot ist wie erwähnt aus der Diskussion des 18. Jahrhunderts gegriffen. Die Figur ist zwar durchaus noch bis ins 21. Jahrhundert wirksam, aber eben nur eine von vielen Schauspiel- und Performancetheorieentwürfen.[40] Ähnliches gilt auch für die szenischen Implikationen oder unterstellten Publikumsrelationen im Auftritt der lebenslang lernenden Subjekte auf dem Arbeitsmarkt.

Wenn der Zusammenhang zwischen theatral aufgeladenen Semantiken und historischen Theaterformen ein heterogener und diskontinuierlicher ist, dann liegt das nicht zuletzt daran, dass die aufgerufenen Semantiken schon lange solche des allgemeinen Sprachgebrauchs geworden sind. Das Theater ist nie nur ein Bündel kultureller Praktiken gewesen, sondern stets auch ein Metaphernspender. In dem Maße, in dem eine Metapher per definitionem für etwas anderes zu stehen kommt, steht die Scheinwelt des Theaters vielleicht beispielhaft für die rhetorische Figur der Katachrese als der unsichtbar gewordenen ›toten‹ Metapher. Der theatrale Aspekt des lebenslangen Lernens ist in diesem Sinne bisher wohl weder vergessen noch der theatral-rhetorischen Strategie einer *dissimulatio* un-

---

jekt, das sie spielt.) Homi Bhabha beschreibt seinerseits koloniale Mimikry als einen Modus von Unterwerfung, der das Nachbild gleichzeitig assimilieren und abzuwerten trachtet, aber doch auch die Möglichkeit kultureller Mischformen des Überlebens in ›dritten Räumen‹ ermöglicht: nicht als sich authentisch gerierenden Gegenentwurf zur vorherrschenden Ordnung, sondern als strategisches Bewohnen und Vermischen der zur Verfügung gestellten Rollen. In Anlehnung an Derridas Austin-Lektüre gehen beide Ansätze von einer Vorgängigkeit dieser Rollen aus, die das Subjekt, welches sie nachahmt, erst hervorbringt, statt von diesem Subjekt gespielt und jederzeit abgelegt werden zu können. Vgl. Judith Butler: *Gender Trouble. Feminism and the Subversion of Identity*. New York 1990, S. 128-148. Vgl. Homi Bhabha: *The Location of Culture*. London 1994, S. 121-130.

39 Vgl. Marchart: *Die Prekarisierungsgesellschaft*. Vgl. Wendy Brown: *Undoing the Demos. Neoliberalism's Stealth Revolution*. New York 2015.

40 Vgl. Michael Kirby: »On Acting and Non-Acting«, in: *The Drama Review* 16/1 (1972), S. 3-15.

terworfen worden, die seine Kunst als Natur erscheinen ließe. Stattdessen läuft er wie selbstverständlich mit.

Trotzdem verfolgt die vorliegende Studie die These, dass das versteckte Fortwirken von Theoriebildung aus dem 18. Jahrhundert im 21. Jahrhundert nicht nur vom Zufall bedingt ist, sondern dass der Diskurs des 21. Jahrhunderts auf einem im Erziehungs- und Bildungsdiskurs des 18. Jahrhundert angelegten Bezugsfeld beruht, das nur selektiv aktualisiert wird. Weggeschnitten findet sich in dieser Neuauflage die Komplexität des Verhältnisses von Theater und Erziehung; vergessen findet sich eine Eigendynamik von Theater und Theatralität, die im 18. Jahrhundert sehr wohl reflektiert wird. Die hier versammelten Analysen wollen mit der Untersuchung dieses Zusammenhangs ihrerseits eine Vorarbeit (oder vielleicht auch Vorgeschichte) zu einer Analyse und Kritik der Theatralität des lebenslangen Lernens liefern.

2. VORGESCHICHTE: THEATRALITÄT UND ERZIEHUNG IM SPÄTEN 18. JAHRHUNDERT

Den nachfolgenden Kapiteln liegt die Annahme zugrunde, dass nicht nur die Diskursproduktion des lebenslangen Lernens in der ›schönen neuen Arbeitswelt‹ theatrale Elemente, die vorrangig im 18. Jahrhundert geprägt wurden, verwendet, ohne diese auszuweisen. Auch die pädagogische Avantgarde des 18. Jahrhunderts, das sich selbst gerne das ›pädagogische Jahrhundert‹ nennt, hat ein strukturell ähnliches Verhältnis zum Theater: Theatrale Praktiken wie Schauspielerei, szenische Anordnungen und eine ›Verführung‹ des Publikums werden nutzbar gemacht, wo im Zeichen des aufgeklärten Verzichts auf autoritäre Erziehungsgewalt die subtile Manipulation tritt.[41] Diese neue Erziehung des 18. Jahrhunderts scheint ähnlich den sich entwickelnden Konzepten eigenständiger Bildung weniger theatralitätsvergessen als vielmehr ihre Theatralität gezielt zu verbergen – und dies aus einem ganz anderen Grund: Im Unterschied zum 21. Jahrhundert soll am Ende der Erziehung nicht das flexible, sondern das stabile Subjekt stehen, welches mit allen Insignien der Aufklärung versehen ist: Dieses Subjekt soll ›selbsttätig‹ denken und handeln, statt im Stile einer Theaterrolle vorgegebene Muster nachzuahmen; dieses Subjekt wird als sich und der Welt gegenüber aufrichtig imaginiert und soll mit der als wandelbar und gefährlich verführerisch ge-

---

41 In diesem Sinne hat die neue Erziehung auch ein intimes Verhältnis zur Rhetorik. Vgl. Eva Geulen: »Erziehungsakte«, in: Jürgen Fohrmann (Hg.): *Rhetorik. Figuration und Performanz.* Stuttgart 2004, S. 629-652.

fassten Sphäre der Theaterinstitution nichts zu tun haben. Implizit läuft dies in den Erziehungskonzepten der pädagogischen Avantgarde mit; explizit zeigen dies die in den Theaterromanen der Zeit bei Moritz oder Goethe erzählten Geschichten von Bildung und ihrem Scheitern.

Die aus der Theatersphäre stammenden theatralen Techniken und Praktiken drohen das zu erziehende Subjekt unaufrichtig zu machen und seine angestrebte Stabilität zu unterminieren. Nach Maßgaben der rhetorischen *dissimulatio* bemüht diese Erziehung sich daher, wie in den folgenden Kapiteln noch zu entfalten sein wird, ihre eigene Theaterkunst in die angenommene menschliche Natur münden zu lassen und sie als Theaterkunst zu verbergen. Dieser Erziehung geht es also um den in der traditionellen Rhetorik rhetorischsten aller Effekte und den im zeitgleich zur neuen Erziehung entstehenden Theater des späten 18. Jahrhunderts theatralsten aller Theatertricks: um die Vollendung des Theaters als Theater, indem das Theater mit den eigenen Mitteln seine Theatralität verdeckt.

Eine solche Dissimulation der Erziehung und Bildung eigenen theatralen Aspekte scheint im 18. Jahrhundert im Unterschied zum seine eigene Theaterrhetorik oft vergessenden 21. Jahrhundert also durchaus eingeplant: Diese Erziehung bezieht einen unkalkulierbaren, überschüssigen und uneinholbar vorgängigen Moment am Theater und an theatralen Praktiken ein, der ihr gefährlich werden könnte, den sie aber zu nutzen bestrebt ist. Sie rechnet damit, dass das Theater, wo es aufgerufen wird, sich verselbstständigen könnte, und versucht es daher in Schach zu halten, dieses Moment zum eigenen Zweck zu regulieren und für sich produktiv zu machen.

Diese Bezugnahme auf ein gefährliches überschüssiges Moment am Theater und an Theatralität ruft zwar traditionelle Argumente aus der wirkmächtigen theaterfeindlichen Tradition auf.[42] Damit ist dem Diskurs des 18. Jahrhunderts jedoch eine Drehung eingebaut, die im 21. Jahrhundert in den Lobpreisungen der flexiblen Arbeit überblendet wird: Beim ›kalten Schauspieler‹, den die Diskurse des 21. Jahrhunderts implizit aufrufen, handelt es sich bloß um die eine Seite der Medaille. Diderot, der das Konzept einem zeitgenössisch bereits leicht überholten Diskurs entnimmt, konfrontiert diese Figur mit einem in der Zeit ebenfalls bekannten Gegenentwurf: Der ›kalte‹ Schauspieler ist schon im Zeitalter seiner

---

42 Vgl. Barish: *The Antitheatrical Prejudice.* Vgl. zur Theatergegnerschaft als einer grundlegenden Perspektive auf das Theater Andreas Kotte: *Theatergeschichte. Eine Einführung.* Köln 2013, S. 56-65.

Entstehung ohne seine ›heiße‹ Spiegelfigur nicht zu denken.[43] Diesem ›heißen‹ Schauspieler droht laut Kritikern wie Diderot, von seinem eigenen Theater überwältigt zu werden. Er lässt sich hinreißen, statt die eigene Produktivität zu kontrollieren. Er mag manchmal den Ton und den Zeitpunkt treffen, ist aber meist für das vom Stück Geforderte zu früh oder zu spät. Sprich: Die Unkontrolliertheit des ›heißen‹ Schauspielers steht für alles, was die neue Pädagogik des 18. Jahrhunderts am Theater und an theatralen Praktiken zu fürchten scheint. Und im Register des 21. Jahrhunderts: Die Unkontrolliertheit des ›heißen‹ Schauspielers spiegelt viel eher die ökonomische Realität der deregulierten Arbeitswelt wider als die Souveränität des ›kalten‹ Schauspielers, dem die ihm unterstellte völlige Kontrolle über seine Mittel letztlich abgeht. Man hechelt den Anforderungen hinterher, statt sie zu kontrollieren; man verpasst das richtige Timing, vergreift sich im Ton, verschätzt sich im Publikum und bekommt die gesammelten Anforderungen des lebenslangen Lernens und der lebenslangen flexiblen Selbstpräsentation nicht unter einen Hut. Aber die Behauptung des sich souverän beständig präsentierenden und neu inszenierenden Subjekts wird als Fiktion und Regulativ benötigt, um das dauerhafte ›Vorspiel‹ deregulierter Arbeit am Laufen zu halten.[44]

Der Blick zurück auf die (historische) Vorgeschichte dieses (strukturellen) Vorspiels ermöglicht dessen Einordnung und Kritik. Umgekehrt ermöglicht der von einer Problematik des frühen 21. Jahrhunderts ausgehende Blick eine andere Perspektive auf die Geschichte – und das heißt nicht zuletzt eine verschobene Perspektive auf den Zusammenhang von Theater (als Institution) bzw. Theatralität (als Eigenschaft theatermäßiger Diskurse und Praktiken) einerseits und Erziehung (als äußere Einwirkung auf einen unmündigen Zögling) bzw. Bildung (als selbstbestimmte Fortentwicklung eines Erwachsenen) andererseits. Schließlich steht Diderots 1770 niedergeschriebener und erst 1830 publizierter Dialog »Paradoxe sur le comédien« über die zu seiner Zeit gängigen ›heißen‹ und ›kalten‹ Schauspieltheorien im Kontext der wohlbekannten und viel erforschten theoretischen Bemühungen des 18. Jahrhunderts um die Umwandlung des Theaters: Die Institution des Theaters statt als Ort der bloßen Unterhaltung oder der Teilnahme an religiösen, im schlimmsten Fall heidnischen Praktiken als eine mögliche Bildungsanstalt für Erwachsene anzusehen, gehört seit der Aufklärung zum festen Repertoire der ›westlichen‹ Kulturen. Höchstens am Rande geraten jedoch in der

---

43 Vgl. Jens Roselt: »Schauspieler mit Verstand. Denis Diderot«, in: Ders. (Hg.): *Seelen mit Methode. Schauspieltheorien vom Barock bis zur Gegenwart*. Berlin 2005, S. 134-136. Vgl. Kapitel VII.

44 Vgl. Bröckling: *Das unternehmerische Selbst*, S. 252-281.

Forschung die strukturellen Beziehungen ins Blickfeld, die die Theorien und Praktiken eines solchen neu formierten Theaters zu den Theorien und Praktiken der sich im 18. Jahrhundert ebenfalls transformierenden und zur Wissenschaft von der Erziehung verselbstständigenden Pädagogik unterhalten.

Eine solche Parallelführung bietet sich jedoch an, denn die Urszene für die Phantasie der Aufklärung, beim Theater handle es sich um eine Bildungsanstalt zur Hervorbringung und Besserung der erwünschten Subjektformen, stammt bereits aus dem aufklärerischen Erziehungsdiskurs: In John Lockes *Some Thoughts Concerning Education* von 1693 imaginiert Locke den mimetisch veranlagten Zögling als Publikum und den Erzieher als eine Art Animateur, der die Aufmerksamkeit des Zöglings erregen und das zu Vermittelnde so der *tabula rasa* des jungen Verstandes einprägen will.[45] Doch wo liegt der Umschlagpunkt, an dem Lockes Zögling, der hier animiert wird, nicht mehr mimetisch aufnimmt, sondern vernünftig zu agieren und sich eigenständig seinen Verstand zunutze zu machen beginnt? Wo schlägt das Theatererlebnis des Zöglings also in erfolgreiche Erziehung um? Oder übertragen auf die spätere Bildungstheaterdiskussion, die ohne Lockes Modell undenkbar wäre:[46] Wie kommt man als gebildeter Mensch aus dem Theater statt als beduselter Theatergänger? In seinem Epoche machenden *Émile* von 1762 löst Jean-Jacques Rousseau das Erziehungsproblem mittels Verzeitlichung: Die Erziehungsinstanz muss sich zwar die in der frühen Kindheit verortete mimetische Phase zunutze machen, um den Zögling zu formen; danach soll die Erziehung jedoch mimetische Praktiken verhindern. Nachahmung lässt sich nicht mehr produktiv machen, sondern schlägt in Nachäfferei um, oder noch schlimmer in die Eitelkeit des Auftretens vor anderen. Das Theater als kulturelle Institution ist entsprechend der große Feind nicht nur der Erziehung Rousseaus, sondern auch seiner Kulturtheorie insgesamt.[47] Und gleichzeitig lässt sich das Theater als erzieherisches Medium doch nicht einwandfrei von dem gefürchteten, die Sitten verderbenden Unterhaltungstheater unterscheiden. Die Frage, ob es sich bei der frühen Formung des Zöglings durch den Erzieher nun um seine Erziehung zu einem starken Selbst oder nur um eine weitere Variante der vom Theater herbeigeführten Verderbnis handelt, wird nicht gestellt, aber schwebt doch immer über diesem Erziehungsvorhaben.

Aufbauend auf den Entwürfen von Locke und Rousseau entwickelt sich insbesondere im deutschsprachigen Raum eine großangelegte Weiterentwicklung

---

45 Vgl. John Locke: *Einige Gedanken über die Erziehung*. Paderborn 1967, S. 10ff., S. 45-52, S. 76-86, S. 138-140.

46 Vgl. Schramm:»Theatralität«, S. 57f.

47 Vgl. Kapitel IV.

und Systematisierung pädagogischer Entwürfe, die in der Transformation des Schulsystems in eine staatliche Einrichtung münden wird.[48] Die Schrittmacher dieser Entwicklung, die reformpädagogischen Vertreter des sogenannten ›Philanthropinismus‹[49], sind in Nachfolge Rousseaus alles andere als Freunde des Theaters. Ihnen geht es nicht um das flexible Subjekt des 21. Jahrhunderts, sondern um das selbstidentische der Aufklärung. Die Ehrlichkeit dieses Selbst gegen sich und andere grenzt sich von der adeligen Selbstinszenierung, Selbstkontrolle und strategischen Falschheit bei Hofe ab.[50] Das durch Abstreifen der eigenen Unmündigkeit erlangte stabile Selbst passt zudem gut in den Konstanz und Beständigkeit fordernden Arbeitsmarkt, wie er sich im 18. Jahrhundert ausbildet. Eine solche Erziehung ist an der Oberfläche zunächst theaterfeindlich; modische Tendenzen der Zeit wie Theaterstücke für bzw. Theateraufführungen mit Kindern lehnt sie meist ab oder lässt sie nur unter hohen Auflagen zu.[51] Und doch arbeitet diese Erziehung sich immer wieder am Theater als Problem und an seinen Semantiken ab:[52] an der theatralen Animation durch den Erzieher und der mimetischen Veranlagung der Zöglinge.[53]

Wenn diese neue Erziehung unter der Hand mit Elementen des Theaters operiert, gerät sie in ähnliche Schwierigkeiten wie der neue Bildungsauftrag an das Theater, den die zeitgenössischen Theaterromane problematisieren: In der mit so unterschiedlichen Namen wie Gottsched, Diderot oder Lessing verbundenen

---

48 Vgl. Notker Hammerstein/Ulrich Herrmann (Hg.): *Handbuch der deutschen Bildungsgeschichte*. Band II. *18. Jahrhundert. Vom späten 17. Jahrhundert bis zur Neuordnung Deutschlands um 1800*. München 2005.

49 Oft auch ›Philanthropismus‹. Vgl. Jörn Garber (Hg.): *»Die Stammutter aller guten Schulen«. Das Dessauer Philanthropinum und der Dessauer Philanthropismus 1774-1793*. Tübingen 2008.

50 Vgl. z.B. Helmut Lethen: »*Schein zivilisiert!*‹. Das Schicksal einer Maxime«, in: Eva Geulen/Nicolas Pethes (Hg.): *Jenseits von Utopie und Entlarvung. Kulturwissenschaftliche Untersuchungen zum Erziehungsdiskurs der Moderne*. Freiburg i.Br. 2007, S. 15-26.

51 Vgl. verdichtet die gegenläufigen Standpunkte in Joachim Heinrich Campe: »Soll man Kinder Komödien spielen lassen?«, in: *Braunschweigisches Journal* 1 (1788-1791). 1788, Bd. 1, S. 206-219. Vgl. Kapitel VI.

52 Von direkten Austausch- oder Rezeptionsbeziehungen zwischen Pädagogen und Theatertheoretikern kann in den seltensten Fällen ausgegangen werden. Eher handelt es sich hier um die ähnlichen Zielen dienende Auseinandersetzung mit ähnlich strukturierten Diskursformationen.

53 Vgl. Kapitel V.

Theaterreform sollen sämtliche Elemente, die das Theater traditionell als einen Feind der Bildung eines stabilen Selbst haben erscheinen lassen, domestiziert werden: Förderung von Lüge und Falschheit, Korrumpierung der guten Sitten, Selbstverlust und ›Verweichlichung‹ in der Identifikation mit wenig erstrebenswerten Rollen usw.[54] Solche Domestikation führt allerdings dazu, dass all diese Elemente dem neuen Bildungstheater als immer wieder zu bewältigende Probleme erhalten bleiben. Denn die versprochene Bildung eines stabilen Selbst kann das reformierte Theater bloß leisten, wo es die für das Theater konstitutive Gefahr der Instabilität stets erneut bannt.[55] Der reformpädagogischen Kindererziehung des späten 18. Jahrhunderts widerfährt eine strukturell ähnliche, wenn auch ganz anders akzentuierte Heimsuchung durch das Theater, dessen sie sich als Animation und mimetischer Veranlagung bedient und dann aber nie ganz abschütteln kann. Diese Erziehung will wenn nicht einen ›kalten‹, dann doch zumindest einen starken Schauspieler des eigenen Selbst hervorbringen, der ehrlich sich selbst und anderen gegenüber kein Theater spielt. Wo die Reformpädagogen auf das Theater zugreifen, versuchen sie es daher auch immer so schnell wie möglich zu verabschieden, es regulierend unter Kontrolle zu halten oder seine Theatermäßigkeit zu verstecken.[56] Eine ähnliche Spannung lässt sich an den das Theatermilieu der Zeit behandelnden Bildungsgeschichten in den Romanen von Moritz und Goethe markieren.[57]

Weniger die Phantasie des 18. Jahrhunderts, beim Theater handle es sich um eine Bildungsinstitution, stellt also eine Vorgeschichte zur Theatralität des lebenslangen Lernens für den deregulierten Arbeitsmarkt des 21. Jahrhunderts dar. Zu finden ist eine solche vielmehr in den Strategien der parallel vonstatten gehenden Erziehung, mit theatermäßigen Elementen, Diskursen und Praktiken umzugehen und sie der eigenen Kontrolle zu unterwerfen: Die Phantasie, eine solche Kontrolle wäre möglich und liege im Belieben des einzelnen Subjekts bestimmt die diskursive Rahmung des lebenslangen Lernens für den Arbeitsmarkt des 21. Jahrhunderts.

---

54 Vgl. vor allem Christopher J. Wild: *Theater der Keuschheit – Keuschheit des Theaters. Zu einer Geschichte der (Anti-)Theatralität von Gryphius bis Kleist.* Freiburg i. Br., 2003, S. 167-261. Für die Geschichte der philosophischen und kulturellen Theaterfeindschaft von Platon bis Nietzsche vgl. Barish: *The Antitheatrical Prejudice.* Für das Theater der Moderne vgl. Martin Puchner: *Theaterfeinde. Die anti-theatralischen Dramatiker der Moderne.* Freiburg i.Br. 2006.

55 Vgl. Wild: *Theater der Keuschheit – Keuschheit des Theaters,* S. 263-357.

56 Vgl. Kapitel V.

57 Vgl. Kapitel VI und VII.

3. AUSGANGSPUNKT UND ÜBERBLICK

Diese die im späten 18. Jahrhundert neue Erziehung durchziehende Spannung wirft Schlaglichter auf die Konstellation im frühen 21. Jahrhundert: Die zum lebenslangen Lernen verurteilten theatralen Subjekte sollen gleichzeitig beständig Neues aufnehmen, zugleich Selbstdarsteller auf dem Lern- und Arbeitsmarkt werden sowie die jeweils neue oder auch nur zu erstrebende Rolle als ihr innerstes Selbst vermarkten. Die dazu nötigen Subjektformen erinnern in vielen Aspekten an die adelige, vorbürgerliche Erziehung des kontrollierten, nie aus der Rolle fallenden und sich selbst durch seine Rollenspiele erst herstellenden Subjekts.[58] Aber erst die Pädagogik des 18. Jahrhunderts exponiert die Phantasien davon, wie sich das unkontrollierte Moment am Theater, das vom ›heißen‹ Schauspieler verkörpert wird, abschütteln und nur der kontrollierte ›kalte‹ Schauspieler beibehalten lasse. Zudem lenkt die Heimsuchung dieser Pädagogik durch ein Theater, dessen sie sich zuerst bedient und das sie dann nicht wieder loswerden kann, den Blick auf die Kehrseite der theatralen Phantasien des frühen 21. Jahrhunderts: auf eine Unverfügbarkeit[59] des Theatralen und seiner Spielereien, Verführungen und Vorführungen. Die Spielenden werden sich auch immer selbst bereits ins Theater und die Theatralität verstrickt haben und können die von ihnen benutzten Elemente letztlich nicht nach Maßgabe einer ›kalten‹ Schauspielerei kontrollieren. Die Vorgeschichte des Theaters eines lebenslangen Lernens legt auf diese Weise im späten 18. Jahrhundert ein von diesem Paradigma konstitutiv Ausgegrenztes frei und markiert dabei das Funktionieren dieser Ausgrenzungsprozesse. Die inneren Spannungen der theaterkritischen bis thea-

---

58 Vgl. Lethen: »›Schein zivilisiert!‹«. In der Literatur um 1800 finden sich auch immer wieder dem Zeitgeist widerstrebende Bezugnahmen auf das adelige Paradigma, etwa bei Heinrich von Kleist. Vgl. Günter Blamberger: »Agonalität und Theatralität. Kleists Gedankenfigur des Duells im Kontext der europäischen Moralistik«, in: *Kleist-Jahrbuch* (1999), S. 25-40.

59 Während die vorliegende Studie eine solche Unverfügbarkeit an Theatralität und Theater festmacht, beschreiben zahlreiche Theorien der Moderne die Kindheit als eine unverfügbare Zeit, die sich im Unterschied zu den Bemühungen der neuen Pädagogik des 18. Jahrhunderts eben nicht abschöpfen lasse. Vgl. Giorgio Agamben: *Kindheit und Geschichte. Zerstörung der Erfahrung und Ursprung der Geschichte.* Frankfurt a.M. 2004. Vgl. Davide Giuriato: »›Kinderzeit‹. Zu Franz Kafkas ›Jäger Graccus‹«, in: Caspar Battegay/Felix Christen/Wolfgang Groddeck (Hg): *Schrift und Zeit in Kafkas Oktavheften.* Göttingen 2010, S. 101-117. Vgl. Avital Ronell: *Loser Sons. Politics and Authority.* Chicago 2012.

trophoben Erziehungs- und Bildungsphantasien des späten 18. Jahrhunderts verweisen auf einen blinden Fleck der späteren theatrophilen Phantasien vom lebenslangen Lernen für den deregulierten Arbeitsmarkt.

Vielleicht ist die Depression des flexiblen Subjekts der gegenwärtigen Arbeitswelt, von der so viele zeitgenössische Theorieentwürfe erzählen und die sie als Folge der Umsetzung der Deregulierungsphantasien in die Praxis betrachten, nicht nur ganz konkret durch die neuen Dauerzwänge hervorgerufen, sondern bereits strukturell das Resultat der Heimsuchung durch die verdrängte oder vielleicht auch nur vergessene Vorgängigkeit von Theater und mimetischer Instabilität der Subjektbildung: Das sich selbst spielende, präsentierende und anpreisende Subjekt wird davon eingeholt, dass es über all seine theatralen Mittel letztlich nicht verfügen kann und auf seine eigene Instabilität zurückgeworfen wird. Der Depression wäre daher wohl weniger mit einer Neuauflage theaterfeindlicher Argumentationsmuster im Stile von Richard Sennetts Flexibilisierungskritik zu begegnen,[60] sondern durch eine vertiefende Analyse dieser Zusammenhänge. Zu einer solchen liefert die vorliegende Studie einen Beitrag, indem sie an ausgewählten Beispielen des 18. Jahrhunderts das Wechselverhältnis von Theater- bzw. Theatralitätssemantiken einerseits und andererseits solchen von Erziehung bzw. Bildung analysiert. In diesem Sinne geht es nicht um Dramentexte, Theaterpraktiken und Bühnensituationen, sondern in erster Linie um Erzähltexte: um Diskurse über das Theater, die bestimmte Semantiken von Theatralität und Erziehung in Relation bringen, um so an den kulturellen Narrativen, die dieses Verhältnis betreffen, weiter- und sie manchmal auch festzuschreiben.

Ein erster Schritt (Kapitel II) rekonstruiert ausführlich die Rolle von Theater und Theatralität in den vier der sogenannten pädagogischen Provinz gewidmeten Kapiteln in Goethes *Wilhelm Meisters Wanderjahre, oder die Entsagenden*. Pointiert findet sich in diesem Textausschnitt die von Locke und Rousseau inspirierte, mit der Abschöpfung der kindlichen mimetischen Energien operierende Pädagogik, die in den 1820ern so neu schon nicht mehr ist, in den Blick genommen. Überspitzt, wenn auch selbst versteckt, setzen diese Passagen das Verhältnis von Theater und Erziehung in Szene: Lautstark gehen die Erzieher der Provinz an der Oberfläche gegen das Theater in seinen verschiedenen Ausprägungen vor; hinterrücks organisiert dieses aber ihre erzieherischen Praktiken: Die mimetische Produktivität der Zöglinge wird reguliert, das Theater selbst dabei aber einer Dissimulation unterworfen.

Die anschließenden Schritte beschäftigen sich dann mit den in der pädagogischen Provinz direkt zitierten und indirekt aufgerufenen Prätexten zum Verhält-

---

60 Vgl. Sennett: *The Corrosion of Character*, S. 46-62.

nis von Theater und Erziehung. Platons antiker Dialog über das gerechte Gemeinwesen, die *politeia*, stiftet deren so engen wie zweideutigen Zusammenhang: Die mimetische Veranlagung des Menschen liefert sowohl die Grundlage der Erziehung wie auch die Grundlage für die traditionellen Argumente der Theaterfeindschaft: Das Theater wird als eine Bedrohung der Ordnung des Gemeinwesens gefasst und soll in diesem keinen Platz haben. Platons literarische Inszenierung dieses Zusammenhangs im sokratischen Dialog und die ihrerseits zweideutige Funktion, die der musikalische Rhythmus dabei erhält, eröffnen den Blick auf die größere politische Dimension, die der Zusammenhang von Theater und Erziehung impliziert (Kapitel III).

Der Diskursstifter des modernen Erziehungsdiskurses, Jean-Jacques Rousseau, geht in seiner Theaterfeindschaft weit über Platon hinaus. Sein Erziehungsroman *Émile* behandelt das Theater nur am Rande. Umso merkwürdiger erscheint die Rahmung, die Rousseau dem Text in seinen Anmerkungen zur zweiten Ausgabe mitgibt: An einer zentralen Stelle von seines Zöglings Werdegang will der Erzieher Jean-Jacques auf die Hilfe eines der doch so gefährlichen Schauspieler zurückgegriffen haben. Von der Untersuchung der Kontexte und Implikationen dieser Behauptungen arbeitet das Kapitel die dominante Dissimulationsstrategie heraus, die die Pädagogik des 18. Jahrhunderts dem Theater angedeihen lässt: Das Selbst wird als eigene Rolle erlernt – und dazu gehört zu vergessen, dass es sich bei dem ehrlichen (und in Rousseaus Fall höchst bescheidenen) Selbst um eine gespielte Rolle und eben nicht um das ehrliche (und eben bescheidene) Selbst handelt (Kapitel IV).

Die seit den Beschreibungen von Platon und Aristoteles zum kanonischen Bezugspunkt im Erziehungsdiskurs gewordene mimetische Veranlagung des Menschen und insbesondere der Kinder wird bei den philantropinistischen Reformpädagogen als ›Nachahmungstrieb‹ aufgenommen; und damit findet sich auch die platonische Zwiespältigkeit der Mimesis als Produktivkraft und Bedrohung importiert: Die neuen Erzieher, beispielhaft Johann Heinrich Campe und Christian Gotthilf Salzmann, arbeiten mit den von Locke aufgebrachten theatralen Animationen ihrer Zöglinge, um deren theatrale Veranlagung zu stimulieren und für die Erziehung fruchtbar zu machen. Gleichzeitig treffen sie Vorkehrungen, damit die unkontrollierte und gefährliche Seite der Mimesis nicht aus dem Ruder läuft: Staffelungen, Rahmungen und Umlenkungen in diversen medialen Formen sollen für eine Regulierung des Nachahmungstriebs sorgen. Ernst Christian Trapps von Goethe in den Kapiteln zur pädagogischen Provinz rezitierten Beobachtungsexperimente an Kindern modernisieren den Nachahmungstrieb, verweisen auch auf seine gruppendynamische, politische

Dimension und legen dabei die unterliegenden Allmachtsphantasien nicht nur der Philantropinisten frei (Kapitel V).

An der Oberfläche deutlich von den Problemstellungen der zeitgenössischen neuen Pädagogik unterschieden sind diejenigen der mit einer Konzeption eigenständiger ›Bildung‹ assoziierten neuen Ästhetik, vor allem die der später unter dem Namen ›Klassik‹ firmierenden. Aber gleichzeitig weisen die neue Bildungsästhetik und die neue Pädagogik der Zeit in vielen Aspekten Strukturparallelen auf. Am Theater als einer kulturellen Institution spielen die im Zeichen des ästhetischen Vermögens der ›Einbildungskraft‹ stehenden Theaterromane des späten 18. Jahrhunderts das Verhältnis zwischen Theater und Erziehung bzw. Bildung durch. Dabei geht es jedoch auch immer um die theatrale Verfasstheit des erwachsenen Subjekts in seinem Verhältnis zur Welt: Die publizierten Teile des *Anton Reiser*-Romans von Karl Phillip Moritz (Kapitel VI) nehmen die theaterfeindliche Tradition auf. Mitten in seiner vielbesprochenen Pathologisierung des Theaters verweist der Text gleichzeitig auf dessen subjektbildnerische Funktion: Eine der Institution Theater vorgängige theatrale Verfasstheit des Subjekts ist Bedingung sowohl für seinen Bildungsweg als auch für dessen Scheitern. Die Anton-Reiser-Figur spielt auf der Theaterbühne letztlich um ihre Anerkennung als Subjekt, ohne dass der Text einen semantischen Raum für die durchgehend als möglich behauptete gesunde Existenz offen ließe, die sich außerhalb der Theaterinstitution oder eines mit Theatermetaphern beschriebenen Bezugs zu anderen vollziehen könnte.

In der Einarbeitung von Goethes erstem *Wilhelm Meister*-Romanentwurf, der *Theatralischen Sendung*, in die späteren *Lehrjahre* (Kapitel VII) wird das Theater von den meisten Figuren inklusive des Protagonisten als eine jugendliche Verwirrung Wilhelms abgetan. Präzise inszeniert der Text jedoch, wie die ihn ans Theater treibende mimetische (Un-)Produktivität von der ihn in ihren Bann ziehenden Turmgesellschaft nicht zu einer Produktivkraft domestiziert wird (wie dies in den Entwürfen der zeitgenössischen Pädagogik von etwa Campe der Fall ist). Vielmehr wird diese mimetische (Un-)Produktivität in Reserve gehalten, um sie bei Gelegenheit abrufen zu können – oder auch nicht. Rückblickend probieren und spielen beide Romane bereits die Semantiken einer Ästhetisierung der Arbeit durch, wie sie für den deregulierten und flexibilisierten Arbeitsmarkt ab den 1990ern kennzeichnend wird.[61] Mit ihrer Pointe präfigurieren *Wilhelm Meisters Lehrjahre* zusätzlich die Situation, in der sich am Anfang des 21. Jahrhunderts eine Arbeitsmarktreservearmee von theatralen Selbstunternehmerinnen und

---

61 Vgl. Andreas Reckwitz: *Die Erfindung der Kreativität. Zum Prozess gesellschaftlicher Ästhetisierung*. Frankfurt a.M. 2012, S 313-365.

Selbstunternehmern befindet: Sie proben für ihre prospektiven Rollen auf dem deregulierten und flexibilisierten Arbeitsmarkt, ohne dass es eine strukturelle Absicherung dafür gäbe, überhaupt jemals für diese aufgerufen zu werden. Die Kapitel über die pädagogische Provinz in *Wilhelm Meisters Wanderjahren* spielen auf alle diese Vorgeschichten aus dem 18. Jahrhundert an und lassen damit eine andere Herangehensweise an die theatralischen Aspekte des lebenslangen Lernens auf dem und für den Erziehungs-, Bildungs- und Arbeitsmarkt des frühen 21. Jahrhunderts zu: Sie verweisen auf die historische Genese einer entsprechenden Gouvernementalität mit all ihren Semantiken, Diskursen, Narrativen und Dispositiven – und liefern damit ihrerseits eine Vorarbeit für deren weitere kritische Analyse.

In seinem »Programm eines proletarischen Kindertheaters« von 1929 polemisiert Walter Benjamin:

»Nichts gilt der Bourgeoisie für Kinder so gefährlich wie Theater. Das ist nicht nur ein restlicher Effekt des alten Bürgerschrecks, der kinderraubenden fahrenden Komödianten. Hier sträubt sich vielmehr das verängstigte Bewußtsein, die stärkste Kraft der Zukunft durch das Theater aufgerufen zu sehen. Und dies Bewußtsein heißt die bürgerliche Pädagogik das Theater ächten.«[62]

Ein solches Theater als von der sich im 18. Jahrhundert entwickelnden Pädagogik abgewehrter ›Bürgerschreck‹ ist in den folgenden Kapiteln tatsächlich omnipräsent. Daraus folgt aber nur an der Oberfläche seine von Benjamin ausgemachte ›Ächtung‹. Stattdessen sollen im Folgenden die komplexen und häufig genug mit theatralen Mitteln überblendeten Strategien einer Abschöpfung, Regulierung und Nutzbarmachung des Theaters zur Darstellung kommen. Prägnant benennt Benjamin allerdings das Problem der ›bürgerlichen Pädagogik‹ mit dem Theater, wenn man dessen ›Kraft der Zukunft‹ als jene anarchische Offenheit fasst, die dem unkalkulierbaren Moment am Theater eigen ist.[63] Benjamin setzt

---

62 Walter Benjamin: »Programm eines proletarischen Kindertheaters«, in: Ders.: *Gesammelte Schriften. Band II.2. Aufsätze. Essays. Vorträge.* Frankfurt a.M. 1991, S. 763-769, hier 764f.

63 Die in Benjamins Formulierung auch mitschwingende Romantisierung von Kindheit wäre durch eine solche Lesart konterkariert. Vgl. auch Elise von Bernstorff: »Das Undisziplinierte im Transdisziplinären«, in: Sibylle Peters (Hg.): *Das Forschen aller. Artistic Research als Wissensproduktion zwischen Kunst, Wissenschaft und Gesellschaft.* Bielefeld 2013, S. 95-119. Vgl. Karin Burk: *Kindertheater als Möglichkeitsraum. Un-*

dem am Ende der 1920er seine Hoffnung auf den Marxismus und dessen ›Verwirklichung‹ in der UdSSR entgegen. Schlecht kann er ahnen, dass im späteren Siegeszug des mit der ›Bourgeoisie‹ verbundenen Wirtschaftssystems die Nachfolgediskurse der ›bürgerlichen Pädagogik‹ die von ihnen erzogenen und gebildeten Subjekte eben an dieser theatralen ›Kraft der Zukunft‹ ausrichten werden: als Antriebsmoment eines lebenslangen Lernens und damit zur Aufrechterhaltung der eigenen, durchdynamisierten Ordnung.

tersuchungen zu Walter Benjamins »Programm eines proletarischen Kindertheaters«.
Bielefeld 2015.

II Das Theater in der »pädagogischen Provinz« von Goethes *Wanderjahren*

Austreibung, Regulierung, Dissimulation

1. DAS »MERKWÜRDIGE« DER PÄDAGOGISCHEN PROVINZ

Die in dieser Studie angestellten Überlegungen nehmen ihren Ausgang von einer eigenartigen Stelle in Johann Wolfgang von Goethes später Prosa: von der eher beiläufig zur Sprache kommenden Verbannung und Vertreibung, vielleicht sogar Austreibung des Theaters aus der sogenannten »pädagogische[n] Provinz« (W 44) in Goethes Roman *Wilhelm Meisters Wanderjahre, oder, Die Entsagenden* von 1821 bzw. in seiner vollständigen und endgültigen Fassung von 1829. Anhand dieser Textstelle lässt sich das Wechselverhältnis zwischen zwei diskursiven Ordnungen und den mit ihnen verbundenen kulturellen Praktiken in der Zeit um 1800 herausarbeiten: zwischen dem Komplex um Erziehung und Bildung einerseits und dem Komplex um Theatralität und Theater andererseits. In dieser Passage der *Wanderjahre* findet sich ausgestellt, auf welche Weisen zeitgenössische Konzepte von Erziehung und Bildung sich zwar aus der Ordnung des Theaters speisen. Gleichzeitig überspielen sie dieses intime Verhältnis aber auch, denn das Theater scheint das Ziel der Erziehung zu unterminieren, in ihren Zöglingen eine stabile Selbstidentität und die von der Aufklärung geforderte ›Selbsttätigkeit‹ auszubilden. An deren Stelle drohen die auswechselbaren Rollen des Theaters und ein sich vom Theaterspektakel unterhalten fühlender Müßiggang zu treten. Diese Erziehung bedient sich einer *dissimulatio*-Strategie: Sie inszeniert ihr Verhältnis zum Theater ›fort‹ – und dies nicht zuletzt mit den Mitteln eben dieses Theaters.

Oft ist die Darstellung dieser zu einem Miniaturstaat ausgewachsenen Erziehungsanstalt[1], die von der Erzählinstanz des Texts als »so manches Merkwürdiges« (W 149) beinhaltend beschrieben wird, als des alten Goethes Beschreibung seiner eigenen Erziehungsideale rezipiert worden,[2] und dieses teils wohl nicht ganz zu unrecht. Von Interesse ist im Folgenden aber ein anderer Aspekt: Die Beschreibung der pädagogischen Provinz ruft verschiedene Erziehungsdiskurse und Erziehungspraktiken auf, die zum Zeitpunkt der Veröffentlichung des Romans entweder frisch veraltet oder zumindest nicht ganz neu sind. Vielmehr gehören sie großteils dem schon damals so genannten ›pädagogischen Jahrhundert‹ an, nämlich dem achtzehnten. Die Verstärkung und Ausweitung der nunmehr in die Obhut des Staats übergehenden Erziehungsorganisation[3] wie auch gleichzeitig der ans Individuum delegierten und von diesem übernommenen Bildungsanstrengungen[4] in der Zeit sind inzwischen sprichwörtlich und beim Erscheinen des Romans beileibe nicht abgeschlossen. Ihre diskursive Fundierung während der Aufklärung liegt aber schon so weit zurück, dass ihre Aufrufung durch den Text der *Wanderjahre* zitathaft fungiert und ihre Neuanordnung eher eine literarische Versuchsanordnung darstellt als eine pädagogische Theorie. Weil den Bemerkungen über das Theater in diesem Experiment eher randständiger Charakter zukommt und sie bloß polemisch Stereotypen reproduzieren, erfahren sie

---

1 Für den Aspekt der staatlichen Organisation vgl. Eva Geulen: »Betriebsgeheimnisse der ›Pädagogischen Provinz‹ in Goethes *Wanderjahren*«. In: *Zeitschrift für Medien- und Kulturforschung* (2010), Heft 1, S. 33-50, hier S. 33f.

2 Vgl. die Behauptung, die ernst gemeinte pädagogische Provinz stehe im Zentrum der *Wanderjahre*, bei Friedrich Gundolf: *Goethe*. Berlin 1916, S. 719. Vgl. für eine neuere affirmative Lesart z.B. Jutta Heinz: *Narrative Kulturkonzepte. Wielands ›Aristipp‹ und Goethes Wilhelm Meisters Wanderjahre*. Heidelberg 2006, S. 332-351, S. 387-393. Vgl. für die These, pädagogische Provinz spiegle zwar nicht das Erziehungsbild Goethes, wohl aber seine allgemeine Beschreibung der Bedingtheit von Erziehung wieder Mechthild Greven Schalit: *Pädagogische Provinzen. Johann Michael von Loens ›Der redliche Mann am Hofe‹ und Johann Wolfgang von Goethes ›Wilhelm Meisters Wanderjahre‹*. Göttingen 2012, S. 199-216. Allerdings ist ›Kindheit‹ als Thema in Goethes zahlreichen anderen Texten ganz anders strukturiert, nämlich eher als für die Zukunft offene Potentialität. Vgl. Paul Fleming: »The Promises of Childhood: Autobiography in Goethe and Jean Paul«, in: *Goethe-Yearbook* 14 (2007), S. 27-37.

3 Vgl. Ulrich Hermann: »Pädagogisches Denken«, in: Hammerstein/Herrmann (Hg.): *Handbuch der deutschen Bildungsgeschichte*, S. 97-133.

4 Vgl. die entsprechende These von Heinrich Bosse: *Bildungsrevolution*, S. 15-167.

bei der Untersuchung der Textstelle meist keine große Aufmerksamkeit.[5] Für die anschließenden Überlegungen sind sie hingegen zentral: Die dargestellte Abwehrhaltung gegen das Theater in der pädagogischen Provinz ist, so die These, Teil einer verschlungenen literarischen Anordnung, die auf ein verstecktes Verhältnis von Erziehung und Theater im ›pädagogischen‹ 18. Jahrhundert hindeutet – und darüber hinaus auf eine übergreifende theatrale Dimension von Erziehung.

Die in Goethes Text auftretenden Erzieher bringen diese Abwehrhaltung auf den Punkt: Strengstens verboten sind das Theater und sämtliche ihm zugerechneten Praktiken in der pädagogischen Provinz. Auf dem Lehrplan finden sich keine Fächer aus den theatralen Künsten. Zöglinge, die ein entsprechendes Talent entwickeln, werden der pädagogischen Provinz verwiesen. Schon die bloße Durchreise durch das Gebiet der Provinz unterliegt strengen Auflagen: Gaukelei, Verstellung und die Erregung von Leidenschaften passen nicht in eine Erziehung, die ihren Zöglingen eine stabile Selbstidentität vermitteln soll. Jedweder einer Assoziation mit dem Theater verdächtige »Pöbel«, wie es von Seiten der Lehrkräfte heißt, oder auch »Gelichter«, das sich im Gebiet der pädagogischen Provinz einfinden könnte, wird daher, »wenn es nicht selbst sich unwillig entfernt, über die Grenze gebracht« (W 256). Nicht nur fehlt das Theater also im Lehrangebot der Provinz. Wo das Theater sich zeigt oder wo es auch bloß vermutet wird, da provoziert es erzieherische und ordnungspolitische, wenn nicht gar polizeiliche Gegenmaßnahmen.

In der Tat lässt der Text die Pädagogen hier sämtliche Register aus dem Repertoire der theaterfeindlichen Tradition von Platon bis Rousseau ziehen, wie die Forschung oft am Rande festgestellt hat:[6] Die Institutionen und Praktiken des Theaters liefern demnach wegen der ihnen inhärenten Falschheit und von ihnen produzierten flüchtigen Leidenschaften keine geeigneten erzieherischen Mittel. Das Theater gilt als Ort passiven Konsums sowie dekadenter Prunk- und Verschwendungssucht und daher als moralisch fragwürdig. Gleichzeitig ist es mit fahrendem Volk und daher mit einer unbeständigen Sphäre der Armut, wenn nicht gar Kriminalität assoziiert. Weitere Aspekte ließen sich nennen.[7] Mit sol-

---

5 Vgl. die entscheidenden Analysen zum Experimentalcharakter der Erziehung im 18. Jahrhundert von Nicolas Pethes: *Zöglinge der Natur. Der literarische Menschenversuch des 18. Jahrhunderts.* Göttingen 2007, S. 312-317.

6 Vgl. neben den Kommentarteilen der unterschiedlichen Werkausgaben z.B. Patrick Primavesi: *Das andere Fest. Theater und Öffentlichkeit um 1800.* Frankfurt a.M. 2008, S. 126-129.

7 Vgl. für die Tradition der Theaterfeindschaft insgesamt Jonas Barish: *The Antitheatrical Prejudice.* Vgl. auch Christopher J. Wild: *Theater der Keuschheit – Keuschheit des Theaters.*

chen, manchmal widersprüchlichen Argumenten kämpft z.B. Rousseau im 18. Jahrhundert den Kampf gegen den neuen gesellschaftlichen Ort des Theaters: gegen das Theater als Bildungsanstalt oder gar, mit Schillers späterem Wort, als »moralische Anstalt«[8]. Die vom Text vorgestellten Pädagogen scheinen Rousseau darin radikal zu folgen.

Im Folgenden gilt es demgegenüber zu zeigen, dass der Text dem Theater einen versteckten Ort in der pädagogischen Provinz zuweist. All den unterschiedlichen, in der theaterfeindlichen Tradition wie auch bei Goethes Pädagogen-Figuren aufgerufenen Facetten von Theater (Theater als passive Nachahmung, als lügnerische Verstellung, als Spiel, als flüchtiger sinnlicher Effekt, als überflüssiger Luxus etc.) kommt dabei eine gemeinsame übergeordnete Funktion in der literarischen Machart dieses Ausschnitts von Goethes Text zu: Dieser setzt, bevor er mit traditionellen Argumenten die Austreibung des Theaters proklamiert, bereits die Erziehung und das Theater miteinander in Beziehung und markiert zwischen diesen beiden Komplexen eine spannungsreiche Verbindung. In der pädagogischen Provinz der *Wanderjahre* mögen das Theater und die ihm zugerechneten Praktiken strengstens verboten sein; – der Text exponiert aber gleichzeitig, dass und wie diese Praktiken konstitutiv für die hier vonstatten gehende Erziehung werden.

2. DIE ORDNUNG DER ERZIEHUNG UND BILDUNG IN DER PÄDAGOGISCHEN PROVINZ

Die vier Kapitel füllende Beschreibung der pädagogischen Provinz entsteht in den späten 1810ern und findet sich bereits 1821 in der unvollständigen Erstveröffentlichung von Goethes *Wilhelm Meisters Wanderjahre, oder, Die Entsagenden*. Fast unverändert werden die Kapitel dann in die endgültige Publikation von 1829 übernommen. Die titelgebende Figur des Wilhelm Meister bringt ihren Sohn Felix in besagtem Erziehungsminiaturstaat unter. Die entsprechenden Kapitel geben Wilhelms Beobachtungen und seine Interaktion mit dem pädagogischen Personal wieder, das sukzessive die Organisationsformen und Erziehungspraktiken der Provinz erläutert. Dabei entsteht allerdings kein ganzheitliches

---

8   Friedrich Schiller: »Die Schaubühne als eine moralische Anstalt betrachtet«/»Was kann eine gute stehende Schaubühne eigentlich wirken?«, in: Ders.: *Sämtliche Werke. Band 8. Philosophische Schriften*. Berlin 2005, S. 84-97, hier: S. 84. Vgl. Jean-Jacques Rousseau: »Brief an d'Alembert über das Schauspiel«, in: Ders.: *Schriften*. Band 1. Frankfurt a.M. 1978, S. 333-474.

Bild. Bereits für die pädagogische Provinz gilt, was gegen Ende des ganzen Texts der fiktive Redakteur der *Wanderjahre* beklagt, der die vielfältigen in diesem Text versammelten Erzählfäden, Textsorten und Erzählebenen[9] ordnet oder, wo deren Ordnung laut Redakteur nicht möglich ist, auf ihre unhintergehbare Verwirrung verweist: »Hier aber wird die Pflicht des Mitteilens, Darstellens, Ausführens und Zusammenziehens immer schwieriger.« (W 436) So fordern etwa die Pädagogen am Ende der ersten beiden Kapitel zur pädagogischen Provinz Wilhelm auf, ein Jahr später wieder zu Besuch zu kommen, um Felix' Fortschritte zu begutachten. Dieser befindet sich nach heutigen Maßstäben im Grundschulalter. Beim zweiten Besuch Wilhelms sieben Kapitel später scheint Felix bereits in der Pubertät zu sein. Für die Erzählsituation der *Wanderjahre* ist es typisch, dass der Bruch nicht als ein solcher kommentiert wird. Der Redakteur benennt vor dem zweiten Besuch einzig den Zeitsprung von »mehreren Jahren« als solchen; er versucht diesen zu kitten, indem er auf die Gepflogenheiten des Theaters verweist: »Doch wird ja wohl auch der Raum zwischen [den] Kapiteln genügen, um sich über das Maß gedachter Zeit hinwegzusetzen, da wir längst gewohnt sind, zwischen dem Sinken und Steigen des Vorhangs in unserer persönlichen Gegenwart dergleichen geschehen zu lassen.« (W 244) Diese Rahmung appelliert an die Kulturtechnik des Theaterbesuchs und erklärt den zweiten Ausflug in die pädagogische Provinz zu einer Bühnenszene, auf der dann Wilhelm, die Pädagogen und die Zöglinge als Darsteller auftreten und einer von ihnen gegen das Theater wettert.

Eben an dieser späteren Stelle wird sich der Redakteur das nächste Mal wieder zu Wort melden:

»Mag doch der Redakteur dieser Bogen hier selbst gestehen: daß er mit einigem Unwillen diese wunderliche Stelle durchgehen läßt. Hat er nicht auch in vielfachem Sinn mehr Le-

---

9   Vgl. zuletzt Cornelia Zumbusch: »›beschädigt und wiederhergestellt‹. Kompensationslogik und Romanform in Wilhelm Meisters *Wanderjahren*«, in: *Deutsche Vierteljahrsschrift für Literaturwissenschaft und Geistesgeschichte* 88/1 (2014), S. 3-21. Vgl. insgesamt Martin Bez: *Goethes »Wilhelm Meisters Wanderjahre«: Aggregat, Archiv, Archivroman.* Berlin 2013. Vgl. Günter Sasse: *Auswandern in die Moderne. Tradition und Innovation in Goethes Roman Wilhelm Meisters Wanderjahre.* Berlin 2010, S. 16-27. Vgl. für eine Analyse bis in die Mikrostruktur des Texts hinein Ulrich Wergin: *Einzelnes und Allgemeines. Die ästhetische Virulenz eines geschichtsphilosophischen Problems; untersucht am Sprachstil von Goethes Roman ›Wilhelm Meisters Wanderjahre oder die Entsagenden‹.* Heidelberg 1980.

ben und Kräfte als billig dem Theater zugewendet? und könnte man ihn wohl überzeugen, daß dies ein unverzeihlicher Irrtum, eine fruchtlose Bemühung gewesen?« (W 258)

Viele Interpretationen vermeinen hier, Goethes Stimme zu hören.[10] Doch textimmanent handelt es sich um mehr als eine rhetorische Frage: Der Text verweist nicht nur auf das insgesamt ›Merkwürdige‹ der Schilderung der pädagogischen Provinz, sondern darauf, dass sich ›Wunderliches‹ vor allem an der das Theater betreffenden Stelle abspielt. Denn so ›wunderlich‹ sind die traditionellen, von Platon oder Rousseau bekannten theaterfeindlichen Argumente der Pädagogen schließlich nicht.

Durch Brechungen wie diese ist die pädagogische Provinz schon von Anfang an zu einem ›wunderlichen‹ Ort geworden. Gesicherte Informationen und Unwissen die pädagogische Provinz betreffend halten sich auf der Realitätsebene des Texts die Waage: Die pädagogische Provinz ist ein Ort von nicht näher spezifizierter Lage, Ausdehnung und Landschaft.[11] Bei ihrer ersten Erwähnung wird sie vielleicht auch in diesem Sinne in Figurenrede als »eine Art von Utopie[]« (W 141) bezeichnet. Hier lebt eine kleine Zahl durchgehend männlichen Personals mit einer vom Text nicht überschauten Zahl von sehr jungen bis halbwüchsigen männlichen Zöglingen. Deren Erziehung steht im Zeichen einer Pädagogik, wie sie sich in der zweiten Hälfte des 18. Jahrhunderts in Europa als Praxis und als Wissenschaft neu konstituiert hat: Der Fokus liegt nicht mehr nur auf dem zu vermittelnden Fachwissen, das es mitzuteilen, von den Zöglingen auswendig zu lernen oder ihnen als Technik einzuprägen gilt. Die Vermittlung von Wissen setzt stattdessen, wie bereits von Jean-Jacques Rousseau und John Locke

---

10 Vgl. für die zeitgenössische Rezeption z.B. Primavesi: *Das andere Fest*, S. 126f.

11 Vgl. Anja Lemke: »Räume der Verheißung. Zur räumlichen Dimension von Potentialität in Goethes Pädagogischer Provinz«. Unveröffentlichtes Manuskript. Entsprechend gilt für die pädagogische Provinz im Besonderen, was für die Raum- und Bedeutungsordnungen der *Wanderjahre* insgesamt gilt: Sie fordern Auslegungen, Deutungen, Interpretationen und Lektüren heraus, stellen für diese aber keinen ›Schlüssel‹ bereit, sondern exponieren Bedeutungsproduktion unter prekären Bedingungen. Für diese Linie in der jüngeren Forschung vgl. bezüglich der Provinz mit unterschiedlichen Akzenten Christina Salmen: »*Die ganze merkwürdige Verlassenschaft*«. *Goethes Entsagungspoetik in* ›*Wilhelm Meisters Wanderjahren*‹. Würzburg 2003, S. 92-94. Vgl. Christian Mittermüller: *Sprachskepsis und Poetologie. Goethes Romane* ›*Die Wahlverwandtschaften*‹ *und* ›*Wilhelm Meisters Wanderjahre*‹. Tübingen 2008, S. 186-191. Vgl. Kristina Skorniakova: *Moderne Transzendenz. Wie Goethes Wilhelm-Meister-Romane Sinn machen*. Leipzig 2010, S. 328-342, S. 349-354.

gefordert, bei der sinnlichen Anschauung und der praktischen Übung ein.[12] Wilhelm und Felix reiten in der pädagogischen Provinz ein, als gerade die Ernte im Gange ist. Diese wird von den Zöglingen selbstständig unter der Obhut von wenigen »Aufseher[n]« (W 149) durchgeführt. So wird suggeriert, dass die Zöglinge bereits den ganzen Anbau in Eigenverantwortung durchgeführt und dabei durch ›learning by doing‹ erlernt haben. In diesem Sinne liegt der Schwerpunkt der Erziehung nicht auf den Inhalten eines Wissens, das es bloß einzupauken gilt, sondern vielmehr auf den Arten und Weisen der Vermittlung eines solchen Wissens: auf den didaktischen Methoden, denen nunmehr eine Wissenschaft vom Erziehen, eben die Pädagogik zugrunde liegt. Diese Pädagogik bedarf also ihrerseits eines Wissens von den inneren Voraussetzungen des Zöglings oder zumindest einer Annahme davon. Gleichfalls benötigt die Pädagogik ein Wissen oder zumindest eine Annahme davon, wie die im Zögling schlummernden wünschenswerten Anlagen denn zu entfalten seien, nicht wünschenswerte Anlagen einzudämmen und nicht Vorhandenes zu implementieren sei. Die neu entstehende Pädagogik impliziert immer auch eine Theorie der Subjektbildung und eine zugehörige Praxis.[13]

Von ihren Verfahren und Zielen her steht das Erziehungsprojekt der pädagogischen Provinz zunächst in der Tradition der deutschen Pädagogen der zweiten Hälfte des 18. Jahrhunderts. Teils in Anschluss an, teils in Abgrenzung und Weiterführung von Jean-Jacques Rousseaus Erziehungsschrift *Émile, ou, De l'éducation* von 1762 wollen Theoretiker und Praktiker der neuen Pädagogik wie Johann Heinrich Pestalozzi, Johann Bernhard Basedow, Joachim Heinrich Campe, Ernst Christian Trapp oder Christian Gotthilf Salzmann in der Erziehung das zur Entfaltung bringen, was die im 18. Jahrhundert entstehende Anthropologie den »ganzen Menschen«[14] nennt: die ganzheitliche Entfaltung der im Inneren der Zöglinge schlummernden menschlichen Eigenschaften: eine Einheit von »Kopf,

---

12 Vgl. Herrmann: »Pädagogisches Denken«, S. 102-106. Vgl. Gonthier-Louis Fink: »Die Pädagogik und die Forderungen des Tages in ›Wilhelm Meisters Wanderjahren‹«, in: *Euphorion* 93/2 (1999), S. 251-291, hier: S. 266f.

13 Vgl. Eva Geulen/Nicolas Pethes: »Einleitung«, in: Dies./Nicolas Pethes (Hg.): *Jenseits von Utopie und Entlarvung. Kulturwissenschaftliche Untersuchungen zum Erziehungsdiskurs der Moderne.* Freiburg i.Br. 2007, S. 7-12, hier: S. 9.

14 Vgl. Hans-Jürgen Schings (Hg.): *Der ganze Mensch. Anthropologie und Literatur im 18. Jahrhundert. DFG-Symposion 1992.* Stuttgart 1994. Vgl. Bernhard Fabian/Wilhelm Schmidt-Biggemann/Rudolf Vierhaus (Hg.): *Deutschlands kulturelle Entfaltung. Die Neubestimmung des Menschen.* München 1980. Vgl. Herrmann: »Pädagogisches Denken«, S. 97-101.

Herz und Hand«[15], wie es bei Pestalozzi heißt. Gemessen an der Emphase von Rousseaus kulturrevolutionärem Entwurf,[16] der in der Zeit um sich greifenden Praxis einer vielfältigen Selbstbildung,[17] und späteren Idealen einer so zweckfreien wie umfassenden ästhetischen Bildung bleiben diese neuen pädagogischen Entwürfe deutlich hinter dem Anspruch auf Ganzheitlichkeit zurück. Die entsprechende erzieherische Praxis setzt insbesondere bezüglich einer ›Volkserziehung‹ häufig anwendungs- und d.h. berufsbezogene Schwerpunkte.[18] Das dieser Praxis zugrunde liegende Leitbild orientiert sich aber durchaus an Rousseaus Anliegen, den Menschen als einen solchen überhaupt erst durch die Erziehung hervorzubringen. Rousseaus Erziehungskonzept läuft letztlich auf die Disponibilität des erzogenen Menschen hinaus: auf seine flexible Einsatzbereitschaft als Mensch in einer menschlichen Gesellschaft.[19]

Gegen Rousseaus Einzelerziehung und gegen etwa Pestalozzis Beschwörung der Familie als Keimzelle der kindlichen Erziehung setzen Pädagogen wie Basedow die kollektive Erziehung an von der Außenwelt abgeschlossenen Orten.[20] Diese Internate halten die Zöglinge nicht nur wie in Rousseaus Argument von den potentiell schädlichen Einflüssen der Gesellschaft fern; sie liefern auch die abgeschlossenen Räume, in denen sich die neuen Erziehungsmethoden überhaupt erst erproben und hinsichtlich ihrer Wirksamkeit verifizieren lassen. Auch die in den *Wanderjahren* beschriebene pädagogische Provinz stellt ein solches Internat da. Der dort praktizierte pädagogische Einsatz unterscheidet sich deutlich von dem von Rousseau inspirierten Ganzheitlichkeitsideal. Zwar soll auch in der pädagogischen Provinz, wie es heißt,»der Mensch nach allen Seiten zu ein Mensch« (W 154) werden. Zwar ist auch hier die Erziehung auf die Entfaltung der »Selbsttätigkeit« des Zöglings gerichtet. Die Erziehung verfolgt aber gleichzeitig bereits im frühkindlichen Alter ein ganz anderes Ziel: Sie richtet sich auf, wie es heißt,»Beschränkung« und Spezialisierung:»Eines recht wissen und ausüben gibt höhere Bildung als Halbheit im Hundertfältigen.« (W 148) Eine solche Transformation des pädagogischen Projekts wird Anfang des 19. Jahrhunderts z.B. am Schweizer Institut von Phillip Emanuel von Fellenberg auf dem Landgut

---

15 Johann Heinrich Pestalozzi: *Sämtliche Werke. Band 16. Schriften aus der Zeit von 1803-1804*. Berlin 1935, S. 360.

16 Vgl. Kapitel IV.

17 Vgl. Bosse: *Bildungsrevolution*, S. 47-57.

18 Vgl. Herrmann:»Pädagogisches Denken«, S. 118f.

19 Vgl. E 115f.. Vgl. Kapitel IV.

20 Vgl. Herrmann:»Pädagogisches Denken«, S. 108-114. Vgl. Fink:»Die Pädagogik und die Forderungen des Tages in ›Wilhelm Meisters Wanderjahren‹«, S. 261f.

Hofwyl bei Bern praktiziert, bei dem es sich wohl um das hauptsächliche Vorbild der pädagogischen Provinz handelt.[21] Für die Ausführungen zum Theater gibt es hier allerdings keinen Bezug[22], ebenso wenig wie an anderen Erziehungsinstitutionen der Zeit.

Die Verschiebung vom emphatischen Ganzheitlichkeitsanspruch hin zu einer eher partikular operierenden Erziehung spielt auf die Entwicklung an, die das mit so hohen Erwartungen gestartete Erziehungsprojekt der Aufklärung Anfang des 19. Jahrhunderts genommen hat. Damit, die angestrebte menschliche Selbsttätigkeit ganz allein zu erzeugen und eine vernunftgemäß organisierte menschliche Gesellschaft voranzubringen, ist das pädagogische Projekt überfordert. Pragmatisch beschränkt sich die Erziehung im engeren Sinne auf die Vermittlungen von Wissen und Fähigkeiten. In einem weiteren Sinne kann dann, wie sich dies etwa in der ›Streitschrift‹ Friedrich Niethammers abzeichnet,[23] der diffuse Begriff der ›Bildung‹ gebraucht werden: als Orientierung an (mit einem Wort Niklas Luhmanns) vagen »Werten«[24], deren Internalisierung sich nicht überprüfen lässt; als Selbstzweck, der, statt sich auf das Ziel der Selbsttätigkeit zu richten, auf eine selbsttätige Aneignung von Wissen und Kompetenzen ausgerichtet ist und sich durch die Unabschließbarkeit dieses Prozesses selbst bestätigt.[25] Hier zeichnet sich die semantische Unterscheidung von äußerer Erziehung und innerer Bildung ab, wie sie für den deutschsprachigen Raum später lange kennzeichnend sein wird, ohne dass die jeweilige Begriffsverwendung um 1800 sich jedoch bereits großartig an dieser Unterscheidung orientierte.[26]

Diese Verschiebung hin zur Spezialisierung entspricht auch der Entwicklung von Goethes *Wilhelm Meister*-Projekt. Im Vorläuferroman zu den *Wanderjahren*, in *Wilhelm Meisters Lehrjahren* von 1795/96, proklamiert der Titelheld noch, »mich selbst, ganz wie ich da bin, auszubilden, das war [...] von Jugend auf mein Wunsch und meine Absicht« (L 290). Diese Absicht verfolgt die Wil-

---

21 Vgl. Anneliese Klingenberg: *Goethes Roman »Wilhelm Meister oder die Entsagenden«. Quellen und Komposition.* Berlin/Weimar 1972, S. 57-59. Vgl. Kurt Guggisberg: *Philipp Emanuel von Fellenberg und sein Erziehungsstaat. Band II. Das Werk.* Bern 1953, S. 420-434.

22 Vgl. Guggisberg: *Philipp Emanuel von Fellenberg*, S. 432.

23 Vgl. Friedrich Immanuel Niethammer: *Der Streit des Philantropinismus und Humanismus in der Theorie des Erziehungs-Unterrichts unsrer Zeit.* Jena 1808.

24 Niklas Luhmann: *Das Erziehungssystem der Gesellschaft.* Frankfurt a.M. 2002, S. 123. Vgl. S. 123-134.

25 Vgl. ebd., S. 172-180.

26 Vgl. Bosse: *Bildungsrevolution*, S. 47ff.

helm-Figur bekanntlich in der bunten und abenteuerlichen Welt des Theaters. Und in dieser abenteuerlichen Welt hat er auch seinen Sohn Felix, den späteren Zögling in der pädagogischen Provinz, gezeugt. Die meisten Stimmen der polyphonen *Lehrjahre* inklusive der Erzählinstanz kennzeichnen Wilhelms Umweg über das Theater zwar als Verwirrung; am Ende steht jedoch ein Protagonist, der – nicht zuletzt dank der vielfältigen Anforderungen des Theaters – Rousseaus Disponibilität erreicht hat und bereit ist, sich selbsttätig am Gemeinwesen zu beteiligen.[27] In der Publikation der *Wanderjahre* ein Vierteljahrhundert später spezialisiert sich der Wilhelm des Nachfolgeromans, der nur wenig älter ist als der Wilhelm der *Lehrjahre*, hingegen auf einen Beruf; er wird Wundarzt.

Auf eine (vor allem handwerkliche) Spezialisierung ist auch das Erziehungsprogramm der Provinz ausgerichtet: »[G]eprüft werden die Zöglinge auf Schritt und Tritt; dabei erkennt man, wo seine Natur eigentlich hinstrebt. [...] [W]eise Männer lassen den Knaben unter der Hand dasjenige finden, was ihm gemäß ist, sie verkürzen die Umwege, durch welche der Mensch von seiner Bestimmung [...] abirren mag.« Wilhelms im oberflächlichen Trubel des Theaters vertändelten Jahre gelten jetzt nicht mehr als ein Prozess der Selbstfindung. Einen solchen Irrweg soll es in der pädagogischen Provinz nicht geben. Dafür sorgen diese Prüfungen ›auf Schritt und Tritt‹ sowie eine versteckte Lenkung, welche dem Zögling Eigenständigkeit beim Suchen und Finden seiner sogenannten ›Bestimmung‹ suggeriert. Den unverortbaren Ort der pädagogischen Provinz kennzeichnet der Text wohl nicht zuletzt in diesem Sinne als »herrlich gegründeten Mittelpunkt« (W 148), d.h. als einen Ort, an welchem der Zögling seinen eigenen inneren Mittelpunkt zu finden und zu verfestigen lernt, statt sich in vielfältigen Versuchen zu zersplittern und zu verlieren. Die Ausbildung zu einer Bestimmung wird daher mit dem Erlernen von Tugenden verbunden: Gehorsam, Unterordnung, Gemeinschaftsgeist, Geduld. Diese Tugenden werden über eine synkretistisch zusammengestellte Religion charismatisiert und als Bestandteil einer umfassenden Weltordnung legitimiert.[28] In diese Weltordnung sollen die Zöglinge sich aus eigenem Willen und selbsttätig eingliedern.

Eine Absage an das Theater (als einer Bildungsanstalt) ist also schon im Verhältnis der Romane *Wilhelm Meisters Wanderjahre* und *Wilhelm Meisters Lehrjahre* angelegt: Den spielerischen Umweg der Erziehung und Selbstbildung über das Theater der *Lehrjahre* kann es in der pädagogischen Provinz nicht geben. Im Sinne von Pestalozzis Konzeption, die auch Immanuel Kant in seiner

---

27 Für die Verkomplizierung des in der Forschung gängigen Schemas vgl. Kapitel VII.

28 Vgl. Franziska Schößler: *Goethes Lehr- und Wanderjahre. Eine Kulturgeschichte der Moderne.* Tübingen 2002, S. 331.

1803 erschienenen Vorlesung *Über Pädagogik* teilt, werden die Zöglinge nicht wie bei den Philantropinisten im Spiel erzogen, sondern durch Arbeit zur Arbeit angehalten.[29] Wilhelms Umweg über das Spiel des Theaters soll sich in der pädagogischen Provinz für seinen Sohn Felix, das Kind von Wilhelms Liebe zum Theater, nicht wiederholen. Stattdessen soll Felix eine seinen Fähigkeiten angemessene spezialisierende Erziehung gemäß des berühmten Leitsatzes der *Wanderjahre* erhalten:»Mache ein Organ aus dir und erwarte, was für eine Stelle dir die Menschheit im allgemeinen Leben wohlmeinend zustehen werde.« (W 37) – Allerdings deutet die anfangs erwähnte, von der Erzählinstanz durchgeführte Verlegung dieser impliziten pädagogischen Abkehr vom Theater auf eine Theaterbühne bereits eine Verkomplizierung des Verhältnisses von Erziehung und Theater an.

3. NACHÄFFEN UND NACHAHMEN: STRUKTURPARALLELEN IN ERZIEHUNG UND ÄSTHETIK

In beiden Ordnungen der Erziehung und Bildung, in der ganzheitlichen der *Lehrjahre* und der spezialisierten der *Wanderjahre*, findet sich eine für die in der Aufklärung entstehenden Erziehungs- und Bildungsdiskurse übergreifende Problematik. Immanuel Kant hat sie als das Paradox einer ›Erziehung zur Freiheit‹ pointiert:»Wie kultiviere ich Freiheit bei dem Zwange?«[30] Wie die Zöglinge die angestrebte Selbsttätigkeit lehren, wo diese doch eben aus eigenem Antrieb und aus eigener Kraft selbsttätig sein sollen? Steht jeglicher pädagogischer Zwang seinem Ziel nicht insofern immer schon entgegen, als dass Erziehung von außen eingreift und somit dieser Eigenständigkeit zuwiderläuft? Auch und gerade, wenn von der Eigenständigkeit verlangt wird, sich wie in der pädagogischen Provinz aus freien Stücken dem Gemeinwesen einzugliedern und einer höheren Ordnung zu unterwerfen? Menschliche Naturanlagen wie Selbsttätigkeit, Vernunft oder das je individuelle Talent für eine bestimmte Spezialisierung müssen, wenn die Erziehung sie freisetzen soll, bereits vorausgesetzt werden. In diesem

---

29 Vgl. Immanuel Kant:»Über Pädagogik«, in: Ders.: *Werkausgabe. Band XII. Schriften zur Anthropologie, Geschichtsphilosophie, Politik und Pädagogik.* Frankfurt a.M. 1977, S. 691-761, hier: S. 729-733. Vgl. Fink:»Die Pädagogik und die Forderungen des Tages in ›Wilhelm Meisters Wanderjahren‹«, S. 273.

30 Kant:»Über Pädagogik«, S. 711. Vgl. zur Paradoxie der Erziehung auch Michael Wimmer: *Dekonstruktion und Erziehung. Studium zum Paradoxieproblem in der Pädagogik.* Bielefeld 2006, S. 35-46, S. 346-351, S. 375-380.

Sinne weisen etwa Nicolas Pethes und Eva Geulen darauf hin, dass der Erziehungsprozess dann nicht mehr von der Hervorbringung, Implementierung, ja vielleicht sogar Konstruktion dieser menschlichen Naturanlage zu unterscheiden ist[31] – ob eine solche nun aus Selbsttätigkeit besteht oder nicht. Wie also die Zöglinge der pädagogischen Provinz dazu veranlassen, ein ›Organ‹ im Sinne der *Wanderjahre* aus sich zu machen?

Dieser Problematik der Subjektbildung wohnt, darauf hat Philippe Lacoue-Labarthe aufmerksam gemacht, eine theatrale Dimension inne.[32] Und diese theatrale Dimension lässt sich nicht auf die zunächst zeitspezifische Frage nach Selbsttätigkeit reduzieren. Traditionell operieren Bildung und Erziehung über die *imitato* bzw. Nachahmung von Modellen und Beispielen. Beim nachzuahmenden Modell des selbsttätigen Menschen, sei es das des ganzheitlichen der *Lehrjahre* oder des spezialisierten der *Wanderjahre*, verfängt sich eine solche Nachahmung eines Modells aber in einer Paradoxie: Wo es um eine Erziehung zur Selbsttätigkeit geht, darf gerade keine Nachahmung stattfinden, damit die wirklich eigenständige Selbsttätigkeit nicht zum Rollenspiel, d.h. zum bloßen Theater, verkommt. Der Zögling muss in der Erziehung dazu gebracht werden, aus sich selbst heraus diese Selbsttätigkeit zu entwickeln. So erklärt Rousseau als Stichwortgeber der neuen Pädagogik zwar einen »esprit imitateur« des kleinen Kindes zur Produktivkraft einer frühen Phase der Erziehung: »Ich kann mir nichts vorstellen, wofür man nicht Kindern mit einigem Geschick, auch ohne Eitelkeit, Wetteifer und Eifersucht, Lust, ja sogar Neigung einflößen könnte. Ihre Lebhaftigkeit, ihr Nachahmungstrieb [esprit imitateur, M.J.S.] genügen.« (E 285f.)[33] Und so sehen es in Nachfolge Rousseaus auch zahlreiche der deutschen Pädagogen: Joachim Heinrich Campe spricht in diesem Sinne vom »Nachahmungstrieb« als dem »ersten unter allen Trieben«[34], mit dem der Erzieher zu arbeiten habe. Aber als allererstes muss in der Erziehung dieser Nachahmungstrieb von sich selbst weggelenkt werden. Aus dem immer bloß Fremdes wiederholenden Nachahmungstrieb muss eine Selbstidentität, muss ein je eigener Wille des Zög-

---

31 Vgl. Geulen/Pethes: »Einleitung«, S. 8f.

32 Vgl. Philippe Lacoue-Labarthe: *Die Nachahmung der Modernen. Typographien II.* Basel/Wien 2003.

33 »Je n'imagine rien dont, avec un peu d'adresse, on ne pût inspirer le goût, même la fureur, aux enfants, sans vanité, sans émulation, sans jalousie. Leur vivacité, leur esprit imitateur, suffisent« (Jean-Jacques Rousseau: *Émile, ou, De l'éducation.* Paris 1969, S. 195).

34 Joachim Heinrich Campe: *Robinson der Jüngere. Zur angenehmen und nützlichen Unterhaltung für Kinder.* Stuttgart 1981, S. 7.

lings entstehen. Der Nachahmungstrieb muss menschliche Selbsttätigkeit nach-ahmen und sich derart von sich selbst, von der eigenen Nachträglichkeit, lösen.[35] Die Erziehung macht sich also die theatrale Veranlagung des Zöglings zur Imita-tion des ihm Vorgegebenen zunutze, um den Zögling von eben dieser theatralen Veranlagung zu befreien. Diese Konstellation lässt in der Erziehung seit Rous-seau Theaterinszenierungen ganz eigener Art entstehen: Rollenspiele und Ver-suchsanordnungen, durch welche der Zögling in sich jene Selbsttätigkeit finden soll, die seinen Erziehern als Modell vorschwebt. Die eine theatrale Konstellati-on weicht einer anderen: Aus der Nachahmung eines Vorbilds wird die Inszenie-rung eines Experiments mit dem Zögling als Darsteller und dem Erzieher als be-obachtendem oder teilnehmendem Regisseur.

Kant hält, bevor es zu einer systematischen Erziehung der Menschheit zur Freiheit kommen kann, ein großangelegtes »Experiment«[36] im Bereich der erzie-herischen Praktiken für vonnöten, um die Mittel herauszuarbeiten, mit denen die Menschheit zur Freiheit statt zur *de facto* herrschenden Unmündigkeit geführt werden kann. Aber dieses Experiment geschieht immer in der Annahme, dass es keines mit offenem Ausgang ist, sondern das Angenommene hervorbringen wird. Kant und die anderen Aufklärer vertrauen darauf, dass dasjenige, was die Erziehung hervorrufen soll, schon als Potenz vorhanden ist, man es also bloß freizulegen braucht. Die von Rousseau proklamierte Perfektibilität des Men-schen steht immer im Hintergrund. Was Rousseau mit dem Zögling Émile auf individueller Basis vorschwebt, erweitern die deutschen Pädagogen ins Groß-formatige: Nicolas Pethes hat in einer großen Studie die pädagogischen Konzep-te des europäischen 18. Jahrhunderts mit ihren experimentellen Anordnungen vor allem von Foucaults Konzept der Disziplinarmacht her analysiert. Dabei taucht die theatrale Dimension der Erziehungsproblematik im Hintergrund seines Arguments und des von ihm entfalteten Materials auf: Die Pädagogen des 18. Jahrhunderts imaginieren (und teilweise praktizieren sie) Erziehung als ein groß-angelegtes Menschenexperiment. Durch permanente Observation bei ständiger Manipulation des Versuchsaufbaus werden laufend Daten erhoben. Diese Daten lassen sich wiederum dazu benutzen, den Versuchsaufbau so zu manipulieren, dass das Kind in die gewünschte Verhaltensweise hineingedrängt wird. Die Be-obachtung der Kindernatur geht letztlich mit der Erzeugung einer angenomme-nen oder gewünschten Norm einher.[37]

---

35 Vgl. Kapitel V.
36 Kant: »Über Pädagogik«, S. 699f.
37 Vgl. Pethes: *Zöglinge der Natur*, S. 9-29.

Der erste Inhaber eines universitären Lehrstuhls für Pädagogik im deutschsprachigen Raum, Ernst Christian Trapp, fordert 1780 in seinem *Versuch einer
Pädagogik*:

»Man gebe mehreren Kindern von einerlei Alter verschiedene Gegenstände, Spielzeug,
Bücher, Modelle, Gemälde und lasse sie damit nach Belieben schalten und walten. Nun
gebe man Acht auf die Verschiedenheit ihrer Äußerungen, Empfindungen, Handlungen,
Erfindungen u.s.w. Man sehe, welche Gegenstände sich dieser, und welche sich der wählt,
wie bald er ermüdet, wie lange er bei einem Gegenstande aushalten kann. Man *zähle*, wie
viele und welche Ideen, Empfindungen und dadurch veranlasste Äußerungen und Handlungen in einer gewissen Anzahl von Minuten und Sekunden in Kindern entstehen und
zum Vorschein kommen«[38].

Durch Manipulation dieser Gegenstände kann nun auch das Verhalten der Zöglinge manipuliert werden. Trapp versichert zwar, er habe sich an durchschnittli-
chen Kindern versucht und nur einen der allgemeinen menschlichen Ordnung
angemessenen Zustand herstellen wollen. Dabei gibt Trapp jedoch (geradezu tri-
umphierend) zu, dass diese allgemeine Ordnung erst im Menschenversuch hergestellt wird: »Wer die Macht und die Gesetze der Ideenverbindung und Imagination kennt, der kann Neigungen einflößen, schwächen, verstärken, hinrichten
und abkehren wohin und wovon er will; [...] er kann [bis zu einem gewissen
Grade] beliebige Fertigkeiten [...] des Willens hervorbringen«[39].
    Wenig einschränkend klingt da die nachgeschobene Einschränkung: »aber
alles doch nur bis zu einem gewissen Grad«[40]. Egoistische Neigungen sollen dabei, so Trapp, in dem Gemeinwesen angepasste Bedürfnisse verwandelt werden.
Die Erziehung ist also erst in zweiter Linie eine zur Freiheit bzw. Freiheit entpuppt sich als die Fähigkeit, die von außen kommende Lenkung durch den Pädagogen zu internalisieren: »In gewissem Sinne kann man sagen, dass bei der Erziehung alles auf die *Lenkung und Regierung des menschlichen Willens ankom-
me*«. Dies gilt auf zweierlei Art: Man muss »während der Erziehung Herr über
den Willen der Jugend sein und ihn nach Belieben hinrichten und ablehren können«. Aber gleichzeitig gilt es, »dass man den Zöglingen zu der Herrschaft über

---

38 Ernst Christian Trapp: *Versuch einer Pädagogik. Unveränderter Nachdruck der 1.
    Ausgabe Berlin 1780. Mit Trapps Hallescher Antrittsvorlesung: Von der Nothwendig-
    keit, Erziehen und Unterrichten als eine eigne Kunst zu studieren.* Paderborn 1977, S.
    66. Vgl. zu Trapp insgesamt Pethes: *Zöglinge der Natur*, S. 224-234.
39 Trapp: *Versuch einer Pädagogik*, S. 85.
40 Ebd., S. 85.

ihren Willen verhelfe, welches [...] für das wesentliche Stück der Erziehung zu halten ist«[41]. Wie sich letzteres im Endeffekt von ersterem unterscheiden lassen soll, das problematisiert Trapp nicht. Polemisch gesprochen bringt diese Erziehung erst in zweiter Linie Selbsttätigkeit hervor. Die scheinbare Selbsttätigkeit entpuppt sich vielmehr als die Internalisierung der von außen kommenden Lenkung durch den Pädagogen.[42]

Laut Trapps Kollegen Campe muss der Pädagoge dabei mit dem Nachahmungstrieb beginnen.[43] Im Laufe der Erziehung zur Selbsttätigkeit muss er aber überspielen, dass hier ein imaginäres Modell nachgeahmt wird: Er muss das Theater überspielen. Sonst liefe die Selbstlenkung, mit welcher der Zögling seinen Willen nach den Maßstäben der vom Erzieher implementierten Natur lenkt, Gefahr, ins Leere zu laufen. Sie wäre immer noch die frühkindliche, wenn nicht gar tierische Imitation statt der implementierten menschlichen Selbsttätigkeit. Bei Trapp findet sich dieser epistemologische Zusammenhang *ex negativo* und in einer moralischen Lebensweisheit verpackt aufgeschrieben: »Eine der wichtigsten Lehren für die Jugend ist diese, daß man [...] am klügsten thue, das zu sein, was man scheinen will«, nämlich selbstverständlich »ehrlich«[44]. Dass das eigene ›Sein‹ in einem infiniten Regress möglicherweise erst durch das So-tun-als-ob hergestellt werden könnte, lässt eine Formulierung wie diese offen.

Die Problematik einer theatralen Erziehung ist von Platons *politeia* her bekannt, wo Mimesis als Nachahmung gefasst wird. Offensichtlich scheint die Anspielung auf die *politeia* auch in der Spezialisierung der Ausbildung in der pädagogischen Provinz zu sein: ›Mache ein Organ aus dir!‹ Vieltuerei (*polypragmosyne*) gilt es auf alle Fälle zu vermeiden.[45] Am Ideal einer in sich autarken Mikrogesellschaft, in der alle Rollen funktional zugeteilt sind, orientiert sich auch die Gruppe der ›Entsagenden‹, der Wilhelm und sein Sohn angehören und die für dieses Ideal nach Amerika auswandern will. Das lässt sich als Gegenentwurf zu einer sich in funktionale Subsysteme ausdifferenzierenden Gesellschaft lesen, in der die einzelnen Subjekte beim Wechseln von Funktionsbereich zu Funktionsbereich verschiedene Rollen spielen müssen.[46] Bekanntlich sind für Platon in seiner *politeia* die paradigmatischen Vieltuer, die Künstler und vor allem die

---

41 Ebd., S. 299.
42 Vgl. Kapitel V.
43 Vgl. ebd.
44 Trapp: *Versuch einer Pädagogik*, S. 297.
45 Vgl. Kapitel III.
46 Vgl. Niklas Luhmann: *Die Gesellschaft der Gesellschaft*. Frankfurt a.M. 1998, S. 743-776. Vgl. Goffman: *Wir alle spielen Theater*.

sich verstellenden Schauspieler, die vieles imitieren können, aber nichts selber vermögen. Mit den bekannten Folgen: Ein Gemeinwesen, das Künstler und Schauspieler zulässt, wird von innen wie von Parasiten zerfressen, wird instabil und zerfällt. Platon handelt dies an der Mimesis ab und gebraucht den Begriff meist im Sinne von bloß imitierender Nachahmung. Das platonische Paradox aber liegt darin, dass auch die kindliche Erziehung über die Instabilität der Nachahmung verläuft. Nachgeahmt werden sollen in der Erziehung nur stabile Vorbilder, nicht die flüchtigen und ins Extreme ausschlagenden Leidenschaften, die sich dem niederen und tierhaften Anteil der menschlichen Seele zugerechnet finden. Die instabile Mimesis ist somit durch Mimesis zum Verschwinden gebracht, die Bedrohung durch Kunst und Schauspielerei verschwunden.[47] An diese theaterfeindliche und doch dem Theater gleichzeitig so große Macht zuschreibende Figur werden die mit Rousseaus Stimme sprechenden Pädagogen und die von ihnen bekämpften Phantasien des 18. Jahrhunderts anschließen, das Theater ließe sich von einer kulturelle Auflösung bringenden, zwielichten Institution in eine Bildungsanstalt umwandeln.[48]

Die Problematik verschiebt sich bereits mit der aristotelischen Interpretation der Mimesis in der *Poetik* als eines ursprünglichen menschlichen Darstellungsvermögens, das nicht notwendig nachträglichen, sondern auch hervorbringenden Charakter hat. Aristoteles fasst Mimesis als die freudig ausgeübte Technik des Lernens und des Wissenserwerbs schlechthin. Und weil dies nicht nur für Kinder gilt, sondern eben auch für die Sphäre der theatralen Darstellung, bestimmt Aristoteles die Mimesis nicht als den im Somatischen verorteten und potentiell tierischen Impuls, als den sie die Erzieher des 18. Jahrhunderts produktiv machen wie fürchten, sondern als Definitionsmerkmal des Menschlichen: Der schon Kindern eigene Nachahmungsdrang unterscheidet den Menschen von den Tieren. Der berühmte Anfang vom vierten Abschnitt der aristotelischen *Poetik* sieht das Nachahmungsvermögen als »angeboren« und den Menschen »von Kindheit an« im Vergleich mit den Tieren »im besonderen Maß zur Nachahmung befähigt«[49]. Mit Mimesis und Theater steht neben der Erziehung also auch gleich der menschliche Status des Menschen auf dem Spiel.[50]

---

47 Vgl. Kapitel III.

48 Vgl. Wild: *Theater der Keuschheit – Keuschheit des Theaters*, S. 167-261.

49 Aristoteles: *Poetik*. Stuttgart 1982, S. 11. Für die von diesem Diktum ausgehende anthropologische Linie der Mimesis-Diskussion vgl. Gunter Gebauer/Christoph Wulf: *Mimesis. Kultur – Kunst – Gesellschaft*. Hamburg 1992, S. 81-88.

50 Vgl. zu dieser Frage insgesamt Jacques Derrida: *Das Tier, das ich also bin*. Wien 2010.

Die Frage nach dem unproduktiven Aspekt der Mimesis ist es gerade, über welche die Diskussion des 18. Jahrhunderts zwischen einer guten und einer schlechten Variante der Mimesis zu unterscheiden versucht. Diese Diskussion findet vor allem in ästhetischen Debatten angesichts der Transformation und Auflösung des *imitatio et aemulatio*-Paradigmas statt. Das Problem der gegen Ende des Jahrhunderts an die Stelle dieses Paradigmas tretenden Autonomie künstlerischer Produktivität bzw. des Kunstwerks verhält sich aber strukturäquivalent zum pädagogischen Problem der Selbsttätigkeit.[51]

Zur *imitatio* gehört lange Zeit (etwa bei Scalinger und Robertello) die Dimension des *describere* als eines präzisen Wiederholens.[52] Während im alten Wort »Nachäfern« auch die *aemulatio* als ein ›Nacheifern‹ mitschwingt, erhält die Wiederholungsdimension mit der Aufklärung als »Nachäffen«[53] einen negativen Beigeschmack: Eine bei aller Virtuosität und Genauigkeit eher mechanische Wiederholung scheint den Epistemologen der Aufklärung schlicht undurchdacht bzw. den späteren Theoretikern der Ästhetik unproduktiv und unkreativ. Oft findet sich die Unterscheidung zwischen dem negativ konnotierten ›Nachäffen‹, durch welches der Affe als das menschenähnliche, aber nie ganz menschliche Tier aufgerufen wird, und einem positiv konnotierten ›Nachahmen‹: so etwa bei Karl Philipp Moritz in seiner Schrift »Über die bildende Nachahmung des Schönen« von 1788, einem Gründungstext der klassizistischen Ästhetik, dessen Argumentation Goethe in seinen theoretischen Schriften in vielen Strängen aufnehmen wird.[54] Moritz entwickelt die Differenz von Nachäffen und

---

51 Eva Geulen sieht die neue Pädagogik des 18. Jahrhunderts rückblickend in der »Rolle der etwas ärmliche[n] Schwester einer Ästhetik [...], deren massiven Bildungsansprüchen Pädagogik allenfalls sekundieren« kann (Geulen:»Erziehungsakte«, S. 629).

52 Vgl. Thomas M. Greene: *The Light in Troy. Imitation and Discovery in Renaissance Poetry.* New Haven 1982, S. 28-80.

53 Vgl. Johann Christoph Adelung: *Grammatisch-kritisches Wörterbuch der hochdeutschen Mundart.* Band 3. Leipzig 1798, S. 363f.. Vgl. Friedrich Kluge: *Etymologisches Wörterbuch der deutschen Sprache.* Berlin/New York 1999, S. 579.

54 Vgl. Karl Philipp Moritz: »Über die bildende Nachahmung des Schönen«, in: Ders.: *Werke. Band 2. Popularphilosophie. Reisen. Ästhetische Theorie.* Frankfurt a.M. 1997, S. 958-991. Vgl. Johann Wolfgang von Goethe: »Einfache Nachahmung der Natur, Manier, Stil«, in: Ders.: *Goethe Werke. Band 12. Schriften zur Kunst, Schriften zur Literatur, Maximen und Reflexionen.* München 1998, S. 30-34. Vgl. Johann Wolfgang von Goethe: »Über die bildende Nachahmung des Schönen, von Karl Philip Moritz. Braunschweig 1788«, in: Ders.: *Goethe Werke. Band 11. Autobiographische Schriften III.* München 1998, S. 534-541.

Nachahmung, indem er die antike Parallelführung von *imitatio* mit *aemulatio* einerseits aufnimmt, andererseits in seiner Neuausrichtung diese Begriffe aber einander entgegensetzt. Eine bloß wiederholende Imitation weist Moritz explizit dem »Schauspieler« auf dem Theater zu; dieser »*äfft*« andere eben nur »*nach*«[55]. Die produktive ›Nachahmung‹ eines Modells fasst Moritz hingegen als »[W]etteifern« und »[N]achstreben«[56] im Sinne der antiken *aemulatio*. Das Nachahmen wetteifert in diesem Sinne aktivisch mit der Selbsttätigkeit, Freiheit und Originalität des jeweiligen Modells. Eine Nachahmung im Sinne von Moritz soll sich bereits von ihrer eigenen Nachträglichkeit befreit haben; diese Nachahmung soll gar keine Nachahmung mehr sein. – In der Mimesis-Szene der Erziehung wäre daher mit einer solchen Unterscheidung die Paradoxie einer ›Erziehung zur Freiheit‹ nicht aufgelöst, sondern nur verschoben. Das Gelingen der Auflösung des fremdbestimmten Nachäffens ins selbsttätige Nachahmen wäre immer fraglich. Die Selbsttätigkeit der Zöglinge Rousseaus, Campes, Trapps oder auch der Zöglinge aus der pädagogischen Provinz bliebe zunächst Behauptung. Ebenso gut könnte behauptet werden, dass die Zöglinge die Erziehungsmodelle Rousseaus, Trapps bzw. die von Goethes Pädagogen nachäffen.

Mit der Unterscheidung zwischen einer guten, aktiven Mimesis als Nachahmung und einer schlechten, passiven Mimesis als Nachäffen schreibt sich Moritz seinerseits in eine mächtige Tradition ein, die allerdings in keiner Weise so offensichtlich ist wie die des *imitatio et aemulatio*-Paradigmas. In zahlreichen Veröffentlichungen hat Philippe Lacoue-Labarthe die seit Platon gängige Entgegensetzung von guter und schlechter Mimesis entfaltet, dass es sich hier um mehr als um eine epistemologische Differenzierung handelt. Vielmehr inszenieren Subjektbildungsdiskurse seit Platon einen Widerstreit zwischen der guten Nachahmung und der schlechten Nachahmung. Dabei wird die gute, aktive Nachahmung von der schlechten, passiven bedroht und muss sich ihrer entledigen. Den Künstlern, vor allem den Dichtern und Rhapsoden wird nicht nur der Zutritt zu Platons Gemeinwesen der *politeia* verwehrt, weil sie bloß Nachahmungen zweiten Grades liefern, während doch die Realität bereits eine Nachahmung ersten Grades, nämlich der ewigen Ideen sei. Ausgegrenzt werden die Dichter, weil viele ihrer Stoffe der Jugend instabile Vorbilder liefern: weil hier nicht Ausgeglichenheit, sondern Leidenschaftlichkeit zum Modell für die Zöglinge wird. Aus den vorhandenen Dichtungen werden deshalb bei Platon die guten, stabilen Vorbilder aufbewahrt, die instabilen, leidenschaftlichen mit den Dichtern aus dem idealen Gemeinwesen ver-

---

55 Moritz: »Über die bildende Nachahmung des Schönen«, S. 958. Vgl. Kapitel VI.
56 Ebd., S. 959.

bannt.[57] Lacoue-Labarthe sieht hier nicht so sehr den Widerstreit zwischen Philosophie und Literatur, sondern den zwischen einem guten und einem schlechten Theater, zwischen der guten Mimesis und der schlechten Mimesis. Die schlechte Nachahmung wird zum Sündebock, mit dem alle ihre gefährlichen Eigenschaften ausgetrieben werden. In der guten Nachahmung wird der gereinigte Sündebock dann zum Heiligen glorifiziert.[58] Der prekäre Status, der einer Erziehung nach Modellen innewohnt, findet sich so überblendet.

Lacoue-Labarthe rekonstruiert Spuren dieser Austreibung der schlechten Nachahmung durch die ganze Kulturgeschichte hindurch, insbesondere durch die Theoriegeschichte, so z.b. in der Aufwertung der Mimesis zu einer produktiven Weise der modellhaften Darstellung bei Aristoteles oder in der Gegenüberstellung von Theorien des leidenschaftlichen und kühl kalkulierenden Schauspieltheoriens in Denis Diderots erst 1830 publizierten Essay von 1770 »Le Paradoxe sur le comédien«.[59] Wo es der Erziehung seit dem 18. Jahrhundert um eine Bildung zur Selbsttätigkeit geht, formuliert Lacaoue-Labarthe dieses Paradox in einen »*double-bind*« der Subjektbildung um: »[M]ach mich nach, um zu werden, der du bist!«[60] Am kulturellen Ort Theater öffnet sich somit eine andere Szene, auf der traditionelle das Theater betreffende Diskurse mit traditionellen die Bildung und Erziehung betreffende Diskurse miteinander verschmelzen: die Szene der Nachahmung eines Modells. Diese Szene ist insofern paradox, als dass sie eine Identität des Nachahmenden sichern soll, welche ihn von dem nachgeahmten Modell unterscheidet. Ihr ›double-bind‹ macht die angestrebte Subjektbildung auch stets unmöglich: Ohne Nachahmung gibt es keine Identität, mit Nachahmung keine eigene, sondern bloß eine fremde Identität.

---

57 Vgl. Kapitel III.

58 Vgl. Diderot: *Das Paradox über den Schauspieler*. Vgl. Philippe Lacoue-Labarthe: »Typographie«, in: Sylviane Agacinski et al.: *Mimesis des articulations*. Paris 1975, S. 165-270. Vgl. Philippe Lacoue-Labarthe: *Typography. Mimesis, Philosophy, Politics*. Stanford 1998, S. 43-138. Vgl. für den Referenzpunkt von Lacoue-Labarthes Argument bezüglich der Mimesis Jacques Derrida: *Dissemination*. Wien 1995, S. 206-213. Eine Pointe von Lacoue-Labarthes Einsatz liegt in Fortführung von Derridas Argumentation darin, die Sündenbocktheorie René Girards, in welcher der Sündenbock die entfesselte Mimesis domestizieren soll, auf sich selbst anzuwenden: Die schlechte Mimesis ist der Sündenbock, der nach seiner Vertreibung als gute Mimesis heiliggesprochen wird. Vgl. René Girard: *Der Sündenbock*. Zürich 1988, S. 23-37.

59 Vgl. Lacoue-Labarthe: *Die Nachahmung der Modernen*, S. 11-34.

60 Vgl. Philippe Lacoue-Labarthe: *Die Fiktion des Politischen. Heidegger, die Kunst und die Politik*. Stuttgart 1990, S. 120.

Wo Rousseau, Campe und andere versuchen, die Nachträglichkeit des kindlichen Nachahmungstriebs zu benutzen und ihn in Selbsttätigkeit umzuwandeln, da spielen auch sie strukturäquivalent zu Lacoue-Labarthes These von der doppelten Mimesis Theater gegen Theater aus: Sie ersetzen das Theater der Nachahmung durch ein anderes Theater: durch das versteckte Regietheater eines Erziehungsexperiments. Offen muss jedoch stets bleiben, ob dieses Experiment gelingt oder ob es nicht zuletzt dazu dient, eine theatrale Dimension der Erziehung wegzuinszenieren: die Instabilität und Nachträglichkeit des Nachäffens. Das Theater der Nachahmung zeigt sich hier als eine mögliche Bruchstelle dieser Erziehung und muss daher um jeden Preis von einem Nachahmen als Nachäffen, das jetzt dieses nachäfft und gleich jenes, unterschieden werden. Nicht zuletzt deswegen schließen zahlreiche Konzepte von Erziehung an traditionelle Diskurse der Theaterfeindschaft an. Bei näherem Hinsehen wird sich jedoch zeigen, dass auch das Erziehungskonzept der Pädagogen in Goethes Provinz sich an der Problematik der Mimesis abarbeitet und von diesem her die polemisch ausgerufene Distanz zur Sphäre des Theaters und des Theatralen begründet.

4. DIE REGULIERUNG DES NACHAHMUNGSTRIEBS IN DER PÄDAGOGISCHEN PROVINZ

Die entsprechenden Passagen der *Wanderjahre* sind deswegen so bemerkenswert, weil sie die theatrale Bruchstelle des Erziehungsdiskurses in völliger Offenheit ausstellen. Dies geschieht einige Kapitel, bevor die Austreibung des Theaters proklamiert wird. Am Ende von Wilhelms ersten Besuch in der Provinz lässt der Text die Pädagogen unfreiwillig demonstrieren, inwieweit ihre Erziehungsmethoden darauf angewiesen bleiben, sich stets von einem Theater der Imitation zu unterscheiden bzw. sich dieses Theaters zu entledigen. Und nur so scheint textintern gewährleistet zu sein, dass es sich hier um eine wirkliche Erziehung und nicht um Theater handelt: Wilhelm interessiert sich beim Durchreisen der Provinz für die »Mannigfaltigkeit an Farbe und Schnitt der Zöglingskleidung«. In dieser manifestiert sich die Spezialisierung nach zu erlernenden Handwerken. Zusätzlich ist eine gewisse Individualität der Zöglinge indiziert, denn in keiner Untergruppe der Zöglinge tragen zwei ein völlig übereinstimmendes Kleidungsstück. Auch hierhinter steckt System: Die Pädagogen erklären dies als

»ein Mittel [...], die Gemüter der Knaben eigens zu erforschen. Wir lassen, bei sonstiger Strenge und Ordnung, in diesem Falle eine gewisse Willkür gelten. Innerhalb des Kreises unserer Vorräte an Tüchern und Verbrämungen dürfen die Zöglinge nach beliebiger Farbe greifen, so auch innerhalb einer mäßigen Beschränkung Form und Schnitt wählen; dies beobachten wir genau, denn an der Farbe läßt sich die Sinnesweise, an dem Schnitt die Lebensweise des Menschen erkennen.« (W 165f.)

Hier evoziert der Text Trapps oben beschriebene Beobachtungsexperimente.[61] Während Trapp den die Pädagogik der Zeit lange bestimmenden ›Nachahmungstrieb‹ allerdings zugunsten des neuen zeitgenössischen Paradigmas der Einbildungskraft verabschiedet,[62] steht die Problematik der Mimesis im Zentrum der Textstelle. Die Pädagogen behaupten einerseits einen evidenten Zusammenhang zwischen der Wahl eines Kleidungsstücks, der jeweiligen inneren Natur des Zöglings und seiner für die Zukunft zu wählenden Spezialisierung: Das Modell, an dem er sich orientiert, lässt sich also rekonstruieren. Andererseits und gleichzeitig wird die Imitation von Modellen in dieser Beobachtung zum Problem. Rousseaus ›esprit imitateur‹ findet sich dabei als ›Nachahmungsgeist‹ beim Wort genommen:

»Doch macht eine besondere Eigenheit der menschlichen Natur eine genauere Beurteilung gewissermaßen schwierig; es ist der Nachahmungsgeist, die Neigung, sich anzuschließen. Sehr selten, daß ein Zögling auf etwas fällt, was noch nicht dagewesen, meistens wählen sie etwas Bekanntes, was sie gerade vor sich sehen. Doch auch diese Betrachtung bleibt uns nicht unfruchtbar, durch solche Äußerlichkeiten treten sie zu dieser oder jener Partei, sie schließen sich da oder dort an, und so zeichnen sich allgemeinere Gesinnungen aus, wir erfahren, wo jeder sich hinneigt, welchem Beispiel er sich gleichstellt.« (W 166)

Die einleitende Behauptung, aus der Wahl der Kleidung lasse sich die Individualität des Zöglings ablesen, wird im selben Atemzug fast gänzlich zurückgenommen. Der Beobachter erfährt nämlich gar nichts über das eigentliche Innere des Zöglings, sondern bloß von einem Inneren zweiten Grades: von den Beispielen, die der Zögling nachahmt. In solcher Nachahmung droht dann aber jegliche Innerlichkeit und Selbstidentität verloren zu gehen, wie der Pädagoge weiter ausführt:

»Nun hat man Fälle gesehen, wo die Gemüter sich ins Allgemeine neigten, wo eine Mode sich über alle verbreiten, jede Absonderung sich zur Einheit verlieren wollte. Einer solchen Wendung suchen wir auf gelinde Weise Einhalt zu tun, wir lassen die Vorräte ausge-

---

61 Vgl. Pethes: *Zöglinge der Natur*, S. 312-314.
62 Vgl. Kapitel V.

hen; dieses und jenes Zeug, eine und die andere Verzierung ist nicht mehr zu haben; wir schieben etwas Neues, etwas Reizendes herein [...] und stellen so nach und nach ein Gleichgewicht her.«

Dass sich die Pädagogen mit dem ›Reizenden‹ eben jener sinnlichen Stimulation bedienen, die in der später so ausführlich aufgerufenen theaterfeindlichen Tradition als so verwerflich am Theater gilt, bleibt hier unerwähnt. Stattdessen scheint der Zweck die Mittel zu heiligen:»Denn der Uniform sind wir durchaus abgeneigt, sie verdeckt den Charakter und entzieht die Eigenheiten der Kinder, mehr als jede andere Verstellung, dem Blicke der Vorgesetzten.« (W 166) Hinzuzufügen wäre wohl, dass die Uniformierung vor allem jener inneren Spezialisierung zuwider liefe, zu welcher in der Provinz doch schließlich erzogen werden soll.

Diese Textpassage präsentiert nicht nur eine subtile, an Michel Foucaults Analysen von Disziplinarmacht und Gouvernementalität gemahnende Überwachungstechnik.[63] Hier zeigt sich nicht nur eine ungewöhnliche ökonomische Modernität, die geschickt Angebot und Nachfrage reguliert wie manipuliert.[64] Was hier in erster Linie reguliert und manipuliert wird, ist der theatrale ›Nachahmungsgeist‹. Verhindert wird hier das Entstehen einer so undifferenzierten wie unbeständigen Menge, in der jede Spezialisierung und somit jede Herausbildung einer distinkten Identität unmöglich wäre. Die beobachtete Wahl der Kleider soll im Sinne Trapps einen Blick vom Äußeren in das Innere der Kinder werfen. Von diesem Blick ins Innere her soll wiederum die gefundene Selbstidentität des Zöglings weiter geformt und in Spezialisierung gelenkt werden. Jedoch droht stattdessen die Gefahr bloßer Äußerlichkeit: Der ›Nachahmungsgeist‹ bedroht die zu findende Identität des Zöglings mit Selbstverlust, noch bevor sie sich konstituieren kann.

Wie in vielen europäischen Diskursen seit dem 17. Jahrhundert ist das Feld der Mode hier mit dem des Theaters assoziiert[65] – und sei es des Theaters als je-

---

63 Vgl. Pethes: *Zöglinge der Natur*, S. 315-317. Vgl. Ulrich Kinzel: *Ethische Projekte. Literatur und Selbstgestaltung im Kontext des Regierungsdenkens. Humboldt, Goethe, Stifter, Rabe.* Frankfurt a.M. 2000, S. 321-324. Vgl. Irmgard Egger: *Diätik und Askese. Zur Dialektik der Aufklärung in Goethes Romanen.* München 2000, S. 68-70.

64 Vgl. Geulen:»Betriebsgeheimnisse der ›Pädagogischen Provinz‹«, S. 48.

65 Vgl. Christian Huck: *Fashioning Society, or, The Mode of Modernity: Observing Fashion in Eighteenth Century Britain.* Würzburg 2010, S. 58-95. Vgl. paradigmatisch William Prynne: *Histrio-Mastix: The Player's Scourge, or Actor's Tragedy.* London 1632:»[M]anifest to all mens judgement, that effeminate mixt Dancing, Dicing, Stage-playes, lasscivious Pictures, wanton Fashions, Face-painting, Health-

nes gesellschaftlichen Ortes, an dem das Publikum sich und seine Kleidung zur Schau stellt. Prägend ist auch hier wieder Rousseau, der seinem fiktiven Zögling Émile gegenüber das Spektakel des gesellschaftlichen Lebens verdammt und modegemäße Kleidung als unbeholfene Verstellung geißelt.[66] Die um das Theater kreisende Großstadtkultur beschreibt Rousseau als Neidkultur, in der jeder den Luxus des anderen erstrebt. Eine Mode breitet sich über die durch Neid entfesselte Nachahmung aus. Rousseau verweist damit auf die immer wieder für das Phänomen Mode konstatierte Paradoxie, dass das Streben nach individueller Distinktion (durch modische Kleidung) zu Vermassung und Uniformierung (durch die Allgegenwart dieser Mode) führt.[67] So geht die distinkte Identität der Einzelnen oder auch der gesellschaftlichen Gruppen verloren.

Im deutschsprachigen Raum kommt der Modediskurs mangels großstädtischer Kultur zwar erst viel später auf als in England oder in Frankreich, aber in einem anonymen, weit zirkulierenden Pamphlet von 1771, »Über die Mode und deren Folgen«, finden sich bereits jene traditionellen Ängste bezüglich Identitätsverlust und Uniformierung, die auch Goethes Pädagogen umtreiben.[68] Auch Ernst Moritz Arndts Traktat »Über Sitte, Mode und Kleidertracht« von 1814 beschreibt die Mode einerseits mit nationalen Vokabeln als ein Phänomen französischer Verweichlichung, andererseits explizit mit den Vokabeln, die in der pädagogischen Provinz der Welt des Theaters vorbehalten bleiben: Die Mode ist »flatterhaft«; sie ist eine »Spielerin und Tändlerin, […] Gauklerin und Täuscherin«[69], welche in ihren Verkleidungen jedwede Identität bedroht und so die sittliche Ordnung zersetzt.

Über das Medium Mode kann in der pädagogischen Provinz die vom Theater bzw. der Mimesis ausgehende Bedrohung des Identitätsverlusts artikuliert werden; ebenfalls über das Medium Mode kann dieses Theater dann reguliert werden: Die Mimesis wird in der Provinz mittels einer Inszenierung ökonomischer Knappheit bekämpft. Die Pädagogen offenbaren Wilhelm hier, dass sie mit ihren

---

drinking, Long haire, Love-lockes, Periwigs, womens curling, pouldring and cutting their haire, Bone-fires, New-yeares-gifts, May-games, amorous Pastorals, lascivious effeminate Musicke, excessive laughter, luxurious disorderly Christmas-keeping, Mummeries [are all] wicked, unchristian things.« (S. **8ᵛ-***).

66 Vgl. E 698. Vgl. Rousseau: »Brief an d'Alembert über das Schauspiel«, S. 447. Vgl. Kapitel IV.

67 Vgl. Huck: *Fashioning Society*, S. 98-130.

68 Anonym: *Über die Mode und deren Folgen*. Frankfurt a.M./Leipzig 1771.

69 Ernst Moritz Arndt: *Ueber Sitte, Mode und Kleidertracht. Ein Wort aus der Zeit*. Frankfurt a.M. 1814, S. 37f.

Zöglingen Theater spielen. Sie wollen in der Beobachtung der Kleiderwahl Rückschlüsse auf ein Inneres ziehen, das es noch gar nicht gibt. Daher unterbinden sie das Theater des ›Nachahmungsgeists‹. Sie inszenieren künstlich eine Identität des Zöglings, die eine Basis für seine spätere Ausbildung zum spezialisierten Organ des Gemeinwesens liefert. Auf diese Weise markiert die pädagogische Provinz eine Theatralität der Erziehung und der Subjektbildung. Goethes Text stellt aus, was in den zeitgenössischen Diskursen über Erziehung und Bildung oft nur implizit mitläuft oder ganz ausgeblendet wird: Dass eine Erziehung zur Selbsttätigkeit die eigene theatrale Verfasstheit überspielen, ausblenden oder weginszenieren muss, damit sie als Erziehung zu einem selbsttätigen Individuum Geltung beanspruchen kann.

5. DIE DEMONSTRATIVE AUSTREIBUNG DES THEATERS AUS DER PÄDAGOGISCHEN PROVINZ

Die Passagen zur pädagogischen Provinz beschreiben auch stets Wilhelms Reaktionen und Nachfragen zum Geschauten. Anlässlich der Regulierung der Nachahmung in der pädagogischen Provinz schneidet der Text Wilhelm aber das Wort ab. »Unter solchen und anderen Gesprächen gelangte Wilhelm an die Grenzen der Provinz« (W 166). Sein erster Besuch ist mit der Regulierung und Weginszenierung der theatralen Dimension von Erziehung beendet, ohne dass das Theater als solches benannt worden wäre. Bei Wilhelms zweitem Besuch erfährt er stattdessen von der expliziten und kompromisslosen Austreibung des Theaters: Ausführlich wird Wilhelm hier nicht nur Zeuge der in der Provinz schwerpunktmäßig betriebenen Handwerksausbildung, sondern auch einer Kunsterziehung, die den Fokus aber ebenfalls auf handwerkliche Herstellung und natürlich erneut auf Spezialisierung legt.[70] Auch »[h]ier«, heißt es, »wird

---

70 Die *Wanderjahre* lassen das spezifische Verhältnis des Auswandererbundes zur pädagogischen Provinz im Unklaren. Einmal ist nebenher die Rede davon, man wolle aus der Provinz »tüchtige Künstler, nur sehr wenige« (W 242) rekrutieren. Was damit genau gemeint ist, wird allerdings nicht deutlich. Verschiedene Protagonisten des Auswandererbundes weiten die Definition von Kunst nämlich aus: »[D]ie Handwerke sollen [...] für Künste erklärt und durch die Bezeichnung ›strenge Künste‹ von den ›freien‹ entschieden getrennt und abgesondert« (W 411) werden. Die Freiheit der herkömmlichen (hier zunächst der bildenden) Künste ist dabei abwertend gemeint: Die freien Künste sind die nutzlosen. Ob sie gelingen oder nicht, gut oder schlecht gemacht sind, das bleibt »gleichgültig«: »[D]ie strenge Kunst [muß] der freien zum

[...] nichts der Willkür des Lernenden überlassen«. Erlernt und eingeübt werden strenge Gesetze, des Gesangs, der Instrumentalmusik, der Malerei und der Bildhauerei. Die das Ende des 18. Jahrhunderts prägende Figur des von der Natur begabten »Genies« wird dabei radikal uminterpretiert. »Mit dem Genie haben wir am liebsten zu tun, denn [...] [e]s begreift, dass Kunst eben darum Kunst heißt, weil sie nicht Natur ist« (W 250): Das Genie ist demnach ein solches, weil es sich sofort und von alleine in die handwerkliche Ausführung der Künste findet.

Ausgebildet werden, so beobachtet Wilhelm es in verschiedenen Unterprovinzen, professionelle Instrumentalmusiker und bildende Künstler, aber auch Dichter, nämlich Lyriker und Epiker. Jedoch fehlen Drama und Theater in der Reihe der in der pädagogischen Provinz gelehrten Künste. Für die Produktion dramatischer Literatur gibt es ebenso wenig die ansonsten vorherrschende handwerkliche Ausbildung wie etwa für die Schauspielkunst. Wilhelms Nachfrage an seine Reiseführer liegt bereits von der mit dem Theater verwobenen Geschichte des Wilhelm Meister-Stoffs her auf der Hand: Er stellt nicht nur um der lieben, gerade kennengelernten Ordnung willen die Frage nach dem dritten Teil der traditionellen poetischen Trinität von Lyrik, Epik und Drama, sondern auch um der eigenen Vergangenheit willen, aus der ja schließlich auch der Zögling Felix hervorgegangen ist. Wo befindet sich in der pädagogischen Provinz also der Ort der »dramatische[n] Poesie« (W 256) und der mit ihr verbundenen Theaterkunst? Die Antwort der Pädagogen fällt so barsch wie eindeutig aus: Eine solche Ausbildungsstätte fehlt in der pädagogischen Provinz gänzlich. Zum einen aus rein pragmatischen Umständen: Das Theater bedarf eines passiven und bloß schauenden Publikums, das nicht existiert, wo in der pädagogischen Provinz jeder Zögling sich zur individuellen Tätigkeit ausbildet. »Das Drama setzt eine müßi-

---

Muster dienen und sie zu beschämen trachten.« Die ehemaligen Handwerke sind als die strengen Künste also jetzt Bildhauerei, Malerei, Musik oder Literatur vorgeordnet. Entscheidend ist auch hier die Spezialisierung: »Wer sich einer strengen Kunst ergibt, muß sich ihr für's Leben widmen.« (W 412) Das gelernte Handwerk wird zum Organ, durch das die einzelnen sich im Gemeinwesen nützlich machen und dieses Gemeinwesen so erst hervorbringen. Dabei fallen die Standesgrenzen: Wilhelm, der Bürgerliche, wird Wundarzt, ein noch wenig angesehener Beruf, den meist Barbiere als Nebentätigkeit ausüben. Montan, einer der dem adeligen Milieu (wenn auch als ›natürlicher Sohn‹ entstammender) Wortführer der Auswanderer, spezialisiert sich im Bergbau und seinen Techniken. Nicht nur werden also die bis dahin niederen Stände und Tätigkeiten aktiv in dieses neue Gemeinwesen einbezogen; als Handwerker soll der Arbeiter in seinen Mittelpunkt treten.

ge Menge, vielleicht gar einen Pöbel voraus, dergleichen sich bei uns nicht findet«. Denn alle Mitglieder der pädagogischen Provinz, Erzieher wie Zöglinge, üben sich in Tätigkeiten. Jedes ist ein auf sein Gebiet spezialisiertes Individuum. Bei einer müßigen Menge handelt es sich um jenen unordentlich auftretenden und Unordnung produzierenden »Pöbel« (W 256), den die Pädagogen gleich bei Erscheinen aus der Provinz abtransportieren wollen.

In einem zweiten Schritt der Erläuterung wird der Einwand gegen die »Gaukelei« um diverse Argumente aus dem Traditionsbestand der Theaterfeindlichkeit erweitert: »Wer unter unseren Zöglingen sollte sich leicht entschließen, mit erlogener Heiterkeit oder geheucheltem Schmerz ein unwahres, dem Augenblick nicht angehöriges Gefühl in der Masse zu erregen, um dadurch ein immer mißliches Gefallen abwechselnd hervorzubringen?« (W 256f.) Als Problem des Theaters wird zunächst in christlicher Tradition schlicht die Falschheit des Sich-Verstellens benannt:[71] »Solche Gaukelei fanden wir durchaus gefährlich und konnten sie mit unserem ernsten Zweck nicht vereinen.« (W 257) Dieser Vorbehalt steht in seiner säkularisierten Variante in der Tradition Rousseaus und seiner Forderung nach einer Erziehung zur Aufrichtigkeit, zur Übereinstimmung von innerem Zustand und Darstellung nach außen. Eine klare Absage ergeht an die Tradition der höfischen Erziehung, welche noch die Fähigkeit zum Rollenspiel und zum Vortäuschen von Regungen predigt und so zur Teilhabe an den Zeremonien wie an den Intrigen der höfischen Existenz befähigen soll. Überhaupt findet sich bei den Pädagogen Rousseaus Vorbehalt gegen das Theater fast wörtlich rezitiert.[72] 1758 legt Rousseau im *Lettre à d'Alembert sur les spectacles* Platons Argumente gegen die Gefährlichkeit der Mimesis neu auf, kombiniert sie mit der calvinistischen Theaterfeindschaft und integriert beide in seine Kulturtheorie. Rousseau unterschlägt in seinem Pamphlet die Rolle der Mimesis in der Erziehung und attackiert das Theater als einen gesellschaftlichen Ort: Das Theater biete eine »Belustigung für Müßiggänger«, verführe so zur Passivität und kann eine Stadt tätiger Bürger bloß korrumpieren. Durch die inhärente Falschheit des Theaters drohen die örtlichen Sitten zu verfallen: »Was ist das Talent des

---

71 Vgl. Quintus Septimius Tertullianus: *De spectaculis/Über die Spiele*. Stuttgart 1988, S. 7-13. Im deutschsprachigen Raum finden sich die entsprechenden Argumente im ersten Hamburgischen Theaterstreit nicht nur aufgenommen, sondern teilweise direkt zitiert. Vgl. Anton Reiser: *Theatromania, Oder Die Wercke Der Finsterniß: In denen öffentlichen Schau-Spielen von den alten Kirchen-Vätern verdammet*. Nissen/Ratzeburg 1681. Vgl. Kapitel VI.

72 Vgl. Kurt Jahn: »Zu den *Wanderjahren*«, in: *Goethe-Jahrbuch* 26 (1905), S. 275-278, hier: S. 277. Vgl. Kapitel IV.

Schauspielers? Die Kunst, sich zu verstellen, einen anderen als den eigenen Charakter anzunehmen, [...] kaltblütig sich zu erregen, etwas anderes zu sagen, als man denkt«[73]: Das Theater stellt in Rousseaus Sinne letztlich die institutionalisierte Verirrung der von der Erziehung freizusetzenden menschlichen Natur dar.

Für die Pädagogen der Provinz ist ein Auftauchen von dem Theater zuzurechnenden Eigenschaften allerdings trotz aller erzieherischer Bemühungen unvermeidlich: Da es nicht das Ziel der pädagogischen Provinz ist, eine handwerkliche Ausbildung aufzupfropfen, sondern die Naturanlagen der Zöglinge zu einem ihnen gemäßen Handwerk zu entwickeln, zeigen sich durchaus immer wieder theatrale Talente. Diese gilt es zwar, wie den ›Pöbel‹, so schnell als möglich aus der Provinz zu entfernen; hier werden die Pädagogen aber trotzdem ihrer Verantwortung gerecht:

»Da es unser höchster und heiligster Grundsatz ist, keine Anlage, kein Talent zu mißleiten, so dürfen wir uns nicht verbergen, dass unter so großer Anzahl sich eine mimische Naturgabe auch wohl entschieden hervortue; diese zeigt sich aber in unwiderstehlicher Lust des Nachäffens fremder Charaktere, Gestalten, Bewegung, Sprache. Diese fördern wir zwar nicht, beobachten aber den Zögling genau, und bleibt er seiner Natur durchaus getreu, so haben wir uns mit großen Theatern aller Nationen in Verbindung gesetzt und senden einen bewährt Fähigen sogleich dorthin, damit er, wie die Ente auf dem Teiche, so auf den Brettern seinem künftigen Lebensgewackel und -geschnatter eiligst entgegengeleitet werde.« (W 257f.)

Einerseits nimmt der ›Nachahmungsgeist‹, der bei Wilhelms letztem Besuch noch jedem Zögling zugestanden wurde, das ›Nachäffen‹ vorweg, für das die Schauspieltalente aus der pädagogischen Provinz verbannt werden. Andererseits setzt die pädagogische Programmatik auch für die unerwünschte Spezialisierung zum Schauspieler auf Qualität: Die aus der Provinz entfernten Talente gelangen nur an die besten Theater. Am Prinzip der Spezialisierung wird festgehalten, auch wenn es sich hier um eine gefährliche Spezialisierung handelt, denn die Schauspielerei zeigt den Menschen in einem tierhaften Modus: Seine hervorragende Qualität ist, mit dem im Sinne von Moritz abwertenden Wort, das ›Nachäffen‹ des Fremden statt die Übung im Eigenen. Seine Tätigkeit ist mit Verweis auf ein anderes wenig edles Tier die einer Ente, die auf ihrem Teich zwar in ihrem speziellen Element sein mag; der Teich ist in seiner Beschränkung aber nicht die große weite Welt, von der die ›großen Theater aller Nationen‹ einige Sätze zuvor noch künden. Die auf dem Teich bzw. den Bühnenbrettern vollzo-

---

73 Rousseau: »Brief an d'Alembert über das Schauspiel«, S. 414.

gene Tätigkeit ist erstens unbedeutend: Es handelt sich bloß um Gewackel und Geschnatter. Zweitens ist sie völlig uneindeutig und läuft damit jeglicher selbsttätigen Spezialisierung zuwider: ›Gewackel‹ ist keine zielgerichtete Bewegung, ›Geschnatter‹ keine bedeutende Sprache, auch wenn beide nachgeäfft werden:[74] Bei der Spezialisierung des Schauspielers handelt es sich in diesem Sinne überhaupt nicht um eine Selbsttätigkeit.

Entsprechend zeigt ein dritter Schritt, dass der Hauptvorwurf der Pädagogen an das Theater nicht unbedingt (mit dem zitierten Rousseau) in seiner Unehrlichkeit besteht, sondern in seinem »zweideutigen Ursprung«, wie Wilhelms Begleiter es nennt. Dies lässt sich mindestens doppelt bzw. ›zweideutig‹ lesen: Am Anfang des Theaters steht demnach nicht bloß die Kunst, sondern auch die Täuschung, die der ›Gaukelei‹ innewohnt. Aber wie bezüglich des Geschnatters und Gewackels des Schauspielers liegt das Problem der Zweideutigkeit auch darin, dass auf dem Theater die Spezialisierung nicht eindeutig zugeordnet werden kann. Das Theater ist der Ort der Vermischung, ohne dass die Künste noch wechselseitig ihre Eigenart behielten. Instrumentalmusik und bildende Künste etwa werden in der Provinz um ihrer selbst willen gelernt. Ihre Verwendung im Kontext des Theaters ist nicht vorgesehen. Wilhelms Begleiter variiert dafür das neutestamentarische Gleichnis vom verlorenen Sohn: »Die sämtlichen Künste kommen mir vor wie Geschwister, deren die meisten zu guter Wirtschaft geneigt wären, eins aber, leicht gesinnt, Hab und Gut der gesamten Familie sich zuzueignen und zu verzehren Lust hätte. Das Theater ist in diesem Falle, es hat einen zweideutigen Ursprung« (W 257). Im anzitierten Gleichnis verprasst der eine Sohn sein Erbteil und wird in einer Art Auferstehung trotzdem wieder festlich aufgenommen: »[D]u solltest aber fröhlich und gutes Muths seyn; denn dieser dein Bruder war todt und ist wieder lebendig geworden«[75]. In der Version der Pädagogen greift das Theater von vornherein auf das ›Hab und Gut‹ der anderen über, so dass das die festliche Aufnahme aus der Bibel nur wie die Fortsetzung des Verprassens des eigenen Vermögens erscheint. Denn das Theater besitzt dieses eigene Vermögen gar nicht, sondern lebt in seiner Plurimedialität von An-

---

74 Allerdings erweisen die Pädagogen indirekt auch dem Ahnherrn des Theaters, Dionysos, Reverenz, denn bei der Ente handelt es sich um ein dionysisches Tier. Vgl. Hannelore Schlaffer: *Wilhelm Meister. Das Ende der Kunst und die Wiederkehr des Mythos*. Stuttgart 1980, S. 143f.

75 Lukas 15, 32: Haffmans, Peter/Haffmans, Gerd (Hg.): *Das Neue Testament. Viersprachig. Archetypum Greacum. Vulgata Latina. Das Neue Testament nach der Übersetzung von Martin Luther. The New Testament in the Translation of the King James Bible*. Berlin/Zürich 2011, S. 311.

fang an von dem Vermögen der anderen: Das Theater, vor dem die Pädagogen sich fürchten, fügt sich in keine Ordnung der Spezialisierung. Es ist daher von Anfang an ›zweideutig‹ und kann nur als übergriffig, ausschweifend und parasitär wahrgenommen werden – genau wie der ›Nachahmungsgeist‹, den die Pädagogen bei der Kleiderwahl regulieren.

Die plurimediale Vereinigung aller anderen Künste im Theater ist nicht zuletzt, was Hegel dazu veranlasst, in seiner in der Entstehungszeit der *Wanderjahre* gehaltenen Berliner Ästhetik-Vorlesung das in der Theateraufführung versinnlichte Drama an die Spitze der Künste zu stellen.[76] Ohne dieses Hauptaugenmerk auf den Dramentext verfolgt Wilhelm eine ähnliche Verteidigungsstrategie: »Man sagt aber doch, versetzte Wilhelm, diese weit um sich greifende Kunst befördere die übrigen sämtlich.« Nicht so in der pädagogischen Provinz; die Vielfalt der sich auf dem Theater versammelnden Künste wird hier gerade zum Problem.

»›Keineswegs‹, erwidert man, ›sie bedient sich der übrigen, aber verdirbt sie. Ich verdenke dem Schauspieler nicht, wenn er sich zu dem Maler gesellt; der Maler jedoch ist in solcher Gesellschaft verloren.

Gewissenlos wird der Schauspieler, was ihm Kunst und Leben darbietet zu seinen flüchtigen Zwecken verbrauchen [...]‹« (W 257).

Ein weiteres Argument tritt hier zu Müßiggang, Falschheit und Vermischung hinzu: das Transitorische des Theaterereignisses. Aus einer vergänglichen Kunst kann, so das implizite Argument, nicht der in sich ruhende, bei seiner Spezialisierung bleibende Handwerkerkünstler entstehen, den die Provinz ausbildet. Ebenso wenig wie durch Verstellung oder durch Vermischung.

Beim Theater handelt es sich also nicht um ein spezielles Element unter vielen, das ausgesondert und der pädagogischen Provinz verwiesen wird. Das Theater ist schlechthin die Bedrohung der Unterscheidung und Spezialisierung; es stellt die Ordnung als solche infrage. In diesem Sinne ist hier nicht nur von Verbot, Verbannung oder Vertreibung zu sprechen, sondern von einer Austreibung des Theaters: Die Ordnung der pädagogischen Provinz kann bloß insofern Bestand haben, als dass sie sich vom Theater gereinigt hat. Sie muss den ›Nachahmungsgeist‹ am Anfang der Erziehung mit theatralen Mitteln verschleiern und seine Wiederkehr mit allen Mitteln verhindern. D.h. sie muss das Theater bekämpfen, wo es sich zeigt. In der explizit gemachten Austreibung des Theaters,

---

76 Vgl. Georg Wilhelm Friedrich Hegel: *Vorlesungen über die Ästhetik III*, in: Ders.: *Werke.* Band 15. Frankfurt a.M. 1986, S. 504-519.

anlässlich derer die sonst so gesetzten Pädagogen plötzlich ins Vulgäre ausfallen,[77] steckt auch ein gutes Stück Theaterdonner: Dieser offene Kampf gegen das Theater überspielt, dass bereits am Anfang der Erziehung, mit der Kleidungswahl, ein versteckter Kampf gegen das Theater stattgefunden hat – ganz ähnlich wie in Platons *politeia*, wo die Mimesis auch zweimal, am Anfang und am Ende, auftaucht: einmal in Buch II und III um reguliert und produktiv gemacht, einmal in Buch X um verworfen zu werden.[78] Unter dem Vorwand des Theaterverbots können dann die von den Pädagogen implementierten individuellen Rollen umso besser gespielt werden: eben nicht als Rollen, sondern als Identitäten.

6. Das verschleierte Theater in der pädagogischen Provinz: Feste, Rituale, Religion

Die in der pädagogischen Provinz situierten Passagen der *Wanderjahre* inszenieren ein doppeltes Theater. Das schlechte Theater wird hier dem Theater im eigentlichen Sinne und der kulturellen Institution Theater zugeordnet (Nachäffen, Gaukelei, Unbeständigkeit). Das gute Theater, das Theater der anerzogenen Selbstidentität, darf daher nicht Theater heißen. Stattdessen werden in der pädagogischen Provinz ständig Feste gefeiert: Erntefeste, religiöse Feste, Feste für die abgehenden und ankommenden Schüler, Feste zum Vorstellen der Ergebnisse der Künstlerschulen usw. Anzitiert ist damit erneut Rousseau, der dem schlechten Theater der Großstadt, der Prunksucht, der Mode, des verkommenen Adels und des müßigen Pöbels ein gutes Theater entgegensetzt: ein gemeinsames Fest der Bürgerinnen und Bürger bei dem niemand passiv zuschauend bleibt, sondern alle gleichermaßen aktiv Teilnehmende sind.[79] Gleich im Anschluss an die lautstark proklamierte Austreibung des Theaters wird Wilhelm »zu einem Bergfest« der Berg- und Minenlehrlinge der Provinz »eingeladen« (W 259). Alle Beteiligten sind selbsttätige, spezialisierte Individuen, also kein ›zweifelhaftes Gelichter‹: »Alle Gäste [...] waren vom Handwerk« (W 260). Und ohne dass die Pädagogen, die Wilhelmfigur oder der Redakteur den Widerspruch erwähnenswert fänden, darf hier nun auch, bloß eine Textseite nach seiner Austreibung, Theater gespielt werden: »Mimische Darstellungen, und was nur einen solchen Moment der Menge erheitern kann, vereinigte sich, um eine frohe Auf-

---

77 Vgl. Schlaffer: *Wilhelm Meister*, S. 142f.
78 Vgl. Kapitel III.
79 Vgl. Rousseau: »Brief an d'Alembert über das Schauspiel«, S. 462. Vgl. Kapitel IV.

merksamkeit zugleich zu spannen und zu befriedigen.« (W 260) – Vom ›Nachäffen‹ des Fremden ist hingegen nicht die Rede, auch nicht von der Gaukelei oder der Vortäuschung falscher Leidenschaften. Die ›mimischen Darstellungen‹ stellen kein eigenes Handwerk dar. Sie sind ein festlicher Zeitvertreib für die Versammlung von spezialisierten in sich gefestigten Individuen.

Das Fest ist deutlich als Erholung von der Arbeit gekennzeichnet. Ihm kommt daher nicht die Gefahr zu, das ganze System der spezialisierten Erziehung aus der Bahn zu werfen. Die Spezialisierung ist nicht bloß Mittel zum Zweck, wie Wilhelm schon bei seinem ersten Besuch mitgeteilt wird; sie ist auch das Mittel, mit dem in der pädagogischen Provinz den Zöglingen überhaupt erst die Differenz zwischen Bedeutsamkeit und Nichtbedeutsamkeit anerzogen wird. Angesichts einer Einweisung Wilhelms in die synkretistische Religion, die in der pädagogischen Provinz gelehrt wird, heißt es:»Wir sondern [...] bei jedem Unterricht […] sehr gerne, was nur möglich zu sondern ist; denn dadurch allein kann der Begriff des Bedeutenden bei der Jugend entspringen.« (W 163) Dies bezieht sich erst in zweiter Linie auf die strenge Unterscheidung von Musik, bildender Kunst und Dichtung. Im Zentrum der Erziehung steht nämlich eine quasireligiöse Unterweisung, welche all die erlernten Tugenden (Gehorsam, Unterordnung, Gemeinschaftsgeist, Geduld) als Teil einer Weltordnung legitimieren soll. Inhalt dieser Religion ist eine dreifache Ehrfurcht (vor der Autorität, vor den Gaben der Natur und vor den Mitmenschen). Diese wird durch ein Grußsystem erlernt, mit dem die Zöglinge der Provinz ihren Erziehern Respekt erweisen.[80]

Die Bedeutsamkeit des Systems wird den Zöglingen vermittelt, indem die Bedeutung des Rituals zum »Geheimnis« erklärt wird. »Außerdem hat das Geheimnis sehr große Vorteile: denn wenn man dem Menschen immer gleich sagt, worauf alles ankommt, so denkt er, es sei nichts dahinter. Gewissen Geheimnissen, und wenn sie offenbar wären, muß man durch Verhüllen und Schweigen Achtung erweisen« (W 150f). In diesem Sinne werden die Zöglinge in der Provinz stufenweise in deren religiöse Lehre initiiert, ohne dass es auf die Inhalte der Initiation ankäme: Das Mitgeteilte gilt es,»für sich zu behalten und zu hegen, was man ihm als Bescheid zu erteilen für gut findet; sie dürfen weder mit Fremden noch unter einander selbst darüber schwatzen, und so modifiziert sich die Leere hundertfältig.« (W 150) Das heißt: Der Inhalt der Lehre scheint letzt-

---

80 Vgl. Geulen: »Betriebsgeheimnisse der ›Pädagogischen Provinz‹«, S. 42f. Vgl. Wolf-Ulrich Klünker: *Goethes Idee der Erziehung zur Ehrfurcht – die Pädagogische Provinz in dem Roman »Wilhelm Meisters Wanderjahre oder die Entsagenden«.* Göttingen 1988.

lich völlig unbedeutend.[81] Vielmehr geht es darum, dass überhaupt etwas verhüllt bleibt und dass überhaupt etwas abgesondert wird. Nur vordergründig soll wie in Rousseaus Theaterfeindlichkeit die Verhüllung des Geheimnisses ganz entgegengesetzt zum theatralen Spiel mit den Hüllen funktionieren: nämlich nicht als Verderben, sondern als Förderung von »Scham und gute[n] Sitten« (W 151). Bei diesem ›Geheimnis‹ geht es primär um das Prinzip der Absonderung und Spezialisierung selbst, um das herum die ganze pädagogische Provinz organisiert ist. In der Mitte sämtlicher Spezialisierungen steht der willkürliche Schnitt, der das eine zum Geheimnis, das andere zum Bekannten erklärt. So entsteht die Bedeutung der Unterschiede und Spezialbereiche der pädagogischen Provinz. So entsteht überhaupt erst, wie die Pädagogen es ausdrücken, ›der Begriff der Bedeutung bei der Jugend‹. Das heißt aber, dass auch im Zentrum der pädagogischen Provinz ein kulturelles Theater zuhause ist. Die ganze Ordnung der pädagogischen Provinz basiert auf einem willkürlichen Schauspiel, auf einer ›Verhüllung‹. Und dieses Theater fungiert als das Spiegelbild desjenigen, welches später bei Wilhelms zweiten Besuch als grelle Karikatur beschrieben wird: Dieses Theater soll keine falsche äußerliche Erscheinung sein, kein Nachäffen von Fremdem, kein zweideutiges Gewackel und Geschnatter. Die Verhüllung des Geheimnisses soll Innerlichkeit und das Eigene erzeugen und damit erst die Eindeutigkeit, um die es in der pädagogischen Provinz geht. Doch damit basiert die gelehrte ›Bedeutung‹ auf einer Inszenierung, die der ›Gaukelei‹ des Theaters gefährlich nahe kommt.

Fast sprechen es die Pädagogen offen aus: Die synkretistische, aus Judentum, Christentum und Vernunftkult zusammengestellte Religion, in deren Vorhallen Wilhelm bei seinem ersten Besuch eingeführt wird, hat ihr verborgenes Zentrum im »Heiligtum des Schmerzes«, einer Abbildung des Martyriums Jesu. Dieses Zentrum soll dem Erziehungsberechtigten Wilhelm bis zum »allgemeine[n] Fest«, ein Jahr darauf, verborgen bleiben. Auch für den Gast wird hier ›Bedeutsamkeit‹ hergestellt. Wilhelms Nachfrage, inwieweit das Martyrium Jesu denn als »Musterbild« und »Vorbild« und also einer auf Nachahmung ausgerichteten Erziehung diene, wird abschlägig beschieden. Das Leiden Jesu, von dem jedermann in der Bibel lesen kann, sei natürlich »kein Geheimnis«, »aber wir ziehen einen Schleier über diese Leiden, eben weil wir sie so hoch verehren«. Ein anschließender Vorwurf, der das spätere theaterfeindliche Vokabular vorwegnimmt, richtet sich an Christentum und Kirche, das ›Vorbild‹ Jesu durch die theatrale Ausstellung der Passion herabgewürdigt zu haben: Eine »ruchlose Welt« habe sie zum »Schauspiel« reduziert, d.h. mit der Passion Jesu »zu spie-

---

81 Vgl. Geulen: »Betriebsgeheimnisse der ›Pädagogischen Provinz‹«, S. 45ff.

len, zu tändeln, [sie] zu verzieren und nicht eher zu ruhen, bis das Würdigste gemein und abgeschmackt erscheint« (W 164) unternommen.

An dieser Stelle ist die Struktur der vorher beschriebenen kontingenten Geheimlehre explizit gemacht: Es kommt nicht auf das ›Geheimnis‹ als solches, sondern auf seine Verhüllung an: auch für die Dinge, die eigentlich ›offen‹ zutage liegen. Die ›Bedeutsamkeit‹ des suggerierten Innerlichen erzeugende Verhüllung richtet sich gegen die Äußerlichkeit als solche: gegen ›Schauspiel‹, ›Verzierung‹, ›Tändelei‹ und allgemein das ›Spiel‹. Der als solcher benannte Prozess der Verschleierung, der die theatrale Struktur des Herunterlassens eines Vorhangs aufruft, bringt diese Unterscheidung zwischen Innerlichkeit und Äußerlichkeit aber erst hervor. Der betreffende Satz der Pädagogen könnte statt ›weil wir sie so verehren‹ also auch lauten: ›Wir ziehen einen Schleier über diese Leiden, damit wir sie verehren können‹. Erst von dieser Verschleierung des Vorhangs her kann das ›allgemeine Fest‹ angekündigt werden, für welches Wilhelm bei seinem nächsten Besuch das Aufziehen auch des letzten Vorhangs zum ›Heiligtum des Schmerzes‹ versprochen wird, ohne dass es im Roman je zur Einlösung dieses Versprechens käme. – Es sei denn bei der späteren Austreibung des Theaters handelte es sich um dasjenige, was hinter diesem letzten Vorhang verborgen liegt.

Letztlich findet sich in dieser Passage das, mit einem Leitmotiv der *Wanderjahre* gesprochen, ›offene Geheimnis‹[82] eines verschleierten Schauspiels ausgestellt.[83] Denn wenn das verschleierte ›Heiligtum des Schmerzes‹ zum angekündigten Fest betreten wird, so heißt dies ja, einen Schleier zu lüften, um den Blick

---

82 Vgl. Friedrich Ohly: »Zum Kästchen in Goethes ›Wanderjahren‹«, in: *Zeitschrift für deutsches Altertum und deutsche Literatur* 91/3 (1962), S. 255-262.

83 Dieses verhüllte, aber doch offene Geheimnis des Theaters läuft damit parallel zur in den Außenhallen ausgestellten »lebendige[n] Lehre« (W 162), in deren Bildern sich die moralischen Gewissheiten der Religion evident gemacht finden. Es ist dieses Moment der Lebendigkeit, das in der späteren Aufrufung des Gleichnisses vom verlorenen Sohn (und seiner verlebendigenden Wiederauferstehung) dem Theater von den Pädagogen abgesprochen wird. Im Kontext des gesamten Romans kommt dem verlebendigten Bild jedoch ein hoher Stellenwert zu, z.B. gleich in den Anfangsszenen. Vgl. dazu Peter Brandes: »St. Joseph der Zweite. Bildtheologie in Goethes *Wanderjahren*«, in: Karol Sauerland/Ulrich Wergin (Hg.): *Literatur und Theologie. Schreibprozesse zwischen biblischer Überlieferung und geschichtlicher Erfahrung.* Würzburg 2005, S. 107-126. Vgl. zu Goethe und der Bildlebendigkeit allgemein Peter Brandes: *Leben die Bilder bald? Ästhetische Konzepte bildlicher Lebendigkeit in der Literatur des 18. und 19. Jahrhunderts.* Würzburg 2013, S. 117-137.

auf einen weiteren Vorhang preiszugeben: Das ›allgemeine Fest‹ besteht aus einem Theater der Dissimulation, das über sein eigenes ›Schauspiel‹ den ›Schleier zieht‹ und sich als Theater verbirgt.[84]

In diesem Sinne ist es kaum verwunderlich, dass die Pädagogen die Ankündigung des antitheatralen Theaterfests für ein gelungenes Mittel halten, um Wilhelm von der Stichhaltigkeit ihrer erzieherischen Konzepte zu ›überzeugen‹. Von der Erläuterung ihrer Verschleierungsinszenierung leiten sie zu der Schlussfolgerung über, der Vater werde den Sohn Felix bei seiner Rückkehr »nach wünschenswerter Weise gebildet und auf alle Fälle nicht verworren, schwankend und unstät wiederfinden« (W 164): also in keiner Weise mit den Eigenschaften, die seit Platon der Mimesis und dem Theater zugeschrieben werden, so deren Domestizierung misslingt. Denn ein solches Theater wurde mit der Bedeutsamkeits- und Geheimnisinszenierung der Pädagogen ja soeben domestiziert. Ebenso wenig erstaunt die weitere textuelle Inszenierung: Nach diesem Höhepunkt der Initiation in die pädagogische Provinz wird Wilhelm auf seinem Weg vom Zentrum an die Ränder von einem untergeordneten pädagogischen Helfer über die weiter oben beschriebene Wegregulierung des Theaters durch die Manipulation des modischen ›Nachahmungsgeists‹ unterrichtet. Aber diese Wegregulierung des schlechten Theaters an den Rändern der pädagogischen Provinz ermöglicht erst die Konstituierung eines guten, nicht mehr Theater genannten Theaters im ›Heiligtum‹ in ihrer Mitte.

Diese nie benannte, aber plakativ ausgestellte Unterscheidung zwischen dem guten und dem schlechten Theater liegt im Herzen der pädagogischen Provinz und erhält das Schauspiel einer Erziehung zum je individuellen Spezialistentum aufrecht. Um dessen Eindeutigkeit behaupten zu können, muss die ›Zweideutigkeit‹ des Theaters als das gefährliche, ganz andere bereits immer schon aus der Provinz entfernt worden sein: einerseits versteckt in der Regulierung der Kleidungswahl und andererseits ostentativ mit dem dazugehörigen Theaterdonner. Sonst droht die anerzogene eindeutige Identität, sich nicht mehr von der ›zweideutigen‹ Gaukelei des Theaters unterscheiden zu lassen. Der Text der *Wanderjahre* proklamiert in diesem Sinne zwar eine Austreibung des Theaters aus der Ordnung der Erziehung und Bildung; gleichzeitig inszeniert und exponiert der Text aber auch, wie diese Ordnung auf das Theater angewiesen bleibt und sich seiner ›Zweideutigkeit‹ bedient.

---

84 Eva Geulen liest die Verschleierung als Abbruch von Wilhelms Bildungsgang durch die Provinz und als Indiz für einen »kupierten« Bildungs- bzw. Institutionenroman (Geulen: »Betriebsgeheimnisse der ›Pädagogischen Provinz‹«, S. 50ff.).

7. Die ›Zweideutigkeit‹ des Theaters in den *Wanderjahren*

Bereits die Art und Weise, wie die Erläuterungen der Pädagogen im Text gerahmt sind, stellt ihre Geltungskraft unter Ironieverdacht: Da sind zunächst die widersprüchlichen, nicht immer intelligenten Beobachtungen und Fragen Wilhelms, der zwar stets behauptet, von den Erläuterungen der Pädagogen überzeugt, wenn nicht gar beeindruckt zu sein. Aber mit jeder neuen Frage zeigt sich auch, dass die Wilhelm-Figur die Ordnung der pädagogischen Provinz doch nicht recht erfasst: Nachdem Wilhelm meint, sich das in der Provinz vorherrschende Ordnungsprinzip angeeignet zu haben, stellt er z.b. die falsche Frage nach dem Ort des Theaters. So zweideutig wie das Theater aus Sicht der Pädagogen ist auch Wilhelms Reaktion auf dessen Verbot. Zunächst stellt Wilhelm die erwähnte Rückfrage, in der er sich positiv auf seine eigene Theatervergangenheit bezieht; vom Bild der Pädagogen vom Theater als parasitärem Geschwisterkind der anderen Künste lässt Wilhelm sich dann aber sofort umstimmen: nicht aus Einsicht, sondern weil er emotional so beeindruckt ist wie ein Zuschauer von der Gaukelei des Theaters. Der Vorwurf der Pädagogen evoziert auf einmal mental alle negativen Erlebnisse der Wilhelm-Figur aus den *Lehrjahren* mit dem Theater. Wilhelm kann wie ein Zuschauer vor diesem Theater mit der eigenen Vergangenheit mitleiden:

»Wilhelm sah mit einem tiefen Seufzer vor sich nieder, denn alles auf einmal vergegenwärtigte sich ihm, was er auf und an den Brettern genossen und gelitten hatte; er segnete die frommen Männer, welche ihren Zöglingen solche Pein zu ersparen gewußt und aus Überzeugung und Grundsatz jene Gefahren aus ihrem Kreise gebannt.« (W 257)

Mit diesem Theatereffekt werden die Pädagogen durchaus ihrem Beruf gerecht, denn in diesem Sinne kann man bei Rousseau, Campe, Trapp und den anderen neuen Pädagogen nachlesen, die Erziehung habe das Empfindungssystem des Zöglings anzusprechen, weil es dort tiefer wirken könne als im Intellekt.[85]

Die Pädagogen gehen Wilhelm gegenüber jedoch zu weit. »Sein Begleiter überließ ihn jedoch nicht lange in diesen Betrachtungen, sondern fuhr fort«. Es folgen die Ausführungen über den Schauspieler als wackelnde und schnatternde Ente. Die Wilhelm-Figur ist nun nicht mehr Zuschauer, der sich im Familienstreit der Künste mit dem missratenen Kind als Opfer identifizieren kann. Die Handlung auf der evozierten Bühne ist in eine Komödie umgeschlagen, auf der

---

85 Vgl. z.B. E 275. Vgl. Kapitel V.

Wilhelm die eigene Vergangenheit lächerlich gemacht sieht. Entsprechend kommt es zu jener emotionalen Abwehrreaktion, die es laut der neuen Pädagogik unbedingt zu vermeiden gilt:

>»Wilhelm hörte dies mit Geduld, doch nur mit halber Überzeugung, vielleicht mit einigem Verdruß: denn so wunderlich ist der Mensch gesinnt, daß er von dem Unwert irgendeines geliebten Gegenstandes zwar überzeugt sein, sich von ihm abwenden, sogar ihn verwünschen kann, aber ihn doch nicht von andern auf gleiche Weise behandelt wissen will; und vielleicht regt sich der Geist des Widerspruchs, der in allen Menschen wohnt, nie lebendiger und wirksamer als in solchem Falle.«

Wilhelms emotionale Reaktion auf die proklamierte Austreibung ist letztlich so flüchtig wie die Effekte, wegen derer das Theater ausgetrieben wird. Denn Wilhelms Abwehrreaktion wird nun ebenfalls unterbrochen; einer der drei Leiter der pädagogischen Provinz tritt hinzu: »Entgegenkommende Sanftmut, den reinsten Seelenfrieden verkündend, teilte sich höchst erquicklich mit. Vertrauend konnte der Wanderer sich nähern und fühlte sein Vertrauen erwidert.« (W 258)

In sich ruhende ›Sanftmut‹ und ›Vertrauen‹ beenden die unsteten emotionalen Extremzustände des Theaters hier wie der Theatereffekt eines *deus ex machina*. Oder aber, und das macht die Zweideutigkeit der Stelle aus, sie sind selbst bloß nur ein weiterer der Extremzustände, die wie aus dem Nichts von Identifikation mit dem antitheatralen Projekt in Verdruss und wieder in identifikatorisches Vertrauen umschlagen. Das letzte Wort, das in der pädagogischen Provinz über das Theater gesprochen wird, ist somit kein sonderlich überzeugendes. Proklamiert wird die Austreibung des Theaters, welches wegen seiner Flüchtigkeit die dauerhafte Stabilität der Ordnung infrage stellt. Praktiziert wird hingegen ein Vergessen des Theaters, dessen flüchtiger Eindruck durch einen anderen ersetzt wird. Die betreffende Passage steht am Ende des dritten der vier in der pädagogischen Provinz angesiedelten Kapitel. An diese Verortung wird eingangs des vierten Kapitels in der pädagogischen Provinz zwar kurz erinnert, sie gerät dann aber angesichts der ›mimischen Darstellung‹ ebenfalls in Vergessenheit. Es gibt in den *Wanderjahren* auch im Folgenden keinen Abschied aus der pädagogischen Provinz; diese verschwindet einfach. Die von den Pädagogen behauptete Beständigkeit der pädagogischen Provinz lässt sich mit ihren klaren Spezialisierungen und Unterscheidungen nur schwer von der dem Theater zugeschriebenen Flüchtigkeit und Zweideutigkeit unterscheiden.

Die Zweideutigkeit der theatralen Sphäre ist also in sich bereits zweideutig: als das Argument, mit dem die Theaterfeinde sich des Theaters entledigen wollen, und als die theatrale Inszenierung, die diesem Argument zuwiderläuft. Diese

Zweideutigkeit zweiter Ordnung bleibt für den Rest der *Wanderjahre* bestimmend: Immer wieder wird die Wohlgeordnetheit des Auswandererbundes positiv dem Chaos von Wilhelms Lehrjahren am Theater entgegengesetzt. Immer wieder wird jedoch auch deutlich, dass diese Zeit am Theater die beteiligten Figuren auf die spezialisierte Ordnung des Auswandererbundes vorbereitet hat: Die als Verkörperung der Flatterhaftigkeit beschriebene Philine-Figur wird zur Schneiderin; der vormalige Souffleur Friedrich wird zum Archivar und nimmt damit die Rolle ein, die für den Text der *Wanderjahre* der Redakteur für sich beansprucht. Wilhelm, der Wundarzt, hat in der freizügigen bis schamlosen Sphäre des Theaters die Würde des menschlichen Körpers in seiner Ganzheit erfahren. Das heißt im Gegensatz zu seinen Berufsgenossen ist er nicht versucht, den menschlichen Körper so zu zerstückeln, wie die Kultur im alten Europa den ganzen Menschen zerstückelt. Als Wundarzt weiß Wilhelm vielmehr die einzelnen Körperteile als Organe eines Großen und Ganzen in jenem Sinne zu schätzen, in dem im Auswandererbund auch jeder Spezialberuf ein ›Organ‹ darstellt. Das Theater kommt also in den *Wanderjahren* durchaus zu Würden, sogar in seiner verdächtigsten Form: An den fahrenden Schauspieltruppen, die sich in der pädagogischen Provinz sofort über die Grenze gebracht finden, wird ihre Mobilität gelobt. Gleich den Wanderbühnen werden auch die Auswanderer ihren angestammten Ort verlassen, um an einem anderen ihr Glück zu suchen.[86]

8. DAS ERZIEHUNGSRESISTENTE KIND DER THEATERLIEBE

Der in der pädagogischen Provinz untergebrachte Zögling Felix, Kind von Wilhelms Liebe zum Theater, bleibt den dortigen Erziehungsmethoden gegenüber in jeder Hinsicht resistent. In keiner Weise erfüllt sich das Versprechen der Pädagogen an Wilhelm, er werde seinen Sohn Felix ›nach wünschenswerter Weise gebildet und auf alle Fälle nicht verworren, schwankend und unstet wiederfinden‹, also auf keinen Fall als von der dem Theater zugeschriebenen Zweideutigkeit gekennzeichnet. Die Erziehung von Felix hatte Wilhelm bis dahin ohne größere Erfolge selbst in die Hand genommen. Wilhelms beim Ausflug in die theatrale Sphäre angeeignete Allgemeinbildung versagt vor den kindlichen Spezialfragen, wie dies gleich der Einstieg in die *Wanderjahre* markiert: Wo Wilhelm etwas zu vermitteln hätte, kann er es weder auf den Horizont des Kindes zuschneiden noch diesem das theoretische Wissen in der Praxis anschaulich ma-

---

86 Vgl. W 388. Vgl. Schlaffer: *Wilhelm Meister*, S. 147.

chen.[87] Die Felix-Figur, die schon in den *Lehrjahren* als das »lebhafte Kind« und noch dazu das »unartige[]« (L 282) bezeichnet wird, bleibt ihrerseits aber auch resistent gegenüber den in der pädagogischen Provinz gelehrten Tugenden von Gehorsam, Unterordnung, Gemeinschaftsgeist und Geduld. Seine Ausbildung im Italienischen und im Gesang nutzt Felix, um seiner Leidenschaft für die bereits als Kind verehrte Hersilie weiter zu frönen. Seine Ausbildung als Pferdewirt nutzt er zuerst, um auf dem Markt Geschenkboten an Hersilie zu schicken. Mit seiner Ausbildung zum Reiter ist es dann jedoch nicht sehr weit her: Nachdem Felix Hersilie einen zu stürmischen Antrag gemacht hat und einen Korb erhält, stürzt der ebenso stürmisch davon Reitende vor den Augen seines Vaters Wilhelm vom Pferd in einen Bach. Dies beschließt die Handlung der *Wanderjahre*; die Ausbildung war einigermaßen wirkungslos.

Zuvor hatte Wilhelm den Nachahmungsgeist verteidigt und dies wohl zumindest implizit gegen die Pädagogen der Provinz gerichtet: »Die Nachahmungsgabe des Menschen ist allgemein, er will nachmachen, nachbilden, was er sieht […]. Natürlich ist es daher immer, dass er leisten will, was er leisten sieht; das Natürlichste jedoch wäre, daß der Sohn des Vaters Beschäftigung ergriffe.« (W 268f) Der Wilhelm der *Wanderjahre* ist inzwischen Wundarzt. Doch Felix eifert ihm nicht in dieser Spezialisierung nach, sondern bleibt im ganz wörtlichen Sinne ein Kind seiner Liebe zum Theater: Bereits in der Eingangsszene der *Lehrjahre* ist die Schauspielerin Marianne, die von Wilhelm eher wegen ihrer Assoziation zum Theater als um ihrer selbst willen geliebt wird, mit Felix schwanger. Mit seinem eigenen Abschied vom Theater und seiner eigenen Theaterbesessenheit wird Wilhelm Felix als seinen Sohn erkennen und auf seinen Weg von da ab mitnehmen.[88] Seinen Vater ahmt Felix also keineswegs in seiner Spezialisierung nach, sondern darin, dass auch er in keiner Weise meisterlich und vielmehr als Getriebener durch das Leben geht: von seiner Nachahmungsgabe hierhin und dorthin geführt – und sei es letztlich in die Spezialisierungen des Auswandererbundes.

»Wirst du doch immer aufs neue hervorgebracht, herrlich Ebenbild Gottes!« lautet der berühmte letzte Ausruf der Wilhelm-Figur angesichts seines liebeskranken und durch den Sturz vom Pferd zerschundenen Sohnes, »und wirst sogleich wieder beschädigt, verletzt von innen oder außen« (W 460). Das Verhältnis der in den *Wanderjahren* aufgerufenen Erziehungsdiskurse zum Theater suggeriert aber eine andere Reihenfolge als die von Wilhelm hier behauptete: Der

---

87 Vgl. W 7f.

88 Für die Komplexität zu Mimesis, Nachahmung und Nachäffen, die schon die *Lehrjahre* prägt, vgl. Kapitel VII.

Zögling kommt nicht als ganzheitliches auf die Welt: Vielmehr verhandelt er über Nachahmungsgeist, -trieb oder auch -gabe mit der Welt, was sein Inneres und was sein Äußeres ausmachen soll. Die Verletzung wird dem Individuum nicht nachträglich zugefügt. Über das, was Wilhelm hier als Verletzung erscheint, konstituiert sich erst die Selbstidentität des Zöglings. Dieser ist daher immer davon bedroht, die Selbstidentität zu verfehlen, bloß, wie die Pädagogen der Provinz es befürchten, ›nachzuäffen‹ und als Summe innerer und äußerer Verletzungen zu erscheinen. Gleich dem Theater verhält sich auch der Text der *Wanderjahre* immer ›zweideutig‹ zu dieser Verschränkung von Erziehung und Theater. Wilhelm wirft seinen Mantel über den inzwischen wohl seiner nassen Kleider entstiegenen Sohn: »Der Mantel fiel über ihn her.« (W 460) Es bietet sich an, diese Stelle als Heilung der Wunden des Sohnes durch Wilhelm den Wundarzt zu lesen.[89] Das Fallen des Mantels wiederholt zum Ende des Texts aber auch das von der Figur des Redakteurs beim Wiedereintritt in die pädagogische Provinz ins Spiel gebrachte Fallen des Theatervorhangs und das von den Pädagogen betriebene Spiel mit den Vorhängen: Der Vorhangsmantel verdeckt hier, wie es um das Theater der Erziehung bestellt ist. Ähnlich verdecken die Pädagogen in der Provinz mittels des Theaters, dass hier Erziehung eine theatrale Angelegenheit ist. Mit dem Vokabular des Theaters setzt der Text der *Wanderjahre* eine solche ›Zweideutigkeit‹ der Erziehung in Szene.

---

89 Vgl. Marianne Schuller: »Wunde und Körperbild. Zur Behandlung des Wunden-Motivs bei Goethe und Kafka«, in: Gunnar Schmidt/Marianne Schuller/Claudia Reiche (Hg.): BildKörper. Verwandlungen des Menschen in der Medizin. Münster 1998, S. 19-45.

Vorgeschichten
zur »pädagogischen Provinz«

III Zweideutiges Theater

Platons *politeia* und der Rhythmus[1]

1. RHYTHMISCHER DIALOG, RHYTHMISCHE ERZIEHUNG: DAS SOKRATISCHE GESPRÄCH ÜBER DAS GEMEINWESEN

Schon die ersten Reaktionen auf die *Wanderjahre* merken an, dass die pädagogische Provinz mit ihrer Ausspezialisierung der Tätigkeiten an das von Platon in seiner *politeia* ungefähr 370 Jahre vor unserer Zeitrechnung entworfene Ideal des Gemeinwesens erinnert. Ebenfalls findet Erwähnung, dass Goethe das Erziehungspersonal die Theaterfeindlichkeit rezitieren lässt, die Platon der Figur des Sokrates in den Mund legt.[2] Noch nicht fällt auf, dass das Theater wie bei Platon einen Doppelauftritt hat: einen eher versteckten im ersten Teil, in welchem es wegreguliert und produktiv gemacht wird, sowie einen expliziten im zweiten Teil, in welchem es polemisch aus dem Gemeinwesen ausgeschlossen wird: Das Theater und mit ihm jegliche Form der Mimesis korrumpiert, bringt Unordnung und desorganisiert das in diesem Text imaginierte ›gerechte‹ bzw. ›gute‹ Gemeinwesen. Gleichzeitig ist die theatermäßige Eigenschaft des Menschen, sein mimetisches Vermögen, für die Erziehung unumgänglich – und unumgänglich damit auch für die Hervorbringung dieses ›guten‹ Gemeinwesens: Mit der Verdoppelung markiert Platon die Zwiespältigkeit und Zweideutigkeit, mit der eine wirkmächtige Tradition Theater und Theatralität seither zwischen Bildungsme-

---

1 Vorüberlegungen zu diesem Kapitel sind erschienen in: Martin Jörg Schäfer: »Mimetischer Rhythmus. Zur Bedingtheit von Platons politischem Theater«, in: Jörn Etzold /Moritz Hannemann (Hg.): *rhythmos. Formen des Unbeständigen nach Hölderlin*. München 2016, S. 125-153.

2 Vgl. Kapitel II.

dium und Bildungsbedrohung konzipiert. Mit dieser Verdoppelung markiert die *politeia* auch die zugehörige politische Dimension, die sich in Goethes pädagogischer Provinz später durch die dem Theater angedrohten polizeilichen Maßnahmen ausbuchstabiert findet.

Goethes literarisch inszenierter Verweis auf das Erziehungstheater der *politeia* lenket den Blick auf einen zwar immer wieder benannten, aber in seiner Konsequenz bisher wenig beachteten Aspekt an Platons vielbesprochener[3] Vorgeschichte des ›Theaters der Erziehung‹: Das Theater und die Mimesis werden nicht nur theoretisiert; der Umgang mit ihnen wird auch inszeniert und vorgeführt: in Anlehnung an die Mittel des Theaters. Die Doppelbödigkeit des platonischen Unterfangens insgesamt besteht darin, dass es selbst alle dem Theater und der Mimesis unterstellten Register zieht: Beim platonischen Dialog allgemein handelt es sich um Theater.[4] Dessen Protagonist Sokrates agiert – darauf verweisen etwa in Alain Badious Neufassung der *politeia* für das 21. Jahrhundert seine Gesprächspartner beständig – höchstselbst als Poet, wenn auch als »Poet in Prosa«[5], der nichtsdestoweniger gleich dem kritisierten Theater darauf aus ist zu verführen und in seinen Bann zu schlagen: »Ich schwärme für den Fabulierer, der du bist.«[6] Wo Sokrates stellvertretend für die Mimetiker die Dichter in ihrer Eigenschaft als theatrale Rhapsoden des guten Gemeinwesens verweist, da lässt Badiou ihn selbstverliebt sagen: »Diese Vision vom Dichter, der der Stadt verwiesen wurde, die wird berühmt werden, glaubt mir!« Von der von Badiou eingeführten Partnerin in seinem theatralen Dialog erhält er die Antwort: »Aber der Dichter mit der dunklen Sprache und den verführerischen Bildern, das bist doch du!«[7] – Und, so ließe sich für den Text der *politeia* insgesamt hinzufügen, mit einer Anordnung dieser Sprache und dieser Bilder, deren dramaturgische Abfolge, Steigerung, Rücknahme, Wiederaufnahme und Variation sie erst so ›verführerisch‹ wirken lässt: Das platonische Theater verfährt in seiner Anordnung und Mischung von Argumenten, Bildern und Fabeln nicht zuletzt rhythmisch. Und diesen Rhythmus gilt es im Folgenden mitzulesen: zum einen, wo es um die Abwehr der Mimesis und ihrer Komponenten geht, unter denen sich dann zuletzt auch der Rhythmus genannt findet; zum anderen bezüglich des Zusammenhangs,

---

3   Vgl. zusammenfassend Matthew Potolsky: *Mimesis*. New York 2006, S. 15-30.

4   Vgl. Martin Puchner: *The Drama of Ideas. Platonic Provocations in Theater and Philosophy*. New York 2010.

5   Alain Badiou: *Platons ›Staat‹*. Zürich/Berlin 2013, S. 107.

6   Ebd., S. 99.

7   Ebd., S. 112.

der Mimesis und Rhythmus mit dem erzieherischen und politischen Projekt Platons, der Hervorbringung des ›guten‹ wie ›gerechten‹ Gemeinwesens, verbindet.

In der pädagogischen Provinz Goethes stellt der Rhythmus (der Arbeit, der Feste, der komponierten Musik) ein Ordnungsprinzip dar, das vom Auftritt des Theaters gestört zu werden droht. Die Vorgeschichte der pädagogischen Provinz in Platons *politeia* führt hingegen mit durchaus theatralen Mitteln vor, dass die bedrohliche Unordnung potentiell bereits im Ordnungsprinzip Rhythmus selbst angelegt ist. In der theatralen Inszenierung von Sokrates' Erklärungen zum Rhythmus schwingt, wie im Folgenden rekonstruiert werden soll, implizit mit, dass in dieser drohenden Unordnung auch die Möglichkeit zu einer ganz anderen Erziehung und Bildung der Elemente des Allgemeinwesens, zu ganz anderen Verknüpfungen zwischen ihnen und damit nicht zuletzt zu einer ganz anderen Politik liegen.

Mit der Abwertung des als Mimesis gefassten Theaters (und des Zutrittsverbots für Praktiker der Mimesis zum gerechten Gemeinwesen) entledigt Platons philosophisches Projekt sich auf der thematischen Ebene einer Parallelveranstaltung: Setzt Sokrates doch der schlechten, weil Instabilität erzeugenden Mimesis, für die das Schauspiel paradigmatisch stehen soll, seine eigene an einer transzendenten Stabilität orientierte Mimesis entgegen, auch und gerade wo diese oft nicht als solche benannt werden darf:[8] Statt des verführerischen Rhapsoden soll letztlich die transzendente Welt der Ideen geschaut und vorbildlich werden. In den späteren *nomoi* wird den um Einlass bittenden Tragödiendichtern gar beschieden, die Gesetzgeber seien doch die Schöpfer der wahren Tragödien.[9] Die folgenden Überlegungen wollen hingegen einen Aspekt dieser Konstellation profilieren, der eher auf einer Hinterbühne stattfindet und den Bedingungen des hier inszenierten Konflikts einer schlechten und einer guten Mimesis bzw. eines gefährlichen und eines produktiven Theaters gilt.

Zu dieser Hinterbühne gelangt man über den Umweg der platonischen Erziehung und des ihr eigenen Theaters: Im Zuge der Erziehung der Wächter des Gemeinwesens kommt eine gute Mimesis zur Anwendung, wobei Sokrates dem »wohlgemessenen […] Rhythmus« eine herausragende Rolle zuschreibt:

---

8 Vgl. mit völlig unterschiedlichen Akzentsetzungen, aber einem strukturell ähnlichen Argument einerseits Derrida: *Dissemination*, S. 151-161, S. 206-213. Vgl. andererseits Arbogast Schmitt: »Mimesis bei Platon«, in: Gertrud Koch/Martin Vöhler/ Christiane Voss (Hg.): *Die Mimesis und ihre Künste*. München 2010, S. 231-254, hier: 242-245.

9 Vgl. Platon: *nomoi*, in: Ders: *Sämtliche Werke*. Band 6. Hamburg 1959, S. 81f. (817a-817d).

»Wohlgestaltung und Mißgestaltung« der Seele, so Sokrates, sind »die Folge des wohlgemessenen oder des schlecht gemessenen Rhythmus« (P 127, 400c). Mit dem im Dialog eigentlich bloß am Rande auftauchenden Rhythmus steht also das große Ganze auf dem Spiel: Der Rhythmus wirft eine erzieherische Frage nach der Formung von Individuen auf; ebenso eine politische Frage nach der Einrichtung des aus diesen Individuen bestehenden gerechten Gemeinwesens, um die es dieser Schrift zu tun ist. Verhandelt findet sich dieses große Ganze an einer für die Argumentation des Sokrates höchst prekären Stelle. Greift die Formung der zukünftigen Wächter des Gemeinwesens, um deren seelische ›Wohlgestaltung und Missgestaltung‹ es hier geht, doch auf die theatrale Praktik der Mimesis zurück: Mimetisch prägen sich dem Kind die guten statt der schlechten Rhythmen ein. Notorischer Weise soll die Mimesis in ihren künstlerischen Formen eigentlich keinen Platz in diesem Gemeinwesen finden. Die Anwesenheit von Dichtern, Malern, Rhapsoden und vor allem diejenige von Theaterleuten gilt Sokrates als Symptom für ein krankhaft aufgeblasenes Gemeinwesen. *Mimesis* produziert den Luxus überflüssigen Scheins, statt das Gemeinweisen auf die Wahrheit der transzendenten Ideen auszurichten, um die es Sokrates zu tun ist. Theatrale Mimesis, die paradigmatisch für alle anderen mimetischen Praktiken zu stehen kommt, löst bei ihren Rezipienten mimetische Verhaltensweisen aus: Sie erzeugt wechselnde Identifizierungen mit dem Vorgeführten, verrückt die Individuen von der festen Stelle, die sie einnehmen müssen, um das von Sokrates imaginierte Gemeinwesen gut und gerecht, d.h. vor allem stabil sein zu lassen. Kurz: Mit der Mimesis und ihrem Theater kommt die Instabilität selbst ins Spiel, das ›schlecht Gemessene‹. Mittels des ›wohlgemessenen‹ Rhythmus hingegen soll sich diese theatrale Instabilität mit einem Schlag in Wohlgestalt verkehren und die schöne Seele wie das gerechte Gemeinwesen ermöglichen.

Von dieser rhythmischen Erziehung her wird sich aber im Folgenden zeigen, wie sehr der platonische Sokrates das Theater in all seiner Instabilität und Gefahr benötigt, um seine *politeia* und die sie ausmachenden Individuen überhaupt erst als solche in Erscheinung treten lassen zu können: Das Theater muss nicht nur als Gefahr beschworen werden, damit es überwältigt, vertrieben oder domestiziert werden kann. Erst diese Überwältigung ermöglicht ein nicht mehr Theater genanntes ›gutes‹ Theater – sei es eines der Erziehung oder der transzendenten Wahrheit. In dem von Sokrates suggerierten Kampf zwischen der irdischen theatralen und der transzendenten theoretischen Schaulust (und der immer impliziten Annahme, diese seien klar unterscheidbar) bleibt die stabile Trennung zwischen Bühne und dem vom Theater verführbaren bzw. zu den ewigen Ideen hinführbaren Publikum immer vorausgesetzt. Ohne die Ordnung des Theaters gäbe es kein Publikum, das zum Guten oder Schlechten beeinflusst werden könnte. Hinter der so lautstark behaupteten Gefahr des Theaters lauert die noch viel größere Gefahr seiner Abwesenheit: dass Gleiche mit Gleichen verkehren, dass niemand von einer erhöhten Position her verführt oder erzogen werden kann, dass sich die negativen Effekte des Theaters und die positiven der Erziehung und der politischen Organisation nicht mehr vorherbestimmen und kalkulieren lassen. Ohne die vom Theater bereitgestellten Ordnungen von Bühne und Publikum droht in Platons *politeia* Anarchie, welche sowohl mit Chaos bedroht wie auch die Freiheit der Selbstorganisation verspricht.[10] Mit der Vertreibung des Theaters droht die vom platonischen Sokrates befürwortete Unterwerfung unter der Tyrannei der Vernunft der Philosophenkönige, denen allein der Zugriff auf die transzendente ›gute‹ Ordnung des Gemeinwesens gestattet ist.[11] Zwischen diesen drei Fixpunkten von Freiheit, Chaos und Zwang stehen in der *politeia* das Erscheinen des Theaters, seine Instrumentalisierung für die Erziehung und die markante Rolle, die dabei der Rhythmus erhält: Die theatrale Erziehung im guten Rhythmus wird zum Umschlagpunkt zwischen Freiheitsversprechen, anarchischer Gefahr und der Strenge platonischer Ordnungsmacht.

2. DIE ZENTRALE ROLLE UND DER RANDSTÄNDIGE AUFTRITT DES RHYTHMUS

Im doppelten Sinne prägender Charakter für europäische Konzeptionen und Definitionen von Rhythmus[12] kommt den der Figur des Sokrates in den Mund gelegten Beschreibungen in der *politeia* zu. Prägend einerseits im Sinne von historisch einflussreich und hegemonial, andererseits im Sinne von stabil: Sokrates bekundet zwar mit einer seiner gängigen Gesprächsstrategien die eigene Unwissenheit bezüglich des Rhythmus, aber unter vagem Verweis auf die Autorität anderer assoziiert er dann den ›wohlgemessenen‹ Rhythmus mit den Begriffen des Takts und des Metrums, denen er aufliege und mit denen er verbunden sei. In diesen gehe der Rhythmus zwar nicht auf; er akzentuiere sie oder laufe ihnen auch manchmal zuwider. Letztlich bilde er aber doch deren Oberbegriff. Die platonische Tradition bezieht den Rhythmus auf eine stabile Struktur, über die er sich durch die Zeit bewegt. Abschätzig beurteilt Sokrates hingegen Rhythmen,

---

10 Vgl. Hannah Arendt: *The Human Condition*. Chicago/London 1998, S. 192-199.

11 Vgl. Jacques Rancière: *Das Unvernehmen. Politik und Philosophie*. Frankfurt a.M. 2002, S. 14-32.

12 Vgl. zum Kontext Thrasybulos Georgiades: *Musik und Rhythmus bei den Griechen. Zum Ursprung der abendländischen Musik*. Hamburg 1958, S. 7-18.

die in sich instabil sind, d.h. die nicht ungemischt bleiben, sondern als »bunt-wechselnde[] Rhythmen mannigfachen Taktarten nachlaufen« (P 126, 398c) und durch plötzliche Veränderung Metrum und Takt durcheinanderwirbeln.

Émile Benveniste beschreibt in einem seinerseits einflussreichen Text von 1951 diese Auffassung von Rhythmus als die Ordnung »eines Tanzes, eines Gangs, eines Liedes, einer Aussprache, einer Arbeit [...], die durch das Metrum in alternierende Tempi«[13] zerlegt wird. Das stabile Metrum gibt demnach der Bewegung des Rhythmus seine Struktur vor: Regelmäßigkeit und Wiederholbar-keit im Sinne einer regelmäßigen Wellenbewegung scheinen die Grundvoraus-setzungen für jene ›wohlgemessenen‹ Rhythmen zu sein, von denen Sokrates spricht, ohne je richtig zu ihrer Bestimmung vorzustoßen. Benveniste zweifelt die entsprechende Etymologie von ›rhein‹ (fließen) an und damit auch die sich in ihrem Namen durchsetzende platonische Auffassung, die für ihn eine Verengung der in älteren Texten nachweisbaren Auffassung darstellt. Zwar durchaus proto-platonisch zeigt sich darin laut Benveniste die Vorstellung von Rhythmus als der »charakteristischen Anordnung der Teile in einem Ganzen«. Nicht in der plato-nischen Bindung an Takt und Metrum gehe aber die fließende Dynamik dieses Rhythmus auf, der sich als »improvisierte, momentane und veränderliche Form«[14] manifestiere. Gegenüber der Stabilität und Prägekraft des Metrischen wäre ein solcher Rhythmus prinzipiell sprunghaft, offen für Neues und instabil. Benveniste deutet hier auf jene Bestimmung von Rhythmus voraus, die spätere Theorien dem Begriff geben werden[15] und die sich statt an der Gleichmäßigkeit des Fließens eher an einem alternativen etymologischen Bezugspunkt orientie-ren: dem unterbrechenden Moment der Stauung.[16]

Der Rhythmus scheint in der *politeia* zunächst eher am Rande eingeführt: als eine Unterkategorie des Gesangs. »Zunächst kannst du auf alle Fälle sagen [...], daß sich das Lied aus drei Dingen zusammensetzt, aus dem Text, der Tonart und dem Rhythmus.« (P 126, 399e). Diesem kommt aber durchaus ein privilegierter Status zu: Gemeinsam mit der Tonart kann er, so Sokrates, »am tiefsten in das In-

---

13 Émile Benveniste: »Der Begriff des ›Rhythmus‹ und sein sprachlicher Ausdruck«, in: Ders.: *Probleme der allgemeinen Sprachwissenschaft*. München 1974, S. 363-373, hier: S. 371.

14 Ebd., S. 365.

15 Vgl. Patrick Primavesi/Simone Mahrenholz: »Einleitung«, in: Dies. (Hg.): *Geteilte Zeit. Zur Kritik des Rhythmus in den Künsten*. Schliengen 2005, S. 9-33.

16 Vgl. zur Etymologie auch Wilhelm Seidel: »Rhythmus/numerus«, in: Albrecht Rieth-müller/Hans Heinrich Eggebrecht (Hg.): *Handwörterbuch der musikalischen Termino-logie*. Wiesbaden 1980, S. 1-32.

nere der Seele dringen« und »ihr Wohlgestalt« bringen – oder auch »das Gegenteil« (P 129, 401d), nämlich Entstaltung und Zerrüttung. Um die einzelne Seele geht es Sokrates in seiner Untersuchung von Tonart und Rhythmus aber nur im Namen des ›guten‹ Gemeinwesens. Der Rhythmus hat seinen Auftritt im Dialog im Zusammenhang mit der Erziehung der Wächter, welche dieses verteidigen sollen. Zwar ist, als es an die Besprechung von Tonart und Rhythmus geht, dieser Kontext schon ein wenig in Vergessenheit geraten, aber eben am Übergang von der Tonart zum Rhythmus verweist Sokrates darauf: Er hatte zuvor die Unterscheidung zwischen einer ›gesunden‹ und ›kranken‹ Stadt, zwischen einer »echte[n]« und einer »üppig aufgeblasene[n] Stadt« (P 85, 372e) aufgestellt. Auf diese Differenz kommt Sokrates etwas später im Gespräch beim Übergang zwischen der Erörterung der Tonarten und der dem Rhythmus gewidmeten Passagen zurück. Die Entscheidungen eines als Zensor auftretenden Sokrates darüber, welche die in seiner imaginierten Stadt zulässigen Tonarten (und Instrumente) seien und welche nicht, schließen mit der wie überrascht eingeflochtenen Bemerkung, man habe mit diesen Entscheidungen auch gleichzeitig und in Gänze »die Stadt, die wir als üppig bezeichnet hatten, ganz unvermerkt wieder bereinigt«. Der Rhythmus soll zu dieser *katharsis* anschließend sein Übriges tun: »Nun gut, […] so wollen wir auch das übrige noch reinigen.« (P 126, 399e). Die gelungene Erziehung eines kleinen, wenn auch wichtigen Teils der Bewohner zeichnet plötzlich für das ›gesunde‹ Gemeinwesen insgesamt verantwortlich. Der Rhythmus muss daher vor dem Hintergrund des Problems der ›üppigen Stadt‹ und ihrer Reinigung in den Blick genommen werden.

3. POSSESSIVE, REGULIERTE UND RHYTHMISIERTE MIMESIS

Zentrale Bedeutung erlangt für dieses Problem bekanntlich die komplizierte Frage nach der Mimesis. Nähere Ausführungen am Ende der *politeia* lassen darauf schließen, dass Platon sie im Sinne von »Nachahmung« (P 101, 382b) verwendet. Dies ist zwar meist nicht falsch; doch es schwingen auch zahlreiche weitere und oft gegenläufige Bedeutungen mit, die von der sprachlichen Benennung von Welt bis zur ältesten nachweisbaren Wortverwendung, der tänzerischen Darstellung (*mimesthai*) reichen.[17] Friedrich Schleiermacher übersetzt: »Darstellun-

---

17 Halliwell unterscheidet zehn zwischen diesen Extremen aufgespannte unterschiedliche Bedeutungen von Mimesis in der *politeia*. Vgl. Stephen Halliwell: *Aristotle's Poetics*. London 1986, S. 121.

gen«[18] und betont so das produktive Moment, mit dem die platonische Mimesis sich nicht nur auf Welt bezieht, sondern auch selbst Welt produziert. Um die Bewertung und Verortung der so produzierten Welten geht es bekanntlich in Sokrates' Auseinandersetzung mit der Mimesis, – und die wie am Rande eingeführte Frage nach dem Rhythmus wirft auf diese oft zitierte Auseinandersetzung ein überraschendes Licht.

Während die »gesunde« Stadt für Sokrates die an den von ihm als grundlegend erachteten Bedürfnissen orientierte ist, schwelgen die Bewohnerinnen und Bewohner der »üppig aufgeblasene[n] Stadt«, die folgerichtig die kranke Stadt zu sein scheint, im Luxus: Diese ist »durch eine Menge Menschen aufgefüllt [...], die nun nicht mehr um des Notwendigen willen in den Städten wohnen, wie zum Beispiel die Jäger aller Art und« – das scheint nun mehr als ein Beispiel – »die nachahmenden Künstler, die vielen nämlich, die zeichnen oder malen, und auch die vielen, die sich mit der Musenkunst abgeben, wie Dichter und ihre Gehilfen, Rhapsoden, Schauspieler, Tänzer, Theaterunternehmer«. Damit hat in der *politeia* zum ersten Mal die Mimesis ihren Auftritt. Sie findet sich als überflüssiger Luxus eingeführt, über den die »echte, gleichsam die gesunde Stadt« (P 85, 372e-373c) sich erhaben weiß.

Eine Stadt, in der sich Mimetiker herumtreiben, ist einerseits krank. Andererseits lässt Sokrates sich mit ihrer Einführung auf eine Forderung eines seiner Gesprächspartner, Glaukons, ein, dem die ›echte‹ Stadt zu bescheiden eingerichtet scheint: »Wenn du eine Stadt für Schweine gegründet hättest, Sokrates – was würdest du ihnen anderes zu fressen geben als das?« (P 84, 372d) Die wenig später zum Lied, seiner Tonart und seinem Rhythmus angestellten Überlegungen beziehen sich nun auf das Leben in der ›üppigen Stadt‹. Dass deren Üppigkeit Sokrates so gar nicht behagt, wird allerdings nicht weiter problematisiert. Weder muss Glaukon sich für seine Bevorzugung des Luxus rechtfertigen noch versucht Sokrates, ihm die Vorteile von Bescheidenheit, d.h. Gesundheit, verständlich zu machen. Ganz im Gegenteil folgt die weitere Behandlung des Gemeinwesens Glaukons Einwand: Zu besserem Essen ist auch ein wenig Lebensstandard notwendig, »Hausrat, [...] Zuspeisen, Salben und Räucherwerk, Freudenmädchen und Leckereien, und alles das in mannigfacher Art.« (P 85, 373a) Hinterrücks führt Sokrates hier bereits den Luxus mimetischer Darstellungsweisen ein: Auch »Malerei und bunte Stickerei« gehören in den Kontext der angenehmen Mahlzeit und lassen wenige Sätze später das Erscheinen der Mimetiker in der ›üppigen Stadt‹ folgerichtig erscheinen. – Und folgerichtig erscheint auch Sokrates' anschließende Argumentation: Eine so große Stadt mag nach innen den sie Be-

---

18 Plato: *Der Staat*. Berlin 1828, S. 395.

wohnenden ein angenehmes Leben bieten; dadurch wird sie aber nach außen anfällig: Mit Zustimmung Glaukons führt Sokrates das »Amt der Wächter« (P 88, 375a) ein. Wie alle anderen Individuen in dem hier imaginierten Gemeinwesen sind auch die Wächter auf nur eine Tätigkeit spezialisiert. Aber sie scheinen sich dadurch von allen anderen zu unterscheiden, dass sie einer Erziehung bedürfen. Zumindest ist in der *politeia* von einer Erziehung etwa zum Handwerkertum nicht die Rede, während hingegen darauf verwiesen wird, dass die Erziehung zum Wächter derjenigen zum Philosophen entspricht.[19] Gleich nach ihrer Einführung als überflüssiger Luxus zeigt die Mimesis dann auch ihr zweites Gesicht: Für die Erziehung erweist sie sich als unerlässlich.

Unnötigen, ja gefährlichen Luxus erblickt Sokrates in der Mimesis, so erläutert er es gegen Ende der *politeia* bekanntlich, aus mehreren Gründen theoretischer, praktischer und moralischer Art, die nicht unbedingt in Übereinstimmung zu bringen sind. Da wäre vor allem die doppelte Entfernung von der Idee des Schönen, Wahren und Guten. Die sinnliche Welt besteht aus unvollkommenen Abbildern der ewigen Formen. Die in der sinnlichen Welt vorliegenden Formen sind geprägt von der jeweiligen ewigen Form, dem sogenannten *eidos* (»Gepräge« (P 131, 402d)), ohne an diesen heranreichen zu können. Demgegenüber arbeitet die Mimesis sich am sinnlich Gegebenen ab und ist diesem gegenüber nachrangig: In der Malerei etwa liefert sie Reproduktionen von bereits bloß irdischen Abbildern der Ideen; in der Schauspielerei verkörpert sie falsche Identitäten. Unter Vorspiegelung falscher Tatsachen tut der Schauspieler so, als wäre er ein mutiger Kämpfer, weiß aber nicht mit Waffen umzugehen und ist oft feige.[20] Damit zeigt sich der Schauspieler als Paradigma jener Falschheit, Verzerrung und Verwirrung, die in der *politeia* der Mimesis zugeschrieben werden.

Entsprechend erläutert der platonische Sokrates anhand des Schauspiels, was die Mimesis nicht nur so epistemologisch und moralisch minderwertig, sondern auch für das gerechte Gemeinwesen so gefährlich macht: Der Schauspieler gibt vor, ein »Mann [...] vielfacher Art« (P 123, 397d) zu sein: Indem er sich seiner Spezialisierung auf das Schauspiel hingibt, konterkariert er gleichzeitig die im Gemeinwesen herrschende Spezialisierung.[21] Er kann verschiedene Rollen verkörpern, tut so als würde er bald dieses und bald jenes unternehmen, kann aber eigentlich gar nichts. Das ist nicht nur sein eigenes Problem: Seine Vieltuerei

---

19 Vgl. P 90, 376a.

20 Vgl. P 424-438, 595b-603b.

21 Vgl. Jacques Rancière: *Le Philosophe et ses pauvres*. Paris 1983, S. 26-29, S. 33-36. Vgl. Juliane Rebentisch: *Die Kunst der Freiheit. Zur Dialektik demokratischer Existenz*. Berlin 2012, S. 56-60.

droht sich auszubreiten. Weniger als in der Überflüssigkeit und Nachrangigkeit des Nachahmens liegt das Problem der Mimesis, sondern im von ihr ausgelösten Prozess der Ansteckung: *Mimesis* breitet sich aus. Ihre Diffusion drückt sich bereits in der Verwendung des Begriffs in der *politeia* aus: Bei der Praxis des Schauspielens, die eine andere Person verkörpert, handelt es sich um Mimesis; bei der Praxis des Zuschauens aber auch.[22] Zunächst erläutert Sokrates sowohl das Schauspielern als auch das Zuschauen über die Logik des Nachahmens: Der Schauspieler ahmt eine Rolle nach; der von ihm faszinierte Zuschauer droht seinerseits den Schauspieler nachzuahmen und aus der ihm im Gemeinwesen zugewiesenen Rolle zu fallen. Die hier der Mimesis zukommende geradezu magische Macht ist als Nachahmung nur noch unzureichend beschrieben: Eher geht es um eine Identifizierung des Schauspielers mit seiner Rolle, wodurch er diese Rolle nicht mehr zweitrangig nachahmt, sondern verkörpert. Angespielt ist damit weniger auf Techniken des Nachahmens oder auf die tatsächlichen Gegebenheiten der attischen Tragödie mit ihren distanzierenden Masken und der Übernahme wechselnder Rollen durch denselben Schauspieler. Vielmehr geht es Platon um eine religiösen Praktiken innewohnende magische Dimension: Bei der Schauspielerei handelt es sich um eine »possessive Mimesis«[23], die um sich herum konzentrische Kreise zieht. Nur graduell ist dann die mimetische Ergriffenheit des Publikums von der des Schauspielers unterschieden.

Machtvoll spricht die Mimesis die sinnliche Seite des Publikums an und stimuliert dessen mimetisches Vermögen: Wer vieles auf der Bühne getan sieht, wird selbst nicht mehr nur eines tun wollen. Wer etwa »Trunkenheit, Verweichlichung und Müßiggang« (P 125, 398e), allesamt beliebte Beispiele des platonischen Sokrates, durch einen Schauspieler dargestellt sieht, wird sich dadurch selbst zu ›Trunkenheit, Verweichlichung und Müßiggang‹ verführt finden. Aus stabilen Menschen werden instabile.[24] Das gerechte Gemeinwesen, in dem jede und jeder seinen und ihren Platz hat und jeder Schuster bei seinen Leisten bleibt, gerät in Verwirrung, aus der Balance, bläht sich auf und franst aus. Die Mimesis zeigt sich als gleichzeitig das gefährlichste und machtvollste aller Vermögen. Sie muss in Schach gehalten und reguliert werden.

---

22 Vgl. Eric A. Havelock: *Preface to Plato*. Cambridge/London 1963, S. 24.

23 Vgl. in Anschluss an Havelock dazu Friedrich Balke: »Possessive Mimesis. Eine Skizze und ein Beispiel«, in: Gertrud Koch/Martin Vöhler/Christiane Voss (Hg.): *Die Mimesis und ihre Künste*, München 2010, S. 111-126, hier: 113-118.

24 Dafür, dass hier bevorzugt Beispiele der Instabilität und Zerrüttung gewählt werden, vgl. Lacoue-Labarthe: *Typography*, S. 130.

Zur Regulierung der Mimesis schlägt der platonische Sokrates zwei Strategien vor: Erstens wird stellvertretend für sämtliche Mimetiker den Dichtern der Zugang zur Stadt verboten. Gemeint sind hier nicht zuletzt die Dichter als Rhapsoden, also, obwohl Sokrates auf einer stabilen Unterteilung zwischen den Tätigkeiten insistiert, als Schauspieler ihrer Dichtungen. Zweitens aber ist die Mimesis ein, wenn nicht das grundlegende Mittel der frühen Erziehung der Wächter:»Was [der junge Mensch, M.J.S.] in diesen Jahren in seine Vorstellungen aufnimmt, das bleibt in der Regel unauslöschlich und unveränderlich haften.« (P 95, 378e) Diese Aufnahme erfolgt durch Stimulation der Sinnlichkeit, sprich über das kindliche mimetische Vermögen. Über dieses wird ihnen nicht nur Wissen vermittelt, sondern (so ließe sich mit der Soziologie des 20. Jahrhunderts sagen) kulturelle Normen werden in ihr Körpergedächtnis eingeschrieben.[25] Die mit den Dichtern aus der Stadt verschwundene Instabilität der mimetischen Gefahr kehrt gleichzeitig mit der Erziehung inmitten der Stadt zurück: bei ihrer Selbstreproduktion. Mit dem Verschwinden der Dichter scheint diese Gefahr aber zu einem guten Stück gebannt. Die Zöglinge werden nur mit solchen mimetischen Artefakten konfrontiert, die zuvor eine strenge Zensur durchlaufen haben. Verboten sind Vorbilder, die jegliche Form von Instabilität zeigen, z.B. ›Trunkenheit, Verweichlichung und Müßiggang‹. Gewählt sind Vorbilder, in denen die Götter konstant und gerecht, die Helden ehrenhaft und wahre Männer und überhaupt keine Arten von Instabilität zu entdecken sind. Gebannt wird die Instabilität der Mimesis also mittels der gefährlichen Macht der Mimesis: Das instabile mimetische Vermögen der Zöglinge hängt sich an mimetische Vorbilder einer Stabilität, die der inneren Instabilität der Mimesis zuwiderläuft. Das instabile mimetische Vermögen wandelt sich dank Mimesis in Stabilität und lässt die eigene Instabilität hinter sich. Gefahr und Macht des Theaters werden mobilisiert, um Gefahr und Macht des Theaters zu bannen, mitten im Inneren des gerechten Gemeinwesens. Statt Instabilität soll sich nunmehr Stabilität osmotisch ausbreiten.

Damit aber wird, ohne dass dies Erwähnung fände, die Mimesis rhythmisiert: So wie sie die ›gesunde‹ Stadt zu einer ›üppigen‹ Stadt anschwellen lässt, um durch Abweisung der Dichter wieder zur schlanken, kleinen, eben zur gesunden Stadt zu werden, genauso stimuliert die Erziehung die Mimesis und lässt sie anschwellen, um sich ihrer zu entledigen, und sie mit der nächsten Generation wieder anschwellen zu lassen. Platons Sokrates imaginiert die gleichmäßige Wel-

---

25 Vgl. Pierre Bourdieu: *Sozialer Sinn. Kritik der theoretischen Vernunft*. Frankfurt a.M. 1987, S. 126ff.. Vgl. Gunter Gebauer/Christoph Wulf: *Spiel – Ritual – Geste. Mimetisches Handeln in der sozialen Welt*. Hamburg 1998.

lenbewegung einer anschwellenden Mimesis, die sich an sich selbst bricht und gleich wieder abschwillt. Die Notwendigkeit des Verbots einer eigenständigen mimetischen Aktivität abseits der Erziehung deutet darauf hin: Diese Wellenbewegung kann jederzeit aus ihrer Gleichmäßigkeit ausbrechen, jederzeit kann die Instabilität überhand nehmen und die gesunde Stadt destabilisieren, vielleicht zerstören. – Folgerichtig erscheint es daher, dass die ›Reinigung‹ der ›üppigen‹ Stadt später bei der Verhandlung des Rhythmus erneut thematisch wird.

4. ZWEIDEUTIGKEIT: ENTÄUSSERUNG UND VERINNERLICHUNG DER MIMESIS

Sokrates erstmalige Aufzählung der Mimetiker anlässlich seiner Beschreibung der ›üppigen Stadt‹ erhebt keinen Anspruch auf Vollständigkeit; trotzdem fällt eine Abwesenheit bzw. eine nur indirekte Anwesenheit der Musik auf: Der epische Gedichte in Begleitung seines Saiteninstruments vortragende Rhapsode ist natürlich auch ein Sänger; der Tänzer bewegt sich zur Musik, die aber nur als ›Gehilfe‹ des Dichters auftritt. Auf ähnliche Art, wie die Problematik der Mimesis in ihrer Überflüssigkeit und Zweitrangigkeit liegt, scheinen Tonart und Rhythmus zunächst ihrerseits so zweitrangig, dass sie in der Illustration dessen, was die ›gesunde Stadt‹ denn nun ›üppig‹ und krank mache, auch fehlen können. Deswegen ist es mehr als überraschend, dass eben zwischen der Behandlung von Tonart und Rhythmus und inmitten der Beschreibung der ›guten‹, die eigentliche Instabilität wegregulierenden Mimesis behauptet wird, die ›üppige Stadt‹ sei nunmehr zur ›gesunden‹ zurechtgeschrumpft bzw. ›gereinigt‹. Wie zitiert: ›Die Stadt, die wir als üppig bezeichnet hatten, [ist] ganz unvermerkt wieder bereinigt‹. Mittels der Bestimmung des ›gesunden‹ Rhythmus›wollen wir auch das übrige noch reinigen‹ (*katharein*).

Aus dem Bisherigen ergibt sich, dass es sich bei dieser ›Reinigung‹ um die Erzeugung von Stabilität aus Instabilität gehandelt haben wird. Diese Erzeugung von Stabilität soll mit der Behandlung des Rhythmus zu ihrem Abschluss kommen und vielleicht, aber das wäre angesichts der zuerst angedeuteten Zweitrangigkeit des Rhythmus überraschend, ihren Höhepunkt, zumindest jedoch ihren Endpunkt finden. Tonart und Rhythmus unterscheiden sich in Sokrates' Ausführungen nicht von den vorhergehenden mimetischen Darstellungspraktiken. Wie bei den Themen der Kindermärchen sucht Sokrates auch hier die beizubehaltenden ›gesunden‹ heraus und trennt sie von den ›üppigen‹ oder gar ›kranken‹. Offensichtlich scheint auch, was mit der ›unvermerkten‹ Reinigung gemeint ist: Auf Glaukons Protest hin wurde trotz Sokrates' Widerwillen eine ›üp-

pige‹ statt einer ›gesunden‹ Stadt beschrieben, der auch die überflüssigen Mimetiker angehören. Nun konnte Sokrates aber mit philosophischen Mitteln nachweisen, dass in unreguliertem Zustand die mimetischen Praktiken der für die
Stadt nötigen Erziehung Schaden bringen. Glaukon hatte eigentlich nur besseres
Essen und ein bisschen alltägliches Wohlsein eingefordert, woraufhin Sokrates
gleich sämtliche Mimetiker in die Stadt holte. Mit der Reinigung von der Mimesis ist wohl auch dieser letzte Luxus aus der kultivierten Stadt verschwunden.
Aber Glaukon hat sich nunmehr vom Gang des Arguments hinreißen lassen:
»Und das war verständig von uns« (P 126, 399d), kommentiert er bestätigend
Sokrates' plötzlichen Ausbruch aus den Spezifika des Erziehungsprogramms
und den Rückgriff auf die Gründungserzählung des Gemeinwesens, ohne seine
vorherige Position zu erwähnen oder sich auch nur an sie zu erinnern. Damit
schleicht sich aber auch eine gehörige Portion Ironie in den Dialog ein; scheint
Glaukon hier doch alles andere als ›verständig‹. Vielmehr stellt seine Replik aus,
dass im Text Mimesis nicht nur die Ergriffenheit des Schauspielens und Zuschauens, nicht nur die osmotische frühkindliche Prägung, sondern auch die philosophische Aneignung von Wissen im Lehrer-Schüler-Verhältnis benennt.[26]
Diese Wissensübertragung scheint hier aber mehr auf identifizierter Faszination
als auf der philosophischen Überzeugung durch Folgerichtigkeit zu beruhen.

Der Rhythmus des Dialogs ist an dieser Stelle auch von der Argumentation
her merkwürdig gebrochen. Denn explizit wurde schon kurz vorher (und auch
hier ohne Widerspruch Glaukons) gekennzeichnet, dass das entworfene Gemeinwesen keinen Platz für die Mimetiker hat:

»Wenn also ein Mann, der dank seiner Weisheit alles mögliche sein und alle Dinge nachahmen kann, in unsere Stadt käme und uns seine Dichtungen vorführen wollte, dann würden wir ihn wohl als einen heiligen und wunderbaren und liebenswürdigen Mann verehren, würden ihm aber sagen, daß es einen solchen Mann in unserer Stadt nicht gebe und
nicht geben dürfe. Wir würden Salböl auf sein Haupt gießen und es mit Wolle bekränzen
und ihn dann in eine andere Stadt weiterziehen lassen. Wir selbst aber würden, zu unserem
Nutzen, mit dem strengeren und weniger anmutigen Dichter und Mythenerzähler Vorlieb
nehmen, der uns die Vortragsweise des anständig Denkenden nachahmte und seine Worte
nach jenen Richtlinien setzte, die wir am Anfang als Gesetze aufgestellt haben, als wir mit
der Erziehung der Krieger begannen.« (P 123, 398a)

---

26 Vgl. Havelock: *Preface to Plato*, S. 24. Affirmativ statt ironisch liest diese Stelle
Schmitt: »Mimesis bei Platon«, S. 245-247.

Die Dichter, mit denen hier Vorlieb genommen wird, sind wie der vor allem behandelte Homer schon lange verstorben, ihre Texte von der sokratischen Zensur verstümmelt bzw. für die Erziehung zurechtgeschnitten. Es handelt sich also nicht um die Dichter, die Sokrates dem Glaukon untergeschoben hatte. Diese scheinen vielmehr gar nicht mehr in der ›üppigen‹ Stadt zu verweilen. Es findet also auch gar keine Vertreibung der Mimetiker statt; diese werden gleich am Betreten der Stadt gehindert. Von Vertreibung, Austreibung etc., von der zu sprechen zum Topos geworden ist, geht nirgends die Rede.[27] Wenn überhaupt, dann ist die ›unvermerkte Reinigung‹ bereits hier geschehen, und zwar keineswegs ›unvermerkt‹, sondern höchst offensichtlich. Im Anschluss erst geht es an die Behandlung des Liedes und dabei von Tonart und Rhythmus, zwischen denen dann diese Unvermerktheit der Reinigung behauptet wird.

Es ist, als sollte der Rhythmus des Texts, der bei der Abweisung des Dichters so sehr den Anfang der Erziehung betont, seinerseits verdecken, dass er die Frage nach dem Anfang mehr als verwirrt und nicht in geordneter Reihenfolge verhandelt: Die ›am Anfang aufgestellten Gesetze‹ mögen die Erziehung der Wächter begründen (und die Abweisung des Dichters notwendig machen). Aber die Erziehung der Wächter wurde nur nötig, weil Glaukon die Mahlzeiten in der Stadt nicht auf ›das Notwendige‹ beschränken wollte. Sokrates vergrößerte die Stadt; mit dem Luxus hielten die Mimetiker Einzug. Die Wächter wurden nötig, um die ›aufgeblasene‹ Stadt zu verteidigen. Ihre Erziehung zu stabilen Individuen unter Benutzung der Mimesis aber wurde unter Abwehr der ihr eigenen Instabilität notwendig, um ihre Spezialisierung auf das Kriegshandwerk zu gewährleisten. Aber, so verdeckt es die von Sokrates eingeschmuggelte ›unvermerkte Reinigung‹, der Text hatte die Figur des Wächters zunächst eingeführt, um eine die Mimetiker beherbergende Stadt zu verteidigen, nicht um den Dichter am Stadttor abweisen zu können. Seine Funktion hat sich unter der Hand vollkommen gewandelt. – Denn wer setzt im Zweifelsfall wohl durch, dass der bekränzte Dichter zur nächsten Stadt weiterzieht?

Die Mimesis ermöglicht den Wächter also nicht nur ontogenetisch durch Erziehung, um als Katalysator gleich wieder verschwinden zu müssen; sozusagen phylogenetisch ermöglicht, ja bewirkt sie geradezu seine Entstehung. Die durch die Üppigkeit der inneren Mimesis notwendig gewordenen Wächter schließen die Stadt nach außen gegen die Mimesis ab. Die geregelte Ordnung von Anfang

---

27 Vgl. Thomas Glaser: »Theater vs. Archi-Politik. Zur Einrichtung der Politik durch die Mimesis in Platons *Politeia*«. Unveröffentlichtes Manuskript eines Vortrags, gehalten auf der Tagung »Zwiespältige Mimesis. Positionsbestimmungen der Literaturwissenschaften und ihrer Nachbarwissenschaften« am 10.01.2013 an der Universität Siegen.

und Ende ist durcheinander geraten, ebenso die von innen und außen. Die ›gesunde‹ Stadt mag ohne professionelle Mimetiker auskommen. Diese müssen sie aber immer schon bewohnt haben, um später vor den Toren abgewiesen werden zu können. Die Mimetiker sind Bedingung für die Notwendigkeit der Wächter. Die Wächter verteidigen die innere Mimesis also gegen sich selbst. Oder bewachen sie das Innere, zu dessen Schutz nach außen sie erzogen werden? Die ›Reinigung‹, von der verschoben und unter Unterbrechung des Arguments die Rede geht, hat in der Tat ›unvermerkt‹ stattgefunden – vielleicht bereits bei der Einführung der Wächter. Diese hatte bereits eine auf die ›gesunde‹ Stadt vorausdeutende Pointierung: Zuerst argumentiert Sokrates, die ›üppige‹ Stadt müsse durch den »unbegrenzten Erwerb von Gütern« über das »Maß des Notwendigen hinausgehen«. Eine im ›gesunden‹ Zustand gerechte Güterverteilung suggerierend fragt Sokrates rhetorisch »Dann werden wir also Krieg zu führen haben, Glaukon?« Das einzuführende »Heer« soll dann jedoch »gegen die Angreifer« (P 86, 373e) eingesetzt werden und nicht selbst die für die eigene ›Üppigkeit‹ notwendigen Güter erobern. Zwar mag die Stadt eben wegen ihrer ›Üppigkeit‹ zum Angriffsziel geworden sein. Die implizite Wertung deutet aber eher darauf hin, dass eine ›gesunde‹ Stadt sich gegen die Übergriffe der anderen verteidigt – auch wenn dies erst später explizit gemacht wird.

Der Text der *politeia* suggeriert einerseits das in seiner Rezeption inzwischen topische Bild der Vertreibung der Mimetiker, von der eigentlich nirgends ein Wort gesagt wird. Andererseits lässt sich vor lauter Theatereffekten, verschobenen und überraschenden Anfängen und Begrenzungen, die stabile Ordnung der Stadt nicht mehr besonders gut wahrnehmen. ›Unvermerkt‹ macht der Text darauf aufmerksam, dass er seine angebliche Logik über einen präzisen, wenn auch nicht ganz ›wohlgemessenen‹ Rhythmus entfaltet – und dies tut er exakt, bevor es an die Behandlung jenes Rhythmus gehen wird, welcher Stabilität und Ordnung gewähren soll.

5. STABILE UND INSTABILE SEELEN: GUTE UND SCHLECHTE RHYTHMEN

Inmitten der regelmäßigen Wellenbewegung der für die Erziehung der Wächter stimulierten und dann regulierten Mimesis zeigt sich ein plötzlicher Umbruch: eine Verschiebung hin zu einer möglichen Lesart der *politeia*, in welcher deren Ordnung nicht ganz so ordentlich scheint wie von Sokrates proklamiert und von seinen Dialogpartnern bestätigt: Mit der Mimesis kommen auch zwei Auffassungen von Rhythmus ins Spiel. Mit dem Regelmaß ist die nach Platon dominant werdende Auffassung von Rhythmus angesprochen. Mit dem plötzlichen

Umbruch scheint aber auch eine andere Auffassung von Rhythmus präsent zu sein, nämlich eine für Platon gefährliche Bestimmung des Rhythmus, die auf Instabilität deuten würde: ein ›schlecht gemessener Rhythmus‹.

In einem doppelten Sinne beschreibt Platon den Rhythmus als mimetisch – und zwar gleichermaßen im Sinne von verkörpernd wie nun durchaus im Sinne von nachahmend: Bei der Erziehung der Wächter für das gerechte Gemeinwesen soll der gute Rhythmus, indem er der Idee eines »geordneten und tapferen Lebens« (P 127, 399e) entspricht, diese Idee der Seele einprägen: als dieser Seele Gestalt bzw. Form, eben als sogenannter *eidos*. Prägend wirkt der Ideen nachahmende Rhythmus in der Erziehung wegen der erwähnten völligen Formbarkeit der Kinderseelen durch ihre mimetische Ausrichtung auf die Welt. Es geht also wieder um Mimesis im doppelten Sinne: Rhythmen sind sinnliche Nachahmungen und Verkörperungen der Idee eines ›geordneten und tapferen Lebens‹; der junge Mensch verhält sich sämtlichen sinnlichen Eindrücken mimetisch gegenüber. Über diese doppelte Nachahmung lässt sich die Idee eines ›geordneten und tapferen Lebens‹ in seiner Seele installieren. Die Abwesenheit eines stabilen Rhythmus kann hingegen die Seele schwächen, ins Chaos stürzen und auf das ganze Gemeinwesen übergreifen. In diesem Sinne ist das Pathos verständlich, das der platonische Sokrates für den Rhythmus aufbringt: ›Wohlgestaltung und Missgestaltung der Seele sind die Folge des wohlgemessenen oder des schlecht gemessenen Rhythmus.‹

Welche Rhythmen dies sind, darüber verbleibt die ansonsten oft bis in kleinste Kleinigkeiten so ausführliche *politeia* im Unklaren. Während die homerische Epik an markanten Beispielen, von allem ›gereinigt‹ wird, was zu etwa ›Trunkenheit, Verweichlichung und Müßiggang‹ anstiften könnte, bezeugen Sokrates und sein Gesprächspartner Glaukon bezüglich der Rhythmen bloß Unwissenheit, ohne dass sie diese Lücke besonders wichtig fänden. Sokrates verweist auf den den Phytagoräern nahestehenden Musiktheoretiker Damon:

»Doch habe ich so dunkel in Erinnerung, einmal gehört zu haben, wie er von einem zusammengesetzten Enoplios und dann von einem Daktylos und einem heroischen Versmaß sprach und diese, ich weiß nicht wie, ordnete und die Hebungen und Senkungen ausglich und sie mit einer Kürze oder einer Länge endigen ließ. Und eine andere Taktart nannte er, glaube ich, Iambos und eine andere Trochaios und wies ihnen Längen und Kürzen zu. Und an einigen von ihnen tadelte oder lobte er das Tempo des Fußes nicht weniger als den Rhythmus selbst, oder etwas an beiden – ich kann es nicht sagen.« (P 127, 400a-c)

Angesichts der Wichtigkeit, die der Wahl des richtigen Rhythmus in diesem Projekt zugeschrieben wird, erscheint die Ahnungslosigkeit, die Sokrates und sein

Gesprächspartner ganz unbekümmert an den Tag legen, erstaunlich. Die Entscheidung über die guten (wohl reinen) Rhythmen und die schlechten (wohl gemischten oder gar unrhythmischen) Rhythmen wird der Autorität Damons übertragen: »Doch überlassen wir das [...] dem Damon. Denn um das auseinanderzusetzen, braucht es eine längere Untersuchung, oder bist du anderer Meinung?« (P 127, 400c) – Mitten in der Begründung des europäischen Denkens über den Rhythmus bleibt die letztendliche Bestimmung des Rhythmus also aufgeschoben. Angeblich weil diese Aufgabe viel zu wichtig, diffizil, großangelegt und komplex sei. Nichtsdestoweniger: Der Rhythmus selbst, die Beantwortung der Frage, welches denn ein guter Rhythmus sei, stellt eine Synkope im Denken über den Rhythmus dar. Der Text lässt offen, welcher Rhythmus genau mit welcher Prägekraft die Seele der jungen Menschen affizieren soll. Ein restriktiver Begriff des Rhythmus, der ihn an die Stabilität von Takt und Metrum bindet, scheint zunächst offen zu bleiben für andere Bestimmungen, für die das Wesen des Rhythmus gerade in seiner Offenheit bestünde.

Diese angedeutete Öffnung nimmt der platonische Dialog in einem nächsten Schritt jedoch zurück, indem er die vorher behauptete Bedeutsamkeit und Wirkmächtigkeit des Rhythmus so sehr reduziert, dass seine konkrete Bestimmung plötzlich nicht weiter wichtig ist. Denn was sich sagen lässt, ist offensichtlich die Unterscheidung zwischen dem Wohlgemessenen und dem schlecht Gemessenen, zwischen dem Maßvollen und dem, was das Maß sprengt: Der falsche Rhythmus ist für Platon, das kann man in den späteren *nomoi* noch viel deutlicher nachlesen,[28] ein instabiler Rhythmus, ein ungeordneter Rhythmus, ein unbeständiger Rhythmus, d.h. ein Rhythmus, der Überraschungen bringt, der aus dem von ihm suggerierten Schema ausbricht, der die von ihm suggerierte Ordnung unterwandert, auflöst oder, noch schlimmer, letztlich gar keine Ordnung erkennen lässt. Wie in allen anderen Belangen lehnt der platonische Sokrates Zwitterwesen, d.h. hier: Mischrhythmen, ab. So wie der Schuster im Gemeinwesen bei seiner Spezialisierung bleiben soll, so müssen auch die Rhythmen ›ungemischt‹ bleiben, wie es heißt. Wie bei den anderen mimetischen Praktiken, insbesondere beim Schauspiel, stellt sich auch hier wieder das selbe Problem: Die gemischten Rhythmen sind »weitaus am reizvollsten [...] für die Knaben und die Erzieher und auch für die große Menge« (P 122, 397d). Wie bezüglich aller anderen mimetischen Praktiken gilt es diese instabilen Mischformen aus der Erziehung, aber auch aus dem Gemeinwesen insgesamt zu verbannen. Mit der Stabilität des guten Rhythmus manifestiert sich in der vergänglichen, unkonstanten und unsicheren Welt die Gestalt der Ideen, ein *eidos*. In der Instabilität des schlechten

---

28 Vgl. Platon: *nomoi*, S. 28ff. (643e ff.)

Rhythmus geht der Bezug zum *eidos* und damit zu den Ideen verloren. Die vom schlechten Rhythmus affizierte Seele stößt nicht zum jenseitigen Wahren, Guten und Schönen vor und muss selbst instabil, d.h. hässlich, bleiben. Wegen des Einbezugs in die anderen mimetischen Praktiken müssen die ansonsten so wichtigen Rhythmen dann gar nicht weiter gesondert behandelt werden. Sind sie als bloß mimetische Phänomene letztlich doch nachgeordnet. Denn qualifiziert für die platonische Behandlungen sind, obwohl die Rhythmen doch am Tiefsten in die Seele dringen und also eine übergeordnete Kategorie darzustellen scheinen, nur solche Rhythmen, die sich der musikalischen Tonart und der theatralen Art des Vortrags unterordnen: »[G]uter und schlechter Rhythmus ergeben sich [...] aus dem guten Vortrag oder seinem Gegenteil [...], da sich ja Rhythmus [...] nach dem Text richte[t], und nicht der Text nach diese[m].« (P 128, 400d) Gemeint sind damit die Inhalte, die von ›Trunkenheit, Verweichlichung und Müßiggang‹ und überhaupt von jedweder Unbeständigkeit bereinigt sein sollen. Ein nicht trunkener, verweichlichter, müßiger Text provoziert folgerichtig einen Rhythmus, welcher ›Trunkenheit, Verweichlichung und Müßiggang‹ bei seinem Publikum vorbeugt.

Allerdings indiziert ein solcher Rhythmus bei angemessener Ausführung von außen her, was im Inneren der Vortragenden zu finden sei: »Art des Vortrags [...] und [...] Text [...] richte[n] sich nach dem Charakter der Seele.« (P 128, 400e) Nicht nur nimmt der Rhythmus also Einfluss auf die Seele. Der angemessene, der gute Rhythmus ist derjenige, welcher der guten und schönen Seele entspricht, in welcher die gute und schöne Seele sich ausprägt. Nicht vorstellbar ist ein Rhythmus, der der Art des Vortrags, dem Inhalt des Texts oder gar der Form der Seele zuwiderliefe. Ein solcher Rhythmus brächte deren innere Balance aus dem Gleichgewicht, vielleicht auch aus dem Rhythmus ihres Widerspiels. Er wäre als schlechter Rhythmus auch per se ein Indikator für einen schlechten Vortrag, einen unausgeglichenen Text, eine aus der Balance geratenen Seele. Diese aus der Balance geratene Seele könnte sich nur in einer inneren Instabilität des Rhythmus manifestieren. Der Entsprechungszusammenhang vom guten und stabilen Rhythmus zur guten Art des Vortrags zum stabile Vorbilder liefernden Text zur schönen, weil stabilen Seele ist gänzlich und in beide Richtungen von der Prägekraft des *eidos* durchwirkt: Sie manifestieren sich als sich wechselseitig bedingender Gesamtzusammenhang einer stabilen Gestalt.[29]

Vom guten, stabilen und angemessenen Rhythmus kommt der platonische Sokrates nach all den zum Rhythmus hinführenden Umwegen nun plötzlich sehr direkt zum philosophischen End- und Zielpunkt der platonischen Existenz. Aber

---

29 Vgl. für die Gesamtproblematik Lacoue-Labarthe: *Typography*, S. 43-138.

dieser End- und Zielpunkt entpuppt sich entgegen aller anders lautenden Beteuerungen des Sokrates nicht nur als Selbstzweck. Vielmehr ist er theatral verfasst; er erscheint vor den Augen der anderen: »Wenn also [...] der Seele des Menschen ein schöner Charakter innewohnt und gleichzeitig seine äußere Gestalt diesem entspricht und mit ihm übereinstimmt, indem sie dasselbe Gepräge trägt, so muß das wohl für einen, der das sehen darf, der schönste Anblick sein.« (P 131, 402d) – Der gute ›wohlgemessene‹ Rhythmus manifestiert sich in dieser schönen Seele und wird so zu einer Art Theater des Wissens: zu einer in der materiellen Welt erscheinenden *theoria*. Er ist eine Ausprägung der übersinnlichen Ideen: ihre Gestalt, ihr *eidos*. Er prägt der vergänglichen und instabilen Materie diese Gestalt ein. D.h. er kann als Agent und Medium der jenseitigen Wahrheit der Ideenwelt dienen: Deshalb kann der Rhythmus über den Charakter mitentscheiden; die Wahl des richtigen Rhythmus geht notwendig mit der der richtigen Vortragsart, der richtigen Textinhalte und des richtigen Charakters einher, um den anderen den ›schönsten denkbaren Anblick‹ zu bieten.

Beim Theater des schönen Wissens, das auf den stabilen Rhythmen basiert, handelt es sich also um eine Konkurrenzveranstaltung zum mimetischen Theater der Schauspieler, Rhapsoden, Dichter, Maler usw. Diese verstärken durch ihre Nachahmungen die Instabilität der ohnehin schon instabilen sinnlichen Welt und verbreiten diese Instabilität mittels der kaum domestizierbaren Ansteckungsmacht der Mimesis. Nicht um sich horizontal ausbreitende mimetische, d.h. instabile Ähnlichkeiten, Identifizierungen und Verkörperungen soll es sich hingegen bei den Entsprechungsverhältnissen handeln, die vom stabilen Rhythmus direkt bis zur schönen Seele führen. Diese sind vertikal von oben bis unten, von unten bis oben vom *eidos*, von der stabilen Form, geprägt. Ihre Wirkung auf die sie Schauenden läuft der Ansteckungswirkung der Mimesis parallel – nur, dass die Schauenden jetzt inspiriert werden sollen, um selbst zum guten Leben, zur schönen Seele und letztlich zur philosophischen Schau der Ideen vorzudringen. Die Perfektion der vom stabilen Rhythmus geprägten schönen Seele und die Zerrüttung des Instabilität produzierenden Schauspiels erscheinen als Doppelgängerinnen. Nachträgliche, flüchtige Mimesis und prägender, dem Geprägtem immer vorläufiger *eidos* stehen ihrerseits in einem Ähnlichkeitsverhältnis. Die Mimesis, so ließe sich im platonischen Register sagen (und im *Timaios* findet sich dieses Vokabular tatsächlich), ist eine Mimesis des *eidos*.[30] Sie ist seine nachträgliche, instabile Zweit- bzw. Drittfassung, die von seiner stabilen Prägekraft zehrt, diese

---

30 Vgl. für den *Timaios* und die darin markierte Zeitvorstellung Klaus Held: »Zeit als Zahl. Der pythagoreische Zug im Zeitverständnis der Antike«, in: Forum für Philosophie Bad Homburg (Hg.): *Zeiterfahrung und Personalität*. Frankfurt a.M. 1992, S. 13-33.

aber auch vermindert. Der Rhythmus ist in der Erziehung der *politeia* so wichtig, weil es sich bei ihm einerseits um den wohl sinnlichsten Teil aller aufgeführten mimetischen Darstellungspraktiken handelt. Er ist potentiell am weitesten von der Prägekraft des *eidos* entfernt. Eben darum ist es ihm gleichzeitig möglich, als ›wohlgemessener‹ die Idealität des *eidos* direkt über die Sinne einzuspeisen. Wer dem guten Rhythmus ausgesetzt wird, findet sich wenn nicht direkt zum Theater des guten Wissens emporgehoben, so doch auf dieses vorbereitet. Wer dem schlechten Rhythmus ausgesetzt wird, droht sich in der unbeständigen Welt der mimetischen Praktiken zu verlieren.

6. MIMETISCHER RHYTHMUS: ZWEIDEUTIGE ERZIEHUNG

Alles steht und fällt mit dem mimetischen Rhythmus: Als Mimesis des stabilen *eidos* kann der Rhythmus den Bezug zu diesem erst erzeugen. Als Rhythmus des mimetischen Vermögens wirft er immer aus der Bahn. Umgekehrt gesprochen: Der mimetische Rhythmus wirft immer aus der Bahn beziehungsweise er schlägt überhaupt erst eine Bahn ein. Er bestimmt, ob es eine einzige Bahn gibt, nämlich die zum *eidos* oder ob der dislozierende Rhythmus mal diese, mal jene Bahn einschlägt – und das heißt für Platon: keine Bahn. Wie die Mimesis müsste der ›wohlgemessene‹ Rhythmus dessen allererste Eigenschaft (nämlich die, eine neue Bahn einzuschlagen) im Laufe der Erziehung abschaffen: Er müsste auf der einmal vorgegebenen Bahn bleiben und so mit seiner Stabilität diejenige des *eidos* vorbereiten. Er müsste, wie die Mimesis, im und als Regelmaß wiederkehren.

Die zeitliche Dislozierung, für die der Rhythmus bei Platon in einem ›guten‹ wie im ›schlechten‹ Sinne steht, lässt sich an der mit ihm enggeführten Mimesis gleichzeitig als eine räumliche beschreiben: Die Einführung der Mimesis öffnete die Stadt nach außen und machte so Wächter nötig, die diese Stadt gegen äußere Angriffe verteidigen – und sie gegen eine Mimesis abschirmen, die gleichzeitig innen wie außen ist: Sie kann nur nach außen abgewehrt werden, wenn sie innen vorher schon da ist. Die ›unvermerkte Reinigung‹ der Stadt, ihre *katharsis*, findet durch eine Dislokation im räumlichen Sinne statt: durch eine Versetzung von innen nach außen. Durch diese Versetzung kann ein stabiles Inneres erst behauptet werden; seine Rahmung bleibt aber ausgerichtet auf etwas, das weder richtig innen noch außen ist. Der in der mimetischen Wächtererziehung behauptete Außenraum der Mimesis disloziert den die Wächtererziehung erst ermöglichenden Innenraum und umgekehrt.

All dies heißt auch, dass in beiden Fällen, dem des Rhythmus und dem der Mimesis, das entäußernde Moment immer bereits da ist, bevor es etwas zu entäußern gibt. Die Nachrangigkeit der Mimesis und die zeitlich-räumliche Entglei-sung des Rhythmus gehen den in der *politeia* präsentierten Ordnungen auch im-mer voraus.

Über die Mimesis soll der *eidos* im zu erziehenden Individuum installiert werden: zuerst über den stabilen Rhythmus, dann über die Vortragsart und schließlich über die Inhalte. Der *eidos* prägt von oben nach unten. Dies aber wird erst mit dem Abschluss der Erziehung, mit der schönen Seele einsichtig. Die Mimesis installiert den *eidos* hingegen von unten nach oben. Seine Stabilität, ganz am Anfang der Erziehung die Stabilität eines an Metren gebundenen Rhythmus, geht immer aus einer Instabilität hervor, einer Nachträglichkeit, einer Abweichung, einer Verschiebung, einer Entfernung, einer Verfehlung seiner selbst. Die mimetische Aneignung des stabilen und kontrollierten Rhythmus er-folgt also selbst gegenrhythmisch, mischrhythmisch, destabilisierend. Sie ist of-fen für die von der Mimesis ausgehenden Abweichungen, Unterbrechungen und Verschiebungen. Das will heißen: Es fällt schwer bei der Erziehung der schönen Seele zwischen dem guten, stabilen Rhythmus zu unterscheiden, mit dem mime-tisch affiziert werden soll, und seinem eigenen Gegenrhythmus: einer Mimesis, die verschiebt, entstellt, destabilisiert und die Stabilität des Rhythmus auseinan-derbringt. Die Mimesis des stabilen und ans Metrum gebundenen Rhythmus im-pliziert auch immer die Möglichkeit einer, mit einem Hölderlin-Wort, gegen-rhythmischen Unterbrechung:[31] dass ein falsch oder angeschwächt wiederholter Rhythmus plötzlich anders als vorgesehen wiederholt wird und den Rhythmus von einem Metrum ablenkt. Durch seine Rhythmik müsste eigentlich auch der stabilste Rhythmus potentiell so instabil, fragil und angreifbar sein wie die Mi-mesis selbst. Wie in der platonischen Erziehung wird er sich immer erst im Nachhinein als ›wohlgemessener‹ Rhythmus entpuppt haben.

Ganz im Sinne der von Sokrates betonten Wichtigkeit des Rhythmus erhält dieser vorgängigen Charakter bezüglich der ›Subjektbildung‹ (in heutigem Vo-kabular und im Vokabular, das etwa Badiou für seine Aktualisierung der *politeia* fürs 21. Jahrhundert benutzt):[32] Das platonische Subjekt wird sich rückwirkend über den Rhythmus gebildet haben. Seine angestrebte Stabilität bleibt über den Rhythmus auf eine in dessen Innerem wirksame Instabilität ausgerichtet. Statt das bei Platon für Instabilität schlechthin einstehende mimetische Vermögen zu domestizieren, richtet der Rhythmus das Individuum immer wieder neu auf des-sen Öffnung der Welt gegenüber aus. Räumlich gesprochen: Statt aus sich selbst

---

31 Friedrich Hölderlin:»Anmerkungen zum Oedipus«, in: Ders.: *Sämtliche Werke. Band 16. Sophokles.* Frankfurt a.M. 1988, S. 247-258, hier: S. 250.

32 Vgl. Badiou: *Platons ›Staat‹,* S. 13-16.

auf den ›schönsten Anblick‹ des *eidos* oder von der Stadtmauer auf die abgewiesene Mimesis zu schauen, stiftet die dislozierende Mimesis in ihrem Rhythmus zuallererst einen Bezug des Subjekts gleichzeitig zu sich wie zur Welt: Sein Innenraum öffnet es auch nach außen; sein Weltbezug bezieht sich auch auf es selbst. Dieses Subjekt blickt nicht als Publikum auf den *eidos* oder den verwerflichen Rhapsoden, sondern die Dislozierung eröffnet erst den Abstand einer Szene, in der das Subjekt sich selbst als einen anderen trifft, und in der das Subjekt auch mit anderen (den Mimetikern, den Wächtern etc.) existiert. Erst nach Stabilisierung dieses Raums zum Theater – sei es zum den *eidos* erblickenden Theater des Wissens, sei es zum Theater der Rhapsoden und Tragöden – kann dieses Subjekt Publikum werden. Vorher ist es die skandierte Abfolge wechselnder Zeitraumverhältnisse: kein Theater auf einer Bühne, sondern eben mit einem Wort Samuel Webers ein »Theater der Dislozierung«[33].

Philippe Lacoue-Labarthe hat diese Dynamik in zahlreichen Texten als ein »ursprünglich[es] Gebrechen am Subjekt«[34] im Zeichen der Mimesis thematisiert. In späteren Texten benutzt er für diese immer schon gegebene Aushöhlung des Subjekts im Zeichen der Mimesis einen ihm von Jacques Derrida gewidmeten Begriff: »Desistenz«[35]. Eine solche Desistenz wäre rhythmisch, aber nicht im platonischen Sinne: nicht als stabilisierende Einteilung des Gegebenen, sondern als Öffnung auf Andersheit, als Abhängigkeit von dem, was es zur Mimesis animiert, ohne dass – darin besteht die dislozierende Wirkungsmacht der Mimesis – ein stabiles Vorbild je Prägekraft erlangen und Nachbilder zur schönen Seele formen könnte: als ein Rhythmus a priori, dessen Voraussetzung darin besteht, jegliche Voraussetzung immer infrage gestellt und verschoben zu haben. »We (›we‹) are rhythmed.«[36]; ›Man (»man«) ist rhythmisiert‹; ›wir (»wir«) sind rhythmisiert‹ heißt es bei Lacoue-Labarthe unter Verweis auf die Behandlung des Rhythmus in der *politeia*. Denn wer weiß, wer dieses ›man‹ oder gar dieses ›wir‹ eigentlich anderes ist als dieser Rhythmus, der es sich selbst und jedem Gemeinwesen, in das es eingebunden werden soll oder sich einbinden möchte, bereits entzogen hat. Rhythmisiert ist ›man‹ dann nicht im Sinne des ans Metrum gebundenen Rhythmus, sondern als Aussetzung an etwas, das anders bleibt als man selbst. Dieses etwas gibt in seinem Andersbleiben erst die Möglichkeit des

---

33 Vgl. Samuel Weber: »Taking Place: Toward a Theater of Dislocation«, in: David J. Levin (Hg.): *Opera Through Other Eyes*. Stanford 1993, S. 107-146.

34 Lacoue-Labarthe: *Die Fiktion des Politischen*, S. 122.

35 Ebd., S. 123.

36 Lacoue-Labarthe: *Typography*, S. 202.

eigenen Existierens: mit sich selbst, in der Welt und mit anderen, sich selbst, der Welt und anderen ausgesetzt, ohne dies in einem *eidos* fixieren zu können.[37]

Der mimetische Rhythmus in der *politeia* verweist nicht bloß auf die Stabilität einer vom *eidos* geprägten Ordnung und auf die diese Ordnung reproduzierende Erziehung. Der mimetische Rhythmus verweist auch auf eine Bedingtheit dieser Ordnung, die nicht in dieser Ordnung aufgeht. Im Gegenteil muss die Ordnung immer wieder vom mimetischen Rhythmus ›gereinigt‹ werden, der sie doch bedingt und immer wieder aus der angestrebten ›Wohlordnung‹ bringt. – Allerdings wird das ›gerechte Gemeinwesen‹ hier in der ihrerseits mimetischen Form des platonischen Dialogs skizziert und dabei in seinen eigenen Unterbrechungen und Sprüngen immer wieder zur Schau gestellt. Dies mag nicht nur darauf hindeuten, dass sich hier die höchste Form einer erzieherischen Mimesis praktiziert findet,[38] sondern auch darauf, dass der Text die Unabschließbarkeit einer solchen ›Reinigung‹ der Mimesis von sich selbst anerkennt.

7. DAS »GERECHTE GEMEINWESEN« UND DIE ANARCHIE: POLITISCHE DIMENSION

Der mimetische Rhythmus, den Sokrates für sein Erziehungsprogramm und die Begründung von Ordnung funktionalisieren möchte, weist auch immer ›hinter‹ die Erziehung und ›hinter‹ die platonische Ordnung auf deren ungeordnete, ja im Wortsinne anarchische Bedingtheit. Diese Bedingtheit begründet und ordnet nichts. Wo der platonische Sokrates sich nichts anderes vorstellen mag, als dass eine solche Anarchie der vielen mimetischen Rhythmen von außen bzw. von oben geordnet werden müsse, da verweist diese Bedingtheit auf die Möglichkeit von Formen eines Miteinander, die nicht von einem Philosophenkönig oder seinen Äquivalenten bestimmt (und dann wohl von den Wächtern durchgesetzt) würden. Die strenge Regulierung der Mimesis soll andere Ordnungen oder Unordnungen, die sich aus der Immanenz der vielen sich einander aussetzenden mimetischen Rhythmen ergeben, unmöglich machen. Deren wechselseitigen Identifizierungen, Verknüpfungen und Unterbrechungen sind dem platonischen Sokrates ein Gräuel. Er richtet sich nicht nur gegen die ältere, ›magische‹ Wissensform, die einer Mimesis eigen ist und Unbekanntes durch Verkörperung an-

---

37 Vgl. für diese mit und gegen Heidegger ausgearbeitete Konzeption Jean-Luc Nancy: *Die undarstellbare Gemeinschaft.* Stuttgart 1988.

38 Vgl. Schmitt: »Mimesis bei Platon«, S. 252.

zueignen sucht,[39] sondern auch gegen das sich mit den anderen in Beziehung setzende Moment der Mimesis, das nicht notwendig etwas von den anderen zu wissen vermeint, diese anderen nicht zu- und einordnet und das sich auch nicht notwendig um den sich oder den anderen in der Ordnung zugewiesenen Platz schert:[40] Sokrates' striktes Erziehungsprogramm für die Wächter richtet sich gegen die Möglichkeiten alternativer sozialer Ordnungen, die sich aus der eigenen Immanenz statt vertikal organisierten und deren Organisation wegen der mimetischen Dislozierung immer neu infrage stünde.

Einseitig sieht Platons Sokrates in der Vorherrschaft der Mimesis Chaos heraufziehen: die Verhinderung des Wissens wie des guten Lebens (was für ihn allerdings dasselbe ist). Ebenso einseitig vermuten andere in der grundlegenden Anarchie, welche die *politeia* bedingt aber von ihr reguliert werden soll, die Möglichkeit einer wahren Demokratie.[41] Beide Radikalpositionen mögen insofern Recht haben, als dass die anarchische Bedingtheit der platonischen Ordnung beide ermöglicht: Der mimetische Rhythmus steht für eine Freiheit, die sich nicht notwendig als Agentin der Befreiung entpuppen wird, ohne deren Einbeziehung aber wohl keine Freiheit je wirklich frei sein kann.[42] Der mimetische Rhythmus liefert die Bedingung einer Freiheit kollektiver Selbstorganisation. Er überlässt dieser Freiheit die Möglichkeit, in Chaos und Gewalt umzuschlagen.

In Umkehrung der platonischen Wertung hat die europäische Theoretisierung des Theaters gegen Ende des 20. Jahrhunderts der Mimesis in ihrer ›magischen‹ d.h. verkörpernden, identifizierenden und ›ansteckenden‹ Dimension eine soziale Kraft zugeschrieben, die zumindest für die Zeit des Theaterereignisses platonische oder protoplatonische Ordnungen verstören oder gar aussetzen kann: Die Verkörperung, die auf der Bühne des traditionellen Theaters statthat oder den theatralen Raum einer ›Performance‹ konstituiert, tritt in einen Austausch mit den entsprechenden Reaktionen des Publikums.[43] Die von Platons Sokrates gefürchteten mi-

---

39 Vgl. Balke: »Possessive Mimesis«, S. 115ff.

40 Vgl. in diesem Sinne Hans-Thies Lehmann: »Einleitung«, in: Ders. (Hg.): *Beiträge zu einer materialistischen Theorie der Literatur*. Frankfurt a.M. 1977, S. 9-108, hier: S. 55-57.

41 Vgl. Arendt: *The Human Condition*, S. 192-199. Kai van Eikels versucht, Arendts Einsatz theoretisch zu schärfen, indem er aus ihm die Frage nach der Selbstorganisation dieses Gemeinwesens ableitet. Vgl. Kai van Eikels: *Die Kunst des Kollektiven. Performance zwischen Theater, Politik und Sozio-Ökonomie*. München 2013, S. 19-33.

42 Vgl. Jean-Luc Nancy: *L'Experience de la liberté*. Paris 1988.

43 Vgl. Hans-Thies Lehmann: »Notiz über Mimesis«, in: Gertrud Koch/Martin Vöhler/Christiane Voss (Hg.): *Die Mimesis und ihre Künste*. München 2010, S. 69-74.

metischen Verhaltensweisen können als wechselseitige Zirkulation beschrieben werden, z. B. als diejenige von »Energie«.[44] – Die Vesuche der Performance-Kunst seit dem 20. Jahrhundert, seine Trennung vom Publikum abzuschütteln,[45] in einem *social turn* nicht dem theatralen Schaudispositiv zugehörige Praktiken einzubeziehen[46] und Weisen des sich selbst organisierenden Versammelns durchzuprobieren,[47] verweisen aber auch auf eine Ordnung, die der platonische Sokrates mit vielleicht gutem Grund nicht antasten mag: Solange die theatrale Mimesis ihren eigenen Ort hat, nämlich den der theatralen Aufführung jeglicher Art, wirkt sie nur in eine Richtung. Der Schauspieler und der Rhapsode identifizieren sich mit etwas, das sie nicht sind, und sie können über ihre eigene theatrale Ansteckung das Publikum mit diesem Moment von Andersheit anstecken. Vielleicht treten sie auch, obwohl Platon Sokrates dies nicht erwähnen lässt, in eine sich gegenseitig steigernde Wechselbeziehung mit ihrem Publikum. Die Zuordnung dessen, wer hier Schauspieler ist und wer Publikum, bleibt aber unangetastet.[48] Der Blick geht in eine Richtung; die Erziehung durch Sokrates kann sich dieses Blickes bemächtigen und ihn in die Transzendenz, auf den *eidos* richten. Diese Erziehung braucht die Ordnung des Theaters. – So gar nicht gebrauchen kann sie mimetische Rhythmen, die sich nicht mehr in eine Richtung lenken lassen. Nicht vorstellbar ist ihr eine Situation, in der die Blicke und die mimetischen Verknüpfungen in beide Richtungen gehen: in der Schauspieler und Publikum sich genauso wenig unterscheiden lassen wie Lehrer und Schüler; in der sich nicht von vornherein bestimmen lässt, wer was von wem lernen soll.[49] Wahrscheinlich würde gelernt, wahrscheinlich würde sich

---

44 Vgl. Fischer-Lichte: *Ästhetik des Performativen*, S. 114-129. Vgl. Hans-Thies Lehmann: *Postdramatisches Theater*. Frankfurt a.M. 2011, S. 56-58.

45 Vgl. Claire Bishop: *Artificial Hells. Participatory Art and the Politics of Spectatorship*. New York/London 2012.

46 Vgl. Jacques Rancière: *Das Unbehagen in der Ästhetik*. Wien 2007, S. 57-73. Vgl. Shannon Jackson: *Social Works. Performing Art, Supporting Publics*. New York 2011.

47 Vgl. insgesamt van Eikels: *Die Kunst des Kollektiven*.

48 »In der Stadt entstanden und folglich bedingt durch das Phänomen der Sesshaftmachung, hatte die Theateraufführung immer zum obersten Ziel, den Zuschauer an der Bewegung zu hindern. Die Pracht der antiken Zirkusse und Theater lässt letztlich die Erfindung eines allerersten statischen Vehikels erkennen, das pathologische Sesshaftmachen eines aufmerksamen Zuschauers, der die Aufführung des optischen Leibes des sich bewegenden Schauspielers verfolgt.« (Paul Virilio: *Rasender Stillstand. Essay*. Frankfurt a.M. 1997, S. 150f.)

49 Vgl. (abzüglich der aufklärerischen Emphase) Jacques Rancière: *Der unwissende Lehrmeister. Fünf Lektionen über die intellektuelle Emanzipation*. Wien 2007.

aus der Immanenz heraus eine gesellschaftliche Organisation ergeben. Nur welche, das bliebe zunächst noch völlig offen.

Geschichtsschreiber der Erziehung haben die Entstehung der staatlich organisierten europäischen Pädagogik im späten 18. Jahrhundert verortet und konstatiert, vorher habe man bei aller Vielfalt der erzieherischen Methoden letztlich auf die Macht der »Sozialisierung«[50] vertraut: Die Zöglinge würden sich schon irgendwie in die gesellschaftliche Ordnung einfügen. Sprich: Sie würden die gängigen Gebräuche schon irgendwie (gezwungen oder zwanglos) nachahmen. Die Erziehung der Wächter in der *politeia* vertraut (wie Jahrhunderte lang an Platon ausgerichtete Erziehungsmethoden) auf eine solche Macht der Sozialisierung, will sie aber durch Auswahl und Zensur der nachzuahmenden Vorbilder steuern. Aber selbst diese Steuerung ist nur möglich, solange die Richtung, in die mimetische ›Ansteckung‹ und Verkettung verlaufen, nicht infrage steht. Das heißt dann aber: Was als Platons Theaterfeindlichkeit und Kampf gegen die Mimetiker erscheint, ist auch zu einem guten Stück einem Horror vor einer Wirkungslosigkeit, einem Leerlaufen oder einer Anarchie der Erziehung geschuldet. Die platonische Ordnung braucht das Theater als ihr Feindbild, um dem Horror einer schlichten Sozialisierung, die in alle beliebigen Richtungen laufen und jede mögliche Form annehmen kann, zu entkommen. In diesem Sinne ist ein Theater, das auf ein Publikum wirken will, schon platonisch genug: Es fixiert das fluide Moment der Mimesis an einem bestimmten Ort sowie in bestimmten kulturellen Praktiken und lenkt sie in eine bestimmte Richtung; die Differentialität der Mimesis markiert es als Einheit.

In der Auseinandersetzung mit den zeitgenössischen Techniken und Praktiken des Theaters als kultureller Institution in Platons *nomoi* zeigt sich, dass die auch hier proklamierte Theaterfeindschaft auf das Theater erst anhebt, sobald dieses mobil wird und potentiell jeden möglichen Ort einnehmen kann.[51] Aber so lange sich noch gegen das Wort ›Theater‹ und die so genannte Institution schimpfen lässt, ist auch diese Mobilität noch fixiert und nicht in die Anarchie des mimetischen Rhythmus ausgebrochen: Die dem Theater zugeschriebene Gefahr der Instabilität erhält mit der theatralen Situation einen stabilen Ort, gegen dessen bedrohliche Instabilität sich zu Felde ziehen lässt. Im Theater und den ihm zugesellten mimetischen Praktiken hat die *politeia* die sie bedrohende Instabilität bereits dingfest gemacht. Die pompös proklamierte Überwältigung, Ausgrenzung oder Domestikation der theatralen Mimesis verschleiert mit höchst

---

50 Vgl. Luhmann: *Das Erziehungssystem der Gesellschaft*, S. 48-81.

51 Vgl. Weber: *Theatricality as Medium*, S. 31-39. Vgl. Rancière: *Le Philosophe et ses pauvres*, S. 70-85.

theatralen Mitteln, dass ein solcherart dingfest gemachtes Theater bereits weitgehend überwältigt, vertrieben, domestiziert und produktiv gemacht ist – und dass ohne seine Evokation das gerechte Gemeinwesen sich auf eben die Arten und Weisen desorganisierte, wie Sokrates es sich in seinen Albträumen von einer Theatrokratie bzw. »Zuschauerherrschaft«[52] ausmalt.

Die platonische Erziehung braucht das Theater und die Theaterfeindlichkeit also nicht nur, um sich daran einerseits zu stimulieren und das Theater dabei andererseits hinter sich zu lassen. Die platonische Erziehung braucht das Theater und die Theaterfeindlichkeit, um sich überhaupt insofern als Erziehung zu ermöglichen, als dass das Theater eine stabile, privilegiert in eine Richtung gehende Ordnung von Aufführung und Publikum einrichtet. Eine solche durch das Theater ermöglichte Erziehung ist zwar skandiert durch den Rhythmus, mit dem die theatrale Mimesis immer wieder ›gesalbt‹ und ›bekränzt‹ verabschiedet wird. Was aber nun, wenn dies keine Verabschiedung wäre, sondern eine Art des Willkommensgrußes? Denn solange Theater und Erziehung sich, wie verschlungen auch immer, differenzieren und aufeinander beziehen lassen, kann eine solche Erziehung die Planung des ›gesunden‹, ›gerechten‹ und ›guten‹ Gemeinwesen planbar und organisierbar erscheinen lassen. Die von ihrem eigenen mimetischen Rhythmus an die Erziehung aufgeworfenen Fragen muss sie bis heute – und besonders heute, da die Erziehung uns zu flexiblen, diverse Rollen übernehmenden, über alle Fähigkeiten des platonischen mimetischen Künstlers verfügenden Wesen formen möchte[53] – beantworten.

---

52 Platon: *nomoi*, S. 82 (701a, 701b). Vgl. Rebentisch: *Die Kunst der Freiheit*, S. 69-81. Vgl. Rancière: *Le philosophe et ses pauvres*, S. 74-77.

53 Vgl. Bröckling: *Das unternehmerische Selbst*, S. 278-284. Vgl. Boltanski/Chiapello: *Der neue Geist des Kapitalismus*. Vgl. Virno: *Grammatik der Multitude*, S. 61-99.

IV Verstecktes Theater

Rousseaus *Émile* und die Schauspielerei[1]

1. ÉMILE UNTER SCHAUSPIELERN

Platons Theaterfeindschaft haben die Pädagogen in Goethes pädagogischer Provinz anscheinend über den Umweg von Jean-Jacques Rousseaus *Lettre à M. d'Alembert sur les spectacles* von 1758 rezipiert.[2] Zudem handelt es sich bei Rousseaus *Émile, ou, de l'éducation* von 1762 gleichzeitig um ein bahnbrechendes diskursives Ereignis, welches die Bemühungen des ›pädagogischen Jahrhunderts‹ (und mit ihnen das System von Goethes Pädagogen) erst ermöglicht: Das Kind rückt als unbekanntes Wesen in den Mittelpunkt des Interesses. Der von der ihn deformierenden Kultur eigentlich immer schon verdorbene Mensch kann sich erst wirklich zum Menschen entwickeln, wenn er als Kind zu einem solchen erzogen wird. Insofern das Theater sich im *Lettre à M. d'Alembert* als Paradigma einer solchen Deformation beschrieben findet, geht Rousseaus prokalmierte Theatrophobie mit seiner Erziehungsphantasie Hand in Hand. Das bei Platon wie bei Goethes Pädagogen so wichtige, wenn auch versteckte intrinsische Wechselverhältnis von Erziehung und Theater scheint verloren. Hingegen wollen die folgenden Überlegungen rekonstruieren, dass die Dissimulation dieses Verhältnisses bei Rousseau eine höhere Stufe erreicht hat: Auch Rousseau beschreibt das Theater primär als Medium der Zeichengeneration und Subjektformation:[3] Dabei wird das Theater als Medium der Erziehung durch theatrale Mittel fast völlig

---

1 Vorüberlegungen zu diesem Kapitel sind erschienen in: Martin Jörg Schäfer: »Émile unter Schauspielern. Rousseaus Theater der Erziehung«, in: Maud Meyzaud (Hg.): *Arme Gemeinschaft: Die Moderne Rousseaus*. Berlin 2015, S. 130-154.

2 Vgl. Kapitel II.

3 So analysiert bei Jacques Rancière: *Der emanzipierte Zuschauer*. Wien 2008, S. 64f.

zum Verschwinden gebracht, insbesondere die Rousseau wie vor ihm Platon und nach ihm Goethes Pädagogen so suspekte Schauspielerei.

Eine der obskursten Passagen in den an Merkwürdigkeiten so reichen Schriften Rousseaus findet sich in der Wiederveröffentlichung seines Erziehungstraktats *Émile, ou, de l'éducation* in Pierre-Alexandre Du Peyrous posthumer Gesamtausgabe. 1782 bringt diese Fassung erstmals auch handschriftliche Anmerkungen, welche von Rousseau wohl für eine 1764 geplante Gesamtausgabe in die Erstpublikation von 1762 eingetragen worden waren.[4] In diesen reagiert Rousseau nicht zuletzt auf die gleich nach Erscheinen seines *Émile* entbrannte heftige Diskussion. Unter anderem war dabei die Unwahrscheinlichkeit der Figuren, durch deren Reaktion auf sein Verhalten der aufwachsende Émile belehrt und erzogen wird, in die Kritik geraten. Besonders gilt dies für die berühmte Wachsentenepisode: Der »imaginäre[] Schüler« (E 134) Émile übt sich in der Wissenschaft und durchschaut dank seiner neuen Kenntnisse den Trick, mit dem ein Jahrmarktzauberer durch einen Magneten eine Wachsente manipuliert. Durch seine scheinbare Überlegenheit droht Émile einer der laut Rousseau menschlichen Hauptsünden zu verfallen, die der Theaterfeind Rousseau in der Sphäre des Theaters verortet: der Eitelkeit des Schauspielers und Schaustellers. Der Gaukler, selbst ein Schausteller, ›heilt‹ die aufkeimende Eitelkeit Émiles zunächst mit dessen öffentlicher Demütigung und dann mit einer Moralpredigt. In den posthum publizierten Notizen unterstellt Rousseau im Hinblick auf diese Passage seinem Kommentator und Kritiker Jean Henry Samuel Formey, der gleich 1763 einen *Anti-Emile* verfasst hatte,[5] mangelnde Auffassungsgabe:

»Dem geistvollen M. Formey ist nicht der Gedanke gekommen, daß diese kleine Szene vorbereitet war und daß der Gaukler über die Rolle, die er zu spielen hatte, informiert worden war. Das habe ich tatsächlich vergessen zu erwähnen. Wie oft habe ich dagegen aber erklärt, daß ich nicht für Leute schreibe, denen man alles erklären muß!« (E 366)

Die ehrliche Empörung des Schaustellers, die von der Schaustellersünde heilt, soll also selbst nichts anderes als Schauspielerei gewesen sein. Und dies ist für alle offensichtlich zu sehen bzw. zu lesen. Denn wenig später heißt es:

»Hätte ich voraussetzen sollen, daß es irgendeinen so stupiden Leser gibt, der nicht gemerkt hätte, daß es sich bei diesen Vorhaltungen um eine vom Erzieher Wort für Wort

---

4   Vgl. Pierre-Alexandre DuPeyrou (Hg.): *Collection complete des œuvres de J. J. Rousseau, citoyen de Geneve.* Band 7-10. Genf 1782.

5   Vgl. Jean Henri Samuel Formey: *Anti-Emile.* Berlin 1763.

diktierte Rede handelt, die seine Ansichten dartun sollte? [...] Genügt das Gesagte nicht für jeden anderen als M. Formey?« (E 370)

Als obskur verhandelt wird diese Passage zumeist, weil kaum eine Leserin oder ein Leser, weder vor noch nach Erscheinen von Rousseaus Selbstkommentierung, von sich hat behaupten können, die angeblich so offensichtliche Inszenierung des Erziehers Jean-Jacques durchschaut zu haben und daher nicht zu den hier gemaßregelten ›stupiden Lesern‹ zu gehören.[6] Fragen wirft auch der Fiktionalitätsgrad[7] der sonstigen neben Erzieher und Zögling im Text auftretenden Figuren auf: Werden sie so nicht implizit allesamt zu ausführenden Akteuren in einem von der Figur des Erziehers vorgegebenen Skript erklärt – einschließlich Émiles späterer Verlobten Sophie, deren langwierige und komplizierte Umwerbung das vom Rest des Texts deutlich unterschiedene fünfte Buch ausmacht? Weniger Beachtung hat diese Passage jedoch vor dem Hintergrund von Rousseaus sprichwörtlicher Theaterfeindschaft gefunden: Was besagt es, dass der Erzieher hier zu Schauspiel und Verstellung greift, um seinen Schützling vom Sündenfall der Schauspieler und Schausteller zu heilen?

Folgende Überlegungen verorten die Wachsentenepisode in der Spannung zwischen dem Kontext des im *Émile* ausgeführten Erziehungsmodells einerseits und der hier behaupteten Erziehung durch Inszenierung, Schauspielerei bzw. schlicht durch eine Täuschung des Zöglings andererseits. Unterscheidet Émiles ganze Erziehung sich doch gerade dadurch von den auf die Fähigkeit zur Verstellung zielenden höfischen Erziehungsmodellen vorangegangener Jahrhunderte,[8] dass Émile zu einer völligen Ehrlichkeit anderen und sich selbst gegenüber erzogen werden soll: zu einer völligen Übereinstimmung zwischen dem Inneren und dem Äußeren, dazu, »sich selbst getreu und immer eine vollkommene Einheit« (E 113) zu sein. Für das Theater und die ihm assoziierten Praktiken ist dabei kein Platz. Rousseau gilt die gesellschaftliche Institution des Theaters, wie

---

6 Vgl. Robert Ellrich: *Rousseau and His Reader. The Rhetorical Situation of the Major Works*. Chapel Hill 1969, S. 53f. Vgl. Christophe Martin: *»Éducations negatives«. Fictions d'experiméntation pédagogique au dix-huitième siècle*. Paris 2010, S. 309ff.

7 Vgl. Laurence Mall: *Émile, ou, Les figures de la fiction*. Oxford 2002. Vgl. auch Jörg Dünne: »Jean-Jacques Rousseau: Émile«, in: Roland Borgards et al. (Hg.): *Literatur und Wissen. Ein interdisziplinäres Handbuch*. Stuttgart 2013, S. 317-321.

8 Vgl. Lethen: »»Schein zivilisiert!««. Vgl. zum Problem der Aufrichtigkeit Claudia Benthien/Steffen Martus (Hg.): *Die Kunst der Aufrichtigkeit im 17. Jahrhundert*. Tübingen 2006. Vgl. Achim Geisenhanslüke: *Masken des Selbst. Aufrichtigkeit und Verstellung in der europäischen Literatur*. Darmstadt 2006.

der vier Jahre vor *Émile* erschienene *Lettre à M. d'Alembert sur les spectacles*, der von der argumentativen Stoßrichtung her mit dem Erziehungstraktat einen kohärenten Zusammenhang bildet und parallel zu ihm entsteht, als Verkörperung des degenerierten gesellschaftlichen Zusammenlebens schlechthin – nicht zuletzt wegen der Verselbstständigung des Scheinhaften, Überflüssigen und somit Luxuriösen. Abseits der Gesellschaft und damit abseits des Theaters soll Émile zu einem von diesem Überfluss nicht verführbaren Subjekt erzogen werden: zum »natürliche[n] Menschen« (E 112), der in der Lage wäre, den von Rousseau projektierten (und ebenfalls 1762 erstmals erschienenen) »Gesellschaftsvertrag«[9] eines Gemeinwesens wahrzunehmen, das sich an der *conditio humana* einer als ursprünglich gefassten menschlichen Gebrechlichkeit orientiert. Entsprechend führt Jean-Jacques den heranwachsenden Émile ein einziges Mal »ins Theater« als in eine großstädtische Institution. Das tut er nur, um dieses als eine »Schule« für den Unterricht in den Techniken zu gebrauchen, den anderen Menschen »zu gefallen und das menschliche Herz zu gewinnen« – und das heißt wohl auch: sich gegen falsche Verführungskünste immun zu machen. Denn keinesfalls geht Émile bloß ins Theater im Sinne Diderots und anderer bürgerlicher Aufklärer, »damit er die Sitten beobachten« (E 698) und seine eigenen stärken kann.

Gegen ein Bildungstheater im Sinne von Diderot und anderen zieht der *Lettre à M. d'Alembert sur les spectacles*, der zeitgleich zum vierten Buch entsteht, zu Felde. Dort findet sich Rousseaus Ablehnung des Theaters als einer Institution der Falschheit ausführlich unter Aufnahme traditioneller platonisch-römisch-christlicher Polemiken[10] markiert und auf eine moralische Abwertung von Personen bezogen, die den Schauspielberuf ausführen. Die Pädagogen aus Goethes pädagogischer Provinz zitieren Rousseau fast wörtlich:

»Was ist das Talent des Schauspielers? Die Kunst, sich zu verstellen, einen anderen als den eigenen Charakter anzunehmen, anders zu erscheinen als man ist, kaltblütig sich zu erregen, etwas anderes zu sagen, als man denkt, und das so natürlich, als ob man es wirklich dächte, und endlich seine eigene Lage dadurch zu vergessen, daß man sich in die eines anderen versetzt.«

Die Fiktionalität des Schauspiels wird ebenso wie die schauspielerische Nachahmung vorgegebener Rollen mit der Immoralität der Lüge gleichgesetzt.

---

9   Jean-Jacques Rousseau: »Vom Gesellschaftsvertrag, oder, Prinzipien des Staatsrechts«, in: Ders.: *Politische Schriften*. Band 1. Paderborn 1977, S. 59-208.

10 Vgl. Kapitel II. Vgl. auch Rebentisch: *Die Kunst der Freiheit*, S. 271-341.

Schauspielerei entfernt sich bereits strukturell von der in Émiles Erziehung angestrebten reinen Menschlichkeit:

»Was also ist im Grund der Geist, den der Schauspieler von seinem Stande empfängt? Eine Mischung aus Niedrigkeit, Falschheit, von lächerlichem Dünkel und würdeloser Gemeinheit, die ihn befähigt, alle Arten von Rollen zu spielen außer der edelsten, die er aufgibt, außer der des Menschen.«[11]

In dem Erziehungstraktat fasst Rousseau dies später lapidar zusammen: »Das Theater ist nicht für die Wahrheit geschaffen« (E 698), schon gar nicht für die moralische. Zu einer solchen ›Niedrigkeit‹ wird der dem »Mittelmaß« (E 506) entstammende Zögling Émile dank seiner idealen Erziehung nicht verkommen. Ganz im Gegenteil, wie eine rhetorische Frage pointiert: »Aber welcher Mensch auf dieser Welt ist weniger Nachahmer als Emile?« (E 673) Selbstverständlich keiner, d.h. kein Mensch ist menschlicher als der einer Nachahmung gänzlich abholde Émile. Jedoch, nimmt man die Replik an Formey ernst, scheint ein Theater abseits der gesellschaftlichen Institution für die Erziehung des jungen Émile durchaus geschaffen. – Wodurch sich die Frage verstärkt: Was wären der Status und die Funktion der von Rousseau in seinen Notizen von 1764 behaupteten Schauspielerei, dank derer Émile zum Nichtschauspieler schlechthin erzogen wird?

Eine Lektüre der Wachsentenepisode bedarf als Vorlauf einer genaueren Rekonstruktion des Zusammenhangs, den Rousseau zwischen der Sphäre des Theaters und derjenigen der Erziehung aufmacht – auch und gerade wo seine Texte diesen Zusammenhang immer wieder zu einer diametralen Entgegensetzung stilisieren. Die folgenden Überlegungen gehen daher in drei Schritten vor: Zunächst geht es ausgehend von der knappen Bemerkung zum Theater im vierten Buch des *Émile* um den impliziten Zusammenhang, in den Rousseau Theater und Erziehung bringt, indem er sie als Gegenpole inszeniert: Das Theater steht, wie im *Lettre à M. d'Alembert* entfaltet, für das Überborden des überflüssigen Luxus einer degenerierten Gesellschaft. Die Erziehung soll ein Subjekt für eine Gesellschaft hervorbringen, die in ihrer ›natürlichen‹ Armut der Versuchung des Theaters widersteht. Ein nächster Schritt führt zurück ins zweite Buch des *Émile*, in dem die Erziehung im Knabenalter thematisch wird und sich die Mimesis bzw. Nachahmung, für Rousseau das hervorstechende Merkmal des Schauspielers, das einzige Mal ausführlicher problematisiert und als Mittel der Erziehung abgelehnt findet. Mit diesem Kontext unterzieht ein abschließender Schritt die

---

11 Rousseau: »Brief an d'Alembert über das Schauspiel«, S. 414.

Wachsentenepisode, anlässlich derer im dritten Buch die Schauspielbehauptung aufgestellt wird, einer genaueren Untersuchung. Zu zeigen wird sein, dass Rousseaus nachträgliche Behauptung, ob nun ernst zu nehmen oder nicht, auf ein Verhältnis zum Theater verweist, welches das vorgestellte Erziehungskonzept organisiert und offen lässt, ob Émile hier nicht doch zum Schauspieler erzogen wird – und sei es zum Schauspieler seiner eigenen Bescheidenheit. Bei der Wachsentenepisode handelt es sich um den Umschlagpunkt in Émiles Erziehung: um eine Peripetie, mit der Émile mit den Mitteln den Theaters endgültig vor den von Rousseau ausgemalten degenerierten Verführungen des theatralen Luxus bewahrt wird, ohne sich jedoch ganz vom Theater befreien zu können.

2. FÜLLE DES THEATERS, ARMUT DER ERZIEHUNG

»Der Mensch der Gesellschaft existiert gänzlich in seiner Maske. [...] Was er ist, gilt ihm nichts; was er scheint, gilt ihm alles.« (E 475) D.h. beim gesellschaftlichen Menschen handelt es sich um einen Schauspieler. Fern von der Großstadt, also der Gesellschaft und ihrer Theater, gilt es Émile daher zu erziehen.[12] »Die Stadt ist der Schlund, der das Menschengeschlecht verschlingt.« (E 151) Nur ohne Kontakt zu den gesellschaftlichen Schauspielern kann Émile zum ›natürlichen‹ Menschen erzogen werden. Auch die anderen, durch den Kontakt mit den gesellschaftlichen Schauspielern bereits verdorbenen Kinder müssen gemieden werden. Das legt seinem aus dieser Gesellschaft stammenden Erzieher Jean-Jacques, Émiles Beziehungs- und fast einziger Kontaktperson, die Bürde auf, nicht durch sein Verhalten eine gesellschaftliche Kontamination Émiles zu verschulden. Émile, der als junger Mann in keiner Weise mehr ›Nachahmer‹ ist, wird als kleines Kind wie alle kleinen Kinder vom »Nachahmungstrieb« (E 286) angeleitet. Jean-Jacques stellt fern der Stadt sein einziges Objekt dar und muss darauf achten, dass sein Verhalten nicht als (nachzuahmendes) »Muster« rezipiert wird, sondern »Beispiele« (E 297) liefert, die nicht wiederholt, sondern eigenständig umgesetzt werden. Die von Locke proklamierte Erziehung durch Gewöhnung lehnt Rousseau daher strikt ab: »Die einzige Gewohnheit, die ein Kind annehmen darf, ist die, keine anzunehmen.« (E 158) Umgekehrt gilt Äquivalentes für einen Erzieher, der seine Erziehung gänzlich individuell auf den Zögling zuschneiden muss und aus ihr kein ›Muster‹ der Erziehung ableiten darf: »Ein einzelner Mensch kann das nur einmal« (E 135), denn die Nachahmung,

---

12 Zu Rousseaus Verschränkung von Großstadt- und Theaterkultur vgl. Richard Sennett: *The Fall of Public Man.* New York 1977, S. 115-122.

und sei es die Selbstnachahmung, gehört der Schauspielerei und damit dem gesellschaftlichen Menschen an.

In der Gesellschaft und ihren »Konventionen und Pflichten entstehen Lug und Trug« (E 227), welche durchgehend mit Maskerade und Schauspielerei parallel geführt werden. Nicht zuletzt, weil der Erzieher für den Schutz des Zöglings vor der Gesellschaft verantwortlich zeichnet, bestimmt Rousseau »die Lügen der Kinder alle« als »das Werk der Lehrer« (E 230), die ihrer Aufgabe nicht gerecht geworden sind. Ein lügendes Kind ist von einem Erzieher nicht vor dem gesellschaftlichen Maskenspiel bewahrt worden, gegen das es sich noch nicht alleine schützen konnte. Diese schützende Position macht die Aufgabe des Erziehers aber zu einer zwiespältigen: Muss er doch seinerseits dem Kind gegenüber ›lügen‹, d.h. Émile vor der Wahrheit schützen, damit angesichts einer missratenen Kultur die menschliche Natur sich durch Entfernung von der menschlichen Gesellschaft ›natürlich‹ entfalten kann. Dem Kind, das sich frei zu seiner Natur entfalten soll, wird nur ein »Schein der Freiheit« (E 265) vorgegaukelt. Bei seiner »kluggeregelte[n] Freiheit« (E 210) handelt es sich um eine Inszenierung. »Die erste Erziehung muß also rein negativ sein« (E 213): Fernhalten der Wirklichkeit zugunsten einer Wahrheit, deren die Menschen schon lange verlustig gegangen sind – »man müßte den natürlichen Menschen kennen.« (E 115)

Rousseau und Jean-Jacques kennen den natürlichen Menschen sehr wohl; so meinen sie. Im Namen von dessen Wahrheit schützen sie Émile vor der Wirklichkeit einer Gesellschaft von Maskenträgern. Gelingt die Erziehung, wird der ausgewachsene Émile das von der Gesellschaft aufgeführte *theatrum mundi*, ihre »Weltbühne«, in seiner Mechanik durchschauen und ihm bloß mit »Scham und […] Verachtung für seine Gattung«, Empörung und »Trauer« begegnen, sich aber nicht von ihm verführen lassen:

»Man stelle sich […] meinen Emile vor, bei dem achtzehn Jahre beharrlicher Sorgfalt nur das Ziel hatten, ihm ein unbestechliches Urteil und ein reines Herz zu bewahren; man stelle sich ihn vor, wie er beim Aufgehen des Vorhangs zum erstenmal den Blick auf die Weltbühne wirft oder, vielmehr wie er hinter den Kulissen die Schauspieler nach ihren Kostümen greifen und sie sich anlegen sieht, und wie er die Schnüre und Rollen abzählt, deren plumper Zauber die Augen der Zuschauer täuscht – bald werden Regungen der Scham und der Verachtung für seine Gattung seiner ersten Überraschung folgen; es wird ihn empören, das ganze Menschengeschlecht, das sich selbst zum Narren hält, in solch kindlichen Spielen sich selbst erniedrigen zu sehen; es wird ihn mit Trauer erfüllen, wenn er sieht, wie seine Mitbrüder sich um Hirngespinste gegenseitig zerfleischen und in wilde Tiere verwandeln, weil sie sich nicht damit zufrieden geben konnten, Menschen zu sein.« (E 499f.)

Im Namen solch einer Wahrheit von ›Natürlichkeit‹ und ›Menschlichkeit‹ hört die frühkindliche Erziehung Émiles bald auf, eine ›rein negative‹ zu sein und wird zu einer Inszenierung, die immer mehr in Émiles Leben eingreift,[13] z.b. durch die Begegnung mit dem Jahrmarktszauberer, der als Trickbetrüger der Massen im Sinne Rousseaus eigentlich ein Schauspieler *par excellence* ist. Masken schützen vor dem gesellschaftlichen Maskenspiel. Dabei erscheint es Rousseau wichtig, dass es sich beim Gaukler aus der Wachsentenepisode um einen ›wirklichen‹ Gaukler und nicht um einen Berufsschauspieler handelt. Zumindest hält er die Gebildetheit der Rede des Jahrmarktskünstlers hoch, um nachzuweisen, es müsse sich hier um die vorgegebene Rede Jean-Jacques handeln: »Hätte man mich selbst für so dumm halten dürfen, eine solche Sprache einem Gaukler als ihm natürlich in den Mund zu legen?« (E 370) Der Gaukler ist also nur ein behelfsmäßiger Schauspieler, der Jean-Jacques zwecks Erziehung zur Unterstützung eilt. Seine Kunststücke dienen dem »ehrsamen Mann« dazu, »sein Brot zu verdienen« (E 369); nicht hingegen gehört er jenem Gelichter an, das der *Lettre à M. d'Alembert* in der Sphäre des großstädtischen Theaters findet: Dass »durch einen ehrlosen Stand ehrlose Gefühle entstehen«[14] und in die Praxis umgesetzt werden, hält Rousseau für ausgemacht. Dieses Milieu ist dem Luxus und der Verschwendung assoziiert. Der Jahrmarktskünstler findet sich im *Lettre à M. d'Alembert* hingegen den Festivitäten und Vergnügungen des armen, einfachen Volks zugerechnet. Zwar imaginiert der Text hier einen Idealzustand, in dem »wir uns völlig von diesen Bretterbuden trennten und uns, groß und klein, darauf verstünden, unsere Freuden und unsere Pflichten [...] aus uns selbst zu ziehen«[15]. Gegenüber dem Theater als fester gesellschaftlicher Institution ist die »Bretterbude, die zur Belustigung des Pöbels auf dem Markt aufgeschlagen wurde«, aber wegen ihres bloß temporären Status vorzuziehen: »ohne Folgen und am nächsten Tag vergessen«.[16] In der Schauspielerei des Gauklers, der die Täuschung zum Beruf erhoben hat, liegt ebenso eine Kompromissbildung mit der unliebsamen Gesellschaft vor wie in der Täuschung des Erziehers, der den trügerischen ›Schein der Freiheit‹ für Émile aufrecht erhält.

Mit seiner Nähe zur Armut ist der schauspielende Gaukler nicht nur dem Theater, sondern auch Jean-Jacques' Ideal einer Naturerziehung nahe: »Der Arme braucht keine Erziehung [...], denn der Arme kann durch sich selbst zum

---

13 In diesem Sinne lässt sich auch von der »Verführung« (Gebauer/Wulf: *Mimesis*, S. 295) des Zöglings Émile durch den Erzieher Jean-Jacques sprechen.

14 Rousseau: »Brief an d'Alembert über das Schauspiel«, S. 427.

15 Ebd., S. 461.

16 Ebd., S. 460.

Menschen werden.« (E 138) Seine Armut entspricht dem angestrebten menschlichen Naturzustand:»Die Menschen sind von Natur aus weder Könige noch Vornehme, weder Höflinge noch Reiche; alle werden nackt und arm geboren, alle sind dem Elend des Lebens unterworfen, dem Kummer, den Schmerzen, Bedürfnissen und Leiden aller Art.« Diese Armut muss der (aus der guten Gesellschaft stammende und daher erziehungsbedürftige) Zögling kennen- und als die seinige anerkennen lernen. Erst dann soll er sich dem gesellschaftlich erzeugten Schein des Überflusses nähern:»[Z]eigt ihm die äußere Erscheinungsform der großen Gesellschaft erst dann, wenn ihr ihn soweit gebracht habt, ihren inneren Wert abschätzen zu können.« Parallel geführt werden dabei adeliger Luxus und Theater:»[B]reitet nicht gleich den Pomp eines Hofes vor seinen Blicken aus, den Prunk der Paläste, den Reiz der Schauspiele« (E 459). Das gegenseitige Anschauen – nicht nur das Anschauen der Schauspielenden, sondern auch das Sehen und Gesehen Werden im Theater als Institution – bringen die »Eitelkeit« und das Luxusbedürfnis erst hervor:»[S]ieht uns niemand zu, dann sind wir auch nicht eitel.« (E 288)

Zu»Luxus, Putz und Verschwendung« verführt laut *Lettre à M. d'Alembert* hingegen das Theater, z.B. durch»Ausstattung und Schmuck der Schauspieler«.[17] Demgegenüber bedarf die Bescheidenheit des Uneitlen erneut der Rückbesinnung auf die naturgegebene Armut; nur auf sie ausgerichtet ist Nachahmung legitim:»Die Menschen schaffen in ihren Werken nur Schönes in der Nachahmung. Alle wahren Vorbilder des Geschmacks liegen in der Natur.« Gesellschaftlicher Luxus steht dem diametral gegenüber:

>»Künstler[], Vornehme[] und Reiche[] suchen um die Wette nach neuen Mitteln der Verschwendung [...]. So errichtet der große Luxus seine Herrschaft und schafft die Liebe zu allem, was schwierig und teuer ist; dann ist das vermeintlich schöne, anstatt die Natur nachzuahmen, schön, nur weil es ihr entgegenwirkt. Daher sind Luxus und schlechter Geschmack nicht zu trennen. Überall da, wo der Geschmack kostspielig ist, ist er falsch.« (E 692)

Und, so wäre hinzuzufügen: Wo er billig ist, da ist er richtig. – Jean-Jacques beweist Geschmack, indem er zur Erziehung Émiles keinen teuren Berufsschauspieler, sondern einen (vermutlich recht preiswerten) Gelegenheitschargen engagiert. Aber, Kompromissbildung hin oder her, die Schwierigkeit, bei der es sich vielleicht sogar um einen Vertrauensbruch dem Zögling gegenüber handelt, bleibt. Der Weg zur natürlichen Armut führt über die Öffnung zum potentiell falschen Luxus der Schauspielerei und muss sich auf die Hoffnung berufen, dass

---

17 Ebd., S. 391.

dieser Eingriff gleich dem Budenzauber des Gauklers ›ohne Folgen‹ bleibt ›und am nächsten Tag vergessen‹ ist. Die Erziehung Émiles durch einen Schauspieler wiederholt das Paradox, das sämtliche Schriften Rousseaus prägt: Um aus der Gesellschaft zum verlorenen ›natürlichen Menschen‹ vorzustoßen, müssen gesellschaftliche Praktiken angewandt und gegen sich selbst gewendet werden.[18]

3. MIMESIS NACH ROUSSEAU: NACHAHMUNG, SCHAUSPIELEREI, DARSTELLUNG

Émile soll fern von der Gesellschaft aufwachsen, aber bereits die Einrichtung dieser Entfernung durch Jean-Jacques ist gesellschaftlich geprägt. Und auch für die Gesellschaft soll Émile erzogen werden.»Im übrigen muß die natürliche Erziehung des Menschen für alle menschlichen Verhältnisse tauglich machen.« (E 138) Allerdings für keine in den Luxus des Theater degenerierte, sondern für eine an der Natur orientierte Gesellschaft: Erziehung wie späterer Lebensweg Émiles weisen große Parallelen zur Verfasstheit der weltabgewandten Kleingemeinschaft auf dem Gut Clarens auf, wie Rousseau sie 1761 in *Julie ou la nouvelle Héloïse* schildert.[19] Ein ähnlich bescheidenes und in sich ruhendes Gemeinwesen, fernab von Großstadt und Theater, will Émile mit seiner Verlobten Sophie begründen.

Der imaginäre Schüler wird zwar einer privaten Erziehung unterzogen, aber nicht um sich ins Private zurückzuziehen, sondern um das Gemeinwesen in seinem Sinne, wenn auch mit seinen bescheidenen Mitteln, umgestalten zu können. Interpreten wie Immanuel Kant und Ernst Cassirer sehen im Erziehungstraktat entsprechend den *missing link* zwischen dem die menschlichen Verhältnisse anklagenden von *Discours sur l'origine et les fondements de l'inégalité parmi les hommes* von 1755 und der ein demokratisches Gemeinwesen skizzierenden Schrift *Du contrat social* von 1762.[20] Eine solche Interpretation ignoriert die später von der französischen Revolution aufgenommene Rhetorik des *Contrat*, nach der das »Volk« sich als »souveräner Körper versammelt«,[21] um im »Vollzug des Gemeinwillens«[22] den Gesellschaftsvertrag zu schließen und die Gesetzgebung

---

18 Vgl. Jean Starobinski: *Rousseau. Eine Welt von Widerständen.* Frankfurt a.M. 1993, S. 167.

19 Vgl. ebd.: S. 123-182. Vgl. Martin: *Éducations negatives*, S. 56-80.

20 Vgl. Starobinski: *Rousseau*, S. 52ff.

21 Rousseau:»Vom Gesellschaftsvertrag«, S. 156.

22 Ebd., S. 84.

zu veranlassen. Betont scheint vielmehr eine von Rousseau ebenfalls angebote-
ne, nicht unbedingt mit der Schließung des Gesellschaftsvertrags in Übereinstimmung zu bringende Eigenart dieser Gesetzgebung:[23] Die Gesetzgebung
durch einen weisen Außenstehenden oder wie Lykurg in Sparta durch einen Beteiligten, der sich aber aus der Umsetzung zurückzieht.[24] Für Émile zeigt sich
Jean-Jacques als ein solcher Gesetzgeber. Statt auf einen revolutionären Zusam-
menschluss der »in Ketten«[25] liegenden Menschheit läuft die private Erziehungskonzeption des Émile, übertragen auf die Gesellschaft, eher auf die staatlichen Vorgaben eines aufgeklärten absolutistischen Herrschers wie Friedrich des
Großen hinaus.[26]

Zumindest erlaubt der Text von *Émile* diese Lesart. Als Beispiel der gelungenen Philosophie einer »öffentlichen Erziehung« (die sich wegen des völligen
Verfalls des öffentlichen Lebens im 18. Jahrhundert nun leider in keiner Variante umsetzen lasse) führt Rousseau gleich zu Beginn des ersten Buchs ausgerechnet Platons *politeia* an, wobei Rousseau den Akzent nicht auf das ›gerechte Gemeinwesen‹ setzt: »Es ist die schönste Abhandlung über Erziehung, die je geschrieben wurde.« (E 114)[27] Verfassung des Gemeinwesens und Erziehung kon-
vergieren in *Der Staat* insofern, als dass beide von den Philosophenkönigen
nicht nur entworfen, sondern auch umgesetzt werden: Ein gerechtes Gemeinwesen hervorzubringen und zu leiten heißt nicht zuletzt, die ihm Angehörigen zur
Teilnahme an jenem Gemeinwesen zu erziehen.

Von Platon zu übernehmen scheint Rousseau die enge Verbindung der Ge-
rechtigkeit des Gemeinwesens mit der Reduktion auf das Notwendige. Wenn
Platon in Buch II der *politeia* die ›echte, gleichsam die gesunde Stadt‹ einer ›üppig aufgeblasenen‹ gegenübergestellt, liefert er Rousseau die Vorlage für seine

---

23 Zum Spannungsverhältnis zwischen Souverän und Gesetzgeber nach Rousseau vgl.
Maud Meyzaud: *Die stumme Souveränität. Volk und Revolution bei Georg Büchner
und Jules Michelet.* München 2012, S. 195-213. Vgl. auch Anja Lemke: »Das Drama
der Gesetzgebung. Zur Rolle Lykurgs bei Rousseau, Schiller und Hölderlin«, in:
Turm-Vorträge 7 (2008-2011). Tübingen 2012, S. 97-121.

24 Vgl. Rousseau: »Vom Gesellschaftsvertrag«, S. 101.

25 Ebd., S. 61.

26 Vgl. Heinrich Bosse: »Der geschärfte Befehl zum Selbstdenken. Der Erlaß des Ministers v. Fürst an die preußischen Universitäten im Mai 1770«, in: Friedrich Kitt-
ler/Manfred Schneider/Samuel Weber (Hg.): *Diskursanalysen. Band 2. Institution
Universität.* Opladen 1993, S. 31-62, hier: S. 48f. Vgl. für den ›Absolutismus‹ des Erziehers Jean-Jacques auch Pethes: *Zöglinge der Natur*, S. 50-61.

27 Zum Ort von *Der Staat* in *Émile* vgl. Mall: *Émile*, S. 237-240.

Beschreibung des Theaters als degeneriert: In der ›aufgeblasenen‹ Stadt treiben die ›Dichter und ihre Gehilfen, Rhapsoden, Schauspieler, Tänzer, Theaterunternehmer‹, kurz die Mimetiker ihr Unwesen. Wie gezeigt sind für Platon die Dichter die prototypischen Nachahmer und werden in Buch X aus seinem idealen Gemeinwesens ausgegrenzt. ›Ihre Gehilfen‹, das Theatervolk, müssen ihnen wohl folgen.[28] Rousseau unterscheidet zwar oft zwischen einer den Dichtern erlaubten Mimesis bzw. Nachahmung der Natur und einer dem Schauspieler und seinem Maskenspiel zugeordneten künstlichen Mimesis. In einem parallel zum *Lettre à M. d'Alembert* entstandenen Text, *De l'imitation théâtrale, essai tiré des dialogues de Platon*, reproduziert er mit Blick aufs Theater jedoch Platons zentrales Argument gegenüber der als Nachahmung verstandenen Mimesis und wendet sie vom Theater her auf die Künste insgesamt: ›Die Nachahmung ist immer eine Stufe weiter von der Wahrheit entfernt als man denkt.‹[29] Indem die Nachahmung sich von der Wahrheit entfernt, führt sie sowohl zur von Rousseau dem Schauspieler unterstellten Lüge wie zu der von Platon wie Rousseau beschriebenen ›aufgeblasenen Üppigkeit‹ eines nun nicht mehr ›gesunden‹ Gemeinwesens.

Bezüglich der Erziehung erscheint Rousseau aber zunächst wesentlich radikaler als Platon.[30] Am Ende von Buch II und am Anfang von Buch III in den Passagen, die sich explizit der Erziehung widmen, beschreibt Platon das kindliche mimetische Vermögen als ihr Rohmaterial schlechthin. Über die Nachahmung können Platons Erzieher nun eine Abkehr von den in der Nachahmung potentiell angelegten Abhängigkeitsverhältnissen und Instabilitäten bewirken, indem sie das Kind mit stabilen, selbstgenügsamen Vorbildern umgeben.[31] – Allerdings werden diese Passagen aus *Der Staat* in *De l'imitation théâtrale* gänzlich ignoriert, im *Lettre à M. d'Alembert* fast vollständig.[32] Émile soll gar nicht durch Nachahmung prägender Vorbilder erzogen werden, sondern durch Beispiele, aus denen er sich mit der Zeit eigenständig eine Regel ableitet – »man [kann] ein Kind dazu bringen [...] zu verstehen«. Die Abwertung der Mimesis in Buch X von *Der Staat* wird auch auf die Nachahmung der Erziehung, also eigentlich auf die eingangs so hoch gelobten Passagen aus Buch II und Buch III übertragen. Im zweiten Buch des *Émile* heißt es: »Ich weiß, dass alle durch

---

28 Vgl. Kapitel III.

29 »L'imitation est toujours d'un degré plus loin de la vérité qu'on pense« (Jean-Jacques Rousseau: »De l'imitation théâtrale, essai tiré des dialogues de Platon«, in: Ders.: *Œuvres*. Band 3. Paris 1846, S. 183-191, hier: S. 184).

30 Vgl. Barish: *The Antitheatrical Prejudice*, S. 263.

31 Vgl. Kapitel III.

32 Vgl. Philippe Lacoue-Labarthe: *Poetik der Geschichte*. Zürich 2004, S. 57ff.

Nachahmung erworbenen Tugenden nur Tugenden von Affen sind und dass jegliche gute Tat nur dann eine moralisch gute Tat ist, wenn man sie als solche tut, und nicht, wenn ein anderer dergleichen tut.«

Diese zunächst proklamierte Radikalität wird dann zugunsten einer kindlichen Entwicklung zurückgenommen; sehr wohl soll man »in einem Alter, wo das Herz noch nichts fühlt, [...] die Kinder solange das nachahmen lassen, was ihnen zur Gewohnheit werden soll, bis sie soweit sind, es allein kraft ihres Unterscheidungsvermögens und aus Liebe zum Guten zu tun.« (E 234) D.h. ein Vorbild soll in einer ersten frühkindlichen Phase die Erziehung prägen und muss in einer zweiten Phase die ›Affentugenden‹ in Eigenverantwortung verwandeln.[33] Ganz wie bei Platon ist das Nachahmungsvermögen im frühkindlichen Alter Mittel der Manipulation des Zöglings: »Ich kann mir nichts vorstellen, wofür man nicht mit ein wenig Geschicklichkeit [...] bei Kindern Neigung, ja Leidenschaft erwecken könnte. Ihre Lebendigkeit und ihr Nachahmungstrieb genügen« (E 285f.). Damit präfiguriert Rousseau den späteren ›Nachahmungstrieb‹ der Philantropinisten. Ganz wie bei diesen soll letztlich eine ›Freiheit‹ nachgeahmt werden, die sich von der gesellschaftlichen Tendenz zur Nachahmung gelöst hat.

Entsprechend unterscheidet Rousseau zwischen einer natürlichen und einer gesellschaftlichen Nachahmung: »Der Hang zur Nachahmung ist von der Natur vorgesehen, aber innerhalb der Gesellschaft entartet er zum Laster.« (E 234) Eine solche natürliche Nachahmung hatte Rousseau im *Discours sur l'origine et les fondements de l'inégalité parmi les hommes* als eine Urszene der menschlichen Kulturgründung gefasst: Die noch kulturlosen Menschen »beobachten« den »Fleiß« der Tiere, »ahmen ihn nach und erheben sich dergestalt bis zu dem Instinkt der Tiere, ja sie haben ihnen noch einen Vorteil voraus, denn während eine jede Art von Tieren nur einen ihr eigenen Instinkt besitzt, so eignet der Mensch, dem vielleicht kein besonderer zuteil wurde, sich alle zu [...] und findet daher sein Auskommen weit leichter als sie alle«.[34] Die Nachahmung wird zum natürlichen Ursprung der menschlichen Kultur erklärt. Sie ist ein paradoxer menschlicher Instinkt, der die Abwesenheit von tierischen Instinkten beim Menschen überbrückt. Die ersten Menschen treten als das von John Locke in die zeitgenössische Erziehungsdiskussion eingeführte ›blank slate‹ auf, das sie per Nachah-

---

33 Für einen Kommentar, der diese Zwiespältigkeit herausarbeitet, aber Rousseaus Phasenmodell ignoriert, vgl. Jacques Derrida: *Grammatologie*. Frankfurt a.M. 1974, S. 349-353.

34 Jean-Jacques Rousseau: »Abhandlung über den Ursprung und die Grundlagen der Ungleichheit unter den Menschen«, in: Ders.: *Schriften*. Band 1. Frankfurt a.M. 1988, S. 165-302, hier: S. 196.

mung, die ihnen als einzige paradoxe Eigenschaft, nämlich der Eigenschaftslosigkeit zukommt, füllen.[35] Die ersten Menschen leben also eigentlich unnatürlich, mit nachgeahmten Instinkten, gehen so aber den ersten Schritt hinein in die Fülle des ihnen Möglichen: den ersten Schritt hin zur ihnen laut Rousseau angemessenen natürlichen menschlichen ›Freiheit‹, in der sie auf Nachahmung nicht mehr angewiesen sind. Statt auf Platon scheint hier auf den berühmten Anfang von Abschnitt IV der aristotelischen *Poetik* angespielt, der das mimetische Vermögen als »angeboren« und den Menschen »von Kindheit an« im Vergleich mit den Tieren »im besonderen Maß zur Nachahmung befähigt«[36] bestimmt. Nachahmung wird mit Freude ausgeübt, ist das erste Mittel des Lernens, ohne sich in der platonischen Instabilität zu verlieren.

Dieses Mittel soll Émile nun verlernen. Jenseits der Ursprünge in der Gesellschaft, und sei es in der Enklave der Erziehung, operiert natürliche Nachahmung nicht durch Freude, sondern durch Furcht: »Der Affe imitiert den Menschen, den er fürchtet und nicht das Tier, das er verachtet. Was ein höheres Wesen als er selbst tut, hält er für richtig.« (E 234f.) Nicht so die gesellschaftliche Nachahmung. »Bei uns ist das Gegenteil der Fall: Unsere Clowns jeder Sorte imitieren das Schöne, um es zu erniedrigen, um es lächerlich zu machen.« Damit ist wieder das platonische Register der schwächeren Zweitfassung eingeführt; gleichzeitig ist jeder Nachahmer zum ›Clown‹ erklärt und dem ernsthaften Anspruch der schönen Künste enthoben. »Im Bewußtsein ihrer Niedrigkeit suchen sie sich dem gleichzustellen, was besser ist als sie, oder wenn sie sich bemühen zu imitieren, was sie bewundern, zeigen sie bei der Auswahl ihrer Objekte den schlechten Geschmack des Imitators.« (E 235) Über diesen Geschmack ist von der Struktur des Arguments her hier jedoch wenig gesagt, denn ob die gewählten Gegenstände die falschen sind oder nicht, mit der Nachahmung ist bereits das falsche Verhältnis zu den Gegenständen oder Vorbildern der Nachahmung eingegangen. Die ›Besseren‹ sind in Rousseaus Konzept der ursprünglichen Gleichheit nicht besser, sondern die Nachahmer erniedrigen sich gerade, indem sie, wo sie das Nachgeahmte durch künstliche Erhöhung herabwürdigen, den ›natürlichen Zustand‹ der Gleichheit überhaupt erst durcheinanderbringen. Die Naturnähe bzw. Anfänglichkeit der aristotelischen Nachahmung degeneriert in Rousseaus Modell zur platonischen.[37]

---

35 Vgl. Lacoue-Labarthe: *Poetik der Geschichte*, S. 26-52.

36 Aristoteles: *Poetik*, S. 11.

37 Zur impliziten Aushandlung der Spannung zwischen einem platonischen und einem aristotelischen Modell der Mimesis im *Lettre à M. d'Alembert* vgl. Lacoue-Labarthe: *Poetik der Geschichte*.

Bei der Schauspielerei handelt es sich, und hier könnte Rousseau sich auf Platon und Aristoteles gleichermaßen beziehen,[38] auch an dieser Stelle um den Inbegriff einer degenerierten Nachahmung: Die Clowns »wollen lieber jedem imponieren und für ihr Talent Beifall ernten als besser oder weiser werden.« (E 235) Damit wird Rousseaus Kritik weniger platonisch und orientiert sich mehr an der christlichen Tradition der Spektakelkritik.[39] Nachahmung degeneriert nicht, wie zuvor suggeriert, über die Wahl der falschen Referenzobjekte, sondern dadurch, dass ihr Bezugspunkt hinter die theatrale Präsentation zurücktritt. Diese Präsentation besteht nur für andere. Nachahmung wird zum Problem der Schauspielerei, sobald sie gesellschaftlich auftritt und den Nachahmenden von sich und der Übereinstimmung mit sich entfernt: »Die Grundlage unseres Nachahmungstriebs ist der Wunsch, immer aus sich selbst herauszutreten. Sollte mein Unternehmen glücken, so wird Emile diesen Wunsch bestimmt nicht haben.« (E 235) Denn Émile werden die Vorbilder verweigert; er lernt aus sich selbst (bzw. die Inszenierung seines Erziehers lässt ihn dies glauben).

Damit verschweigt der Erzieher einmal mehr die halbe Wahrheit. Auch die menschliche Freiheit hatte er zuvor auf das Vermögen ›aus sich herauszutreten‹ zurückgeführt. Fluch und Segen des Menschen liegen in den »virtuellen Fähigkeiten« seiner »Einbildungskraft«. Dieses aktivische Vermögen »weitet für uns das Maß des Möglichen, sei es im Guten wie im Bösen, und erregt und nährt folglich die Wünsche durch die Hoffnung, sie zu befriedigen.« (E 188) Die Einbildungskraft kann das Tor zur Freiheit sein, wo sie zur Selbstgenügsamkeit des bescheidenen Lebens führt. Sie kann ins Verderben umschlagen, wenn sie sich in diesem Außerhalb verliert und zur passiven Nachahmung wird. Dieser Umschlag lässt sich als einer von der Zeit der Einbildungskraft, die auf die Zukunft ausgerichtet ist, in den Raum des Schauspiels beschreiben, das sich vor anderen vollzieht. Aus »Selbstliebe« (›amour de soi‹), die aus dieser Veräußerung zu sich selbst zurückkehrt, wird »Eigenliebe« (E 211) (›amour propre‹), die auf die Anerkennung der anderen angewiesen ist. Die ›Eitelkeit‹ des Schauspielers oder des Kindes ist nicht eine Untugend unter vielen; sie ist die verfehlte Freiheit schlechthin. Wo Rousseau Platons *Der Staat*, wie zitiert, als ›die schönste Abhandlung über Erziehung, die je geschrieben wurde‹ preist, nur um seine spezifischen Ausführungen zur Erziehung und der Rolle der Nachahmung darin zu ignorieren und stattdessen Platons Antitheatralität hervorzuheben, da wird Platon

---

38 Zu den Vorbehalten gegen die Aufführungsdimension der Mimesis bei beiden vgl. Weber: *Theatricality as Medium*, S. 1-30.

39 Beginnend im zweiten Jahrhundert bei Quintus Septimius Florens Tertullianus: *De spectaculis*.

vor allem dafür gelobt, mit seinem Mimesis-Verbot die (für den platonischen Text irrelevante) Untugend der ›Eitelkeit‹ im Keim erstickt zu haben: »Plato hat nichts anderes getan als das Menschenherz zu läutern.« (E 114) Rousseaus im *Lettre à M. d'Alembert* gemachter Vorschlag für eine Alternative zur gesellschaftlichen Institution des Theaters entledigt sich der Ambivalenz der Nachahmung auf doppelte Weise. Aus der Aufführung von etwas durch Schauspieler wird ein »Fest« für alle, ohne dass »Gegenstände« zur Aufführung kämen. »Was wird es zeigen? Nichts, wenn man will.« Aus den Theaterzuschauern, die die Eitelkeit des Schauspielers erst ermöglichen, werden mit den Schauspielern gleichberechtigte »Darsteller[]«:[40] »[S]tellt die Zuschauer zur Schau, macht sie selbst zu Darstellern, sorgt dafür, daß ein jeder sich im andern erkennt und liebt, daß alle besser miteinander verbunden sind.«[41] Wo die eigene Eitelkeit nur die Eitelkeit der anderen spiegeln und sich weder mehr durch Nachahmung noch durch Zurschaustellung vor Zuschauern erhöhen kann, wird keine Eitelkeit entstehen. »Mit der Freiheit herrscht überall, wo viele Menschen zusammenkommen, auch die Freude.«[42] – Indem Jean-Jacques seinen Émile zum Nichtnachahmer schlechthin erzieht, wird der Zögling zum potentiellen Teilnehmer eines solchen Fests von Freien. Mit der Aberziehung der Nachahmung im Knabenalter ist die Gefahr des Theaters und der Schauspielerei aber nicht gebannt. Sie kommt, nun unabhängig von der Nachahmung, in der vorpubertären Erziehung des dritten Buchs mit der Wachsentepisode zurück. Nachahmung schlägt nicht um in Eitelkeit, sondern aus Eitelkeit erwächst hier Schauspielerei. Nun kann das theatrale Vermögen nicht mehr wie im zweiten Buch schlicht wegerzogen werden. Vielmehr wird die Schauspielerei ihrerseits, nämlich die des Jahrmarktskünstlers, als Gegenmittel mobilisiert.

---

40 Rousseau: »Brief an d'Alembert über das Schauspiel«, S. 462. Vgl. Jörn Etzold: »Armes Theater«, in: Maud Meyzaud (Hg.): *Arme Gemeinschaft: Die Moderne Rousseaus*. Berlin 2015, S. 50-74.

41 Ebd., S. 462f. Zu diesem ›Nichts‹ in seinem Verhältnis zur aristotelischen Mimesis und *katharsis* vgl. Lacoue-Labarthe: *Poetik der Geschichte*, S. 108-112.

42 Rousseau: »Brief an d'Alembert über das Schauspiel«, S. 462. Vgl. zum Fest bei Rousseau Primavesi: *Das andere Fest*, S. 140-148.

4. JAHRMARKT DER EITELKEITEN: DER SCHWEIGENDE ÉMILE

Die Eitelkeit der Schauspielerei kehrt plötzlich wieder – inmitten der »Wißbegier« (E 364) der Vorpubertät. Jean-Jacques und Émile arbeiten an der Herstellung eines Kompasses. Mitten in dieser Phase wird das Prinzip der ›negativen Erziehung‹ kommentarlos aufgehoben:[43] »Eines Tages gingen wir zum Jahrmarkt, ein Zauberkünstler zieht mit einem Brotstück eine Wachsente an, die in einem Wasserbecken schwimmt.« (E 365f.) Zuhause experimentieren die beiden mit versteckten Magneten in Brot und Wachs und kommen »mit leicht verständlicher Freude« dem Rätsel auf die Schliche. Im gleichen Modus des dramatischen Präsens, in dem zuvor über viele Seiten das naturwissenschaftliche Basteln, Experimentieren und Lernen jeglicher Art geschildert wurde, folgt die Erzählung der sich anschließenden Begebenheiten: Émile und sein Erzieher gehen zurück auf den Jahrmarkt und probieren ihr präpariertes Stück Brot vor versammeltem Publikum an der Wachsente des Gauklers aus. Émiles Lampenfieber verkehrt sich zunächst in den persönlichen Triumph des gelungenen Experiments; »das Kind schreit und bebt vor Freude«. Doch das Gelingen des Experiments ist öffentlich. Die bestätigte Selbstliebe wandelt sich einen Satz später in eine Eigenliebe, die sich aus dem Beifall der Umstehenden speist und das Kind aus dem Ruhen in sich selbst herausreißt: »Vom Beifall der Umstehenden wird ihm ganz schwindelig, es ist ganz außer sich.« Der Gaukler (›joueur de gobelets‹) stellt dieser Eitelkeit, die plötzlich auf den Umweg über die Anerkennung der anderen angewiesen ist, eine Falle. Er lädt Émile für den Folgetag ein und verspricht »noch mehr Publikum«. Émile »möchte, daß das ganze Menschengeschlecht Zeuge seines Ruhms wird«, und tappt hinein. Angesichts des zum Bersten vollen Raums »schwillt ihm das Herz vor Freude«. Der Gaukler regt beim nächsten Auftritt Émiles Eitelkeit noch weiter an; er steigert den Schwierigkeitsgrad der eigenen Tricks und »kündet das Ereignis [des Auftritts von Émile, M.J.S.] mit pompösen Worten an« (E 367). Es folgen dessen Blamage, Beschämung, ja sogar »Demütigung« (E 371). Die Wachsente fügt sich ihm nicht, im Raum erschillt dröhnendes »Hohngelächter« (E 367f.). Dem beruflichen Zauberkünstler hingegen fügt sie sich, weil er, wie sich später herausstellt, ein Kind unter dem Tisch mit einem stärkeren Magneten den des Zöglings übertreffen lässt. »[S]chließlich zieht es sich, ganz beschämt, zurück, ohne mehr zu wagen, sich dem Hohn der anderen auszusetzen.« Émiles Beschämung vor Publikum

---

43 Zur Figur des Zauberkünstlers vgl. auch Joan E. DeJean: *Literary Fortifications: Rousseau, Laclos, Sade.* Princeton 1984, S. 152-161.

vergrößert sich proportional zum Triumph des Gauklers: »Jeder verdoppelte Beifall ist verdoppelte Schmach für uns, wir machen uns unbemerkt davon und schließen uns in unser Zimmer ein, denn wir können nicht aller Welt von unserem Erfolg berichten, wie wir es uns ausgedacht hatten.« (E 368) Die Unmöglichkeit der fremderhaltenen Eigenliebe bewirkt einen ›beschämten‹, d.h. sich des eigenen Selbst schämenden Selbstbezug. Dadurch, dass der eigentlich beobachtende Jean-Jacques sich im Moment der höchsten Demütigung mit seinem Zögling zum ›wir‹ (›nous‹) vereinigt, wird die Scham nur noch verstärkt: Im ›wir‹ ist Émile bloß noch Subjekt der Scham, nicht mehr Objekt eines wohlwollenden Blicks.

Diese Identifikation von Zögling und Erzieher im ›wir‹ ist aber, glaubt man an die von Rousseaus späterer Anmerkung behauptete Inszenierung der folgenden Ereignisse, ebenso eine Täuschung, wie diejenige, der Émile sich vom Zauberer, dem berufsmäßigen Täuscher, ausgesetzt glaubt. Dieser erscheint am nächsten Tag bei Émile und Jean-Jacques, um sich »in bescheidener Form« zu beschweren. Gegen Émiles Inanspruchnahme der Eitelkeit des Schauspielers und des Reichtums seines Beifalls beruft sich der professionelle Täuscher auf ein Recht der Armut: Émile habe seinen »Broterwerb« in Gefahr gebracht; er habe »Ehre auf Kosten des Selbsterhalts eines ehrsamen Mannes erkaufen« wollen. Sein Triumph über Émile entspringe einer höchst bescheidenen Überlegenheit einzig »in dieser armseligen Geschicklichkeit« (E 369). Diese Uminterpretation seiner Zurschaustellung von einer Quelle der Eitelkeit in eine der Bescheidenheit geht mit einem moralischen Aufstieg einher. Großzügig erklärt der Zauberer die (simple) naturwissenschaftliche Grundlage seines Triumphs über Émile. Ein Geldgeschenk des beschämten Duos lehnt er ab, indem er auf einem Recht auf Großzügigkeit auch für die Armut des Gauklers beharrt: »[I]ch lasse mich für meine Kunststücke bezahlen, aber nicht für meine Lektionen.« (E 370) – Folgt dieser Satz, wie von Rousseau behauptet, einem Skript Jean-Jacques, könnte der Gaukler natürlich durchaus Geld erhalten haben; die Würde seines Standes wäre bloß gespielt.

Der Gaukler kehrt die vom Text, und von Rousseaus Schriften, ansonsten vorgegebene Semantik um: Aus eitler Zurschaustellung wird der Bedürftigkeit abgerungener bescheidener Broterwerb; aus überflüssigem Luxus des Theaters wird generöser Verzicht. Aus dem Triumph von Émile als öffentlicher Person des Schauspiels entstehen demgegenüber die Verhöhnung durch ein wenig generöses Publikum und eine demütigende Einsamkeit. Émile lernt, der Sichzurschaustellung zu misstrauen und Respekt vor der Integrität der anderen, selbst der armen Schausteller, zu entwickeln. Eigenliebe verkehrt sich wieder in Selbstliebe, aber in eine ärmliche und bescheidene: eine Selbstliebe, die ›beschämt‹ der eitlen Präsentation dieses Selbst vor den Blicken der anderen entsagt hat.[44] Ein abschließender vierter Besuch auf dem Jahrmarkt stellt diese neue Disposition auf die Probe: Émile und Jean-Jacques werden vom Zauberer »mit einer Hochachtung [behandelt], die uns noch mehr demütigt.« (E 371) Verstärkt wird so die Gegenüberstellung von selbstbezogener Scham und eitler öffentlicher Zurschaustellung.[45] Die Scham ist in Rousseaus Schriften zum einen bereits dem Austritt aus der Natur und dem Eintritt in die gesellschaftliche Sphäre assoziiert. »Wer errötet, ist schon schuldig; die wahre Unschuld kennt keine Scham« (E 450). In diese gesellschaftliche Sphäre hat Émile sich hier begeben: Der ländliche Jahrmarkt der Eitelkeiten ist Vorbote des erwähnten großstädtischen ›Schlundes, der das Menschengeschlecht verschlingt‹ und in dem Émile später bestehen soll. Innergesellschaftlich ist die Scham jedoch zum anderen das Merkmal einer naturgemäßen Bescheidenheit. Mit traditionellen geschlechtlichen Semantiken erhebt Rousseau sie vor allem zum weiblichen Pendant des männlichen Verstands: Dank ihrer Scham verfällt die Frau nicht ihren tierischen Bedürfnissen, die der Mann mit dem Verstand zu kontrollieren in der Lage ist. Die Scham vor den Blicken der anderen veranlasst laut *Lettre à M. d'Alembert* den naturgemäßen weiblichen Rückzug in die Privatheit der häuslichen Sphäre. Doch dient die Häuslichkeit in diesem Text nicht zuletzt als Metapher für einen den Luxus, insbesondere des Theaters, schmähenden Rückzug in die beiden Geschlechtern eigene bescheidene Privatheit des Ichs. Die institutionalisierte Zurschaustellung des Theaters zerstört diese Schamhaftigkeit, und nicht nur die der Frauen: »Nur zwei Jahre Theater, und alles ist zerrüttet.«[46] In der verkehrten Welt des Jahrmarkts installiert der Gaukler in Émile diese vom Theater normalerweise zerstörte Scham – nunmehr allerdings, indem er alle verfemten Register des Theaters zieht. Den Wachsententrick begleitet er »mit stolzer Miene« (E 371) gegenüber dem Duo: im Lichte der vorherigen Uminterpretation nicht mehr mit dem Stolz des Schaustellers, sondern dem des bescheidenen Handwerkers auf sein ärmliches Können. Das Theater der Eitelkeiten schlägt so in sein Gegenteil um: in die Heilung von der eigenen Zurschaustellung, in die Rückkehr zu sich selbst.

Émile lässt beim vierten Besuch auf dem Jahrmarkt die Gelegenheit verstreichen, den billigen Trick mit der Wachsente dem übrigen Publikum zu verraten

---

44 Diese Struktur verkompliziert das in Rousseaus autobiographischem Unternehmen zu beobachtende Vorhaben der »Selbst-Mimesis« (Gebauer/Wulf: *Mimesis*, S. 289).

45 Zum Verhältnis individueller Beschämung zu den Blicken der anderen vgl. insgesamt Claudia Benthien: *Tribunal der Blicke. Kulturtheorien von Scham und Schuld und die Tragödie um 1800.* Köln 2011.

46 Rousseau: »Brief an d'Alembert über das Schauspiel«, S. 447.

und dabei die allgemeine Aufmerksamkeit auf sich zu lenken. Er hat seine Lektion gelernt – und hier erfolgt die plötzliche Rückkehr vom identifizierten ›wir‹ Jean-Jacques' und Émiles zum beobachtenden ›er‹: »Wir wissen alles, verraten aber keine Silbe. Hätte mein Zögling auch nur einmal gewagt, seinen Mund aufzumachen, so wäre er ein Kind, das man hassen müßte.« (E 371) Nicht nur der Zauberer hat angeblich geschauspielert; auch die Identifikation des Erziehers mit dem Erleben Émiles war vorgetäuschte »Kameraderie« (E 370), die auf ein neues Verhältnis von Erzieher und Zögling vorbereiten soll: Sehr wohl steht der Zögling unter Beobachtung; eben hier in der Mitte des dritten von fünf Büchern geht es um alles oder nichts. Der bis dahin stets als unschuldiges Kind apostrophierte Émile mutiert plötzlich im Konjunktiv zum hassenswerten Kind, das die ihm nicht bewusste Prüfung zum Glück besteht. Der Erfolg der Erziehung steht und fällt mit dem Verhältnis zur dem Theater angehörenden Zurschaustellung. Hat Émile auf dem Jahrmarkt keine Immunität gegen diese ausgebildet, so war die bisherige Erziehung umsonst. Ein zweiter Versuch scheint unzulässig und nicht vorgesehen. Als selbstverständlich wird impliziert, dass Émile von nun an ebenso wenig wie den Verlockungen der Nachahmung denen der eitlen Schaustellung erliegen wird: ›Aber welcher Mensch auf dieser Welt ist weniger Nachahmer als Emile?‹ Diese rhetorische Frage aus der Zeit, in der der pubertierende Émile bereits ohne Gefahr ins Theater geschickt werden kann, lässt sich auch konkreter auf die Schauspielerei beziehen: Als weder zur Nachahmung noch Selbstzurschaustellung verführbar kann Émile ganz Zuschauer bleiben. Kein durchs Theater verführbarer, sondern einer, der angesichts der Schau menschlichen Leidens »Mitleid« (E 459) empfinden und sich von diesem grundlegenderen *theatrum mundi* her, das stets mit der Metaphorik eines eigentlichen Theaters im Sinne eines ursprünglichen Schauspiels auf der »Weltbühne« (E 499) eingeführt wird,[47] den anderen natürlichen und vom uneigentlichen Theater gefeiten Menschen öffnen kann: »[W]ir [sind] unseren Mitmenschen weniger durch die Empfindung ihrer Lust als durch die ihres Leidens verbunden […], denn darin erkennen wir viel besser die Gleichheit unserer Natur« (E 458). Deshalb muss für Émile »das erste Schauspiel, das ihn ergreift,« nämlich auf der ›Weltbühne‹, »ein Gegenstand der Trauer sein«, von dessen Unglück er nicht betroffen ist, aber sein könnte: »Wenn er sieht, wie viel Unglück ihm erspart bleibt, wird er sich glücklicher fühlen, als er je gedacht hätte. Er teilt die Leiden seiner Mitmenschen, aber er teilt sie freiwillig und auf milde Art.« (E 473)

Rousseaus nachträgliche Behauptung, die Moralpredigt des Zauberers wäre instruiert, seine Generosität also vielleicht bloß gekauft, schwächt und stärkt die

---

47 Zum Theatralität des Mitleids bei Rousseau vgl. Derrida: *Grammatologie*, S. 244-372.

Funktion der Schauspielerei hier gleichermaßen: Bei der verkehrten Welt, in welcher der Schausteller plötzlich für die Ehrsamkeit der bescheidenen Gesellschaft, das unschuldige Kind Émile aber plötzlich für die Verruchtheit eitler Schauspielerei steht, handelt es sich ihrerseits um eine Verkehrung. Zumindest die der verletzten Eitelkeit Émiles hinzugefügte verbale Beschämung, der eine gleichzeitig emotionale wie rationale Erkenntnis Émiles folgt, wäre eine Inszenierung. Die Generosität des Gauklers ist vorgetäuscht und vielleicht bezahlt. Die Welt des Theaters bleibt so schlecht, wie sie ist. Aber gerade so verstärkt diese Rousseaus späterer Selbstinterpretation zufolge ihren Einfluss in dieser Szene: Jean-Jacques bedient sich ihrer, um Émile gegen die Schlechtigkeit des Theaters – und das heißt immer auch: gegen die Schlechtigkeit des Theaters der Gesellschaft – zu immunisieren. Aus einem harmlosen Schausteller, der auf seine ärmlichen Berufsehre pocht, und einem gemeinsam mit seinem Zögling beschämten Erzieher werden zu diesem Zweck zwei gerissene Schauspieler.

Einer von ihnen, der Erzieher, lässt sich vor den Augen seines Zöglings vom Gaukler demütigen und bietet so seinerseits ein Schauspiel der Beschämung: »Beim Weggehen richtet er laut und namentlich eine Zurechtweisung an mich. ›Dieses Kind entschuldige ich gern‹, sagt er, ›es hat mir nur aus Unwissenheit Unrecht getan. Aber Sie mein Herr, der Sie seinen Fehlgriff kannten, warum ließen Sie es zu?‹« Den Lesenden gegenüber entschuldigt Jean-Jacques seinen Missgriff unter Hinweis auf die Vorbereitung jener zukünftigen ›Kameraderie‹ auf der erreichten Stufe der Erziehung: »Dieser Wandel darf sich nur ganz allmählich vollziehen – alles muß vorausbedacht werden, weit hinaus vorausbedacht.« Dem Gaukler gegenüber schweigt er, wie nachträglich behauptet, mit einem inszenierten Schweigen. Der zuvor öffentlich beschämte Émile sieht im Privaten das Schauspiel seiner Beschämung und Herabsetzung wiederholt: als Beschämung und Herabsetzung desjenigen, der für ihn bisher eine »Autorität« (E 370) darstellte. Wenn er wenig später die ihm nicht bewusste Prüfung besteht und auf den Berufsstolz des Zauberers, d.h. die eitle Selbstpräsentation des Schauspielers, mit Schweigen reagiert, dann bleibt offen, ob er seine Lektion gelernt hat oder, wo er diese Autorität immer noch anerkennt, sie schlicht nachahmt. Émile wiederholt das Schweigen seines Erziehers: entweder als Wiederholung von dessen Schweigen oder im geteilten Mitleiden mit dessen und seiner eigenen Demütigung. So wie Émile nicht klar sein kann, dass sein Erzieher schauspielert (und den Lesenden nicht ganz klar sein kann, ob das stimmt), kann der Erzieher nicht wissen, ob Émile ihn nicht eventuell nur nachahmt – und damit vielleicht wieder in den Zirkel der im Knabenalter ausgetriebenen Nachahmung, die in Schauspielerei der ›Tugenden von Affen‹ mündet, eintritt. Das scheint hier auch nicht weiter wichtig. Émile besteht die Prüfung; er ist eben kein ›Kind, das man hassen müsste‹. Wenn er mit dieser Transformation Schauspieler geworden ist, dann ein eingefleischter Schauspieler seiner eigenen Bescheidenheit: Er erlernt das Schauspiel vor sich selbst, das der Scham zugehört und sich von den anderen Menschen abwendet, der sich nach außen präsentierenden Schauspielerei vorzuziehen. Damit lernt er durch das Schauspiel, was es bedeutet, Mensch zu sein: bedürftig und im Mitleid mit der Bedürftigkeit anderer auf diese anderen ausgerichtet.

5. ROUSSEAUS VERSTECKTES THEATER DER ERZIEHUNG

Rousseaus obskur anmutende Bemerkung über eine angeblich vom Erzieher veranlasste Inszenierung der Gauklerepisode verweist darauf, dass ein Verhältnis zum Theater, zur Nachahmung und zur Schauspielerei Émiles Erziehung unumgänglich eingeschrieben bleibt und dass diese mehrschichtige Theatralität konstitutiv für Émiles Erziehung ist: Für sie konstruiert der Erzieher Jean-Jacques einen künstlichen, von der Gesellschaft (d.h. dem Theater) abgeschiedenen Raum, in welchem er selbst eine streng durchinszenierte Rolle übernimmt. Der Zögling fällt auf ein Schauspiel herein, das sich nicht als solches zu erkennen gibt. Zu seiner ›Freiheit‹ meint Émile durch freie Entwicklung und aus freien Stücken zu gelangen. Anlässlich der Wachsentenepisode potenziert sich diese Konstellation: Die Schaustellerei auf dem Jahrmarkt bietet ein ärmliches Vorspiel auf das spätere Gesellschaftstheater, vor dem es Émile zu bewahren gilt. Scheinbar gibt der Erzieher die Lenkung seines Zöglings auf. Aber nur, um Émile die Lektion zu erteilen, dass der Rausch der sich vor anderen präsentierenden Eitelkeit des Schauspielers mit der Demütigung durch diese anderen Hand in Hand geht. Der Zögling wird durch die Beschämung auf sein bescheidenes, ärmliches Selbstverhältnis zurückgeworfen, statt sich im luxuriösen Maskenspiel der Gesellschaft zu verlieren. Eine solche jeweils individuelle Beschämung will auf lange Sicht an die Stelle des gesellschaftlichen Spektakels, seiner Eitelkeiten und seiner so verführerischen wie leeren Pracht die arme Gemeinschaft der Beschämten und Bescheidenen setzen. Diese haben sich nicht vom Theater abgewandt, sondern sind von seiner Verführungsmacht berührt und gegen sie abgehärtet worden.[48] Der Gaukler und seine bloß temporäre ›Bretterbude‹ offenbaren die Armut, die auch am Grunde der theatralen Verführungsmacht liegt. Wegen ihrer Flüchtigkeit

---

48 Für die einer ähnlichen Logik im späten 18. und frühen 19. Jahrhundert folgenden Immunisierungsdiskurse vgl. Cornelia Zumbusch: *Die Immunität der Klassik*. Frankfurt a.M. 2011, S. 21-108.

lässt sich ihr Auftreten kurzzeitig für eine Erziehung zur Bescheidenheit instrumentalisieren. Weil sie wieder verschwinden und ihre theatrale Pracht nicht in einem festen Theater verstetigen, soll von ihnen keine Spur zurückbleiben, an der sich die Bescheidenheit des Subjekts oder die arme Gemeinschaft der Bescheidenen verunreinigen und anstecken könnte.

Zunächst erscheint in diesem Kontext fast gleichgültig, ob die Moralpredigt des Gauklers durch den Erzieher veranlasst (also geschauspielert) ist oder nicht. Die Lektion wird verdoppelt, verbalisiert und wohl auch rationalisiert. Von der Doppeldeutigkeit, die diese Stelle wegen Rousseaus späterer Behauptung erhält, der Erzieher habe auch hier seine Inszenierungsmacht nicht aus der Hand gegeben, zeigt sich aber auch eine Doppeldeutigkeit des gesamten, gegen eine der Sphäre des Theaters zugeschriebene Zersetzungskraft gerichtete Erziehungsprozesses: wegen ihrer eigenen Theatralität wird die Erziehung nie sicher unterscheiden können, inwieweit es sich nicht auch beim an ihrem Ende stehenden ›natürlichen Mensch‹ in all seiner Armut und Bescheidenheit nur um eine weitere auf der ›Weltbühne‹ einer dem Luxus des Theaters verfallenen Gesellschaft auftretende Rolle handelt.[49] Und, wo sie sich ihren Zielen so sicher ist, muss sie das vielleicht auch nicht – zumindest solange, wie sie das Theater der Erziehung ihren Zwecken gemäß einrichten kann.

---

49 Zur theatralen Inszenierung dieser ›Natürlichkeit‹ nach Rousseau vgl. Günther Heeg: *Das Phantasma der natürlichen Gestalt. Körper, Sprache und Bild im Theater des 18. Jahrhunderts.* Frankfurt a.M. 2000.

V Reguliertes Theater

Die neuen Pädagogen (Campe, Trapp, Salzmann u.a.)
und der Nachahmungstrieb[1]

1. CAMPES »ERSTER UNTER ALLEN TRIEBEN«

Den »jungen Nachahmungstrieb der Kinderseele« bestimmt Joachim Heinrich Campe in der Vorrede zu seinem pädagogischen Roman *Robinson der Jüngere* von 1779 als »den ersten unter allen Trieben, die bei uns zu erwachen pflegen«[2]. Die Fähigkeit und der Drang des kleinen Kindes zur Nachahmung, an der die Erziehung anzusetzen habe, aber auch fehlgehen könne, werden von der neuen Pädagogik des späten 18. Jahrhunderts geradezu topisch thematisiert. Aber auch Sittenlehre und Moraltheologie nehmen sich des etwaigen Nachwirkens dieses kleinkindlichen Verhaltens beim Erwachsenen an. »Nachahmungsgeist«[3] oder »Nachahmungsbegierde«[4] finden sich im Deutschen ebenfalls als Bezeichnung. Die Erzieher aus der pädagogischen Provinz in Goethes *Wanderjahren* machen sich diesen Trieb mehr als 40 Jahre nach Publikation von Campes Roman unter

---

1 Vorüberlegungen zu diesem Kapitel sind erschienen in: Martin Jörg Schäfer: »Der ›erste unter allen Trieben‹. Regulierte Mimesis in der pädagogischen Literatur der Aufklärung«, in: *Archiv für Mediengeschichte* 12 (2012), S. 65-77; sowie in Martin Jörg Schäfer: »Die Theatralität des Philanthropinismus. Salzmanns Exempel«, in: Menke/Thomas Glaser (Hg.): *Experimentalanordnungen der Bildung. Exteriorität – Theatralität – Literarizität*. München 2014, S. 65-87.

2 Campe: *Robinson der Jüngere*, S. 7.

3 Vgl. z.B. Immanuel Kant: *Kritik der Urteilskraft*, in: Ders.: *Werkausgabe*. Band 10. Frankfurt a.M. 1974, S. 243.

4 Vgl. z.B. Georg Friedrich Meier: *Philosophische Sittenlehre*. Magdeburg 1753, S. 117.

dem Namen ›Nachahmungsgeist‹ zunutze, um ihren Zöglingen eine (stabile) Selbstidentität unterzuschieben. Damit stellt die literarische Konstruktion der pädagogischen Provinz eine theatrale Anordnung aus, die die Praxis der deutschsprachigen pädagogischen Avantgarde des späten 18. Jahrhunderts prägt. Anhand zweier ihrer Protagonisten soll dies in den folgenden Überlegungen ausgeführt werden: einleitend an Campe, ausführlich an Christian Gotthilf Salzmann und mit Seitenblicken auf ihre zahlreichen Kollegen.

Kindliche und, in Verlängerung, allgemeinmenschliche Triebe wie einen Bildungs- oder Tätigkeitstrieb werden in vielen Texten der unter dem Namen Philanthropinisten bekannt gewordenen Pädagogen der deutschsprachigen Aufklärung in den Beobachtungen an Kindern ›entdeckt‹ und beschrieben. Dabei benennt das Triebhafte nicht notwendig eine Natürlichkeit des jeweiligen Triebs. Vielmehr kann die Aufgabe der sich als wissenschaftlicher Disziplin und Praxis erfindenden Pädagogik gerade darin bestehen, solche Triebe im Zögling überhaupt erst zu implementieren.[5] Dies gilt nicht im Falle der hier als ›erster unter allen Trieben‹ privilegierten Nachahmung, die von alleine ›erwacht‹.

Die Campe und vielen seiner Zeitgenossen vorschwebende Erziehung besteht nicht zuletzt in einer Modellierung des Zöglings durch Lenkung und Regulierung dieses Triebs. Nicolas Pethes hat darauf hingewiesen, dass es sich bei der von den Philantropinisten eingeführten Beobachtung des Zöglings und der Protokollierung seiner Verhaltensweisen um neue mediale Praktiken handelt, die ihrerseits das Ideal und Medium der neuen Erziehung, das zu modellierende Kind, erst hervorbringen.[6] Mit einer verschobenen Perspektive soll anhand von Campe zunächst dargestellt werden, wie sich diese Erziehung auf zwei weitere und einander überkreuzende Weisen als medialer Vermittlungszusammenhang beschreiben und problematisieren lässt. Zunächst wird der kindliche Nachahmungstrieb gezielt mit Dingen verkettet: mit pädagogischen Gegenständen im engeren Sinne wie Bildern, Büchern, Spielzeug etc. Aber auch mit der gegenständlichen Welt, zu der das von der Erziehung gewünschte Verhältnis aufgebaut werden soll. Hier handelt es sich dann um die vom Stichwortgeber der aufklärerischen Erziehungstheorie, Rousseau, 1762 in seinem *Émile* beschriebene »Er-

---

5   Vgl. Simone Austermann: *Die »Allgemeine Revision«. Pädagogische Theorieentwicklung im 18. Jahrhundert.* Bad Heilbrunn 2010, S. 153ff.

6   Vgl. Nicolas Pethes: »»Und nun, ihr Pädagogen – beobachtet, schreibt!‹ Zur doppelten Funktion der Medien im Diskurs über Erziehung und Bildung im 18. Jahrhundert«, in: Eva Geulen/Ders. (Hg.): *Jenseits von Utopie und Entlarvung. Kulturwissenschaftliche Untersuchungen zum Erziehungsdiskurs der Moderne.* Freiburg i.Br./Berlin/Wien 2007, S. 49-67.

ziehung durch Dinge«[7]. Diese sollen bei Campe in die kindlichen Nachahmungsketten auf die vom Pädagogen gewünschte, d.h. über die von Pethes beschriebenen neuen Medienpraktiken konstituierte Weise eingebaut werden.[8]

Explizit setzt Rousseau die Dingerziehung einer zweiten dem Nachahmungstrieb eigenen medialen Dimension entgegen: Strikt von der (›natürlichen‹) Verbindung mit den Dingen unterscheidet Rousseau eine (›gesellschaftliche‹) Verbindung zwischen den Menschen.[9] Als Modus der zwischenmenschlichen Erziehung wird ihm die Nachahmung problematisch, wo an ihrem Ende aufrichtige,
mit sich selbst in Übereinstimmung lebende und selbsttätige Subjekte entstehen
sollen, diese Eigenschaften aber über die Virtualität, Entäußerung und Nachträglichkeit der Nachahmung induziert werden. Der Prozess des Nachahmens gerät
mit seinen Zielen in Konflikt; in Aufnahme und Neupointierung einer auf Platon
und Aristoteles zurückgehenden Tradition bestimmt Rousseau »Theatralität als
Medium«[10] und verwirft dessen angeblich reine Äußerlichkeit und Künstlichkeit
zugunsten seiner Vorstellung von Eigentlichkeit, d.h. für Rousseau: ›Natürlichkeit‹.[11] Wie Platon gelten Rousseau Nachahmungspraktiken als Künstlichkeit
schlechthin, d.h. als Vermittlung nur im Sinne einer Entfernung vom ›natürlichen‹ Ursprung. Die Erziehung durch Menschen darf daher, wie im *Émile* geschildert, die ›natürliche‹ Erziehung durch die Dinge so wenig als möglich kon-
taminieren. Wenn Campe hingegen die Mimesis als den ›ersten unter allen Trieben‹ bestimmt, verbindet er diese beiden medialen Dimensionen: In die unhin-

---

7   In einer von Campe in Auftrag gegebenen und herausgegebenen Übersetzung: Jean-
    Jacques Rousseau: *Emil oder über die Erziehung. Erster Theil. Mit erläuternden, be-
    stimmenden und berichtigenden Anmerkungen der Gesellschaft der Revisoren, aus
    dem Revisorenwerke besonders abgedruckt und herausgegeben von Joachim Heinrich
    Campe.* Braunschweig 1789, S. 38. (Joachim Heinrich Campe (Hg.): *Allgemeine Revi-
    sion des gesamten Schul- und Erziehungswesens: von einer Gesellschaft practischer
    Erzieher.* Band 12. Wien/Braunschweig 1789).

8   Von Nachahmungsketten ist hier im Sinne Tardes und seiner Aufnahme durch Latours
    Akteur-Netzwerktheorie die Rede. Vgl. Gabriel Tarde: *Die Gesetze der Nachahmung.*
    Frankfurt a.M. 2009. Vgl. Bruno Latour: *Wir sind nie modern gewesen. Von einer
    symmetrischen Anthropologie.* Frankfurt a.M. 2008.

9   Eigentlich verwendet Rousseau eine Trias aus natürlicher, dinghafter und menschli-
    cher Erziehung. Erstere ist aber keine Erziehung im eigentlichen Sinn, sondern eine
    durch die Natur vorgegebene Entwicklung. Zu deren innerer Verkomplizierung vgl.
    Martin: *»Éducations négatives«*, S. 56-95.

10 Vgl. Weber: *Theatricality as Medium.*

11 Vgl. Kapitel IV.

tergehbare ›Natürlichkeit‹ des Lebens selbst wird die Mimesis als eine mediale Kraft[12] verlegt, die in Rousseaus platonischem Sinne unkontrolliert und gefährlich zu wuchern droht und die es daher durch die Erziehung, d.h. durch den erzieherischen Einsatz der ›Dinge‹ zu regulieren gilt. Mimesis als Nachahmung tritt wie bei Platon als eine gefährliche Kraft auf. Hängt sie sich an die falschen oder an zu viele Vorbilder, droht sie statt zur Ausbildung eines stabilen Selbst, zur Aushöhlung, Zersplitterung, Fehlbildung oder gar Auflösung des Selbst zu führen.[13] Der Zögling könnte, mit einem Wort aus dem *Wilhelm Meister* für das real existierende deutschsprachige Theater des 18. Jahrhunderts, statt einem selbsttätigen ganzheitlichen »nur ein gestoppeltes und gestückeltes Wesen« (L 295) werden. Als frei flottierender könnte der Nachahmungstrieb zu einer »Nachahmungssucht«[14] ausarten, wie es in Texten des späten 18. Jahrhunderts befürchtet wird.

Mit dem Nachahmungstrieb wird von der Aufklärungspädagogik ein Verhalten als im menschlichen Leben verankert entdeckt und dem Wissen und den Praktiken der neuen Pädagogik überantwortet, das bekanntlich gleichzeitig von den zeitgenössischen Wissensweisen, nicht zuletzt denen der Erziehungswissenschaft, verabschiedet wird. Das rhetorische *imitatio*-Paradigma hatte über lange Zeit auch die Erziehung auf ganz praktische Art und Weise bestimmt: Das Verfahren, die Heranwachsenden durch Anschauung und Nachahmung, einbezogen in die Arbeit, mit dem nötigen beruflichen Wissen auszustatten, transportierte das punktuell vorhandene, besondere Wissen von Generation zu Generation weiter. Mit der Auflösung des unmittelbaren Konnexes von Familie und Beruf, der die Tradierung des beruflichen Wissens vom Vater auf den Sohn einschloss, ergibt sich jedoch ein allgemein-gesellschaftlicher Bedarf nach Bildung.[15] Solange die Erziehung im Nachmachen und Wiederholen quasi von alleine erfolgte, kam sie ohne eigene Wissenschaft aus. Einen erhöhten Bedarf an Reflexion und Diskursivierung gibt es, sobald diese *imitatio*-Praxis wegfällt.

---

12 Vgl. für eine parallele Entwicklung der Ästhetik im 18. Jahrhundert Christoph Menke: *Kraft. Ein Grundbegriff ästhetischer Anthropologie.* Frankfurt a.M. 2008. Auf das Auftauchen eines unhintergehbaren ›Lebens‹ als epistemologischer Grundlage der Humanwissenschaften verweist Michel Foucault: *Die Ordnung der Dinge.* Frankfurt a.M. 1974, S. 307ff.

13 Vgl. Kapitel III.

14 Vgl. z. B. Carl Friedrich Bahrdt: *System der Moraltheologie.* Eisenach 1780, S. 159.

15 Vgl. Angelika Reinhard: *Die Karriere des ›Robinson Crusoe‹ vom literarischen zum pädagogischen Helden: Eine literaturwissenschaftliche Untersuchung des Robinson Defoes und der Robinson-Adaptionen von Campe und Forster.* Frankfurt a.M. 1994.

Als Alternative zu *imitatio* will die aufklärerische Pädagogik, wie Heinrich Bosse im Anschluss an Michel Foucault und Friedrich Kittler pointiert, die Illusion des »Selbermachen[s]« in den für die neue gesellschaftliche Organisation benötigten je einzelnen Subjekten verankern: als eine im Unterricht statthabende »Simulation«, die mit dem Austritt aus den neuen Schulen Wirklichkeitswert annehmen soll. Die theatrale Konstellation der (passivischen) Nachahmung weicht einer anderen (aktivischen) theatralen Konstellation: »Anstelle der Nachahmung [tritt] nunmehr Pädagogik, das heißt, die hintersinnige Kunst, Jüngeren etwas vorzumachen.«[16] Bosse illustriert dies am neu zur Verwendung kommenden Unterrichtsmedium der Schiefertafel: Wegwischen und Neuschreiben des Geschriebenen erwecken den Eindruck des ›Selbermachens‹ dort, wo eigentlich eine pädagogischen Vorschrift durch beständige Wiederholung internalisiert wird.

Die verabschiedete Kulturtechnik der *imitatio* kehrt nun bei Campe in der menschlichen Lebendigkeit als *conditio humana* schlechthin wieder.[17] Aus einer beherrschbaren wie beendbaren Technik wird ein natürliches Faktum, dem, wo es sich an alles und jedes hängen kann, potentiell unbeherrschbare Züge innewohnen. Dieses natürliche Faktum, das in der Kindheit lange vor allen Techniken des Schulunterrichts auf den Plan tritt, gilt es für die neuen Pädagogen sowohl einzuhegen als auch produktiv zu machen. Wo Selbermachen und Selbsttätigkeit das Ziel der neuen Pädagogik darstellt, muss das triebhafte Nachmachen gleichzeitig stimuliert wie kontrolliert, d.h. reguliert werden.

Campes Bestimmung der Nachahmung als eines ursprünglichen menschlichen Vermögens ist autoritativ abgesichert. Der berühmte Anfang von Abschnitt vier der aristotelischen Poetik sieht das Nachahmungsvermögen als ›angeboren‹ und den Menschen ›von Kindheit an‹ im Vergleich mit den Tieren ›im besonderen Maß zur Nachahmung befähigt‹. Sie wird mit Freude ausgeübt und ist das erste Mittel des Lernens. Entsprechend taucht die Nachahmung als ›Trieb‹, ›Begierde‹ oder auch ›Sucht‹ noch in den Erziehungs- wie theologischen Morallehren des 17. und 18. Jahrhunderts auf. Hier steht immer die Frage im Hintergrund, wie denn das richtige Objekt der Nachahmung gefunden werden könne und stets lautet die Antwort, man müsse sich an Gott, Jesus, Bibel und Gesetz halten.[18]

---

16 Bosse: *Bildungsrevolution*, S. 191.

17 In Kants Beschreibungen zur Rolle der Nachahmung in der Erziehung etwa wird die Ableitung aus dem imitatio-Paradigma deutlich. Vgl. Kant: »Über Pädagogik«, S. 701-703.

18 Vgl. z.B. François Fénelon: *Über Mädchenerziehung. Traite de l'éducation des filles.* Stuttgart 1963, S. 19ff. Vgl. z.B. Bahrdt: *System der Moraltheologie*, S. 159ff. Vgl. z.B. Meier: *Philosophische Sittenlehre*, S. 117.

Die Nachahmung findet sich so zum natürlichen Ursprung der menschlichen Kultur erklärt. Sie ist ein paradoxer menschlicher Instinkt des Nichtinstinkts, der die Abwesenheit von menschlichen Instinkten überbrückt. Die ersten Menschen treten als das von John Locke in die zeitgenössische Erziehungsdiskussion eingeführte ›blank slate‹ auf, das sie per Nachahmung, die ihnen als eigenschaftslose einzige Eigenschaft zukommt, füllen.[19]

Um diese Bestimmungslosigkeit geht es auch Campe und den anderen Philantropinisten mit dem Ziel, eine »Selbsttätigkeit« im Menschen zu erwecken, die ihn tauglich für die Anforderungen der sich formierenden Arbeitsgesellschaft macht. Entsprechend findet der Auftritt der Nachahmung bei Campe zwar an prominenter Stelle statt, ist aber bloß von kurzer Dauer: Die Erziehung, schon eine frühkindliche durch die Mütter, muss beim den Kindern ursprünglichen Nachahmungstrieb ansetzen, diesen dann aber in das Gegenteil der Nachahmung, die Selbsttätigkeit, umwandeln: »Sucht von dem Nachahmungstriebe, welcher früh in Kinderseelen zu erwachen pflegt, den bestmöglichen Gebrauch zur Beförderung ihrer Selbstthätigkeit zu machen.«[20] Die philanthropinische Erziehung beginnt mit dem, was sie hinter sich lassen will, und soll diese Anfang nicht einfach vergessen oder ausmerzen, sondern im Dienste seines Gegenteils produktiv machen: Der Nachahmungstrieb muss menschliche Selbsttätigkeit nachahmen und sich derart von sich selbst, von der eigenen Nachträglichkeit, lösen. Die Erziehung macht sich eine theatrale Veranlagung des Zöglings zunutze, um den Zögling von eben dieser theatralen Veranlagung zu befreien.

Auch wenn die Selbsttätigkeit, die Campe anstrebt, nicht im emphatischen Sinne von Rousseaus Freiheitskonzept zu verstehen ist, so steht diese Umkehrungsfigur doch auch im Zeichen Rousseaus: Ein großer Teil von Émiles früher Erziehung widmet sich einer Übung der Organe und Sinne, welche eben zur Selbsttätigkeit ausgebildet werden sollen: Statt bloß passiv aufzunehmen, sollen die Sinne aktiv gestalten; statt Mimesis bloß im Sinne von Imitation zu vollziehen, soll ihr mimetisches Vermögen sich aktiv, produktiv und schöpferisch vollziehen: als *natura naturans* und nicht als *natura naturata*.[21]

---

19 Vgl. Locke: *Einige Gedanken über die Erziehung*, S. 10ff., S. 45-52, S. 76-86, S. 138-140. Vgl. Kapitel IV.

20 Joachim Heinrich Campe: »Ueber die früheste Bildung junger Kinderseelen im ersten und zweiten Jahre der Kindheit«, in: Ders. (Hg.): *Allgemeine Revision des gesamten Schul- und Erziehungswesens: von einer Gesellschaft practischer Erzieher.* Band 2. Braunschweig 1785, S. 3-296, hier: S. 239.

21 Vgl. E 157ff.

Die angestrebte, auf keine Vermittlung angewiesene ›Selbsttätigkeit‹ ist in sich zweifach vermittelt: über den Nachahmungstrieb und über die ihm gegenüber angewandten Umgangsweisen. Beide sollen im pädagogischen Prozess zum Verschwinden gebracht werden. Wegen dieser Ausstreichung der Vermittlungsverhältnisse kann Campes Erziehung im Namen der Unmittelbarkeit auftreten: im Namen der »natürlichen Bedürfnisse des Menschen« statt der »erkünstelten und eingebildeten«[22]. Gegen die ›natürlichen Bedürfnisse‹ zieht aber die ›Natürlichkeit‹ des Lebens selbst zu Felde, das zu einem Medium avanciert, welches sich, wo es nichts als sich selbst zu vermitteln droht, immer weiter von der eigenen ›Natürlichkeit‹ entfernt. ›Erkünstelt und eingebildet‹ scheint vor allem eine unregulierte Verselbstständigung des Nachahmungstriebs, die sich in ›unnatürlichen‹ Verhaltensweisen ergeht:

»süßliche Traurigkeits- oder Freudengefühle bei Gegenständen, die man bloos unter erdichteten und fantastischen Bezihungen auf sich betrachtet; deklamatorische, spilerische, preziöse, absichtsvolle Aeusserungen derselben, Händeringen und ohnmächtiges Hinsinken mit pünktlicher Beachtung des teatralischen Wolstandes, stat wirksamer Tätigkeit«.

Etc. Die unregulierte, verselbstständigte Nachahmung zeigt sich als das, was sie ist: als ›theatralischer Wohlstand‹, was übertrieben im Sinne von unnatürlich meint. Für Campe manifestiert sie sich in der Verselbständigung und Übersteigerung der zeitgenössischen Empfindsamkeitsbewegung; im Theater der falschen Nachahmung findet sich »das untriegliche Gepräge armseeliger Empfindelei«[23]. Im Fahrwasser der Theaterfeindschaft Rousseaus entdeckt und verwirft Campe ›Theatralität als Medium‹: Mit Platon und Aristoteles gelten theatrale Praktiken wie Nachahmen und Auf- wie Vorführen, deren Bedeutung im griechischen Mimesis-Begriff ineinander übergeht, als für die Vermittlung von als wesenhaft begriffenen Zusammenhängen gerade in der Erziehung notwendig, dürfen sich aber keinesfalls verselbstständigen. Dann wird Mimesis verfälschend, verzerrend, destabilisierend und überflüssig.[24]
Dem Theaterspiel als einer erzieherischen Strategie steht Campe (mit Basedow) zwiespältig gegenüber.[25] Andere Medien der Erziehung, mit denen die theatrale Gefahr reguliert werden soll, treten bei Campe wie schon bei Platon im

---

22 Campe: *Robinson der Jüngere*, S. 7.

23 Joachim Heinrich Campe: *Ueber Empfindsamkeit und Empfindelei in pädagogischer Hinsicht*. Hamburg 1779, S. 18.

24 Vgl. Weber: *Theatricality as Medium*, S. 1-30. Vgl. Kapitel III.

25 Vgl. Kapitel VI.

Namen der Unmittelbarkeit auf, auch wenn ihnen offensichtlich eine Vermitt-
lungsfunktion zukommt: Für das Buch *Robinson der Jüngere*, dem ersten Stück
Kinderliteratur im Geiste philantropinischer Erziehungsmethoden und -werte,[26]
ist diese gedoppelt. Es soll den »jungen Nachahmungstrieb der Kindersele [...]
unmittelbar auf solche Gegenstände richte[n], welche recht eigentlich zu unserer
Bestimmung gehören«[27], eben den ›natürlichen Bedürfnissen des Menschen‹.
Das Buch behandelt fast die Gesamtheit des nach Campe an kindliche und jugendliche Zöglinge zu vermittelnden praktischen und theoretischen Wissens.[28]
Es soll so eine an der Natur orientierte Erziehung vermitteln, in der wiederum
die Dinge selbst zu den Medien der Erziehung werden. Das Buch vermittelt also
die ›Erziehung durch Dinge‹ Rousseaus, der bekanntlich auf den Kontakt des
Zöglings mit Büchern so weit und so lange als möglich verzichten möchte.
Rousseaus Ideal liegt nicht in der Beherrschung der Dinge durch den Menschen,
sondern darin, dass der Mensch im Kontakt mit den Dingen seinen natürlichen
Platz einzunehmen erlernt. Seine ›Freiheit‹ liegt in der Selbstbescheidung, sich
in die ›natürliche‹ Verkettung der Dinge untereinander einzugliedern. Bis kurz
vor die Pubertät lässt sich Rousseaus Zögling wie von alleine durch die Dinge
formen, mit denen sein Erzieher ihn in Kontakt bringt. Erst spät entwickeln sich
bei ihm die Kapazitäten, jene ›erdichteten und fantastischen Beziehungen‹ zur
Welt einzugehen, vor denen Campe warnt. Dass dies an einer Transformation
des *Robinson*-Stoffs Defoes durchgespielt wird, passt ins Bild: Handelt es sich
bei Defoes Roman von 1719 doch um das einzige literarische Werk, das Émile
vor dem Alter von zwölf Jahren zu lesen bekommt: Sein gefährlicher ›Nachahmungsgeist‹ lässt sich durch eine Identifikation mit dem eigenständigen und auf
sich alleine gestellten Robinson in Selbsttätigkeit verwandeln.[29]

Campe und seine Kollegen geben dem Kind, wohl wegen seines Nachahmungstriebs, das Potential von Anfang an ›erdichtete und fantastischen Beziehungen‹ zur Welt einzugehen. Entsprechend wächst der Einfluss, der der Erziehung durch Auswahl der Gegenstände zukommt, mit denen der Zögling in Kontakt gerät. Ernst Christian Trapp, erster Inhaber eines erziehungswissenschaftli-
chen Lehrstuhls und eine Weile parallel zu Campe bei Basedow am Dessauer

---

26 Vgl. Reinhard Stach: *Robinson der Jüngere als pädagogisch-didaktisches Modell des
philantropistischen Erziehungsdenkens. Studie zu einem klassischen Kinderbuch.* Ra-
tingen/Wuppertal/Kastellan 1970, S. 80.

27 Campe: *Robinson der Jüngere*, S. 7.

28 Vgl. Silke Köstler-Holste: *Natürliches Sprechen im belehrenden Schreiben: J. H.
Campes »Robinson der Jüngere« (1779/80).* Tübingen 2004, S. 74.

29 Vgl. E 389-392.

Philantropinum beschäftigt, schreibt in seinem *Versuch über Pädagogik* von 1780 über die »magnetische[] Kraft« der Dinge:

»Alle ihre Empfindungswerkzeuge sind zart, und aller, auch der leisesten Eindrücke empfänglich. Daher werden sie alle Augenblick, von den sie umgebenden Gegenständen, bald hiehin bald dorthin gezogen, oder sie ziehen sie gegenseitig an sich [...]. Auch fühlen es die Kinder, daß sie, ohne die äusserlichen Gegenstände, Mangel an Ideen und Empfindungen haben würden, und diese Leerheit [...] ist ihnen unausstehlich.«[30]

Eine solche ›Leerheit‹ soll das *Robinson*-Buch als Gegenstand füllen und auf die angemessenen Gegenstände umleiten. Der Text ist zum Vorlesen gedacht, setzt also Sprachkompetenz voraus. Zum Lesen an dessen fähige Kinder soll er nur unter Aufsicht und nie in Gänze gegeben werden. Ein theatraler Rahmendialog reproduziert die Vorlesesituation und gibt den Zuhörenden Vorbilder an die Hand, wie denn zuzuhören sei: stillsitzend, aber mit nützlichen manuellen Beschäftigungen durch angemessene Dinge. »Mutter: Hier sind Erbsen auszukrüllen. Hier türkische Bonen abzustreifen; wer hat Lust? / Alle: Ich! ich! ich! ich!«[31] Vordergründig, um die Zeit nicht zu vertrödeln und eine protestantische Arbeitsethik einzuüben,[32] aber doch wohl auch, um ›Selbsttätigkeit‹ zu üben, um die ›zarten Empfindungswerkzeuge‹ nicht allein dem Eindruck des Gehörten zu überliefern und in eine Eigendynamik entgleiten zu lassen.[33] Die Kinder unterbrechen die Erzählung des Vaters an den angemessenen Stellen mit ebenso angemessenen Nachfragen und Empfindungsäußerungen. Sie zeigen sich abgestoßen vom Verhalten des noch ungeläuterten Robinson. Der Funke der Nachah-

---

30 Trapp: *Versuch über Pädagogik*, S. 49.

31 Campe: *Robinson der Jüngere*, S. 20.

32 Vgl. Jörg Schönert: »Johann Karl Wezels und Joachim Campes Bearbeitungen des *Robinson Krusoe*: Zur literarischen Durchsetzung des bürgerlichen Wertekomplexes ›Arbeit‹ in der Literatur des späten 18. Jahrhunderts«, in: Eda Sagarra (Hg.): *Deutsche Literatur in sozialgeschichtlicher Perspektive. Ein Dubliner Symposium.* Dublin 1989, S. 18-34. Vgl. Hans-Christoph Koller: »Erziehung zur Arbeit als Disziplinierung der Phantasie. J. H. Campes *Robinson der Jüngere* im Kontext der philanthropischen Pädagogik«, in: Harro Segeberg (Hg.): *Vom Wert der Arbeit. Zur literarischen Konstitution des Wertkomplexes ›Arbeit‹ in der deutschen Literatur (1770- 1930).* Tübingen 1991, S. 40-76.

33 Vgl. Leonhard Fuest: *Poetik des Nicht(s)tuns. Verweigerungsstrategien in der Literatur seit 1800.* München 2008, S. 39-47.

mung springt hingegen auf sie über, wo z.b.»Uebungen der Enthaltsamkeit«[34] pädagogisch sinnvoll erscheinen: Vor allem sollen die der Rahmenerzählung lauschenden Zöglinge ihrerseits die Kinder der Rahmenerzählung nachahmen. Die Kinder identifizieren sich zwar weitgehend mit dem Helden Robinson,[35] letztlich jedoch sollen die prospektiven realen Kinder die fiktiven Kinder imitieren.[36] Auch der Vater als Erzähler der Rahmenhandlung beteiligt sich an den ›Übungen der Enthaltsamkeit‹.[37] Für seine Kinder wie auch für die Zöglinge, denen aus Campes Buch vorgelesen wird, ist er so nicht bloß eine Autorität, sondern wird ihnen (wie anderen Vätern) auch nachahmenswertes Vorbild.

Den jungen, einer Lesung von Campes Buch Zuhörenden wird im Lesen nachahmenswertes Nachahmen ebenso vorgeführt wie nachahmenswertes Ablehnen von Heldenimitation.[38] Allerdings geschieht dies in nunmehr guter platonischer Tradition durch größere Nähe zur Diegesis und größere Entfernung von theatraler Mimesis. In der Erzählung behält der Erzähler laut Platon die Distanz und damit die Kontrolle über das Erzählte, im Rollenspiel droht hingegen der Selbstverlust der Darstellenden auf die Zuschauenden überzugreifen.[39] Der dramatische, aber nicht gespielte, sondern vorgelesene Rahmendialog in Campes *Robinson* soll beides vollbringen: Den Nachahmungstrieb der zuhörenden Kinder stimulieren, ohne ihn außer Kontrolle geraten zu lassen.[40] Der Dialog wird

---

34 Campe: *Robinson der Jüngere*, S. 229.

35 Vgl. Stach: *Robinson der Jüngere*, S. 117.

36 Vgl. Bernd Naumann:»»Merkt euch dies, meine Lieben!‹ Der didaktische Dialog in Joachim Heinrich Campes *Robinson der Jüngere* (1779)«, in: Franz Hundsnurscher/Edda Weigand (Hg.): *Beiträge zur Dialogforschung*. Band 1. Tübingen 1991, S. 377-389, hier: S. 383. Vgl. Johannes Merkel/Dieter Richter:»Robinson – der Bürger als Abenteuer«, in: Joachim Heinrich Campe: *Robinson der Jüngere – ein Lesebuch für Kinder*. (Neuabruck der Ausgabe von 1848) München 1991, S. 417-446, hier: S. 431.

37 Vgl. Campe: *Robinson der Jüngere*, S. 128, S. 220. Vgl. Reinhard: *Die Karriere des ›Robinson Crusoe‹*, S. 149.

38 Der Text verlässt sich also nicht wie die traditionelle Exempelliteratur auf das Abschreckende schlechter Exempel. Vgl. für diesen Zusammenhang auch Reiner Wild: *Die Vernunft der Väter. Zur Psychographie von Bürgerlichkeit und Aufklärung in Deutschland am Beispiel ihrer Literatur für Kinder*. Stuttgart 1987, S. 76.

39 Vgl. P 117ff.. Vgl. Kapitel III.

40 Und gleichzeitig soll das Buch nichtprofessionellen wie professionellen Erzieherinnen und Erziehern ein nachahmbares Vorbild zum Umgang mit ihren Zöglingen geben. Die Bearbeitung der literarischen Vorlage orientiert sich an Campes wissenschaftlichen Beobachtungen an Kindern. Vgl. Pethes: *Zöglinge der Natur*, S. 251-257. Derart

vorgelesen, nicht vor- oder gar nachgespielt. Er rahmt eine von ihrem Protagonisten distanzierte Erzählung, welche die kindliche ›Leerheit‹ zwar mit ›selbsttätigen‹ Vorbildern füllt und anregt, sie aber nicht in ›theatralischen Wohlstand‹
eskalieren lässt. Die von Campe versprochene ›unmittelbare‹ Wendung des
Nachahmungstriebs zu den eigentlichen Gegenständen, die das *Robinson*-Buch
als Gegenstand bewirken soll, reguliert diese Wendung über eine Staffelung der
Nachahmung. Durch Nachahmung nachahmenswerten Nachahmens soll ein
Aus-dem-Ruder-Laufen des Nachahmungstriebs vermieden werden, wie es sich
einige Jahre zuvor in der sprichwörtlichen Selbstmordmode unter jungen *Wer-
ther*-Lesern manifestierte.[41] Gegen die Selbstverschwendung setzt die so regu-
lierte Nachahmung Rousseaus ›Erziehung durch Dinge‹, die zur ›eigentlichen
Bestimmung gehören‹, nämlich hier Bohnen und Erbsen. Es obliegt jedoch im
Sinne von Trapps Pointierung der Allmacht des Pädagogen, diese ›eigentliche
Bestimmung‹ festzulegen:[42] Der Erzieher kann ›bis auf einen gewissen Grad‹
›Neigungen einflössen, Schwächen verstärken, hinrichten und abkehren, wohin
und wovon er will; er kann die Aufmerksamkeit lenken und festhalten; er kann
beliebige Fertigkeiten des Verstandes und des Willens hervorbringen‹[43]. Die
Selbsttätigkeit ist fremdgesteuert.[44] In diesem Sinne soll Campes *Robinson* eine
unkontrollierte Nachahmung regulieren und gleichzeitig die gewünschte ›eigentliche Bestimmung‹ der ›Selbsttätigkeit‹ mimetisch implementieren.

2. DIE *ÉMILE*-LEKTÜREN DER REVISOREN UND TRAPPS TRANSFORMATION DES NACHAHMUNGSTRIEBS

Campes und Trapps zeitgleich und im gegenseitigen Austausch entstehenden Erziehungskonzepte ähneln sich von ihrer Stoßrichtung her. Sie setzen aber unterschiedliche Akzente, was den Umgang mit den erzieherischen Dingmedien und

---

perspektiviert laufen die medialen Konstellation der philanthropinistischen Erziehung
im Sinne von Niklas Luhmann letztlich auf das Kind als das »Medium« hinaus, in
dem und über das Erziehung sich vollzieht. Vgl. Luhmann: *Das Erziehungssystem der
Gesellschaft*, S. 86-101.

41 Vgl. Martin Andree: *Wenn Texte töten. Über Werther, Medienwirkung und Mediengewalt*. München 2006.

42 Zu Trapp vgl. Pethes: *Zöglinge der Natur*, S. 226-234.

43 Vgl. Kapitel II.

44 Das Phantasma von der Allmacht des Erziehers findet sich bei Rousseau, eigentlich dem
Fürsprecher der Freiheit und Gegner des Schauspiels, vorgeprägt. Vgl. Kapitel IV.

mit der für die Erziehung so nützliche wie bedrohlichen Theatralität als Medium betrifft. Nicht zuletzt manifestiert sich dieser Unterschied darin, dass Campe den Nachahmungstrieb an den Anfang der menschlichen Entwicklung setzt und den Umgang mit ihm an den Anfang der Erziehung, während Trapp auf die Begriffe Nachahmung wie Nachahmungstrieb weitgehend verzichtet. Im Einklang mit neuen Entwicklungen in der Philosophie, die mit den Namen Baumgarten und Meier assoziiert sind, rückt an deren Stelle die »Einbildungskraft«[45]. Ganz wie bei Baumgarten ist mit dieser aber noch nicht die produktive Kraft gemeint, zu der die Einbildungskraft in der Genieästhetik erhoben wird. Trapp beschreibt ein zu einem Großteil mimetisches Vermögen, das Bekanntes mental wiederholen und in auf Zukunft gerichtete Aktivität umsetzen kann, die bei Kindern weitgehend unkontrolliert verläuft. Die Einbildungskraft kombiniert in diesem Sinne das in der platonischen Fassung vorherrschende nachahmende Moment von *mimesis* mit dem ihr bei Aristoteles zukommenden modellierenden, vorstellenden Aspekt.[46]

Implikationen und Konsequenzen dieser Akzentuierungen lassen sich an Campes und Trapps Auseinandersetzung mit Rousseaus Konzept der Nachahmung rekonstruieren, wie es am Rande von dessen so einflussreicher wie umstrittener Erziehungskonzeption im *Émile* von 1762 auftaucht. Trapp ist einer der Mitarbeiter der in den 1780ern von Campe initiierten und herausgegebenen mehrbändigen *Allgemeinen Revision des gesamten Schul- und Erziehungswesens von einer Gesellschaft practischer Erzieher*. Als Ergänzung erscheint von 1789 bis 1791 in den Bänden 13 bis 15 eine von Carl Friedrich Cramer besorgte Übersetzung des *Émile*. Unter Rousseaus Text werden zahlreiche Kommentare der Revisoren abgedruckt, die teils einzeln, teils gemeinsam namentlich gekennzeichnet sind. Diese vertreten keine einheitliche Linie und verweisen auch auf die Debatten unter den Revisoren bzw. setzen sich mit der zeitgenössischen Diskussion insgesamt (etwa Formeys *Anti-Emile* von 1763/64) auseinander.

Wie oben dargestellt[47] treten Einbildungskraft und Nachahmung bei Rousseau als gefährliches Doppel auf. Beide drohen den Menschen »seinem natürlichen Zustande zu entreißen«[48]. Indem sie das für die Zukunft Mögliche imaginiert, ebnet die Einbildungskraft den Weg zur menschlichen Freiheit, kann diesen aber gleichzeitig durch die Erweckung falscher »Begierden« verstellen. Als ein Effekt dieser Selbstentäußerung beschreibt Rousseau gute 150 Seiten später

---

45 Trapp: *Versuch über Pädagogik*, S. 60.

46 Vgl. Petra Bahr: *Darstellung des Undarstellbaren. Religionstheoretische Studien zum Darstellungsbegriff bei A.G. Baumgarten und I. Kant.* Tübingen 2004, S. 11-172.

47 Vgl. Kapitel IV.

48 Rousseau: *Emil oder über die Erziehung*, S. 288.

die »Nachahmung«: »Die Nachahmung hat unter uns ihren Grund in der Begierde, sich stets außerhalb seiner selbst herauszuwerfen.«[49] Nachahmung operiert in einer Öffnung, die durch die Zukunftsantizipation der Einbildungskraft erzeugt wird. Statt diesen Freiraum zu nutzen, um zum (vom Pädagogen vorgegebenen) ›natürlichen Zustand‹ der Selbstübereinstimmung zurückzukehren bzw. vorzudringen, füllt die Nachahmung ihn mit äußeren Eindrücken.

Im Unterschied zu den Tieren erniedrigt der gesellschaftliche Mensch sich und andere durch gegenseitige Nachahmung:[50] Zwar ist eine Selbsterhöhung angestrebt, wie Rousseau ausführt. Die Nachahmung bringt aber, indem sie das Nachgeahmte durch seine unangemessene Zweitfassung herabwürdigt, einen ›natürlichen Zustand‹ der Gleichheit überhaupt erst durcheinander. Die Nachahmung ist die vom Weg zum ›natürlichen Zustand‹ der Freiheit abgekommene Einbildungskraft. Sie erzeugt in diesem Sinne ein »Blendwerk«[51], d.h. eine Fälschung des ›natürlichen Zustands‹ durch Theatralität, vor der es den Zögling zu bewahren gilt. Höchstens darf die Nachahmung bei ganz jungen, bei Rousseau noch nicht mit Einbildungskraft begabten Kindern zur Vorbereitung der späteren Moralerziehung dienen. Sobald die Einbildungskraft erwacht, wird die Nachahmung zu gefährlich.[52]

Demgegenüber setzen die Revisoren zunächst die kindliche Phantasiebegabung und damit die Einbildungskraft früher an. Des Weiteren stehen sie Rousseaus Konstruktion und Glorifikation eines ›natürlichen Zustands‹ kritisch gegenüber. Campe und Trapp kommentieren die entsprechende Stelle gemeinsam (und mit Johann Stuve), dieser sei einer »moralische[n] Glückseligkeit«[53] letztlich abträglich. Zunächst ist Trapp (gemeinsam mit Friedrich Gabriel Resewitz) derjenige, der erneut mit dem Vokabular von Baumgartens Ästhetik die Nachahmung moralischen Handelns durch das Kind vor dem Vorwurf der ›Affentugend‹ verteidigt: »Eine dunkle Vorstellung von dem Sittlichguten einer Handlung ist wol schon in dem Kinde, das eine solche Handlung noch, wie es scheint, bloß aus Nachahmung verrichtet.«[54] Gegen den Nachahmungsgegner Rousseau ist damit der Rousseau einer janusköpfigen Einbildungskraft betont: Theatralität als Medium kann der Erziehung ebenso dienen wie sie unterminieren. Es kommt darauf an, sich seiner regulierend zu bedienen.

---

49 Ebd., S. 446.

50 Vgl. Kapitel IV.

51 Rousseau: *Emil oder über die Erziehung*, S. 445.

52 Vgl. Kapitel IV.

53 Rousseau: *Emil oder über die Erziehung*, S. 288.

54 Ebd., S. 447.

Deutlicher wird (nach weiteren Einwänden von Resewitz und Martin Ehlers) Campe, der den Rousseau der *Abhandlung* gegen den des *Émile* wendet: »Ohne Nachahmung würde der Mensch nie Mensch werden, sondern ein unvernünftiges Thier in menschlicher Gestalt bleiben.« Was für den ersten Naturmenschen gilt, gilt auch für das Kind. Rousseaus Nachahmungsfeindschaft muss schon an der Empirie scheitern: »[W]enn jemand einfältig genug wäre, den Nachahmungstrieb in seinem Zögling ersticken zu wollen: so würde ihm das nie gelingen, weil dieser Trieb zu unsrer menschlichen Natur gar zu wesentlich gehört.« Wie Trapp betont Campe nun gegen Rousseau das Janusköpfige des theatralen Mediums, besteht aber auf der Kontrollierbarkeit durch die Erziehung und behauptet, Rousseau verorte Nachahmung auf der falschen Seite: »Übrigens scheint R. hier Nachahmung mit Nachäffung verwechselt zu haben, welches doch zwei sehr verschiedene Begriffe sind.«[55] Campe bezieht sich mit ›Nachahmung‹ positiv auf das rhetorische Paradigma von *imitatio et aemulatio* und setzt ihm negativ die ›Nachäffung‹ einer platonisch anmutenden *mimesis* als bloß abgeschwächter und verzerrender Zweitfassung entgegen. Eher als eine Verwechslung durch Rousseau liegt jedoch eine Vertauschung und Vermischung von dessen Begriffen durch Campe vor: Gelungene Kindesnachahmung nach Campe wäre Rousseaus Affennachahmung, die den Sprung vom Affen zum Menschen geschafft hätte.[56] Die Wahl des erstrebenswerten Nachahmungsobjekts wäre aber nicht die natürliche des Affeninstinkts, sondern durch den Erzieher vorgegeben. Diesen schert es nicht, ob und dass es sich dabei um theatrale ›Scheintugenden‹ handelt. Es zählt einzig, dass sie erfolgreich implementiert wurden und sich nicht bei nächster Gelegenheit durch das nächste Vorbild ablösen lassen. Damit setzt Campes Konzeption sich aber selbst der Rousseaus innerer Doppelung der ›Einbildungskraft‹ innewohnenden Gefahr aus: Wenn der Nachahmungstrieb ›zu unsrer menschlichen Natur gar zu wesentlich gehört‹ droht der Erzieher statt selbsttätiger, moralisch gefestigter Zöglinge bloß ein Heer von Schauspielern mit ›Scheintugenden‹ zu erziehen. Ein nicht oder falsch regulierter Nachahmungstrieb könnte fehlgehen, indem er bestehen bleibt, statt sich von sich selbst wegzulenken.[57]

Ernst Christian Trapp umgeht die Konsequenzen von Campes Nachahmungstrieb, indem er ihn schlicht epistemologisch verabschiedet. Implizit gegen

---

55 Ebd., S. 445.

56 Vgl. Kapitel IV.

57 Entsprechend verlegt ihn das späte 19. Jahrhundert in ein Unbewusstes, aus dem er immer wieder hervorbrechen kann: Vgl. z.B. Wilhelm Wundt: *Grundzüge der physiologischen Psychologie*. Band 1. Leipzig 1893, S. 551ff.

Campe affirmiert er auf der folgenden Seite Rousseaus Forderung, die Kinder nicht zum Guten, d.h. für Campe: zum Nachahmen guter Vorbilder zu erziehen, sondern dazu, »niemals Jemand Uebels [zu]zufuegen«: »Dies ist unwidersprechlich wahr und muß aller sittlichen Erziehung zum Grunde liegen.«[58] Die Konsequenz hatte Trapp Jahre zuvor in seinem *Versuch über Pädagogik* bereits entfaltet. Deren Ziel ist nicht die Implementierung von Moralität, sondern die Anpassung von Individuen an die in der Gesellschaft herrschenden Normvorstellungen und Gesetze. »[D]aß man bei der Erziehung das menschliche Leben nachahme, so viel möglich ist«[59], gilt der frühen Spezialisierung der Zöglinge auf einen Beruf. Dass sie Erlerntes nachplappern wie »Papageien«, d.h. in Rousseaus und Campes Sinn bloß ›nachäffen‹, macht den Erzieher »herzlich zufrieden«[60]. Rousseaus persönliches Ende als zurückgezogener und der Gesellschaft grollender Kauz gilt Trapp als abschreckendes Beispiel für den Versuch, Individualität abseits einer bloß mechanischen Nachahmung auszubilden.[61] Die von der neueren Philosophie anstelle der *imitatio* gerückte Einbildungskraft tritt bei Trapp entsprechend nicht als das Vermögen des in Meiers Baumgarten-Popularisierung gefeierten ästhetischen Menschen auf, sondern als der vom Pädagogen im eigenen Sinne zu formende Rohstoff, über dessen Selbst- oder Fremdtätigkeit kein Wort verloren werden muss.

Der konzeptionelle Vorteil des Begriffs Einbildungskraft liegt darin, dass Trapp die beiden von Rousseau künstlich getrennten Erziehungsmedien der angeblich guten ›Erziehung durch Dinge‹ und der angeblich schlechten durch ›Nachahmung‹ nun in ihrem Ineinander beschreiben kann: »[B]rauchbare Regeln für die Erziehung«[62] leitet Trapp aus von ihm protokollierten Experimentalanordnungen ab. Hier werden die Kinder sowohl mit Dingen (Spielzeug, Lernmaterialien und weiterem) zusammengeführt als auch mit anderen Menschen, hauptsächlich anderen Kindern. Trapp ersetzt Campes Nachahmungstrieb durch einen grundlegenden »Trieb zum Wohlsein«, d.h. auch »zur Selbsterhaltung«[63], und rekonstruiert aus seinen Protokollen, in welchem Ausmaß die Einbildungskraft durch seine Experimente angeregt und manipuliert wird: ›Man gebe mehreren Kindern von einerlei Alter verschiedene Gegenstände, Spielzeug, Bücher, Modelle, Gemälde und lasse sie damit nach Belieben schalten und walten. Nun

---

58 Rousseau: *Emil oder über die Erziehung*, S. 447.
59 Trapp: *Versuch über Pädagogik.*, S. 157.
60 Ebd., S. 99.
61 Vgl. ebd., S. 139.
62 Ebd., S. 47.
63 Ebd., S. 48.

gebe man Acht auf die Verschiedenheit ihrer Äußerungen, Empfindungen, Handlungen, Erfindungen u.s.w.‹[64]

Statt dem ›blank slate‹ des Kindergemüts nachzuahmende Vorbilder einzupflanzen, wird dieses mit möglichst vielen Eindrücken konfrontiert. Die Eindrücke sollen, nachdem die »Gesetze der Ideenverbindung und der Imagination«[65] erkannt sind, zu entsprechenden »Ideenreihe[n]«[66] verknüpft werden. Mediale Vermittlungen entstehen jetzt nicht mehr auf der ontischen Ebene durch Nachahmungsreihen oder Dingverkettungen wie bei Campe und Rousseau, sondern auf der mentalen Ebene, auf der der Pädagoge »Mittelideen in den Kindern zu erwecken«[67] sucht. Deren Implementierung leitet er aber aus Experimentalanordnungen ab, die zwischen Nachahmungsreihen und Dingverkettungen nicht mehr unterscheiden: »Die Gegenstände«, mit denen das Kind sich konfrontiert findet, »können auch lebendige Personen sein, die man unter die Objekte mischt: ja ein Kind ist Gegenstand für das andere.«[68] So lassen und sollen sich potentiell nun auch (dingvermittelte) gruppendynamische Beziehungen der Kinder untereinander beobachten lassen, wenn »ein Haufen Kinder im Gegensatz zu Einem Kinde«[69] unter Beobachtung steht. Damit geht Trapp einen Schritt über Campe und Rousseau hinaus hin in Richtung neuer schulischer Erziehungsformen in größeren Klassenzusammenhängen. Allerdings interessiert Trapp sich im weiteren Verlauf dann nicht wirklich für diese neue Richtung. Denn wo letztlich alle Zöglinge im Sinne einheitlicher gesellschaftlicher Normen erzogen werden sollen, da kommt dem Unterschied zwischen Einzel- und Gruppenerziehung keine epistemologische Besonderheit zu. Trapps Verabschiedung des Nachahmungsbegriffs verdeckt, was in diesen Verkettungen auf dem Spiel steht und Kulturkritiker von Platon über Rousseau bis hin zu Girard[70] nicht nur beunruhigt, sondern zu spektakulären theoretischen Operationen veranlasst: das Problem, wie bei der Aufgabe von Rousseaus strikter Trennung der Erziehungsmedien Campes Frage nach der Regulation der Nachahmung für solche Gruppendynamiken zu stellen wäre.

Auf den Punkt gebracht findet sich diese Frage dann 40 Jahre später in den fiktiven Praktiken der pädagogischen Provinz: Goethe verdichtet Trapps Expe-

---

64 Vgl. Kapitel II.

65 Trapp: *Versuch über Pädagogik*, S. 85.

66 Ebd., S. 86.

67 Ebd., S. 87.

68 Ebd., S. 67.

69 Ebd., S. 68.

70 Vgl. René Girard: *Das Heilige und die Gewalt*. Frankfurt a.M. 1992, S. 62-103.

rimente mit dem von Trapp eigentlich verabschiedeten Nachahmungstrieb bzw. des ›Nachahmungsgeists‹ der Mode. Durch dessen versteckte Regulierung wird der durch ›peer pressure‹ erzeugte Verfall der Ordnung, den Platon, Rousseau oder später Girard so fürchten, in eine Erzeugung eben dieser Ordnung verkehrt.[71]

3. SALZMANNS PÄDAGOGISCHE PRAXIS UND DIE NACHAHMUNG VON EXEMPELN

Dass Goethe in den 1810ern und 1820ern gegen den Prätext von Trapp auf dem Nachahmungstrieb beharrt, hat durchaus historische Berechtigung. Während mit Trapp die theoretische Avantgarde der Pädagogik in den 1780ern das zentrale Interesse am Nachahmungstrieb verliert und der entsprechenden philosophischen Diskussion folgt, behält der Nachahmungstrieb in der erzieherischen Praxis und ihren diskursiven Paratexten seine prominente Position, so etwa beim nicht an der *Émile*-Ausgabe der Revisoren beteiligten Christian Gotthilf Salzmann, einem zeitweiligen Kollegen Campes am Dessauer Philantropinum und sein dortiger Nachfolger als Religionslehrer. Nicht nur weil Salzmann am Umbruchpunkt zwischen familiärer und schulischer Erziehung sowie zwischen experimenteller und institutionalisierter Erziehung steht, gilt ihm im Folgenden das Interesse. Auch setzt sich das mit seinem Namen verbundene Ensemble von pädagogischer Theorie, pädagogischer Praxis und Erziehungsliteratur unter dem Einfluss Campes verstärkt mit der Domestikation und Lenkung des Nachahmungstriebs auseinander – und damit mit der theatralen Dimension der Erziehung. Dies soll im weiteren Teil des Kapitels anhand der Staffelung von Vorbildern für die Mimesis in Salzmanns Erziehungsroman *Konrad Kiefer* sowie anhand von Salzmanns Campe weiterführender Theorie eines theatralen Erzählens und seiner zugehörigen Erzählpraxis im *Moralischen Elementarbuch* mit seinen beigegebenen Kupferstichen erläutert werden.

Salzmann, ein selbststilisierter Nichtleser und Mann der Praxis, gibt für den Zusammenhang von Kindererziehung und Bildungstheater durchaus mehr ab als nur das illustrative Beispiel[72] im Sinne einer ihm übergeordneten Regel. Im Zen-

---

71 Vgl. Kapitel II.

72 Immanuel Kant unterscheidet: »*Beispiel*, ein deutsches Wort, was man gemeiniglich für Exempel als ihm gleichgeltend braucht, ist mit diesem nicht von einerlei Bedeutung. Woran ein Exempel nehmen und zur Verständlichkeit eines Ausdrucks ein Beispiel anführen, sind ganz verschiedene Begriffe. Das Exempel ist ein besonderer Fall

trum von Salzmanns Pädagogik steht die Problematik eines ›Exempels‹ beziehungsweise ›Exemplums‹: Die sich neu erfindende Pädagogik zielt gerade darauf, wie ihr Stichwortgeber Jean-Jacques Rousseau es markiert, keine (nachzuahmenden) »Muster« (*modèle*) bereitzustellen, sondern »Beispiele« (*exemple*) (E 297) zu liefern, die nicht wiederholt, sondern eigenständig angewandt werden müssen. Sie kann sich auch auf die Poetik der Aufklärung berufen: Die Funktion von Literatur, insbesondere von dramatischen Texten bestimmt Gottscheds Rezeption der Interpretation der aristotelischen *katharisis*-Lehre in der französischen Klassik darüber, dass sie vorbildhafte oder abschreckende Exempel liefern. Johann Bernhard Basedow, der Begründer des Dessauer Philantropinums und dort Arbeitgeber von Campe wie Salzmann, stellt entsprechend die nachzuahmenden Exempel in den Mittelpunkt seiner pädagogischen Strategien, wie diese sich dann später etwa in Campes *Robinson* weiterentwickelt finden.[73]

Salzmanns Texte springen nicht nur zwischen Begriffen wie ›Beispiel‹ und ›Exempel‹ beliebig hin und her (und verwenden sie letztlich synonym), weil sie sich am Bildungsgrad ihrer jeweiligen Zielgruppe orientieren. Salzmanns Projekt steht vielmehr insgesamt für den Übergang zwischen erzieherischem Nachahmungs- und pädagogischen Vorführungsparadigma. Beim Nachahmen des Exempels soll es sich letztlich um die ›Freiheit‹ eines ›Selbermachens‹ handeln, das keine zweitrangige Nachahmung mehr wäre.

Salzmanns Pointierung manifestiert sich eben in der Ineinssetzung verschiedener Verwendungen des Begriffs ›Exempel‹ beziehungsweise ›Exemplum‹, welche die Nachahmungs- auf die Vorführungsdimension öffnen und so beide problematisch werden lässt. Zunächst schließt Salzmanns Erziehungsliteratur an die literarische Exempeltradition an, wie die Aufklärung sie wieder prominent macht. Zum Beispiel werden im 1781 erstmals veröffentlichten *Moralischen Elementarbuch* abstrakte moralische Lehrsätze anhand von Exempel-Erzählungen vorgestellt und sollen den Zöglingen als Nachahmung oder Abschreckung dienen. Des Weiteren ist in Salzmanns pädagogischer Theorie und Praxis wie bei

---

von einer *praktischen* Regel, sofern diese die Tunlichkeit oder Untunlichkeit einer Handlung vorstellt. Hingegen ein Beispiel ist nur das Besondere (concretum), als unter dem Allgemeinen nach Begriffen (abstractum) enthalten vorgestellt, und bloß theoretische Darstellung eines Begriffs.« Immanuel Kant: *Die Metaphysik der Sitten*, in: Ders.: *Werkausgabe*. Band 8. Frankfurt a.M. 1977, S. 620. Vgl. auch Mirjam Schaub. *Das Singuläre und das Exemplarische. Zu Logik und Praxis der Beispiele in Philosophie und Ästhetik*. Berlin/Zürich 2010.

73 Vgl. Gina Weinkauff/Gabriele v. Glasenapp: *Kinder- und Jugendliteratur*. Paderborn 2010, S. 29.

Campe die Figur des Erziehers beziehungsweise der Erzieherin nicht nur Vermittlungsinstanz für diese Exempla, sondern wird selbst zum Exempel im Sinne eines musterhaften Vorbilds: Sie soll das Ideal verkörpern, zu dem sie erziehen möchte beziehungsweise das von den Zöglingen nachgeahmt werden soll. Salzmanns Exempel bezeichnen sowohl die vom Autor Salzmann veröffentlichten literarischen Exempel als auch gleichzeitig die exemplarische Rolle, welche Salzmanns Theorie ihrem Verfasser zuschreibt. Das Vorbildhafte und seine Vermittlungsinstanz, *the message* und *the medium*, fallen tendenziell zusammen[74] – in etwas, das exemplarisch vor denjenigen zu stehen kommt[75], deren Erziehung sich an diesem Exempel zu orientieren hat. Mit dem Exempel ist bereits die theatrale Konstellation der Vorführung wie auch der Mimesis, hier vor allem im Sinne von *imitatio*, aufgerufen – und damit eine Anordnung, die traditionell befürchten lässt, sie könne einen bloß passiven Zuschauer verdummen, statt ihn zu den moralischen Höhen des zur Vorführung Gebrachten zu erheben[76], oder in der Nachahmung könne der Nachahmende als schlechte Zweitfassung zu weit hinter dem Vorbild zurückbleiben und letztlich die ›Freiheit‹ des ›Selbermachens‹ verfehlen.[77] Diese fragile theatrale Dimension des Exempels kennzeichnet das pädagogische Projekt Salzmanns in seiner theoretischen, praktischen und literarischen Ausprägung. In den Mittelpunkt von Salzmanns Projekt der Kindererziehung rückt damit eben jene domestizierte theatrale Konstellation, von der sich das Erwachsenentheater seiner Zeit die Bildung ihrer Zuschauer erhofft, diese aber immer wieder gegen die mit dem Theater einhergehenden Gefahren durchsetzen muss.

Nachdem Salzmann, Theologe von der Ausbildung her, von 1781 bis 1784 bei Basedow am Dessauer Philanthropinum als Liturg und Religionslehrer tätig

---

74 In Anlehnung an die bekannte Redewendung von Marshall McLuhan, in: Marshall McLuhan: *Understanding Media. The Extensions of Man*. Cambridge 1984, S. 8.

75 In diesem Sinne wäre das Exempel auch von der Theatralität des Raums her zu analysieren mit Jörg Dünne/Sabine Friedrich/Kirsten Kramer (Hg.): *Theatralität und Räumlichkeit. Raumordnungen und Raumpraktiken im theatralen Mediendispositiv*. Würzburg 2009.

76 Vgl. die Polemik von Rancière: *Der emanzipierte Zuschauer*, S. 11-34.

77 Letztlich steht damit die moralische Unterscheidung auf dem Spiel, die Immanuel Kant zwischen ›Beispiel‹ und ›Exempel‹ treffen möchte: Das moralische Beispiel dient dem noch unreifen Menschen zur Nachahmung; das moralische Exempel ist seiner eigenständigen moralischen Entscheidung Vorbild. Um eben die bei Kant nicht weiter problematisierte Entwicklung von der unreifen Nachahmung zur reifen Eigenständigkeit kümmert sich Salzmanns Pädagogik. Vgl. Kant: *Metaphysik der Sitten*, S. 619f.

ist, gründet er 1784 in Schnepfenthal bei Gotha eine eigene Erziehungsanstalt, die er bis zu seinem Tod 1811 leitet. Vielen Erstlesern von Goethes *Wilhelm Meisters Wanderjahren* gilt sie als das Vorbild der dort beschriebenen ›pädagogischen Provinz‹[78] – wohl zu Unrecht, auch wenn viele Einzelheiten übereinstimmen: In Schnepfenthal legt man wie in der ›pädagogischen Provinz‹ Wert auf das Lernen in der freien Natur, Arbeitsamkeit und körperliche Ertüchtigung, ›learning by doing‹, handwerkliche Fertigkeiten, auf eine ganzheitliche Entwicklung bei gleichzeitiger Ausbildung von Spezialisierungen.[79] Salzmanns Schule überdauert die seit den 1770ern eröffneten Philanthropine in Marschlins, Colmar, Dessau, Heidesheim und Hamburg bei Weitem.[80] Trotz oder wegen dieser gelungenen Institutionalisierung, ist in der gegenwärtigen Erziehungswissenschaft die Bezeichnung »pädagogisches Experiment«[81] für die Schnepfenthaler Erziehungsanstalt gang und gäbe: Die Bezeichnung soll in erster Linie markieren, dass Salzmanns pädagogische Theorie sich hier in der Praxis ausgetestet findet und diese Praxis ihrerseits zur Transformation und Verfestigung der Theorie führt. Experiment ist die Praxis der Erziehung in dem weiten Sinne, den Immanuel Kant dem Wort in »Über Pädagogik« gegeben hat: als das Experiment, das die Menschheit an sich selbst vollführen muss, um aus ihrer selbst verschuldeten Unmündigkeit hinauszugelangen – auch, wo der Glauben an die Vernunft die Möglichkeit eines solchen Exodus letztlich nie in Frage stellt.[82] Entsprechend

---

78 Vgl. Kapitel II. Die in Goethes pädagogischer Provinz präsentierte Pädagogik ist von einem ähnlich gespannten Verhältnis zu ihrer Theatralität geprägt wie sie hier für Salzmann beschrieben wird. Vgl. auch Konrad Albrich: *Goethe und Christian Gotthilf Salzmann*. Langensalza 1917.

79 Vgl. Hanno Schmitt: *Vernunft und Menschlichkeit. Studien zur philanthropischen Erziehungsbewegung*. Bad Heilbrunn 2007, S. 195-209. Vgl. Herwart Kemper/Ulrich Seidelmann (Hg.): *Menschenbild und Bildungsverständnis bei Christian Gotthilf Salzmann*. Weinheim 1995.

80 Bis zu Salzmanns Tod 1811 werden hier in 27 Jahren um die 270 Jungen und Jugendliche erzogen, davon teilweise 70 gleichzeitig. Anfang des 19. Jahrhunderts kommt auf dem erweiterten Gelände eine Erziehungsanstalt für Mädchen unter Leitung von Salzmanns Ehefrau Sophie Magdalene hinzu. Vgl. Theo Dietrich: *Mensch und Erziehung in der Pädagogik Christian Gotthilf Salzmanns*. München 1963, S. 32-50.

81 Vgl. die entsprechend betitelte Sektion in: Kemper/Seidelmann (Hg.): *Menschenbild und Bildungsverständnis bei Christian Gotthilf Salzmann*, S. 48-149. Die Rede vom Experiment bezieht sich auf Kants Bezeichnung des Dessauer Philanthropiniums als »Experimentalschule« (Kant: »Über Pädagogik«, S. 708).

82 Vgl. Kant: »Über Pädagogik«, S. 699-703, S. 708.

stellt Schnepfenthal für Salzmann die Avantgarde eines die ganze Menschheit umschließenden Erziehungsideals dar; entsprechend findet sich diese Praxis hier ausgetestet und von der Publikation zahlreicher Texte flankiert: pädagogische Theorien, Schulbücher und auch literarische Texte, unter anderem Erziehungsromane zur Volksaufklärung, enthalten im in Schnepfenthal monatlich herausgegebenen *Boten aus Thüringen*. Diese Texte sind vom Aufklärungsoptimismus getragen, eine zu ihrer Vernunft erwachte, selbsttätige und fleißige Menschheit gehe ihrer ›Glückseligkeit‹ entgegen – wenn sie es denn lerne, den ›Statthalter Gottes‹, nämlich den Verstand zu gebrauchen, bis schließlich alle Menschen ›vernünftig‹ und ›gut‹ werden.

Letztlich kennt Salzmann keine Gegenüberstellung von äußerer Erziehung und innerer Bildung. »*Erziehe dich selbst!*«[83], lautet das Motto für die Erwachsenen und insbesondere für die zukünftigen Kindererzieher. Denn die Kindererziehung leitet menschliche Wesen an, die ihren Verstand noch nicht selbsttätig und seinen ganzen Fähigkeiten gemäß zu gebrauchen wissen. Erziehung heißt hier vor allem Ermöglichung und soll im Endeffekt auf eine Selbsterziehung des Kindes hinauslaufen: »*Man lasse [...] das Kind immer seinen eigenen Willen tun, so wird es gut werden!*«[84] D.h. mit möglichst keinen oder wenigen körperlichen Züchtigungen und einem höchst zurückgenommenen System von Belohnungen und Strafen, aber mit beständiger Aufsicht und einem beständigen Beschäftigungsangebot. Die Erziehung hat die Rahmungen und Stimulationen bereitzustellen, innerhalb derer ein solcher ›eigener Wille‹ des Kindes es wie von alleine zu einem vernünftigen und selbsttätigen Wesen erziehen kann.

Mit dem Projekt einer Erziehung zur Selbsttätigkeit nimmt der Philanthropinismus mit dem gesamten späten 18. Jahrhundert eine Zwischenstellung in der Geschichte der Erziehung ein: Die sich verselbstständigende Erziehung und ihre neuen Institutionen zielen nicht mehr auf eine ›naturgemäße‹ Erziehung, die den Zögling auf seinen ihm von der Natur gegebenen und in seiner inneren Natur angelegten Ort in der Gesellschaft vorbereitet. Ziel dieser Erziehung ist eine allen gleichermaßen zukommende menschliche Freiheit, die in der Unmündigkeit des Zöglings zwar noch verschüttet liegt, aber auch gleich einem »Keim im Weizenkorne«[85] angelegt ist. Angelegt ist solch ein ›Keim‹ auch in der Unmündigkeit, die das Zeitalter der Aufklärung allenthalben in der Erwachsenenwelt vorfindet.

---

83 Christian Gotthilf Salzmann: *Ameisenbüchlein. Pädagogische Schriften, 2. Teil*. Weimar/Langensalza 1947, S. 58.

84 Ebd., S. 51.

85 Ebd., S. 27.

Kant bringt dies auf die paradoxe Formel von der ›Erziehung zur Freiheit‹[86] und kennzeichnet damit die Problematik, dass eine durch Zwang erzeugte Freiheit sich selbst zuwiderläuft. Am Anfang des 19. Jahrhunderts verschwindet das entsprechende Freiheitsideal aus der Erziehung und findet sich durch die Orientierung an ›Werten‹ ersetzt, die allen gemeinsam sein sollen.[87]

Salzmanns Erziehung zur Selbsttätigkeit proklamiert bereits das Freiheitsparadigma, ist aber gleichzeitig noch am alten Paradigma orientiert. Dieses kennt noch keine Erziehung im spezialisierten Sinne. Die Unterweisung durch Hausmeister, Gouvernanten, Pastoren oder oft schlicht durch die Eltern soll gleichzeitig für eine von den Inhalten der Unterweisung unabhängige Sozialisation des Zöglings bürgen.[88] Vom Erzieher ist nicht nur die Vermittlung von Wissen und Fertigkeiten gefordert, sondern eine Vorbildhaftigkeit, deren Nachahmung eine Sozialisation am naturgemäßen Platz des Zöglings ermöglicht.[89]

4. GESTAFFELTE VORBILDER: *KONRAD KIEFER*

Salzmanns der literarischen Volksaufklärung gewidmeten Texte finden unter künstlerischem Aspekt keine Gnade vor den Vertretern der zeitgleich neu entstehenden Autonomieästhetik. Das dem Naturnachmungsverdikt verpflichtete Abschildern sozialer Missstände zeugt, so etwa Schillers vernichtendes Verdikt, höchstens von einem »Affentalent gemeiner Nachahmung«[90], keineswegs vom Eigengesetz der Kunst. In pädagogischer Hinsicht arbeiten sich jedoch Salzmanns und die anderen reformpädagogischen Bemühungen der Zeit an einem strukturgleichen Problem ab: an der Loslösung des Kindes (bzw. des Künstlers) von eben einem solchen ›Affentalent‹. Strukturgleich funktionieren hier die An-

---

86 »Eines der größesten Probleme der Erziehung ist, wie man die Unterwerfung unter den gesetzlichen Zwang mit der Fähigkeit, sich seiner Freiheit zu bedienen, vereinigen könne. Denn Zwang ist nötig! Wie kultiviere ich Freiheit bei dem Zwange?« (Kant: »Über Pädagogik«, S. 711) Vgl. Andreas Luckner: »Erziehung zur Freiheit. Immanuel Kant und die Pädagogik«, in: *Pädagogik* 55, 7-8 (2003), S. 72-76.

87 Vgl. Luhmann: *Das Erziehungssystem der Gesellschaft*, S. 173-180.

88 Vgl. ebd., S. 48-59.

89 Vgl. *in extremis* aus dem 17. Jahrhundert Fénelon: *Über Mädchenerziehung*.

90 Friedrich Schiller: *Über naive und sentimentalische Dichtung*. Stuttgart 1969, S. 90. Vgl. Gertraude Selzer: *Der Wandel des aufklärerischen Selbstverständnisses gegen Ende des 18. Jahrhunderts. Untersuchungen zur Ideologiegeschichte des Bürgertums am Beispiel von Christian Gotthilf Salzmanns Roman ›Carl von Carlsberg, oder, Über das menschliche Elend‹*. Frankfurt a.M. 1985, S. 157-167.

forderungen an eine neuerdings verselbstständigte Erziehung beziehungsweise Bildung und die Anforderungen an eine neuerdings verselbstständigte ästhetische Eigenständigkeit und ihre Absage an die Naturnachahmung.[91]

Salzmann steht dem Stichwortgeber der neuen Pädagogik, Rousseau, mehr als kritisch gegenüber. Er orientiert sich aber, indem er die Erziehungsinstanz zum Dreh- und Angelpunkt erhebt, an der zentralen Stellung von Rousseaus Erzieher als simultanem ›medium‹ und ›message‹: Im *Krebsbüchlein* von 1780, einer Abrechnung mit den zeitgenössischen Erziehungsmethoden, finden sich sämtliche nicht wünschenswerten Eigenschaften und Verhaltensweisen der Zöglinge ganz im Sinne Rousseaus einem Fehlverhalten der Erziehungsberechtigten zugewiesen: Neid und Hass gegen die Geschwister, Grausamkeit gegen Tiere, Schadenfreude, Furcht vor Gewittern, Gespensterglaube, Lügenhaftigkeit, Trotz, Naschhaftigkeit, Unordnung, Eitelkeit, Müßiggang, Geiz und noch einige mehr führt der Text an abschreckenden Exempelerzählungen vor. Diese funktionieren immer nach einigen wenigen Mustern. Besonders prominent ist das folgende: Das Kind nimmt sich am schlechten Vorbild der Eltern oder des Lehrers ein Beispiel. Erst dadurch wird es grausam, schadenfroh, furchtsam, naschhaft und so weiter.[92] *»Kann man die Untugend nicht durch sein Exempel lehren?«*[93], lautet die rhetorische Frage im Mittelpunkt von Salzmanns *Ameisenbüchlein, oder Anweisung zu einer vernünftigen Erziehung der Erzieher* von 1806, das die Exempla des *Krebsbüchleins* in eine pädagogische Theorie weiterführt. Salzmanns pädagogische Umformulierung von Kants kategorischem Imperativ lautet entsprechend: *»Handle immer so, wie du wünschest, daß deine Zöglinge handeln sollen!* […] Dein stetes Bestreben muss also dahin gehen, deinen Zöglingen in jeder Beziehung Muster zu sein und die Belehrungen, die du ihnen gibst, durch dein Beispiel zu bestätigen.«*[94] Wenn es sich bei Tugenden und Untugenden des Kindes um nachgeahmte Tugenden und Untugenden des Erziehers handelt, heißt das im Umkehrschluss, dass auch das liebevolle, mitleidige, vernünftige und mäßige Kind diese Eigenschaften nicht von Natur aus besitzt, und sei es auch einer Natur, die erst freigesetzt werden müsste. Das Kind ist also »ausnehmend biegsam«. Und diese Biegsamkeit ist in Gänze auf den Nachahmungstrieb zurückzuführen:

---

91 Vgl. Kapitel II.

92 Vgl. Christian Gotthilf Salzmann: *Krebsbüchlein, oder, Anweisung zu einer unvernünftigen Erziehung der Kinder.* Bad Heilbrunn 1961.

93 Salzmann: *Ameisenbüchlein*, S. 15.

94 Ebd., S. 76.

»Unter allen seinen Trieben ist sein heftigster der Nachahmungstrieb, durch denselben wird es gereizt, die Geschäfte und Vergnügungen, sowohl seiner Freunde, als auch derer, die ihm nahkommen, nachzuthun. Durch denselben lernt es die Mundart und die Sprache seiner Eltern, durch denselben wird es gefällig, edeldenkend, mitleidend, wenn seine Gesellschafter, in seiner Gegenwart, diese Tugenden ausüben.«

Und umgekehrt gilt: »Durch denselben verliert es aber auch all die Eigenschaften, die es liebenswert und glücklich machen, wenn dieselben seinen Gesellschaftern mangeln.«[95] Das Kind stellt demnach, so sehr Salzmann auch auf einer naturgegebenen Tugend und Vernunft beharrt, ein *blank slate* im Sinne von John Locke[96] dar, das durch Nachahmung des erzieherischen Exempels die ihm vorgestellten Eigenschaften annimmt – böse gesagt: diese ›nachäfft‹. Erziehung – sei sie nun an Naturgemäßheit, Freiheit oder Werten orientiert – kann sich in diesem Sinne nie ganz vom theatralen Problem der Nachahmung befreien.[97] Nie ganz verschwindet so auch die Gefahr, dass der Nachahmungsvorgang in die Irre gehen und die Erziehung statt ihres Ideals seine transformierte, aus Sicht des Ideals entstellte Übersetzung hervorbringen könnte.[98] – In Anschluss an Campe setzt Salzmann jedoch durchaus auf die Hervorbringung von Selbsttätigkeit durch die Nachahmung entsprechender Exempla. In *Konrad Kiefer oder Anweisung zu einer vernünftigen Erziehung*, Salzmanns häufig so genanntem ›deutschen Émile‹ von 1796, heißt es: »Das Hauptwerk bei der Erziehung [...] ist, daß die Alten den Kindern vormachen, was sie tun sollen. Wer dies recht versteht,

---

95 Christian Gotthilf Salzmann: *Gottesverehrungen, gehalten im Betsale des Dessauischen Philantropins*. Leipzig 1784, S. 251f.

96 »Let us suppose then the mind to be, as we say white paper void of all characters, without any idea; [...].« John Locke: *An Essay Concerning Human Understanding*. London 1836, S. 51.

97 Entsprechend verzichtet Gabriel Tarde auf eine Differenzierung wie etwa die Luhmanns zwischen Erziehung und (nachahmender) Sozialisation und subsumiert die Erziehung in Gänze der Nachahmung. Vgl. Luhmann: *Das Erziehungssystem der Gesellschaft*, S. 48-81. Vgl. Tarde: *Die Gesetze der Nachahmung*, S. 60-80.

98 »Übersetzung« ist die Transformation, die Bruno Latour seinerseits Gabriel Tardes Begriff der Nachahmung angedeihen lässt. Die von Jacques Rancière proklamierte Pädagogik eines »unwissenden Lehrmeisters« orientiert sich gänzlich an der Offenheit solcher Übersetzungsoperationen. Vgl. Bruno Latour: *Die Hoffnung der Pandora*. Frankfurt a.M. 2002, S. 381. Vgl. Rancière: *Der unwissende Lehrmeister*, S. 31-58.

der kann aus den Kindern machen, was er will. *Das Exempel wirkt mehr als alle Ermahnungen.*«[99]

Zwar liegt der von Rousseau propagierte Rückzug in die Einsamkeit der Natur auch der Wahl des abgeschiedenen Schnepfenthals als Internatsort zugrunde. Die völlige Abschottung Émiles markiert Salzmann aber als utopisch. Erziehung findet in einer Gruppe statt, das heißt der Zögling ist stets von zahlreichen, widersprüchlichen, guten wie schlechten Vorbildern umgeben. Salzmanns Erziehungstheorie besteht zu einem guten Teil in der Vorgabe von Rahmungen für die Erziehung und deren Staffelung. Wie den Kontakt des Zöglings mit einer potentiell schlechte Vorbilder liefernden Außenwelt regulieren? Wie, wo es mehrere erzieherische Autoritäten gibt (Eltern, Lehrer, geistliche Würdenträger), deren Rangordnung verdeutlichen? Denn nur wo die Kompetenzen sich letztlich zu einem einheitlichen Vorbild fügen, so das implizite Argument, lässt sich dem Zögling das Exempel eines selbsttätigen Lebens vorstellen. Als Kernzelle der Erziehung bestimmt Salzmann die patriarchal und hierarchisch organisierte Kleinfamilie. Die Schule, inklusive seiner eigenen Anstalt, ist weder Gegenentwurf noch Weiterentwicklung, sondern ein Hilfsmittel, dessen Verselbstständigung rückgängig gemacht werden kann, sobald die potentielle Elternschar ihrerseits flächendeckend zu Erziehern erzogen worden ist.[100] *Konrad Kiefer* spielt entsprechend im dörflichen Milieu, wo man sich eine Erziehung in Schnepfenthal nicht leisten kann. Konrads junge Eltern sind in der Erziehung noch unerfahren und machen vieles falsch. Dies wird durch eine Autoritätenstaffelung kompensiert: Die Eltern suchen schlechte Einflüsse aus der Nachbarschaft von Konrad fernzuhalten und sind selbst seine Vorbilder, wobei die (natürlich) nicht ganz so vernünftige Mutter sich am Vater orientiert. Dem Icherzähler, dem Vater, steht ein älterer, studierter Bruder zur Seite. Wo der Bruder nicht weiter weiß, hält man sich an den örtlichen Pfarrer, die Hauptautorität. Ihr ist auch der erwähnte Kernsatz in den Mund gelegt: ›*Das Exempel wirkt mehr als alle Ermahnungen.*‹

Mit der klaren Staffelung der Vorbilder soll in *Konrad Kiefer* eine möglichst stabile Einheitlichkeit des vorbildhaften Lebens trotz seiner unumgänglichen Aufsplitterung und trotz der unumgänglichen Komplexität entstehender Nach-

---

99 Christian Gotthilf Salzmann: *Konrad Kiefer, oder, Anweisung zu einer vernünftigen Erziehung der Kinder. Ein Buch fürs Volk.* Bad Heilbrunn 1961, S. 40.

100 Den Übergang von der Familienerziehung zur Erziehung in einer Lernanstalt, der als Hauptmerkmal der Ausdifferenzierung und Verselbstständigung der Erziehung im 18. Jahrhundert gilt, möchte einer der Protagonisten dieser Verselbstständigung also zurückdrehen. Für die Ausdifferenzierungsthese vgl. Luhmann: *Das Erziehungssystem der Gesellschaft*, S. 111-141.

ahmungsketten[101] sichergestellt werden. Eine solche patriarchale Ordnung liegt ebenfalls der Erziehungsanstalt Schnepfenthal zugrunde, mit Salzmann als dem unbestrittenen Oberhaupt. Vielleicht rührt auch Salzmanns Weggang aus dem Dessauer Philanthropinum von dieser Bemühung um die Stabilität des Exempels her. Oft werden Meinungsverschiedenheiten der fünf hauptamtlichen Pädagogen um Basedow als Grund für Salzmanns Weggang angeführt. Salzmanns Äußerungen lassen das Problem jedoch eher darin vermuten, dass überhaupt miteinander über das pädagogische Vorgehen diskutiert wurde.[102] Dies läuft der einen, einheitlichen erzieherischen Autorität zuwider, welche bei Salzmann, auch wo die Erziehung sich auf mehrere Autoritäten verteilt, für das einheitliche Exempel bürgen soll – und damit für die Selbstabschaffung einer zersplitterten Nachahmung, indem diese sich durch Nachahmung in Selbsttätigkeit transformiert. Daraus folgt nicht zuletzt Salzmanns Utopie, dass, sobald die Erziehung unter ihren Zöglingen genügend gute und ihrerseits zum Exempel taugende Erzieher hervorbringt, sich auch pädagogische Theoriebildung wie von alleine abschaffen könnte:

»Ach gebt uns gute Erzieher! Gebt uns Leute, die Neigung, Geschicklichkeit und Fertigkeit haben, Kinder vernünftig zu behandeln, sich die Liebe und das Zutrauen derselben zu erwerben, die Kräfte zu wecken, ihre Neigungen zu lenken und durch ihre Lehre und durch ihr *Beispiel* die jungen Menschen zu dem zu machen, was sie ihren Anlagen und ihrer Bestimmung nach sein können und sein sollen, – und die Erziehung wird gelingen, ohne daß wir neue Theorien nötig haben.«[103]

Das Exempel der sich selbsttätig erziehenden Erzieher erzieht ihrerseits die Kinder zur Selbsterziehung. Der Übergang vom Nachahmungstrieb in einen Tätigkeitstrieb, ein »Streben nach Tätigkeit«[104], kann so einerseits als ontogenetisch bedingt, andererseits als Regulierung des Nachahmungstriebs durch Erziehung ausgegeben werden. Der Tätigkeitstrieb äußert sich beim Kind als Spieltrieb und kann für das Erwachsenenleben in Arbeitsamkeit gelenkt werden. ›Den Kindern ihren Willen lassen‹ heißt dabei: sie stets beaufsichtigen und sie stets beschäftigt halten. Unbeaufsichtigt können die Zöglinge auf falsche Vorbilder stoßen. Untä-

---

101 Im Sinne von Tarde: *Die Gesetze der Nachahmung*, und der Tarde-Lektüre von Latour: *Die Hoffnung der Pandora*.

102 Vgl. Dietrich: *Mensch und Erziehung in der Pädagogik Christian Gotthilf Salzmanns*, S. 32ff.

103 Salzmann: *Ameisenbüchlein*, S. 8.

104 Ebd., S. 28.

tigkeit unterbräche die Orientierung am Vorbild, d.h. jene Tätigkeit, die sich in Selbsttätigkeit wandeln soll. Die Ausübung des freien Willens ist in Schnepfenthal vom frühen Aufstehen bis zum zeitigen Insbettgehen durchgeplant. Es obliegt dem Erzieher, ohne Zwang Begeisterung für den strikten Stundenplan zu wecken. Dies stimmt mit anderen Anordnungen und Experimenten der Erziehung überein, wie Nicolas Pethes sie für das 18. Jahrhundert im Zeichen von Foucaults Theorie der Disziplinargesellschaft gelesen hat: Ohne Ausübung körperlicher Gewalt wird im Zögling durch Techniken der Überwachung und Stimulierung die angestrebte Subjektform implementiert.[105] In Schnepfenthal schlägt diese Disziplinierung auf die Erziehungsinstanz zurück. Bei allen aufgefahrenen pädagogischen Techniken steht die Figur des Erziehers im Zentrum der Überwachung und Stimulation. In der Pädagogik des protestantischen Theologen Salzmann wird aus der Selbstüberwachung des eigenen reinen Herzens die beständige Selbstüberwachung der eigenen Vorbildhaftigkeit. An dieser kann und soll das Theater der Nachahmung sich einerseits entzünden und sich gleichzeitig selbst abschaffen, um aus der Nachahmung des Vorbilds das gute, vernünftige, selbsttätige Wesen hervorgehen zu lassen. Wenn hingegen der Erzieher durch Züchtigung und sonstige Strafen unnötig eingreift, produziert er an Stelle des natürlichen Theaters der Nachahmung ein anderes, ein unnatürliches Theater: Der »freimütige, unbefangene Knabe, der keine Verstellung gelernt hat«, lernt erst aus »Furcht vor Mißhandlungen«[106] eben diese Verstellung: als Lüge beziehungsweise als Schauspielerei.

---

105 Vgl. Pethes: *Zöglinge der Natur*, S. 9-29. In den pädagogischen Debatten der 1970er und 1980er entspricht dem die These, dass der Philanthropinismus und mit ihm Salzmann eben nicht auf Seiten von Freiheit und ›Selbsttätigkeit‹, sondern auf Seiten der von Kant nur für die Zähmung des tierartigen Kleinkinds gerechtfertigten ›Dressur‹ und ›schwarzen Pädagogik‹ einzuordnen sei. Vgl. Wolfgang Dreßen: *Die pädagogische Maschine. Zur Geschichte des industrialisierten Bewußtseins in Preußen/Deutschland.* Frankfurt a.M./Berlin 1982, S. 115-207. Vgl. Katharina Rutschky (Hg.): *Schwarze Pädagogik. Quellen zur Naturgeschichte der bürgerlichen Erziehung.* Frankfurt a.M. 1977, S. 392f.

106 Salzmann: *Ameisenbüchlein*, S. 20.

5. VORLESETHEATER UND KUPFERSTICH-TABLEAUX: *MORALISCHES ELEMENTARBUCH*

Die Annahme eines natürlichen Theaters, dessen Natürlichkeit gerade darin besteht, sich als Theater verschwinden zu machen, lässt in Salzmanns Erziehung zur Selbsterziehung kaum Raum für Praktiken, welche dem Theater als einer Institution angehören. Wo das Theater überhaupt erwähnt wird, finden sich die traditionellen Argumente, seit Platon in der Philosophie bekannt, bei Tertullian fürs Christentum umgeschrieben, im ersten Hamburger Theaterstreit des 17. Jahrhunderts von zum Beispiel Anton Reiser für den Protestantismus übernommen und im 18. Jahrhundert von Rousseau säkularisiert: Das Theater sei ein Ort der Falschheit und der Lüge, das die Aufführenden korrumpiert und die Zuschauenden anzustecken droht. Daher fehlt etwa das Puppentheater, das in der Pädagogik des 18. Jahrhunderts häufig als zwangloser Zwang gilt, über den kleine Kinder Stillsitzen und Distanz lernen können[107], in Salzmanns Erziehungsplan auch für die reichen Bürgerkinder und scheint im Stile Tertullians dem heidnischen Götzendienst zugeordnet.[108] Salzmanns Kinder sollen nicht passiv rezipieren, wie etwa bei Goethe Wilhelm Meisters jüngere Geschwister, die in der *Theatralischen Sendung* dem Puppenspiel bloß »vergackelt«[109] folgen, ohne aus ihm Gewinn zu ziehen. Salzmanns Kinder sollen je nach Entwicklungsstand selbst aktiv werden: Ihr Spielzeug soll stets einfach sein und möglichst von den Kin-

---

107 Vgl. mit Bezug auf La Salle Schößler: *Goethes Lehr- und Wanderjahre. Eine Kulturgeschichte der Moderne*, S. 29. Vgl. Norbert Elias: *Der Prozeß der Zivilisation. Soziogenetische und psychogenetische Untersuchungen. Band 1: Wandlungen des Verhaltens in den weltlichen Oberschichten des Abendlandes.* Frankfurt a.M. 1976, S. 280.

108 Zumindest soll auch der erwachsene Dichter nicht »für seine aufgeklärten Landsleute [...] immer die Puppen wieder auf die Bühne« bringen, »die die Menschen im Stande der Kindheit sich erschufen und damit spielten« (zit. n. Roswitha Grosse: *Christian Gotthilf Salzmanns ›Der Bote aus Thüringen‹, Schnepfenthal 1788-1816. Eine Zeitschrift der deutschen literarischen Volksaufklärung an der Wende vom 18. zum 19. Jahrhundert.* Frankfurt a.M. 1989, S. 95). Abgewertet scheint damit nicht nur die antike Stoffwahl der zeitgenössischen Erwachsenendichtung, sondern auch das Puppentheater.

109 Johann Wolfgang von Goethe: »Wilhelm Meisters theatralische Sendung«, in: Ders: *Goethes Werke. Band 8. Romane und Novellen III.* München 1998, S. 487-516, hier: S. 491.

dern auch eigenständig hergestellt.[110] Aber auch den Seitenwechsel zur aktiven Schauspielerei beurteilt Salzmann kritisch: In der ersten Ausgabe von *Ueber die wirksamsten Mittel Kindern Religion beizubringen* von 1780 findet sich das Für und Wider des aktiven Rollenspiels in der Erziehung noch gegeneinander abgewogen. Anhand von Joachim Heinrich Campes beschriebenem *Robinson*-Roman testet Salzmann in Dessau auch die pädagogische Effektivität des Schauspiels aus. Die Ergebnisse scheinen indes so unbefriedigend und die traditionellen platonischen Einsprüche scheinen so gravierend, dass das Rollenspiel in der zweiten Ausgabe von 1787 keine Erwähnung mehr findet: Im Rollenspiel könnte das Kind sich mit der falschen Rolle identifizieren, das heißt ein falsches Exempel nachahmen, und so vom rechten Weg abkommen.[111]

Den gravierenden Einsprüchen gegen das Theater auf der einen Seite steht auf der anderen Seite das Exempel eines Erziehers beziehungsweise der Erzieher als ein Exempel gegenüber, die jeweils nur wirken können, wenn die Aufmerksamkeit der noch nicht vernünftigen Kinder erregt wird. Diese müssen auf ihrem Entwicklungsstand abgeholt und in den Bann des Erziehers gezogen werden: »Lerne mit Kindern sprechen und umgehen!«[112], lautet eine der Hauptforderungen Salzmanns an angehende Erzieher. Der junge Wilhelm Meister etwa ist nicht vom Spektakel des Puppentheaters zerstreut wie seine jüngeren Geschwister, sondern davon fasziniert. Salzmanns Pädagogik versucht sich eine solche Faszination am Theater zunutze zu machen, ohne die Zöglinge an die Instabilität und Vielgestaltigkeit des Theaters zu verlieren. Nicht so unmittelbar wie das Theater und nicht so vielgestaltig kommt nach altem platonischen Urteil die Erzählung als Diegesis daher: distanziert, von einem einheitlichen Erzähler in einem einheitlichen Medium, dem der Stimme, dargeboten statt von mehreren verstreuten Rollen und multimedial.[113] Die Erzählung weist zwar ebenfalls eine der angestrebten Selbsttätigkeit entgegengesetzte passive Faszination auf: »Die Erzählung hat für alle Kinder Reiz.« Wegen der besseren Möglichkeit der Kontrolle des einheitlichen Mediums durch den einen Erzähler, der gleichzeitig Erzieher ist, lässt sich die Erzählung aber zu pädagogischen Zwecken nutzen. Gleichzeitig muss das wegen seiner Einheitlichkeit ungefährlichere Medium nun nach gutem platonischen Vorbild mit bereinigten Inhalten versehen werden: »Nur hüte dich, deine Kleinen mit Feen- und Zaubergeschichten zu unterhalten. Diese hören sie

---

110 Vgl. Salzmann: *Ameisenbüchlein*, S. 47-49.

111 Vgl. Rainer Lachmann: *Die Religions-Pädagogik Christian Gotthilf Salzmanns*. Jena 2004, S. 318f.

112 Salzmann: *Ameisenbüchlein*, S. 62.

113 Vgl. P 117ff. (394a-d)

freilich so gern, als sie Pfefferkuchen essen, sie sind aber ihrem Geiste so nachteilig als der Pfefferkuchen ihrem Magen.«[114] Vielmehr soll – analog zu Forderungen wie etwa Gottsched sie in seiner *Critischen Dichtkunst* aus den 1730ern für das reformierte Erwachsenentheater mit einer ähnlichen Mischung aus striktem und abgeschwächtem Platonismus aufstellt[115] – ein moralisches Exempel nachzuahmenden oder zu verabscheuenden Verhaltens vorgestellt werden, dies allerdings bei Salzmann mit sämtlichen Mitteln des Theaters: Die Erzählung soll »Leben« erhalten, um für die Kinder »anziehend«[116] zu wirken. Der Erzähler soll insbesondere die mündliche Rede hervorheben und dabei, ganz dramatisch und nun vollständig gegen die platonische Forderung nach einem gemäßigten und distanzierten Erzählvortrag, die Stimme verstellen: »Führe [...] die Personen immer redend ein und lasse sie in dem Ton sprechen, wie sie wirklich würden gesprochen haben.« Die Einheit des Erzählers soll zum dramatischen Schauspieler verschiedenster Rollen als auch der übrigen Ereignisse werden: »Endlich suche auch *in deine Erzählung Handlung* zu bringen. Dies geschieht alsdann, wenn du durch deine Mienen und die Bewegungen deiner Glieder die Handlungen, welche du erzählst, auszudrücken suchst.«[117] Von Vorteil wäre es laut Salzmann, wenn mit jeder Anstalt zur Ausbildung von Erziehern »ein Schauspielhaus verbunden [wäre], in welchem die Erzieher monatlich ein paar Schauspiele aufführten [...], so lernten sie Ton, Miene und Anstand des Körpers bilden.«[118] Das frühneuzeitliche Schultheater kehrt hier zurück; nun aber ist es zur Einübung der Lehrer in Beeinflussungsstrategien bestimmt und nicht für die Schüler.

Während das Erzähltheater des exemplarischen Erziehers alle Register der theatralen Verführung zieht, um Interesse für seine Exempla zu wecken, ist das Theaterspielen und Theaterschauen als pädagogisches Mittel verboten, weil sich dieses im Nichtexemplarischen verlieren könnte: »Kinder wissen beim Spielen aus allem alles zu machen« (L 30), beschreibt der erwachsene Wilhelm Meister rückblickend den kindlichen, in Wilhelms Fall durch das Puppentheater entfachten, ungesteuert wuchernden mimetischen Trieb: als eine produktive Kraft der

---

114 Salzmann: *Ameisenbüchlein*, S. 63.

115 Vgl. Johann Christoph Gottsched: *Versuch einer critischen Dichtkunst durchgehend mit Exempeln erläutert.* Leipzig 1751. Vgl. zu Gottscheds Aufnahme und Domestikation der platonischen Argumente Wild: *Theater der Keuschheit – Keuschheit des Theaters*, S. 217-261.

116 Salzmann: *Ameisenbüchlein*, S. 64.

117 Salzmann: *Ameisenbüchlein*, S. 65.

118 Ernst Wagner: »Chr. Gotth. Salzmanns Pädagogische Schriften«, in: Ders. (Hg.): *Die Klassiker der Pädagogik. Band III.* Langensalza 1887, S. 94f.

geradezu beliebigen Verbindung und Verknüpfung. Diese gleichzeitig für die Bildung eines stabilen Selbst zu stimulieren und ihr unkontrolliertes Wuchern gleichzeitig einzugrenzen ist das Ziel von Salzmanns theatralen Exempel-Lesungen.

Deren wohl berühmtesten Stoff liefert Salzmann in seinem *Moralischen Elementarbuch* aus der Dessauer Zeit. Als Religionslehrer ist Salzmann dagegen, Kinder frühzeitig mit religiösen Geschichten zu konfrontieren (wie Wilhelm Meister in der Puppentheater-Episode mit dem David und Goliath-Stoff). Vielmehr sollen die moralischen und lebenspraktischen Lehren der Bibel in Exempelerzählungen aus der Lebenswelt der Kinder eingekleidet werden. Nachdem der an Campes *Robinson*-Kinderroman orientierte Unterricht nicht die gewünschten pädagogischen Ergebnisse zeitigt, schreibt Salzmann seine eigene Textvorlage. In den 43 Kapiteln des ersten Teils von 1781 entwickelt der Text die Geschichte des Kaufmanns Herrmann und seiner Familie, insbesondere der Kinder Ludwig und Luise. Für die moralische Absicherung ist letztlich (ähnlich wie in *Konrad Kiefer*) ein Landgeistlicher, ein Freund der Familie, zuständig. Ausgestattet ist das Buch mit einer Vorrede zum »nützlichen Gebrauch«[119], die den innerfamiliären Erziehern, nun vor allen den Erzieherinnen, nämlich den Müttern[120], jene Anweisungen zum theatralen Erzählen gibt, die ansonsten an die männlichen Erzieher gehen. Denn das *Moralische Elementarbuch* ist zum Vorlesen und nicht zum selbständigen Lesen der Kinder gedacht. Die theatrale Lesung soll nicht nur die Kinder in ihren Bann ziehen; sie soll auch Tempo, Umfang und Intensität des Konsumierten kontrollieren, um die Kinder in der Faszination für die Erzählung keinesfalls sich selbst zu überlassen. Die Vorrede beinhaltet ein Register von etwa 100 Begriffen: von körperlicher Reinlichkeit über den Um-

---

119 Christian Gotthilf Salzmann: *Moralisches Elementarbuch*. Nachdruck der Auflage von 1785, mit 67 Illustrationen v. Daniel Chodowiecki. Dortmund 1980, S. I.

120 Mit dem *Moralischen Elementarbuch* reiht sich Salzmann, wie Franziska Schößler anmerkt, nahtlos in die von Friedrich Kittler analysierte Tradition ein, in der die Figur der ›deutschen Mutter‹ zum phantasmatischen Bezugspunkt der Subjektbildung erhöht wird. Jedoch werden in der »Anleitung zum nützlichen Gebrauche« die identischen Formulierungen verwendet, mit denen im *Ameisenbüchlein* die männlichen Erzieher zum theatralen Erzählen ermuntert werden. Salzmanns Medium der Erziehung, ob Erzieher oder Erzieherin, ist geschlechtsneutral. Vgl. Friedrich Kittler: *Aufschreibesysteme 1800/1900*. München 2003, S. 35-86. Vgl. Barbara Vinken: *Die deutsche Mutter. Der lange Schatten eines Mythos*. München 2001, S. 161-184. Vgl. Schößler: *Goethes Lehr- und Wanderjahre*, S. 30-33.

gang mit Sachen, Tieren, sich selbst bis zum Umgang mit anderen Menschen, aus denen eine Exempelgeschichte gewählt werden kann.

Berühmt ist das Elementarbuch durch die 67 Kupferstiche von Daniel Chodowicki geworden, welche von 1784-1788 in drei Lieferungen erscheinen und zahlreiche der Exempla illustrieren, sinnlich anschaulich machen und, indem unter dem Bild der Lehrsatz aufgeführt wird, dem Gedächtnis einprägen sollen. Ehrfurcht vor Gott oder Toleranz anderen Religionen gegenüber sind einige der vermittelten Moralvorstellungen, während andere Kupferstiche der Abschreckung dienen: »Wie unglücklich macht mich der Eigensinn!«, »Was für ein haeßliches Ding ist nicht die Unreinlichkeit.«, »Wer einmal gelogen hat, dem glaubt man nicht leicht wieder.« (Abbildungen 1, 2, 3, 4)

Das sinnliche Spektakel dieser Bilder soll ihre Moral dem sinnlichen, noch vorvernünftigen Kinderverstand einprägen. Ihre Anwendung folgt ihrerseits durchaus theatralen Strategien. Die Kupferstiche sind nicht in das Buch integriert, sondern können von der Vorleserin nach eigenem Ermessen angewandt und auch entzogen werden. Salzmanns Vorschlag lautet wie folgt:

»Dieses Kupfer könnte man nun auf Pappe leimen lassen. […] um es in das Zimmer, wo sich das Kind gewöhnlich aufhält, aufhängen zu können. […] So oft das Kind das Kupfer erblickte, würde es sich wieder an die Erzählung, die es vorstellet und die darin enthaltene Wahrheit erinnern, […]. Hat es dort einige Wochen gehangen, so wird das Kind – nicht mehr darauf achten. Daher ist das Beste, daß man es nun bei Seite thut, und nach einiger Zeit erst wieder hervorbringt, da es gewiß wieder neuen Reiz haben wird. Unterdessen wird doch das Zimmer nie leer von Kupfern sein, weil […] die Erzählung immer fortgesetzt, und dadurch die Aufhängung anderer Kupfer notwendig gemacht wird.«[121]

---

121 Salzmann: *Moralisches Elementarbuch*, S. XIIIf.

Abbildung 1

Es giebt beÿ alle Religione gute Leute.

Abbildung 2

wie unglücklich macht mich der Eigenſinn!

Abbildung 3

Was für ein hæßliches Ding ist nicht die Unreinlichkeit.

Abbildung 4

XXXIX   p 199

B: Chodowiecki del.   J. Penzel sc. 1786.

Wer einmal gelogen hat, dem glaubt man nicht
leicht wieder.

Das Kinderzimmer beziehungsweise das Zimmer, in dem das Kind den Großteil seiner Zeit verbringt wird zur stillgestellten Theaterbühne. Nicht zu übersehen ist eine Strukturähnlichkeit zum Theater der Aufklärung: Gegen das Theater als Unterhaltungsspektakel und für ein Theater als Bildungsanstalt beschreibt Diderot (und im Anschluss an ihn Lessing) das ideale zeitgenössische Theater als eine Szenenabfolge von *tableaux vivants*: als stillgestellte Bilder von Figurenkonstellationen. Aneinandergereiht werden diese zur in sich geschlossenen Bühnenhandlung, die jeglichen Zuschauerbezug (und vor allem die Verführung der Zuschauer) ausschließt und so zwischen Publikum und Bühne eine unsichtbare ›vierte Wand‹ errichtet.[122] Statt von den Oberflächlichkeiten und billigen Theatereffekten (den *coups de théâtre*) passiv affiziert zu werden, findet das Publikum sich zum imaginären Teilnehmer des Bühnengeschehens erhoben und gleichzeitig auf sich selbst zurückgeworfen. Und das heißt: auf das Training und die Verfeinerung der eigenen moralischen Vermögen.[123] In Salzmanns stillgestelltem Kinderzimmertheater findet sich Diderots enttheatralisierende Bereinigung des Theaters noch verstärkt. Aus Diderots aus dem Leben gegriffenen Bildern werden Chiffren moralisch vorbildlichen oder abstoßenden Verhaltens. Das Kind schaut dabei Sinne auf die von Diderot und Lessing imaginierten und nun tatsächlich stillgestellten *tableaux*. Völlig der Kontrolle der Erziehungsinstanz unterliegen deren Vorführungsdauer, Veränderung und Abfolge. Die Gefahr der Oberflächlichkeit, die Gefahr der Fehlanwendung, die Gefahr des bloßen oder falschen ›Nachäffens‹ soll so reguliert werden. Gleichzeitig stimuliert werden nicht bloß die positive Nachahmung der Vorbilder wie die negative Imitation der abschreckenden Beispiele. Gelenkt wird die Nachahmung zudem gut platonisch auf stabile aktivische Vorbilder, in deren Nachahmung das Kind eben nach und nach die passive Grundeinstellung des Nachahmens verlieren soll. Notwendig ist dazu der stabile Rahmen von einheitlicher Erzählung und Fixierung ihres Inhalts im *tableau vivant*. Mit der Stabilität dieser Rahmung soll das potentiell ungesteuerte Wuchern des mimetischen Triebs domestiziert und in Selbsttätigkeit gewendet sein.

Gleichzeitig markieren die von Salzmann in Auftrag gegebenen Kupferstiche oft bereits in sich eine theatrale Konstellation, indem viele der stillgestellten

---

122 Vgl. Denis Diderot: *Das Theater des Herrn Diderot*. Leipzig 1981, S. 105-109; S. 315.

123 Zur Rezeption im deutschsprachigen Raum vgl. vor allem Wild: *Theater der Keuschheit – Keuschheit des Theaters*, S. 297-327. Vgl. Heeg: *Das Phantasma der natürlichen Gestalt*, S. 64-82.

Szenen das Kind einem Tribunal der Blicke der anderen[124], meist der Erwachsenen, ausgeliefert zeigen.[125] Hinter der ›vierten Wand‹ der Bildoberfläche zeigt sich damit auch ein Gegenmodell zu Diderots Konzept. Denn Diderots Schauspielerinnen und Schauspieler müssen ihr Publikum vergessen, um eben diesem Publikum die imaginäre Teilnahme am Bühnegeschehen zu ermöglichen.[126] Wenn sich hingegen Salzmanns Kinderpublikum auf die stillgestellte Bühne versetzt, sieht es sein *alter ego* auf einer anderen Bühne auftreten: auf der Bühne einer sozialen Beobachtung, oft derjenigen durch Erziehungsinstanzen. Auch das im Blick auf das *tableau* sich selbst überlassene Kind wird so alleine gar nicht sein dürfen. Die Erziehungsinstanz, zentrale Autorität und Reguliererin eines zu wild wuchernden mimetischen Triebs, ist in der Absorbiertheit der Betrachtung zwar nicht an seiner Seite. Kants Paradox einer ›Erziehung zur Freiheit‹ wird aber in Salzmanns Kupferstichtheater derart aufgelöst, dass der durch Erziehung zu befreiende Mensch imaginär vor den Augen seiner Erziehungsberechtigten auftritt – und vor deren Augen den gleichermaßen moralisch guten wie freien Menschen gibt. Chodowickies Kupferstich erfüllt dann seinen pädagogischen Zweck, wenn er ein grundlegend Theatrales der pädagogischen Situation, nämlich das ihr immer implizite, eigene »Wahrnehmen des Wahrgenommenwerdens«[127], im Bewusstsein des Zöglings verfestigt.

---

124 Zu parallelen Anordnungen in der zeitgenössischen Tragödie vgl. Benthien: *Tribunal der Blicke.*

125 Zu untersuchen wären allerdings die von Chodowickies Kupferstichen in den Text eingeführten Verwirrungen: So zeigt die Illustration zu »Wer einmal gelogen hat, dem glaubt man nicht leicht wieder« (Abbildung 4) ein Kind mit schamvoll gesenktem Kopf vor seinem Lehrer. Von zwei weiteren Kindern wird es beobachtet. Es schämt sich jedoch in der entsprechenden Erzählung die Identifikationsfigur Ludwig dafür, die Hausarbeiten schlampig verrichtet zu haben. Beim Lügen ertappt findet sich hingegen der kleine Karl, der vom Text als so verdorben dargestellt wird, dass er zur Scham gar nicht mehr fähig ist. Das Bild verbindet hier also Scham und Lüge, die der Text getrennt hält. Vgl. Salzmann: *Moralisches Elementarbuch*, S. 195-200. Vgl. für den Bildgebrauch bei Salzmann auch Jasmin Schäfer: *Das Bild als Erzieher. Daniel Nikolaus Chodowieckis Kinder- und Jugendbuchillustrationen in Johann Bernhard Basedows ›Elementarwerk‹ und Christian Gotthilf Salzmanns ›Moralischem Elementarbuch‹.* Frankfurt a.M. 2013.

126 Vgl. Diderot: *Das Theater des Herrn Diderot*, S. 37, S. 97, S. 314f.. Vgl. Franziska Sick: »Mimesis und (Selbst-)Beobachtung. Notizen zu Diderot, Beckett und Zuckerberg«, in: *Archiv für Mediengeschichte* 12 (2012), S. 51-63.

127 Luhmann: *Das Erziehungssystem der Gesellschaft*, S. 103.

6. DER AUFTRITT DES ERZIEHERS: »*COUP DE THÉÂTRE*«

Das Doppeldeutige von Salzmanns Strategie gegenüber dem Theater findet sich in einem Exempel des *Moralischen Elementarbuchs* gleichsam erzählt – und zwar im der »Furcht« und dem »Schrecken« gewidmeten dritten Kapitel. Während Lessing einige Jahre zuvor die vom Zuschauer angesichts des auf der Bühne dargestellten Schreckens empfundene ›Furcht‹ um die eigene Integrität zu einem Ursprung der kathartischen Rührung erklärt[128], sollen Salzmanns Zöglinge durch Aufklärung lernen, mit der Furcht vor dem Unbekannten wie mit der Lähmung durch den Schrecken rational umzugehen: Ludwig entfernt sich von seinen Eltern; er verläuft sich im Wald; es wird dunkel; er empfindet Furcht vor der amorphen Bedrohung im Unbekannten:

»[N]un sah er neben und über sich lauter Dinge, die, wegen des schwachen Lichtes des Mondes, ein sehr sonderbares Ansehn hatten. Nicht weit von ihm saß ein schwarzes Männchen, das von Zeit zu Zeit ihm mit dem Kopfe zunickte, hinter demselben sah eine Nonne, mit einem weißen Schleier, aus einem Busche hervor, da winkte eine lange hagere Gestalt, aus jener Eiche guckte, hu! hu! hu! ein Totenkopf, und nicht weit davon stand gar ein Ding mit Hörnern und einem langen Schwanz.«[129]

Wo Kinder Salzmanns Aufforderung zur Selbsttätigkeit beim Wort nehmen und ihren eigenen Weg gehen, da verlaufen und verwirren sie sich. Ihr entfesselter mimetischer Trieb, der ihre Phantasie ›alles aus allem machen lässt‹, verzerrt die Außenwelt zu jener furchterregenden Zaubergeschichte, von der Salzmanns erzählende Erzieher ihre Zöglinge mit scheinbar gutem Grund fernhalten sollen. Die Selbsterziehung der Zöglinge ist durch die Rahmengebung der Erziehungsinstanz stets vorgegeben. Mangels einer solchen Führung hat Ludwig sich verirrt und erleidet nun die mit dem Verlust der Kontrolle über die Mimesis einhergehende Furcht vor dem Vielfältig-Amorphen.

Ohne eine solche Metalesart anzudeuten, erklärt die Erzählung den Grund der Furcht ausführlich:

»In der That war von allem diesem gar nichts da. Es waren nichts als Büsche, Zweige, dürre Aeste, die aber Ludwig, weil das Mondenlicht nicht helle genug war, nicht gehörig erkennen konnte, und die ihm so schrecklich vorkamen, weil die Furcht seine Gedanken

---

128 Vgl. Gotthold Ephraim Lessing: *Hamburgische Dramaturgie*, in: Ders.: *Werke in drei Bänden*. Band 2. Leipzig 1962, S. 255-520, S. 444-448.

129 Salzmann: *Moralisches Elementarbuch*, S. 22f.

so verwirret hatte, daß er weder Gelassenheit genug hatte, sie hinlänglich zu betrachten, noch Muth genug, sie in der Nähe zu untersuchen.«[130]

Und ebenso selbstverständlich gibt es zu dieser Horrorvision keinen illustrativen Kupferstich, d.h. kein *tableau* fürs Kinderzimmer, wohl aber von ihrer Vorgeschichte und von ihrer Auflösung (Abbildungen 5, 6): Ein besonders bedrohlich erscheinendes Gespenst entpuppt sich nicht nur als ein Landgeistlicher, der Ludwig aus dem Wald führen wird. Dieser Herr Magister wird später die moralische Autorität des *Elementarbuchs*, an der sich auch Ludwigs Eltern orientieren werden: selbst moralisches Exempel und gleichzeitig oft Erklärer von Lehrsätzen. Ausführlich erläutert er Ludwig auf den nächsten Seiten logisch seine Furcht und seinen Schrecken, macht sie in zahlreichen Beispielerzählungen anschaulich und schlägt Mittel für einen rationalen Umgang mit beiden vor. Salzmanns impliziter Gegenentwurf zu Lessings kathartischer Rührung beinhaltet mit dem Auftritt des exemplarischen Erziehers eine eigene Form der *katharsis*: die Hervorbringung der guten Nachahmung des Exempels durch ihre Bereinigung von der schlechten Mimesis einer wild wuchernden Phantasie.

An dieser Stelle wechselt der Text in die auch zahlreiche andere Schriften der Aufklärung auszeichnende Dialogform. Hier soll die Vorleserin oder der Vorleser mit Stimmenverstellung und Mienenspiel das Kind in den moralischen Bannkreis der Erzählung ziehen. Mit diesem Erzähltheater findet sich gleichzeitig aber auch jener Theatereffekt überdeckt, der der Erzählung selbst bereits innewohnt: Der Erzieher mit dem beispielhaften Leben, von dem hier erzählt wird, tritt als *deus ex machina* auf.[131] Von den verwirrenden Ängsten des Theaters, in die sich Ludwig verstrickt hatte, befreit der von Diderot und Lessing aus dem reformierten Bildungstheater verabschiedete *coup de théâtre*. Die plötzliche Rettung ist eine nicht aus der Handlung motivierte Wende und hat vor einem aufgeklärten oder im Prozess des aufgeklärt Werdens begriffenen Publikum nichts zu suchen: Es handelt sich um eben jenes Spektakelhafte am Theater, von dem das Theater der Aufklärung sich im Namen der Erwachsenenbildung abwendet und das eigentlich auch in Salzmanns Kindererziehung keinen Platz haben soll. Der Erzieher, das exemplarische Vorbild für den ohne dieses Vorbild wild wuchernden ›Nachahmungstrieb‹, tritt zunächst bloß als eine der zahlreichen, von eben

---

130 Ebd., S. 23.

131 Zur prekären Struktur des Auftretens vgl. Juliane Vogel: »›Who's there?‹. Zur Krisenstruktur des Auftritts in Drama und Theater«, in: Vogel, Juliane/Wild, Christopher (Hg.): *Auftreten: Wege auf die Bühne*. Berlin 2014, S. 24-39. Vgl. ebd. Bettine Menke: »Suspendierung des Auftritts«, S. 249-275.

diesem wilden Wuchern hervorgebrachten Phantasiefiguren auf. Man könnte fast meinen, in der Erzählung bleibe Behauptung, dass die Transformation dieser Figur in den Landgeistlichen nicht bloß ein weiterer Auswuchs der Phantasie sei, sondern die Erlösung von eben diesen wilden Auswüchsen. Wo das Mittel der Bereinigung von den wilden Auswüchsen aber selbst einen Teil dieser wilden Auswüchse darstellt, bleibt die proklamierte Bereinigung stets prekär. Zwischen dem Landgeistlichen als moralischem Vorbild und dem Landgeistlichen als Hervorbringung der wuchernden Phantasie kann ebenso schwer unterschieden werden wie zwischen der gelungenen Nachahmung selbsttätiger Vorbilder und ihrem bloßen ›Nachäffen‹.

Im *deus ex machina*-Auftritt des Landgeistlichen verdichtet sich die Theatralität von Salzmanns exemplarischer Autorität: Seine Vernunft erstrahlt vor dem Hintergrund der Verwirrungen der kindlichen Phantasie. Untrennbar verquickt das *Moralische Elementarbuch* so den Theatereffekt mit Salzmanns Erziehungsoptimismus: Der mit allem Pomp des Theaters auftretende Erzieher steht für die Ablösung des ungezügelten mimetischen Triebs durch eine Freiheit und Selbsttätigkeit, welche sich zwar ihrerseits nicht nachahmen lassen, aber durch Nachahmung guter Exempla freigesetzt werden sollen. Aber als *deus ex machina* steht der vorbildhafte Erzieher gleichzeitig für einen Theatereffekt, den Salzmanns theatrale Wegerziehung des Nachahmungstheaters nicht los wird. Erst von diesem Theatereffekt her kann für das *Moralische Elementarbuch* wie für das ganze Ensemble der mit Salzmanns Pädagogik verbundenen Texte und Praktiken behauptet werden, die Nachahmung der Vorbilder durch den Zögling bringe nicht ein ›gestoppeltes und gestückeltes Wesen‹ hervor, sondern vielmehr ein exemplarisches Subjekt. Und durch diesen Theatereffekt steht diese Behauptung immer auch infrage.

Abbildung 5

Abbildung 6

VI Theater des Selbstbewusstseins

Moritz' *Anton Reiser* und das Spiel um Anerkennung[1]

1. SOKRATISCHES WISSEN, »LEIDEN DER EINBILDUNGSKRAFT« UND THEATERFEINDLICHE TRADITION

Eine der möglichen Vorlagen für die Kritik an der schauspielerischen Praxis des ›Nachäffens‹, die von den Erziehern in Goethes pädagogischer Provinz vorgebracht wird, liefert Karl Philipp Moritz' Abhandlung »Über die bildende Nachahmung des Schönen« von 1788. Die ersten Zeilen dieses kunsttheoretischen Traktats verbinden die Problematik der Mimesis mit der des Wissens, denn Moritz verhandelt sie an der Figur des Sokrates und damit am Prototyp des aufgeklärten Philosophen. Der Text behauptet einen unhintergehbaren Gegensatz zwischen einer mimetischen Theaterdarstellung der Figur des Sokrates (in der antiken Komödie des Aristophanes) und der Orientierung an seiner philosophischen Praxis im eigenen Lebensentwurf. Bei der ersten Form der Mimesis handelt es sich um ein irrelevantes ›Nachäffen‹, bei der zweiten hingegen um produktive ›Nachahmung‹:

»Wenn der griechische Schauspieler [...] dem Sokrates auf dem Schauplatze und der Weise ihm im Leben nachahmt so ist das Nachahmen von beiden so sehr verschieden, daß es nicht wohl mehr unter einer und ebenderselben Benennung begriffen werden kann: wir sagen daher, der [...] [*äfft* dem Sokrates nach], und der Weise *ahmt ihm nach.*«[2]

---

1 Vorüberlegungen zu diesem Kapitel sind erschienen in: Martin Jörg Schäfer: »Theaterereignisse. Anton Reisers Eitelkeit«, in: Anna Häusler/Martin Schneider (Hg.): *Ereignis Erzählen. ZfdPh* (Sondernummer 2016), S. 91-103.

2 Moritz: »Über die bildende Nachahmung des Schönen«, S. 958. Vgl. Kapitel II.

Der Schauspieler imitiert demnach nur die oberflächliche Erscheinung; das zugrundeliegende Prinzip bleibt ihm fremd. Aufgegriffen findet sich hier nicht nur die platonische Einschätzung am minderwertigen Wissen der theatralen Mimesis. Sie wird über das Sokrates-Beispiel auch mit Platons moralischer Verwerfung verknüpft: Der Schauspieler kann nicht zu dem idealtypischen Philosophen und Menschen werden, den Sokrates verkörpert.

Die auf diesen Einstieg folgende Abhandlung würdigt Theater und Schauspielerei entsprechend mit keinem weiteren Wort. Die kurze Passage verweist jedoch auf Moritz' andere schriftstellerische und editorische Unternehmungen der Zeit:[3] Zum einen steht über dem *Magazin zur Erfahrungsseelenkunde*, das er von 1783 bis 1793 ediert und mit zahlreichen eigenen Beiträgen versieht, mit dem griechischen *gnothi sauton* das Lebensmotto eben des Sokrates, welches dieser vom Orakel von Delphi übernimmt und im Sinne der Aufklärung transformiert. Zum anderen publiziert Moritz zwischen 1785 und 1790 vier Teile des ›psychologischen Romans‹ *Anton Reiser*, dessen Titelheld von der für die Zeit sprichwörtlichen Theaterbesessenheit befallen ist. Diese Theatromanie aber wird als direkte Folge mangelnder (sokratischer) Selbsterkenntnis präsentiert und diese wiederum zunächst als Folge einer an den familiären und sozialen Umständen scheiternden Erziehungs- und Bildungsgeschichte. Gut platonisch wirkt die Affizierung durch das Theater auf die Bildung zurück und wirft sie immer wieder aus der Bahn. Nicht zuletzt der Kontakt mit Moritz' Wiederaufnahme dieser platonischen Figur als Romannarrativ bringt bei Goethes Umarbeitung des Entwurfs von *Wilhelm Meisters theatralischer Sendung* in *Wilhelm Meisters Lehrjahre* in den 1790ern einen theaterfeindlichen Diskursstrang in den Text, der die in der *Sendung* angelegte Kritik an der Differenz zwischen dem Traum vom Theater und seiner Realität bei Weitem übersteigt.[4] Als Prätext der *Lehrjahre* stellt der *Anton Reiser*-Roman eine weitere Vorgeschichte der pädagogischen Provinz in den *Wanderjahren* dar: Die Anton Reiser-Figur steht beispielhaft für die Gefahr des ›Verworrenen‹ und des gerade nicht ›Wohlgebildeten‹, vor der die Pädagogen das Kind der Theaterliebe, Felix, bewahren wollen.

Mit *Anton Reiser* treten vier weitere Aspekte zum in den vorherigen Kapiteln Entwickelten hinzu: Erstens weist die Anton Reiser-Figur mit ihrem immer wieder anders ansetzenden Bildungsweg letztlich auf das nie zu einem Ende kommende ›lebenslange Lernen‹ des 21. Jahrhunderts voraus. Im historischen Kon-

---

3 Vgl. insgesamt Christopher J. Wild: »Theorizing Theater Antitheatrically: Karl Philipp Moritz's Theatromania«, in: *MLN* 120/3 (2005), S. 507-538.

4 Vgl. Kapitel VII. Übernommen findet sich für die in der *Sendung* noch mit den Zügen des Genies ausgestattete Wilhelm-Figur etwa die Dilettantismus-Kritik.

text geht es zweitens nun vordergründig um ein Theater, das einen Bildungsgang auf Abwege bringt statt um die erzieherische Domestikation einer frühkindlichen theatralen Veranlagung. Und es geht drittens damit nicht mehr um die Konstitution eines stabilen Selbst und damit eines ›selbsttätigen‹ Innenlebens wie noch bei den Philantropinisten, die sich dann aber nicht weiter für dieses Innenleben interessieren. Darin, sich in diesem zu verliren, besteht aber genau das Problem der Reiser-Figur. Ihre »Leiden der Einbildungskraft« (A 157) nehmen genau von jenem Vermögen ihren Ausgang, das in der pädagogischen Diskussion der Zeit erst langsam den ›Nachahmungstrieb‹ ablöst.[5] Damit ist aber schon nicht mehr Baumgartens die *imitatio* ersetzender Begriff gemeint, sondern Pate steht inzwischen diejenige Einbildungskraft, wie sie in Kants Bewusstseinsphilosophie entwickelt wird: Dieses Bewusstsein ist, wie am Ende der folgenden Ausführungen pointiert werden soll, metaphorisch gleich einer Theaterbühne gestaltet. Das für die Pädagogik rein äußerliche Theaterproblem verlagert sich hier ins Innere eines zu erziehenden und bildenden Subjekts, das in seiner Erziehung und Bildung jedoch aus den entsprechenden Institutionen relativ ungeregelt ein- und austritt und die eigene Entwicklung über weite Strecken gar selbst in die Hand nimmt.[6] Viertens hat diese Verinnerlichung einer Guckkastenbühne Auswirkungen auf die Beschreibung des Theaters als einer Institution und der Tätigkeit des Schauspielens im Roman: Die mangelnde Selbstanerkennung des »von der Wiege an unterdrückt[en]« (A 91) Subjekts Anton Reiser führt dazu, dass er auf der Theaterbühne den anerkennenden Blick des Publikums sucht, um diesen inneren Mangel zu kompensieren: sowohl auf einer metaphorischen Bühne des sozialen Lebens als auch auf der Bühne des Theaters. Aus dem später von Hegel beschriebenen sprichwörtlichen ›Kampf um Anerkennung‹[7] wird ein Spiel um Anerkennung, welches die Erzählinstanz von vornherein zum Scheitern verurteilt sieht.

Auf eine theaterfeindliche Haltung der Erzählinstanz im *Anton Reiser*-Roman verweist bereits der Titel: Der verkappten Autobiographie des Schrift-

---

5 Vgl. Kapitel V. Vgl. zur Diskussion über die Einbildungskraft Jutta Heinz: *Wissen vom Menschen und Erzählen vom Einzelfall. Untersuchungen zum anthropologischen Roman der Spätaufklärung.* Berlin 1996, S. 88-101.

6 Vgl. Bosse: *Bildungsrevolution*, S. 47-57.

7 Vgl. Georg Wilhelm Friedrich Hegel: *Phänomenologie des Geistes*, in: Ders.: *Werke.* Band 3. Frankfurt a.M. 1986, S. 145-155. Vgl. Schäfer: *Szenischer Materialismus*, S. 136-150.

stellers Karl Philipp Moritz[8] ist ein Name gegeben, bei dem es sich auch um den Namen des historischen Hamburger Pastors Anton Reiser handelt. Gegen die der Hamburger Oper zugeschriebene Immoralität polemisiert dieser 1681 im ersten Hamburgischen Theaterstreit mit der Schrift *Theatromania, Oder Die Wercke Der Finsterniß : In denen öffentlichen Schau-Spielen von den alten Kirchen-Vätern verdammet.*[9] Es handelt sich in erster Linie um eine Kompilation der entsprechenden Stellen aus Tertullians *De spectaculis*, aber auch neuerer theaterfeindlicher Manifeste wie z.B. dem 50 Jahre alten Londoner Pamphlet von William Prynne. Hier finden sich die üblichen, später auch bei Rousseau aufgenommenen und von den Pädagogen in Goethes pädagogischer Provinz reproduzierten Argumente bezüglich des Theaters als Lüge und Sündenpfuhl. Besonderes Befremden löst Reisers Kritik an der Schädlichkeit des Rollenspiels aus, auf das die Zeitgenossen mit dem Hinweis auf die Ritualisierung auch religiöser Praktiken antworten.[10]

Diese Frage nach dem gesellschaftlichen Rollenspiel wird in der gesellschaftlichen Umbruchsphase um 1800 neu virulent: Zum einen entstehen im Zuge gesellschaftlicher Ausdifferenzierung Semantiken von Privatheit und Individualität. Zum anderen verlangt eben diese Ausdifferenzierung die Übernahme wechselnder sozialer Rollen.[11] Im *Anton Reiser*-Roman zeugt davon die Sensibilität der Titelfigur für den jeweiligen gesellschaftlichen Status und seine Implikationen.[12]

Im Namen der Fiktion eines autonomen Individuums finden sich viele der tradierten Argumente der Theaterfeinde auch in der neuen Pädagogik. Beschrieben wurde dies bereits für die theatralen und antitheatralen Praktiken der Erziehung.[13] Aber auch, wo es explizit um Theaterspielen als Unterhaltung für Kinder (mit einem leicht erzieherischen Beigeschmack) geht, wie in den zeitgenössisch

---

8 Vgl. z.B. Hans Esselborn: »Der gespaltene Autor. *Anton Reiser* zwischen autobiographischem Roman und psychologischer Fallgeschichte«, in: *Recherches Germanique* 25 (1995), S. 69-90.

9 Vgl. Kapitel II.

10 Vgl. Bernhard Jahn: *Die Sinne und die Oper. Sinnlichkeit und das Problem ihrer Versprachlichung im Musiktheater des nord- und mitteldeutschen Raumes (1680-1740).* Tübingen 2005, S. 143-159.

11 Vgl. Niklas Luhmann: *Gesellschaftsstruktur und Semantik. Studien zur Wissenssoziologie der modernen Gesellschaft.* Band 3. Frankfurt a.M. 1989, S. 149-257. Vgl. Sennett: *The Fall of Public Man*, S. 28-44, S. 107-122.

12 Vgl. Wild: »Theorizing Theater Antitheatrically«, S. 526-529.

13 Vgl. Kapitel V.

modischen Kindertheaterstücken,[14] greift die neue Pädagogik die alten Argumente auf: Joachim Heinrich Campe veröffentlicht einige Jahre, nachdem er seine eigene Tätigkeit den neuen experimentellen Schulanstalten in Dessau unter Basedow und in eigener Leitung bei Hamburg hinter sich gelassen hat, 1788 einen kurzen Text im selbst herausgegebenen *Braunschweigischen Journal*. Die titelgebende Frage »Soll man Kinder Komödien spielen lassen?« wird in einem Dialog dreier Teilnehmer (A, B und C) diskutiert. Der erste trägt die aus der traditionellen Schulbildung bekannten Argumente für das Theaterspiel vor: als der Stimmbildung, Körperhaltung, Fremdsprachenkenntnis usw. förderlich.

Der zweite liefert die Kontraposition und folgt den seit Platon bekannten Argumenten: Eine Aufführung statt einer bloßen Lektüre führe zu einer Identifikation mit dem gespielten Charakter. Auch in den vorbildlichsten Stücken müsse es moralisch weniger einwandfreie Charaktere geben. Und immer bleibe hier etwas »haften«[15]. Die Kinderschauspiele, die diese Charaktere weitgehend außen vor ließen, seien hingegen »langweilig«[16] und daher für eine im Stile Rousseaus und Lockes die kindliche Energie abschöpfende Erziehung ebenfalls ungeeignet. Und selbst bei einer perfekten Vorlage führt das Theaterspielen zur charakterlichen Verwahrlosung: Die Maßstäbe der Zöglinge verschieben sich demnach in die falsche Richtung. Die Einbildungskraft werde nicht auf die zukünftige Existenz als Hausvater oder Hausfrau ausgerichtet, sondern nimmt die gespielten königlichen Identitäten an; die Rückkehr zur Realität ist dann entsprechend ungeliebt. Vor allem verführt der Applaus des Publikums »zur Eitelkeit, zur Koketterie und zur Lobsucht«[17]: Die jungen Schauspielerinnen und Schauspieler bräuchten den Auftritt vor Publikum.

Campes dritter Gesprächsteilnehmer hat eine salomonische Lösung parat, die (auch wenn A und B beide Recht bekommen) doch sehr zu den Argumenten von B tendiert. Um die nachteiligen Folgen zu vermeiden, müssen sich alle Figuren des Dramas zum »Muster der Nachahmung aufstellen lassen«[18] können. Dass dies eigentlich auf die zuvor als langweilig abgetanen Kinderschauspiele hinauslaufen müsste, schert den Vermittler nicht. Insbesondere muss das Theaterspiel ein Spiel wie andere »ohne alle weitere Bedeutung«[19] sein; es darf keine weitere

---

14 Vgl. Gunda Mairbäurl: *Die Familie als Werkstatt der Erziehung: Rollenbilder des Kindertheaters und soziale Realität im späten 18. Jahrhundert*. München 1983.

15 Campe: »Soll man Kinder Komödien spielen lassen?«, S. 211.

16 Ebd., S. 212.

17 Ebd., S. 216.

18 Ebd., S. 218.

19 Ebd., S. 219.

Wichtigkeit erhalten. In diesem Sinne darf es nicht in der Öffentlichkeit oder Semi-Öffentlichkeit aufgeführt werden. Der eine Teil des Theaters, das Publikum, entfällt damit. An Stelle der öffentlichen Aufführung aufreizender Angelegenheiten, durch deren Bedeutsamkeitsproduktion Platon und Rousseau die Ordnung des Gemeinwesen insgesamt infrage gestellt sehen, setzt Campe also ein langweiliges Theater im Verborgenen; pädagogisch akzeptables Theater soll ihm zufolge jedoch keine Bedeutsamkeit produzieren. Aber vor dem Hintergrund der vorhergegangenen Kapitel scheint ohne diese Produktivität letztlich die Theatralität des Theaters abgeschafft: Es entfallen sowohl die Ereignishaftigkeit auf der Bühne als auch das spezifische Aufführungsereignis des Theaters.

Beide Dimensionen liegen auch der spezifischen Theatromanie zugrunde, die die Anton Reiser-Figur bei Karl Philipp Moritz auszeichnet. Beide Dimensionen sind jedoch gleichzeitig, wie im Folgenden entfaltet werden soll, nicht von der eigentlich angestrebten Bildung zu trennen, die von der Anton-Figur laut Erzählinstanz immer wieder verfehlt wird. Die emphatisch vom Text zur Schau gestellte Theaterfeindschaft verdeckt ähnlich wie später bei Goethes Pädagogen die Theatralität des entworfenen Bildungsszenarios und der mit ihm einhergehenden Subjektstruktur. Während der betreffende Auszug aus Goethes *Wanderjahren* diesen Zusammenhang reflektiert und ironisch ausstellt, handelt es sich beim *Anton Reiser*-Roman jedoch um zwei Diskursstränge, die der Text letztlich nicht miteinander zu vermitteln sucht. Er reflektiert sie jedoch implizit auf der Ebene metaphorischer Parallelführungen.

2. KOMPENSATIONSPHANTASIEN UND ZUKÜNFTIGE WISSENSCHAFT VON DER SUBJEKTBILDUNG

Für die Anton-Figur verspricht das Theaterspiel die Verwirklichung ihrer Phantasien im Leben. Diese Phantasien folgen einer Logik der »Entschädigung«: Die »täuschenden Bilder [...], die oft seine Phantasie sich vormalt« (A 92), kompensieren dafür, »daß er von der Wiege an unterdrückt ward« (A 91). Diese in die unbehagliche wirkliche Welt eingelagerte Gegenwelt[20] soll das Theater sinnlich realisieren: Als Zuschauer findet Anton auf dem Theater eine Manifestation seiner Phantasiewelt; als Schauspieler glaubt er sie aktiv leben zu können. Für ein praktisches Leben wird er so laut Beschreibung der Erzählinstanz unbrauchbar und nicht nur in seelische, sondern auch körperliche Zerrüttung gestürzt. Die al-

---

20 Vgl. Michel Foucault: *Die Heterotopien. Der utopische Körper: Zwei Radiovorträge.* Berlin 2005, S. 9-11, S. 14f.

ten platonischen Vorbehalte gegen die Mimesis finden sich damit auch hier aufgerufen, nunmehr vor dem Hintergrund der neueren Subjekt- und Bewusstseinsphilosophie: Das Theater greift deren Ordnung an, zersetzt und unterminiert sie.
Mit Anklang an Rousseau[21] ist die Einbildungskraft aber nicht nur Vorstufe
der Hingabe ans Theater, sondern auch Bedingung des Erziehungs- und Bil-
dungswegs, von dem das Theater hinterher abbringt. Die von der Erzählinstanz
behaupteten und von der Forschung häufig übernommenen »Pole« von Einbildungskraft und »Denkkraft«[22] stellen sich im Roman komplexer dar: Der Beginn
der Bildungsgeschichte reproduziert zunächst die Schizophrenie der Lebensgeschichte. Die zerstrittenen Eltern, von denen er nicht wusste, »an wen er sich anschließen, an wen er sich halten sollte« (A 91), verdoppeln sich in widersprüchlichen Büchern, »wovon das eine eine Anleitung zum Buchstabieren, das andere
eine Abhandlung gegen das Buchstabieren enthielt«. Die Ordnung der Trennung
durch Widerspruch verschiebt sich aber in eine anschließend benannte zeitliche
Ordnung sowie eine der »Begierde.« Antons »Begierde, lesen zu lernen« will eine Trennung zwischen Gegenwart und Zukunft überwinden, zwischen der die
unentzifferbaren Buchstaben stehen. Diese ›Begierde‹ entspringt der Initialer-
kenntnis, »daß wirklich vernünftige Ideen durch die zusammengesetzten Buchstaben ausgedrückt waren.« Deren Vernünftigkeit hatte der Text eben noch zurückgenommen: Vorgegeben waren »schwere altbiblische Namen [...], bei denen er auch keinen Schatten einer Vorstellung haben konnte« (A 93). Das Initialerlebnis der ›vernünftigen Ideen‹ kann daher entweder aus dem andern buchsta-
bierfeindlichen Buch stammen, oder diese ›Ideen‹ können so ›vernünftig‹ nicht
sein. In beiden Fällen führt Anton seine Begierde nicht zur Vernunft als solcher,
sondern unmittelbar zu Ideen, ohne dass von deren Vernünftigkeit noch die Rede
ginge: »[N]ach einigen Wochen« (A 94) ist die Lektüre fließend; die Buchstaben
sind für Anton nur noch ein Vehikel der Ideen, das als nicht weiter störend oder
in seiner Medialität eigendynamische Effekte entfaltend ausgegeben werden
kann.[23] Der späteren Theaterbesessenheit geht eine »Wut [...] zu lesen« (A 254)
voran:[24] »Seine Begierde zu lesen war nun unersättlich.« (A 94) – Und dies nicht,

---

21 Vgl. Kapitel IV. Vgl. Barbara Völkel: *Karl Philipp Moritz und Jean-Jacques Rous-
    seau. Außenseiter der Aufklärung.* New York 1991.

22 Lothar Müller: *Die kranke Seele und das Licht der Erkenntnis. Karl Philipp Moritz'
    ›Anton Reiser‹.* Frankfurt a.M. 1987, S. 44.

23 Vgl. Kittler: *Aufschreibesysteme,* S. 37-67. Vgl. Geulen: »Erziehungsakte«, S. 638-
    640.

24 Vgl. Alexander Košenina: *Karl Philipp Moritz. Literarische Experimente auf dem
    Weg zum psychologischen Roman.* Göttingen 2006, S. 120-133.

weil die Ideen hinter den Buchstaben nie ganz erreicht werden können,[25] sondern weil das Lesen Ideen produzieren kann, die eine Flucht aus der das lesende Subjekt unterdrückenden Welt ermöglichen. Entsprechend folgen die wenigen Szenen gelingender Bildung, in denen Anton sich der »Wonne des Denkens« hingibt und Wissen erwirbt, später einem parallel strukturierten Muster:

»Die immerwährende Begierde, das Ganze bald zu überschauen, leitete ihn durch alle Schwierigkeiten des Einzelnen hindurch.

[...]

Er vergaß hierüber fast Essen und Trinken, und alles was ihn umgab, und kam unter dem Vorwande von Kränklichkeit, in einer Zeit von sechs Wochen fast gar nicht von seinem Boden herunter – in dieser Zeit saß er vom Morgen bis an den Abend mit der Feder in der Hand bei seinem Buche, und ruhete nicht eher, bis er vom Anfang bis zum Ende durch war.« (A 300)

Gleichzeitig ist es möglich, diese Lesewut gar nicht auf eine Ausbildung der eigenen Vernunft zu richten, sondern auf verführerische Dramentexte: Und dieses führt dann direkt zur Entscheidung, selbst Schauspieler zu werden. Die sich im ›Leiden der Einbildungskraft‹ und am Theater manifestierende Instabilität führt der Text mit der Prekarität der Lebenssituation der Anton-Figur parallel: Gelingende Bildung im Sinne der Erzählinstanz geschieht an Stellen im Text, an denen eine gewisse Ruhe in der Lebenssituation eingekehrt ist.[26] Eine solche Ruhe kann Anton zu ›vernünftigen Ideen‹ führen; die Unruhe führt ihn zur negativen Bildung durch das Theater. Dieses erscheint daher nicht nur die vom Text benannte wirkliche Institution in der erzählten Welt, sondern auch als eine Allegorie dieser negativen Bildung. Während die Anton-Figur ungehindert von den Buchstaben direkt die ›Ideen‹ zu lesen lernt, allegorisieren die Buchstaben des Romantexts den beständigen Aufschub der Idee gelingender Bildung, welche den Beschreibungen der psychischen Zerrüttung Antons zugrunde liegt.

Die Schreibweisen, deren sich der im Untertitel als »psychologischer Roman« vorgestellte Text bedient, stehen bekanntlich im Zusammenhang mit Mo-

25 Vgl. Jacques Lacan: »Das Drängen des Buchstaben im Unbewußten oder die Vernunft seit Freud«, in: Anselm Haverkamp (Hg.): Theorie der Metapher. Darmstadt 1996, S. 175-215, hier: S. 186-207.

26 Vgl. Eva Blome: »Zerstückte Laufbahn. Karl Philipp Moritz' Anton Reiser«, in: IASL (43/2016). Im Erscheinen begriffen.

ritz' wissenschaftlichem Projekt einer »Erfahrungs-Seelenkunde«[27]. Durch das Protokollieren von Selbstbeobachtungen soll letztlich ein Wissen über das Selbst hergestellt werden und zum erwähnten sokratischen *gnothi sauton* führen, zur Selbsterkenntnis. Säkularisiert findet sich hier die pietistische Technik der beständigen Seelen- und Gewissensprüfung[28], und in dem Maße, in dem der Text das pietistische bzw. quietistische Milieu, in dem die Titelfigur aufwächst, mittels dieser Technik beschreibt, stellt er gleich eingangs die Bedingungen der eigenen Hervorbringung aus. Das Beobachten und Notieren der Ereignisse des eigenen inneren Lebens soll ein Subjekt hervorbringen, welches sich gleich Sokrates selbst erkennt. Ein solches Großereignis des Subjekts kann daraus entstehen, dass jede Kleinigkeit in seinem Leben zum beobachtungswürdigen Ereignis erklärt wird. Aus dem Muster und der Verkettung dieser Kleinstereignisse kann dann das Großereignis, das sich selbst erkennende Subjekt, hervorgehen. Sein *Magazin zur Erfahrungsseelenkunde* versteht Moritz als Experimentierfeld für eine zukünftige Wissenschaft von der Seele, auf dem Interessierte sich gegenseitig ihre und fremde Detailbeobachtungen vorstellen. Auch als Experimentierfeld für eine zukünftige psychologisch orientierte schöne Literatur kann das *Magazin* dienen. Nicolas Pethes hat in seinen Forschungen zu Menschenexperiment und Fallgeschichte darauf hingewiesen, dass es sich hier um die Geburt der Individualität aus seiner Archivierung handelt, wie Michel Foucault sie in *Überwachen und Strafen* als Disziplinar- und Kontrolltechnik beschrieben hat.[29]

Foucault geht davon aus, dass das moderne Beobachtungsparadigma der Disziplinierung ein von ihm in der Antike verortetes Theaterparadigma der öffentlichen Zurschaustellung ablöst.[30] Diese These trifft aber vor dem Hintergrund der vorhergehenden Kapitel nur eingeschränkt zu: Im von Foucault herausgearbeiteten Paradox von Individualität als durch Machttechniken des Beobachtens und Schreibens hervorgebrachten allgemeinen Modell greift die auch

---

27 Vgl. Karl Philipp Moritz (Hg): *Gnothi sauton oder Magazin zur Erfahrungsseelenkunde als ein Lesebuch für Gelehrte und Ungelehrte.* Band 1 (1783). Nördlingen 1986.

28 Vgl. Fritz Stemme: »Die Säkularisation des Pietismus zur Erfahrungsseelenkunde«, in: *Zeitschrift für Deutsche Philologie* 72 (1953), S. 144-158.

29 Vgl. Michel Foucault: *Überwachen und Strafen. Die Geburt des Gefängnisses.* Frankfurt a.M. 1976, S. 238-250. Vgl. Pethes: *Zöglinge der Natur,* S. 289-293. Vgl. Nicolas Pethes: »Ästhetik des Falls. Zur Konvergenz anthropologischer und literarischer Theorien der Gattung«, in: Sheila Dickson/Stefan Goldmann/Christof Wingertszahn (Hg.): *Fakta, und kein moralisches Geschwätz. Zu den Fallgeschichten im ›Magazin zur Erfahrungs‹.* Göttingen 2011, S. 13-32.

30 Vgl. Foucault: *Überwachen und Strafen,* S. 278f.

schon am pädagogischen Paradox einer ›Erziehung zur Freiheit‹ herausgearbeitete theatrale Struktur, die sich von einer Öffentlichkeit der Zuschaustellung in die Innerlichkeit der zu bildenden Subjektivität verlagert:[31] Diese zu bildenden je individuellen Subjekte sind gleichzeitig Modelle von Individualität. An ihnen manifestiert sich nicht nur eine Spannung zwischen Besonderem und Allgemeinem, sondern auch die theatrale Problematik von Individualität und *imitatio*: Wie Modelle von individueller Subjektivität liefern, wie dieses Ereignis dingfest machen? Und wäre es dann noch die jeweils besondere Hervorbringung des Subjekts, wenn sie sich wiederholen und imitieren lässt? Die von Foucault beschriebene Gouvernementalität der je individuellen Subjektbildung mag nicht mehr nach einem Theaterparadigma der Zurschaustellung funktionieren. Sie handelt sich jedoch die Theatralität einer solchen Subjektbildung als Problem ein.

Davon dass Moritz eine solche Abhängigkeit keineswegs in einer Logik des Theaters verstanden haben möchte, zeugt seine eingangs zitierte Polemik gegen eine schauspielerische Darstellung des Sokrates: ›Wenn der griechische Schauspieler [...] dem Sokrates auf dem Schauplatze und der Weise ihm im Leben nachahmt so ist das Nachahmen von beiden so sehr verschieden, daß es nicht wohl mehr unter einer und ebenderselben Benennung begriffen werden kann.‹ Demgegenüber hat Christopher Wild herausgearbeitet, in welchem Ausmaß Moritz zur Beschreibung seines Vorhabens im *Magazin* Metaphern des Zuschauens und Schauspielens benutzt. Um das eigene Leben beobachtbar zu machen, muss der Beobachter sich demnach selbst zum distanzierten Theaterzuschauer machen und das Leben, auch das eigene, als ein Schauspiel betrachten, gerade wenn das eigene Leben ein beschwerliches ist: Der »Beobachter des Menschen« braucht »Kälte und Heiterkeit der Seele dazu, alles was geschieht, so wie ein Schauspiel zu beobachten, und die Personen, die ihn oftmals kränken, wie Schauspieler«[32]. Das Psychologen-Ich, das seine ›Erfahrungsseelenkunde‹ begründet, leitet diese transformierte *theatrum mundi*-Metapher aus eben den Erfahrungen der Erniedrigung und des gesellschaftlichen Ausschlusses ab, die später im *Anton Reiser*-Roman so ausführlich entfaltet werden: »So bald ich also sehe, daß man mir selber keine Rolle geben will, stelle ich mich vor die Bühne, und bin ruhiger, kalter

---

31 Vgl. Kapitel II.

32 Karl Philipp Moritz: »Vorschlag zu einem Magazin der Erfahrungsseelenkunde«, in: Ders.: *Werke in zwei Bänden*. Band 1. Frankfurt a.M. 1999, S. 783-809, hier S. 801. Vgl. Wild: »Theorizing Theater Antitheatrically«, S. 530.

Beobachter.«[33] – und zwar des eigenen Innenlebens und des Verhaltens der anderen auf der Bühne des Lebens.

Diese metaphorischen Theaterereignisse sind also Mittel zum Zweck: Sie lassen eine Flüchtigkeit erscheinen, die dann notiert werden und den sie Notierenden zu einem Nachfolger des Sokrates machen kann. Andersherum liegt das Problem der nichtmetaphorischen Theaterereignisse (also eines geschauspielerten Sokrates) jedoch gerade (und mit den traditionellen theaterfeindlichen Argumenten) in ihrer Flüchtigkeit und Instabilität: Sie bringen nur Oberflächliches zur Erscheinung; ein solches Innenleben fehlt ihnen. Und sie lassen ihr Publikum gerade nicht kalt. Es handelt sich hier also nicht nur um die Entgegensetzung zwischen dem metaphorischen und wirklichen Theaterereignis. Es handelt sich auch nicht, wie sowohl die Absage an das Schauspiel als auch die Pathologisierung der Theatromanie im *Anton Reiser* zunächst vermuten lassen, um eine Verwerfung des Theaters, sondern um die seit Platon tradierte Unterscheidung zwischen gutem und schlechtem Theater: zwischen dem Theater als Mittel zum Zweck der Herstellung eines zukünftigen Ereignisses höherer Ordnung (nämlich eines sokratischen Subjekts) und den nutzlosen oder gar gefährlichen Theaterereignissen als solchen, die keinem Zweck untergeordnet werden und so zur Entbildung und Zerrüttung des Subjekts beitragen.

3. THEATROPHOBE ROLLEN, BILDUNGSTHEATER UND VERFEHLTER BILDUNGSGANG

Die dem *Magazin* zugrunde liegende Beobachtungsstruktur verkompliziert sich im Hinblick auf den *Anton Reiser*-Text.[34] Diese monoton Tiefpunkt an Tiefpunkt reihende Niederschrift einer aus sozialen Erniedrigungen bestehenden Bildungs- und Lebensgeschichte könnte laut Vorrede zum ersten Teil nicht nur ›psychologischer Roman‹, sondern »auch eine Biographie genannt werden«. Von einer »pädagogische[n] Rücksicht« geht zusätzlich die Rede und bereitet so auf den

---

33 Vgl. Moritz: »Vorschlag zu einem Magazin der Erfahrungsseelenkunde«, S. 802. Vgl. Raimund Bezold: *Popularphilosophie und Erfahrungsseelenkunde im Werk von Karl Philipp Moritz.* Würzburg 1984, S. 152-163.

34 Zum Verhältnis von *Magazin* und Roman vgl. Steffi Baumann: *»Geschichten, die helfen, die Seele zu erkunden«. Karl Philipp Moritz' ›Anton Reiser‹ und das ›Magazin zur Erfahrungsseelenkunde‹.* Berlin 2009. Vgl. Christiane Frey: »Der Fall *Anton Reiser*. Vom Paratext zum Paradigma«, in: Anthony Krupp (Hg.): *Karl Philipp Moritz. Signaturen des Denkens.* Amsterdam 2010, S. 19-43.

Charakter eines pädagogischen und anthropologischen Traktats vor, wie er sich dann in den kommentierten Passagen wiederfindet. Der Roman liefert zwar modellhaft die »*innere* Geschichte« (A 86) eines Menschen, aber dieser modellhafte Text geht über zahlreiche Signale mit den Lesenden doch einen abgeschwächten autobiographischen Pakt ein:[35] Es scheint sich um eine nachträgliche Selbstbeobachtung von Karl Philipp Moritz zu handeln. In der Niederschrift, Verknüpfung und natürlich auch häufig genug in einer literarischen Inszenierung der Ereignisse, die dem Anspruch des *Magazins* auf ›kalte‹ Beobachtung zuwiderläuft, wird dem Ich aber eine *persona*, d.h. eine im Sinne der ›Erfahrungsseelenkunde‹ distanzierende Rolle gegeben: ›Anton Reiser‹. Die Forschung ist diesbezüglich seit jeher gespalten: zwischen einer Lektüre des Texts als eines sozialgeschichtlichen Zeugnisses, einer verkappten Autobiographie und einer poetischen Konstruktion tummeln sich unterschiedlichste Ansätze.[36] Der Name Anton Reiser erhält dabei erstaunlich wenig Interesse bis hin zu der These, um eine historische Referenz auf den Theaterfeind könne es sich ja aufgrund mangelnder Relevanz nicht handeln.[37]

In der Tat handelt es sich bei Antons Theatromanie weniger um das Hauptthema des Texts als vielmehr um ein Symptom. Dem psychologischen Ansatz gemäß werden Theatererlebnisse beschrieben, wie sie sich in Reisers Seele manifestieren: von der Dramenlektüre über Aufführungsbesuche bis hin zu dem Entschluss, selbst Schauspieler zu werden, und den Folgen. Die Theaterbesessenheit und die vorherige Lesewut werden zum anderen von der Erzählinstanz als Effekte der frühkindlichen Vernachlässigung und der sich daraus in die folgende Bildungsgeschichte entspinnende Demütigungskette präsentiert: Das Theater setzt das frühkindliche ›Leiden der Einbildungskraft‹ fort und vollendet es. »[W]as bis jetzt nur noch in seiner Phantasie aufgeführt war,« das kann Anton »nun auf dem Schauplatz mit aller möglichen Täuschung wirklich dargestellt zu sehn« (A 269) bekommen. Die Produkte der Einbildungskraft werden real, ohne ihren fiktionalen Status zu verlieren. »[D]ie Welt ihrer Phantasie« ist »gewissermaßen wirklich gemacht« (A 270); ein gelungener Kompromiss scheint gebildet. Denn das Theater ermöglicht erstens die Flucht aus der realen Welt, ohne dass die Einbildungskraft noch aktiv werden müsste: Ihm wird eine alternative

---

35 Nicht im ganz strikten Sinne von Philippe Lejeune: *Der autobiographische Pakt.* Frankfurt a.M. 1994.

36 Vgl. Heide Hollmer/Albert Meier: »Deutungsaspekte«, in: Karl Philipp Moritz: *Werke in zwei Bänden.* Band 1. Frankfurt a.M. 1999, S. 982-989.

37 Vgl. Müller: *Die kranke Seele und das Licht der Erkenntnis*, S. 415. Vgl. dagegen Wild: »Theorizing Theater Antitheatrically«, S. 507f.

Realität ja bereits vorgesetzt. Nun kann das Theater zweitens auch als Stimulanz gegen die Eintönigkeit des Alltags wirken. In der pseudo-kompensatorischen Logik einer Suchtgeschichte wirkt das jeweilige Lese- oder Theatererlebnis wie »Opium« (255); Anton ist von seinen Phantasiegebilden »wie berauscht«. Das Produkt der Einbildungskraft verspricht die melancholische Lücke in Reisers Existenz zu füllen und reproduziert in seiner Substanzlosigkeit nur deren Melancholie.[38] »Und alles, was er tat, [...] war im Grunde eine bloße Betäubung seines innern Schmerzes, und keine Heilung desselben – sie erwachte mit jedem Tage wieder« (A 270). Die kleinteilige Protokollierung des Seelenlebens der Anton-Figur mit all ihren Mikro-Ereignissen bestätigt, dass das angestrebte Ereignis eines sich selbst erkennenden Subjekts noch in der Zukunft liegt: entweder in der Zukunft der Figur oder in der Zukunft einer durch Reisers Exempel abgeschreckten Lektüre.

Die Theatromanie der Anton Reiser-Figur entspricht allerdings nur eingeschränkt dem vom historischen Anton Reiser an die Wand gemalten Schreckgespenst: Der asexuelle Anton, der selbst den *Werther* ohne einen Gedanken an Erotik rezipieren kann, geht keinesfalls ins Theater als die von seinem Namenspatron beschriebene »allgemeine Schule der Geilheit«[39]. Zwar führt der fließende »Übergang von der Affektation zur Heuchelei und Verstellung« (A 290) immer wieder dazu, dass die Anton-Figur sich selbst betrügt oder anlügt – und dadurch auch ihre Umgebung. Dadurch nimmt ihre Umgebung sie immer wieder als »niederträchtig« (A 260), »verdorben« und der »*Lüderlichkeit*« hingegegeben wahr und damit eben so, wie der Theaterfeindschaftsdiskurs sich traditionell einen Theatergänger vorstellen. Die Erzählinstanz markiert aber, dass die Anton-Figur oft bloß fälschlich so »schien« (A 296), weil das Umfeld ihre verborgene psychologische Vorgeschichte nicht in diese Beurteilung einbezieht. Die moralische Verderbtheit, die dann nicht zuletzt Antons Theaterbesessenheit zugeschrieben wird, resultiert also aus einer Betrachtung, die selbst in der dem Theater von seinen Feinden unterstellten Oberflächlichkeit verharrt. Die traditionelle Theaterkritik findet sich gegen sich selbst gewendet.

Die vom Text dargestellte Verführung der Anton-Figur durch das Theater geschieht dabei in markanter Weise nicht durch eben dessen Lüge und Sündhaftigkeit, sondern orientiert sich an den zeitgenössischen avantgardistischen und in

---

38 Vgl. Hans-Jürgen Schings: *Melancholie und Aufklärung. Melancholiker und ihre Kritiker in Erfahrungsseelenkunde und Literatur des 18. Jahrhunderts.* Stuttgart 1977, S. 226-254.

39 Reiser: *Theatromania*, S. 294. Vgl. Wild: *Theater der Keuschheit – Keuschheit des Theaters*, S. 167-215.

der Praxis noch wenig verbreiteten Theaterprogrammatiken: Der Roman evoziert die Konzepte Diderots und Lessings, mit denen das Theater zu einer Bildungsanstalt reformiert werden soll und die in den 1780ern noch alles andere als kanonisch oder gar für die Theaterpraxis übergreifend relevant sind.[40]

Statt des niederen Unterhaltungsspektakels, als das die traditionelle Wanderbühne von den Reformern gerne beschrieben wird, hat Anton sein Initialerlebnis mit dem neuen reformierten Bildungstheater *par excellence*: In seiner Heimatstadt macht die aus den Stars des deutschen Theaters bestehende Ackermannsche Truppe Station. Zur Aufführung kommt ausgerechnet *Emilia Galotti*, das schon damals zwar als Modellstück des zukünftigen Theaters gilt, aber relativ selten tatsächlich den Weg auf die Spielpläne findet.[41] Gerade die hohe Qualität des Gesehenen macht der Text für Antons spätere Besessenheit verantwortlich: »Dadurch bildete sich ein Ideal von der Schauspielkunst in ihm, das nachher nirgends befriedigt wurde, und ihm doch weder Tag und Nacht Ruhe ließ, sondern ihn unaufhörlich umhertrieb, und sein Leben unstet und flüchtig machte.« (A 272)

Allerdings wird das Initialerlebnis Theater gleich über seine Nachträglichkeit beschrieben: Anton hat bereits einmal in einem weniger avancierten Kontext Theater »spielen sehen«, ohne dass der Text Näheres davon berichtet, »und schon von jener Zeit her, schwebten die rührendsten Scenen aus diesen Stücken noch seinem Gedächtnis vor« (A 272). Diese Phantasie hat er nun in Lektüre und Deklamation in kleinem Kreise weiterentwickelt. Wenn Anton

»irgend eines seiner Lieblingstrauerspiele als *Emilia Galotti, Ugolino*, oder sonst etwas Tränenvolles […] vorlesen konnte, [empfand] […] er denn ein unbeschreibliches Entzücken […], wenn er rund um sich her jedes Auge in Tränen erblickte, und darin den Beweis las, daß ihm sein Endzweck, durch die Sache, die er vorlas, zu rühren, gelungen war.« (A 261 f.)

Das wirkliche Initialerlebnis Theater erfolgt also erst, nachdem es bereits eine Phantasie vom Theater gibt und das Versprechen auf eine Theaterpraxis, die für das ›unterdrückte‹ Subjekt Anton mit der Semantik des ›Gelingens‹ aufgeladen ist.

---

40 Vgl. immer noch einschlägig Rudolf Münz: *Das andere Theater. Studien über ein deutschsprachiges teatro dell'arte der Lessingzeit.* Berlin 1979.

41 Vgl. z.B. Peter Heßelmann: *Gereinigtes Theater? Dramaturgie und Schaubühne im Spiegel deutschsprachiger Theaterperiodika des 18. Jahrhunderts (1750-1800).* Frankfurt a.M. 2002, S. 171-195.

Dass zwischen der wohltemperierten Rührung durch Lessings Text und dem Exzess in Gerstenbergs kein Unterschied gemacht wird, weist bereits auf ein mangelndes Urteilsvermögen der Anton-Figur hin. Der Theaterbesuch bewirkt bei Anton dann jedoch präzise die von Diderot angestrebte Absorption ins für Realität genommene Bühnengeschehen,[42] wenn die Handlung »mit aller möglichen Täuschung wirklich« (A 269) erscheint, statt ihre Effekte über Spektakel, Improvisation oder deklamatorischem Bombast zu erzielen. Ebenso orientiert Antons Theaterrezeption sich an der von Lessing proklamierten Identifizierung mit den Figuren.[43] Bei Lessing intensiviert ein solches Mitleiden die allgemein menschliche Eigenschaft schlechthin und verstärkt so die Menschlichkeit des Menschen. Wie bei Diderot basiert diese Konzeption aber darauf, dass die Grenze zwischen Bühne und Publikum erhalten bleibt. Diderots Zuschauer dürfen nur »beinahe«[44] so sehr absorbiert sein, dass sie die Bühne betreten wollen. Lessings Mitleid basiert auf einer Furcht um sich[45]; der Fremdbezug basiert auf einem stabilen Selbstbezug. Da Anton diesen stabilen Selbstbezug nicht besitzt, verstärkt die Wirkung des neuen Bildungstheaters nur seinen Selbstverlust: Zwar

»flossen [seine Tränen] im Grunde eben sowohl über sein eignes Schicksal, als über das Schicksal der Personen, an denen er Teil nahm, er fand sich immer auf eine nähere oder entferntere Weise in dem unschuldig Unterdrückten, in dem Unzufriednen mit sich und der Welt, in dem Schwermutsvollen, und dem Selbsthasser wieder.« (A 271)

Aber damit ist Lessings Konzeption übererfüllt: Statt sich an die Stelle der Bühnenfiguren zu setzen, setzt Anton die Bühnenfiguren an die eigene Stelle: Er kompensiert für das ›unterdrückte‹ und noch nicht ausgebildete Selbst, zu dem seine Selbstaufgabe an das Theater ihm einen weiteren Bildungsweg von nun an versperren wird: »Er dachte von nun an keinen andern Gedanken mehr, als das *Theater*, und schien nun für alle seine Aussichten und Hoffnungen im Leben

---

42 Vgl. für das Folgende Wild: »Theorizing Theater Antitheatrically«, S. 523-527. Vgl. Michael Fried: *Absorption and Theatricality. Painting and Beholder in the Age of Diderot.* Berkeley 1980. Vgl. Johannes Friedrich Lehmann: *Der Blick durch die Wand. Zur Geschichte des Theaterzuschauers und des Visuellen bei Diderot und Lessing.* Freiburg 2000. Vgl. Wild: *Theater der Keuschheit – Keuschheit des Theaters*, S. 306-328.

43 Vgl. Lessing: *Hamburgische Dramaturgie*, S. 444-448.

44 Diderot: *Das Theater des Herrn Diderot*, S. 97. Vgl. Wild: *Theater der Keuschheit – Keuschheit des Theaters*, S. 307-312.

45 Vgl. Lessing: *Hamburgische Dramaturgie*, S. 445.

gänzlich *verloren* zu sein.« (A 270) Anton schafft es, das eigene Leiden mittels dieser Übererfüllung auch im Genre der Komödie wiederzuerkennen: »Dies ging so weit, daß er selbst bei komischen Stücken, wenn sie nur einige rührende Scenen enthielten, als z.B. bei der Jagd, mehr *weinte*, als lachte« (A 271). Statt sich in der Identifizierung mit dem Leiden der Bühnenfigur zu einem besseren Menschen zu bilden, verliert Anton sich in der fiktiven Welt. Dieser Selbstverlust im Theater stellt also das Gegenteil zu der kalten Abstraktionsleistung dar, die der sokratische Selbstbeobachter des *Magazins zur Erfahrungsseelenkunde* erbringt, der sich auch mit einigen Fällen von Theatromanie befasst. – Ironischer Weise ist die erste Bühnenrolle, die Anton Reiser sich erträumt, die des sterbenden Sokrates.[46]

Auf der Ebene des Erzählten weist diese Überidentifikation Anton als Dilettanten aus:[47] Er ist nicht zum professionellen Schauspieler bestimmt, weil er das Theaterereignis nicht selbst technisch und kontrolliert erzeugen kann. Stattdessen verliert er sich auch auf der Bühne in seiner Zuschauerphantasie von der Rolle. Erzähltechnisch heißt das, dass iterativ eigentlich immer wieder dieselben Vorkommnisse in Variationen erzählt werden: Auf Erniedrigung und Melancholie folgt Eskapismus. Auf diesen Genesung oder erneute Erniedrigung oder Langeweile und damit erneut Melancholie und Eskapismus usw. Das verfehlte Bildungsereignis Theater zieht eine Kette von weiteren Bildungsverfehlungen nach sich. Der Anton Reiser-Figur gelingt es nicht, das eigentlich für sie von der Erzählinstanz angestrebte Ereignis der Selbsterkenntnis zu erzeugen. Zum Schluss greift die Erzählung der verfehlten Ereignisse auf die thematische Ebene über: Das Theater zerfällt als Institution. Der vierte Teil endet damit, dass Anton nach entbehrungsreicher Wanderschaft endlich auf eine Schauspielergesellschaft stößt, bei der er sich Aufnahme erhofft. Diese Gesellschaft findet sich aber gerade in Auflösung begriffen: »Die […] Truppe war […] eine zerstreute Herde« (A 518) und entspricht gänzlich der Verfassung von Antons vom Theater unterminierten Psyche. Dem Theater und seiner Rezeption fehlt bis zu guter Letzt eine feste Struktur; die Unbeständigkeit der erzählten Seelenvorgänge findet keine feste Verankerung in der Welt. Einen fünften Teil des ›psychologischen Romans‹ gibt es dann nicht mehr.

---

46 Vgl. Wild: »Theorizing Theater Antitheatrically«, S. 529f.

47 Vgl. Nadja Wick: *Apotheosen narzisstischer Individualität. Dilettantismus bei Karl Philipp Moritz, Gottfried Keller und Robert Gernhardt.* Bielefeld 2008, S. 137-142.

4. EITELKEIT, SELBSTGEFÜHL UND THEATER DER ANERKENNUNG

Der Bezug auf das Theater funktioniert im *Anton Reiser*-Roman auf zwei Ebenen: Der Selbstverlust im Theater wird als paradigmatisch für die ihr Ziel beständig verfehlende Bildungsgeschichte ausgegeben, deren Ereignisabfolge in Anlehnung an den Stil des *Magazins* notiert wird. In diesem Sinne ist der Bezugsrahmen Theater der Bildungsgeschichte vorgeordnet. Gleichzeitig ist die Theatromanie der Anton-Figur ein zwar extremes, aber letztlich beliebiges Beispiel für eine durch die ›Leiden der Einbildungskraft‹ vom Weg abgekommene Bildung; in diesem Sinne wiederum ist das Theater der Bildungsgeschichte nachgeordnet. Das Initialerlebnis für Antons Hingabe ans Theater anlässlich von *Emilia Galotti* bildet diese doppelte Struktur ab: Es bezieht sich auf ein noch nicht in der Geschichte erzähltes, jedoch bereits in der Vergangenheit liegendes Theatererlebnis, ist aber gleichzeitig aus der vormaligen Lesewut abgeleitet.

Die Vorläufigkeit des Theaters hat ihre Wurzel in der vom Text aufgerufenen Semantik und Metaphorik aus dem subjektphilosophischen Diskurs: Der Selbstverlust ans und im Theater wird dadurch ermöglicht, dass die Anton-Figur gar kein stabiles Selbst ausgebildet hat. Die Metaphorik ist hier zunächst eine des Fühlens; es mangelt ihm an einem »Selbstgefühl[]«: Sein verfehlter Bildungsweg ist »eine natürliche Folge seines von Kindheit an unterdrückten Selbstgefühls« (A 292), das vom Blick der anderen abhängig bleibe.[48] Ein solches Selbstgefühl erklärt die Erzählinstanz zur Grundlage der »*Selbstachtung*« (A 283) eines gesunden Subjekts. Verwendet wird der Begriff des Selbstgefühls, der später zu philosophischer Prominenz kommen soll,[49] ganz im Sinne der von Immanuel Kant in seiner *Kritik der reinen Vernunft* beschriebenen »Selbstaffektion«[50]. Der eigentlich rhetorische Begriff der Autoaffektion beschreibt bekannt-

---

48 »Selbstgefühl: das Gefühl, die lebhafte, anschauende Erkenntniß, seines eigenen Zustandes, besonders seines moralischen.« (Adelung: *Grammatisch-kritisches Wörterbuch der hochdeutschen Mundart*. Bd. 3, S. 49)

49 Vgl. Manfred Frank: *Selbstgefühl. Eine historisch-systematische Erkundung*. Frankfurt a.M. 2002.

50 Vgl. Martin Heidegger: *Kant und das Problem der Metaphysik*. Frankfurt a.M. 1973, S. 182-189, hier: S. 184: »die endliche, reine Anschauung, die den reinen Begriff (den Verstand), der in wesenhafter Dienststellung zur Anschauung steht überhaupt trägt und ermöglicht«.

lich die Selbsterregung des Redners mit den zu vermittelnden Affektzuständen.[51] Die Schauspieltheorien seit dem 18. Jahrhundert arbeiten sich an dieser Figur ab; Antons Dilettantismus liegt gerade darin, dass er die eigene Erregung schon für eine schauspielerisch (bzw. rhetorisch) hinreichende Leistung hält.

Beim erwähnten ›Selbstgefühl‹ und Kants Rede von der ›Selbstaffektion‹ handelt es sich aber um etwas Grundsätzlicheres: darum, überhaupt in einem sinnlich fühlbaren Selbstverhältnis zu sich zu stehen, noch vor jeder aktiven Formung. An dieser ›Selbstaffektion‹ hängt bei Kant nun die visuelle Metapher der Guckkastenbühne: Sinnliche Anschauungen und begrifflicher Verstand verbinden sich zu »*Vorstellungen*«[52]. Ein solches Selbstgefühl ermöglicht mein Wissen davon, dass die inneren Vorstellungen, die vor mir erscheinen, die meinen sind.[53] Kants Subjektphilosophie lässt sich hier also metaphorisch mit der identifikatorischen Struktur des Theaters im Sinne Diderots und Lessings parallel führen. Weil diese Verankerung fehlt, kann die Anton-Figur ihr Selbst an die Vorstellungen des Theaters verlieren, statt diese als Vorstellung für sich selbst zu begreifen und das eigene Selbstgefühl bestätigt zu fühlen. Ihre Entsprechung findet diese Struktur im Sozialen: Die Erzählinstanz erläutert, dass ›Selbstachtung‹ für Anton nur durch die »Achtung anderer Menschen« (A 283) zu haben ist. Sie soll die fehlende ›Selbstachtung‹ ersetzen, kann die Lücke des fehlenden Selbstbezugs aber nicht füllen. Einer solchen Achtung muss Anton also auf ähnliche Weise hinterherlaufen wie der Erfüllung durch das Theatererlebnis.

Szenen der gesuchten und verfehlten Anerkennung durch andere beschreibt der Text primär in visuellen Metaphern und teilweise ganz wörtlich in Szenen des Schauens: Es geht darum, von den anderen gesehen zu werden, statt im »unterträglichen *Nichtbemerktwerden*« (A 320) zu verharren. Anton braucht auch schon im Sozialen den theatralen Auftritt vor anderen, um das mangelnde Selbstgefühl zu kompensieren: Die Figur ist nicht in einen Kampf um Anerkennung verwickelt, sondern in ein Theaterspiel um Anerkennung. Der Text fasst dies mit dem Begriff der »Eitelkeit« im einerseits zeitgenössisch noch nicht ge-

---

51 Vgl. Rüdiger Campe: »Affizieren und Selbstaffizieren. Rhetorisch-anthropologische Näherung ausgehend von Quintilian, *Institutio oratoria* VI, 1-2«, in: Josef Kopperschmidt (Hg.): *Rhetorische Anthropologie*. München 2000, S. 135-152.

52 Immanuel Kant: *Kritik der reinen Vernunft*, in: Ders.: *Werkausgabe*. Band 3. Frankfurt a.M. 1974, S. 73.

53 Vgl. Schäfer: *Szenischer Materialismus*, S. 32-36. Vgl. Marco Baschera: *Das dramatische Denken. Studien zur Beziehung von Theorie und Theater anhand von Kants »Kritik der reinen Vernunft« und Diderots »Paradoxe sur le comédien«*. Heidelberg 1989, S. 9-29.

bräuchlichen modernen Sinne: als übertriebene Selbstbezogenheit, deren die Erzählinstanz die Anton-Figur immer wieder anklagt, die sich aber andererseits immer nur in Bezug auf das Auftreten vor dem Blick der anderen äußert. Antons Einbildungskraft stimuliert sich an Szenen, in denen er in der Zukunft von anderen als bedeutsam gesehen werden wird: von Erwachsenen, die das so glaubensfeste Kind loben, vom Pastor, dem der brave Kirchgänger auffallen wird, vom Schulrektor, von den Klassenkameraden. Die »süße Nahrung« (A 136), die solche Bilder seiner Eitelkeit liefern, kompensieren den Hunger, den der physische Körper Antons oft leidet. Die Eitelkeit markiert ein nicht vorhandenes Selbstgefühl, das die fehlende eigene innere Selbstaffektion durch den Anerkennung versprechenden Blick der anderen von außen ausgleichen soll. Das institutionelle Theater tritt auch hier an die Stelle eines ihm vorgängigen metaphorischen Theaters: Zu Antons

»Begierde, sich auf irgend eine Weise [...] öffentlich zu zeigen, um Ruhm und Beifall einzuernten, [...] [mußte] ihm nun freilich nichts bequemer, als das Theater scheinen [...], wo es einem nicht einmal darf zur Eitelkeit angerechnet werden, daß er sich so oft wie möglich zu seinem Vorteil zeigen will, sondern, wo die *Sucht nach Beifall gleichsam privilegiert ist*« (A 398 f.).

Aus Sicht der vom Pfad der Bildung und Tugend abgekommenen Titelfigur findet sich hier das Argumentationsmuster des theaterfeindlichen Diskurses umgekehrt: Nicht das Theater ist der Sündenpfuhl. Vielmehr entlastet es von der eigenen Charakterschwäche, weil diese institutionell gefordert wird. Die Distanzierung der Erzählinstanz lässt diese Entlastungsstrategie der beschriebenen Figur als Tugend- und Perspektivverlust erscheinen. Letztlich unterstreicht die Erzählinstanz mit dieser Argumentation die Parallelführung von Bewusstseins- und Theaterbühne in der dem Text zugrunde liegenden diskursiven Ordnung.

Aufgenommen und variiert wird so vom Roman die Argumentation Jean-Jacques Rousseaus aus *Émile* und dem *Brief an d'Alembert über die Schauspiele*, der Sündenfall der Eitelkeit (und ihrem falschen ›amour propre‹) werde vom Theaterauftritt erzeugt: von der Mimesis als dem etwas Vorführen vor anderen.[54] Der Text orientiert sich auch bei der Umsetzung von Antons Eitelkeitsphantasien am Theater an Rousseau. Während Émile allerdings durch eine Szene öffentlicher Beschämung von der Eitelkeit geheilt wird, laufen beim unverbesserlichen Anton die sich wiederholenden Eitelkeits- und Anerkennungsphantasien immer auf Szenen der Beschämung hinaus: auf Blicke der anderen (Eltern, Lehrer, Mit-

---

54 Vgl. Kapitel IV.

schüler), die abwerten, verachten, erniedrigen und bloßstellen. Die Auftritte Antons auf der sozialen Bühne erfolgen immer wieder »in einem verächtlichen Lichte« (A 229), »in einem lächerlichen Lichte« oder sind doch von der »Furcht davor« begleitet (A 230). Die Eitelkeit spekuliert auf eine in der Zukunft verwirklichte Anerkennung, schiebt sich immer wieder in diese auf und bringt nur neue Schamerlebnisse: In diesen erscheint das Ich sich selbst ›lächerlich‹ oder ›verächtlich‹; die Erzählinstanz sieht es vom Verschwinden, nicht nur sozialer Art, bedroht: »Die Scham ist ein so heftiger Affekt, wie irgend einer, und es ist zu verwundern, daß die Folgen desselben nicht zuweilen tödlich sind.« (A 228)

Nur ein einziges Mal beschreibt der Text die Verwirklichung einer Eitelkeits- und Anerkennungsphantasie der Anton-Figur – und damit ein in ihrem Sinne gelingendes Theaterereignis. Dies geschieht der beschriebenen Ordnung des Texts gemäß noch bevor Anton dem Theater verfällt: Anton darf vor öffentlichen Würdenträgern deklamieren. Hier taucht der Begriff ›Eitelkeit‹ nicht auf, sehr wohl aber ein Synonym seiner vormodernen Bedeutung als »Nichtigkeit«[55], wie sie auch beim historischen Anton Reiser Verwendung findet: »Indes kam Reisern an diesem Tage alles so tot, so öde vor; die Phantasie mußte zurücktreten – das *Wirkliche* war nun da [...]. [E]he er noch anfing zu reden, dachte er an etwas ganz anders, als an seinen gegenwärtigen Triumph – er dachte und fühlte die Nichtigkeit des Lebens« (A 361). Eben eine solche Nichtigkeit war ein paar Seiten zuvor als die »Eitelkeit aller menschlichen Dinge« (A 305) beschrieben worden. Antons verwirklichte Eitelkeit, deren Selbstbezug über den Umweg der anderen gelingt, entpuppt sich als nichtige Eitelkeit im Sinne der traditionellen Theaterfeinde. – Statt zum gelingenden Selbstgefühl vorzustoßen, lässt der Text Anton an dieser Stelle natürlich einen Rückfall erleiden.

Für die Erzählinstanz ist die Sache klar: Das mangelnde Selbstgefühl kann nicht durch den Blick der anderen erzeugt werden. Es muss im Subjekt als der wohlwollende narzisstische Blick auf sich selbst installiert werden und zwar bereits in der frühkindlichen Prägung. Der Text geht bis in die früheste Kindheit zurück, um diese misslungene Selbstspiegelung zu rekonstruieren, die einem verfehlten Selbstgefühl entspricht: Mit der Lieblosigkeit der zerstrittenen Eltern, von denen Anton nicht wusste, »an wen [der beiden] er sich halten« (A 91) sollte, ist noch das mimetische Modell der Orientierung an Vorbildern aufgerufen, über das auch der Philantropinismus operiert.[56] Hinzu treten die fehlende Zärtlichkeit der Berührung sowie der fehlende Blick auf das lächelnde Antlitz der

---

55 Vgl. Adelung: *Grammatisch-kritisches Wörterbuch der hochdeutschen Mundart.* Bd. 2, S. 1779f.

56 Vgl. Kapitel V.

Bezugspersonen: »In seiner frühesten Jugend hat er nie die Liebkosungen zärtlicher Eltern geschmeckt, nie nach einer kleinen Mühe ihr belohnendes Lächeln.« (A 91) Dieser Durchgang durch die Sinne endet damit, dass Anton mit der Geburt eines Bruders aus dem Blickfeld rückt und nur noch abwertend seinen Namen »mit einer Art von Geringschätzung und Verachtung nennen hörte, die ihm durch die Seele ging« (A 92). Zwar differenziert der Text im Folgenden zwischen dem inneren »niederschlagende[n] Gefühl der Verachtung, die er von seinen Eltern erlitten, und die Scham, wegen seiner armseligen, schmutzigen, und zerrißnen Kleidung« (A 93) vor anderen, aber Inneres und Äußeres verhalten sich im in seiner frühkindlichen Entwicklung angelegten Mangel strukturgleich zueinander. Durch sämtliche Register der Sinne hindurch wird das mangelnde spätere ›Selbstgefühl‹ durch seine frühkindliche Störung begründet. Das fehlende elterliche Lächeln weist dabei schon auf die für die spätere Theatermetapher grundlegende Ordnung des Blicks: Mit der späteren Metaphorik der Psychoanalyse, auf die Moritz' Projekt in Vielem vorausweist,[57] zeichnet eine Störung der mimetischen Identifizierung im narzisstischen »Spiegelstadium«[58] für sein gestörtes Selbstgefühl verantwortlich. Dass es ein solches Selbstgefühl immer gibt, setzt der Text mit einer rhetorischen Frage voraus: »Woher mochte wohl dies sehnliche Verlangen nach einer liebreichen Behandlung bei ihm entstehen, da er doch derselben nie gewohnt gewesen war, und also kaum einige Begriffe davon haben konnte?« (A 92) In der fehlenden kindlichen Befriedigung dieses mimetischen ›Verlangens‹ nach Identifizierung mit einem als Selbst erkannten Anderen ist die theatrale Spaltung angelegt, die durch den Text hindurch nicht mehr eingeholt werden kann: Im Spiegelbild, mit dem das Ich sich narzisstisch identifiziert, blickt das Ich sich nicht nur als sich selbst an, sondern auch als einen Anderen.

Mit der frühkindlichen Fixierung des Ursprungs der späteren Theatromanie zeigt sich aber ein doppeltes Argumentationsmuster der Erzählinstanz: Einerseits behauptet diese durch den Text hindurch in ihrer pädagogischen Funktion, dass der Blick der Anderen das nötige ›Selbstgefühl‹ nie geben können wird. Das von der Hauptfigur im sozialen Bereich und auf der Theaterbühne gespielte Theater um Anerkennung wird aus dem Bereich einer gelingenden Subjektbildung verbannt. Andererseits beschreibt die Erzählinstanz in den frühkindlichen Szenen

---

57 Vgl. Hartmut Raguse: »Autobiographie als Prozeß der Selbstanalyse. Karl Philipp Moritz' *Anton Reiser* und die Erfahrungsseelenkunde«, in: Johannes Cremerius et al. (Hg.): *Über sich selber reden. Zur Psychoanalyse autobiographischen Schreibens.* Würzburg 1992, S. 145-157.

58 Vgl. Jacques Lacan: *Schriften I.* Berlin 1986, S. 61.

doch den Ursprung eines solchen ›Selbstgefühls‹ als von diesen Anderen und ihrer Affirmation abhängig: Das Selbstgefühl basiert auf dem liebenden Blick von außen. Die Doppelstrategie des Texts besteht darin, einerseits die Spaltung, die Anton nicht überwinden kann und mit seiner Eitelkeitsphantasie füllt, als die eines leeren Theaterereignisses zu pathologisieren. Das zur angestrebten sokratischen Selbsterkenntnis befähigte Subjekt basiert aber ebenfalls auf einer solchen grundlegenden Spaltung und ist eine Gabe der anderen, in diesem Fall der Eltern. Damit schreibt der Text, ohne seiner eigenen Argumentation zu folgen, eine Problematik aus, die schon von den späteren Nachfolgern und Kritikern Kants als Problem seiner Subjektphilosophie erkannt wird und auf die Ausrichtung der Subjekttheorie auf den ›Anderen‹ in der Psychoanalyse Lacans endet:[59] Das Subjekt, welches sich selbst fühlen und anblicken soll, ist schon in sich geteilt und kommt nie ganz bei sich an. In seinem Selbstgefühl fühlt es sich schon selbst als die eigene Andersheit. Mit der Theatermetaphorik von Kants Bewusstseinsphilosophie gesprochen ist die Vorstellung auf der eigenen Bewusstseinsbühne schon eine Vorstellung von Andersheit und umgekehrt auch die Vorstellung von sich selbst auf der eigenen Bühne schon strukturell einem Blick dargeboten, von dem nicht sicher ist, dass er der eigene ist: Die anderen, um deren Anerkennung die Anton-Figur Theater spielt, um sein eigenes Selbstgefühl zu finden, lassen sich nicht abschütteln. Sie sind in seinem Selbstbewusstsein schon konstitutiv angelegt. – Und solange dieses Selbstbewusstsein wie eine Theaterbühne gedacht wird, ist auch die Besessenheit mit dem Theater ein strukturell konstitutives Moment für diese Bildungsgeschichte.

5. VERQUERE BILDUNGSVERHÄLTNISSE

Der Name des Theaterfeindes Anton Reiser liefert im Sinne des hier Ausgeführten eine äußerst passende *persona* bzw. Theatermaske für die Selbst- oder auch Fremdbeobachtung eines Subjekts im Stile des *Magazins zur Erfahrungsseelenkunde*. Und dies bleibt unabhängig davon, ob ein solches Subjekt nun mit bürgerlichem Namen Karl Philipp Moritz heißt oder nicht. Als Name steht ›Anton Reiser‹ zwar für eine traditionelle Kritik an der Substanzlosigkeit und moralischen Verwerflichkeit des Theaters. Das theatrale Spiel mit der Maske der Theaterfeindschaft, das später auch in Goethes pädagogischer Provinz wiederkehren

---

59 Vgl. Derrida: *Das Tier, das ich also bin*, S. 175-202. (Derridas Lesart Lacans basiert auf der eigenen Weiterführung von Heideggers Analyse der Selbstaffektion bei Kant: in ihrer beim Wort genommenen sexuellen und onanistischen Dimension.)

wird, verdeckt aber auch, dass die Theaterbühne als metaphorische Struktur auch des Selbstbewusstseins eine Bedingung für diese Erzählung und diese Selbstbeobachtung darstellt: Weil ihr die Stabilität der Selbstanerkennung fehlt, sucht die Anton-Figur in ihrer Eitelkeit die Anerkennung anderer durch das Theaterspiel. Die Spaltung des Selbstbewusstseins, das in seinem Selbstbezug immer auch schon in Differenz zu sich steht, bleibt aber unausweichlich – durch die Anerkennung der anderen ist sie nicht einzuholen.

Die Einsetzung des Namens ›Anton Reiser‹ in ein autobiographisches Projekt hat nicht nur eine metaphorische Funktion; sie zeitigt auch auf der buchstäblichen Ebene ihre Effekte: Einerseits tritt zur Theatromanie die durch den Namen wörtlich bezeichnete Reisebesessenheit: »*Theater* – und *reisen* – wurden unvermerkt die beiden herrschenden Vorstellungen in seiner Einbildungskraft, woraus sich denn auch sein nachheriger Entschluß erklärt« (A 379), dem fahrenden Theatervolk hinterherzuwandern. Und die unstete Dynamik des Reisens, die nirgendwo und schon gar nicht bei sich ankommen kann, strukturiert dann auch die Handlung des Romans über weite Strecken. Andererseits deutet die Einsetzung des Namens ›Anton Reiser‹ auch einen positiven Alternativentwurf zu den verqueren Familienverhältnissen des Kindes Anton an, für die die Erzählinstanz den scheiternden Bildungsweg verantwortlich macht. Der literarische Anton Reiser findet in der historisch verbürgten Figur Phillip Reiser einen treuen Gefährten. Die in die historische Vorlage eingeführte Namensgleichheit macht die beiden zu Spiegelfiguren; die Anerkennung eines anderen, der vom Namen her als ein Teil des eigenen Selbst präsentiert wird, bewirkt jene Stabilisierung bei der Anton-Figur, die ihr sonst oft fehlt. Mit seinem Spiegelbild gemeinsam tritt Anton dann in einem weiteren Kreis von unabhängig vom Bildungssystem Lernenden und Lehrenden ein. Dort hat die Figur zahlreiche Bildungserlebnisse, die die Erzählinstanz auf der gesamten Skala zwischen positiver Weiterentwicklung, negativer Schwärmerei und zwiespältigen Zwischenschritten (wie der Shakespearebegeisterung) verortet.[60]

Der negativen Verquerung einer heterosexuellen Normfamilie setzt der Text also auch eine verquere Familien- und Bildungsgeschichte im positiven Sinne entgegen. Diese Ersatzfamilie fällt erst auseinander, als das Phillip-Spiegelbild der gänzlich asexuellen Anton-Figur seinerseits in die heterosexuelle Ordnung abdriftet und Anton Reiser mit sich und seinem theatralen Selbstbewusstsein al-

---

60 Vgl. A 278ff. Vgl. Susan Gustafson: »›Ich suchte meinen Freund‹: Melancholy Narcissism, Writing, and Same-Sex Desire in Moritz's *Anton Reiser*«, in: *Lessing Yearbook* (2008/2009), S. 135-159. Vgl. zu ›queeren‹ Familienverhältnissen Judith Butler: *Undoing Gender*. New York 2004, S. 152-160.

leine lässt. Neben der expliziten Theaterfeindschaft und der versteckten Angewiesenheit auf das Theater bietet der Text somit nicht zuletzt auch einen Erzählstrang an, in dem die Unhintergehbarkeit des Theaters statt zu Verwerfungen zu alternativen, vom Bildungssystem nicht unbedingt vorgesehenen diskontinuierlichen Verkettungen und Vernetzungen führt.[61] Damit weist der Text nicht zuletzt auf die Erziehungs- und Bildungslandschaft des 21. Jahrhunderts voraus, die im ›lebenslangen Lernen‹ eine solche Produktivität mehr oder minder offen zu ihrem Maßstab gemacht hat.

---

61 Vgl. Bosse: *Bildungsrevolution*, S. 47-57.

VII Theater in Reserve

Goethes *Lehrjahre* und die Einhegung
mimetischer (Un-)Produktivität

1. »UNENDLICHE OPERATIONEN« UND ZIELLOSE »BILDUNG«

Der Widerpart zum durch das Theater korrumpierten Anton Reiser heißt bekanntlich Wilhelm Meister. Von Goethes Romanfigur und ihrer kindlichen Vorliebe für das Puppen- bzw. Marionettentheater war anlässlich der Philantropinisten und ihres zwiespältigen Verhältnisses zum Kindertheater schon die Rede. Ebenfalls vom ›zerstückelten und zerstoppelten Wesen‹, als welches das Theater nach gutem platonischen und bei Rousseau wieder aufgelegten Vorurteil auch noch die Bildung des erwachsenen Menschen zum ganzheitlichen, selbstidentischen und aufrichtigen Subjekt bedroht.[1] In den Fokus rückt im folgenden Kapitel die literarische Version solcher Subjektbildungen anhand von Johann Wolfgang von Goethes *Wilhelm Meisters Lehrjahre*-Roman, dessen acht Bücher 1795/96 publiziert wurden. Sie deuten auf die eingangs beschriebene Problemstellung aus der in den *Wanderjahren* von 1821/1829 beschriebenen pädagogischen Provinz voraus,[2] setzen aber noch ganz andere Akzente.

In diesem Textkorpus verwischt sich die in seinem Entstehungszeitraum aufkommende Unterscheidung zwischen einer von außen kommenden Erziehung (welche notgedrungen an den noch tierähnlichen Kindern zur Anwendung kommen muss) und dem Ideal einer aus dem (mündigen, d.h. bereits grundsätzlich erzogenen) Subjekt heraus initiierten Bildung des eigenen Selbst,[3] so dass beide

---

1 Vgl. Kapitel V.
2 Vgl. Kapitel II.
3 Vgl. Menke/Glaser: »Experimentalanordnungen der Bildung«, S. 7-17.

Begriffe letztendlich zu Synonymen werden.[4] Das von Blumenbach für die zeitgenössische Biologie popularisierte Konzept einer sich von alleine entfaltenden wie erhaltenden Selbstbildung[5] ironisiert der Text der *Lehrjahre*.[6] Vom als einigermaßen ungebildet gekennzeichneten Wilhelm lässt er es zitieren, der Forderung nach zweckmäßiger und selbsttätiger »Bildung« entgegenhalten und dem ästhetikgeschichtlich noch recht frisch veralteten Geniekonzept zuschreiben. Ein Genie könne demnach »die Wunden, die es sich geschlagen [hat], selbst heilen« (L 120). Darin bestünde dann die Geschichte seiner Bildung, die ihm in Wilhelms Vorstellung von einem »Schicksal« (L 121) auferlegt wurde.

Innerhalb der Textrealität scheint bloß eingeschränkte Wirkung nicht nur der Anschauung des frühen Wilhelm, sondern auch der Bildungstheorie der ihn versteckt stimulierenden und manipulierenden Turmgesellschaft zuzukommen, nach deren Ausbildungskonzept ein Zögling seine Bildung auf die Entwicklung bereits vorhandener innerer Anlagen auszurichten habe. Ob diese Theorie überhaupt noch generell in Praxis umgesetzt wird oder es sich bei Wilhelm bloß um einen besonderen Fall handelt, bleibt ebenso ungeklärt wie die Frage, ob Wilhelms Bildung denn überhaupt zu einem Abschluss gekommen sei. Wilhelm lernt im Laufe der *Lehrjahre* zwar nicht zuletzt durch das Einwirken der Turmgesellschaft, dass eine Lebenskunst vor allem das dem vom unausweichlichen »Notwendige[n]« vorgegebenen Rahmen ausfüllende »Zufällige« (L 71) selbsttätig zu bewältigen hat; genaueres bleibt aber nicht nur bezüglich der Wilhelmfigur offen, sondern auch bezüglich der anderen, gänzlich im Banne der Turmgesellschaft erzogenen und gebildeten Figuren: Eine Erfolgs- bzw. Misserfolgsquote von 50% suggeriert zumindest, die weder Aufwand noch Mühe scheuenden entsprechenden »pädagogischen Versuche« (L 521) könnten völlig wirkungslos verpufft sein.

Die Betonung des Zufalls in der völlig unzufällig bis ins kleinste Detail durchkonstruierten Anlage des *Lehrjahre*-Romans lässt vermuten, dass einer anderen Szene eher übergreifende Aussagekraft für das dargestellte Geschehen zukommt: Der Abbé genannte Pädagoge, der als theoretischer Kopf der Turmgesellschaft bis in die *Wanderjahre* hinein eine Art Gegenspieler zu Wilhelm darstellt, spricht in einem Moment der Niedergeschlagenheit frustriert von den »un-

---

4 Vgl. Bosse: *Bildungsrevolution*, S. 47-155.

5 Johann Friedrich Blumenbach: *Über den Bildungstrieb*. Göttingen 1791.

6 Vgl. Cornelia Zumbusch: »Wilhelm Meisters Entwicklungskrankheit. Pädagogik der Vorsorge in Goethes Bildungsroman«, in: Bettine Menke/Thomas Glaser (Hg.): *Experimentalanordnungen der Bildung. Exteriorität – Theatralität – Literarizität*. Paderborn 2014, S. 111-127, hier: S. 111-115.

endliche[n] Operationen«, die »Natur und Kunst machen müssen, bis ein gebildeter Mensch dasteht« (L 427).[7] Diese Aussage bleibt in ihrer Vagheit so stehen, weil der ansonsten immer so kühl kalkulierende Abbé vom Auftritt der in der Lydie-Figur verkörperten gänzlich oberflächlichen Leidenschaft unterbrochen wird, an der – so insinuiert es der Roman später – Hopfen und Malz jeder äußeren Erziehung bisher verloren gegangen und Bildungsanstrengungen von innen nicht weiter zu erwarten sind. Damit erhält die Aussage einen paradoxen Anstrich: ›Unendliche Operationen‹ können schließlich per definitionem nicht in einem ›Dastehen‹ stillgestellt werden. Das Bild deutet vielmehr auf eine unhintergehbare und letztlich nicht kontrollierbare Verflechtung hin: ›Kunst‹ wird im weiten Sinne von *ars* und *téchne* gebraucht bzw. in Rousseaus Sinn von *culture*, der sich bei Kant als ›Kunst‹ übersetzt findet. ›Kunst‹ ist hier nicht das, was das vermeintlich Unbelassene der ›Natur‹ oder *physis* entweder positiv überformt (also erzieht oder ›bildet‹) oder negativ entstellt, sondern die beiden Pole laufen entweder nebeneinander her, oder sie befinden sich in einer Wechselbeziehung, in welcher der eine den anderen ständig neu beeinflusst und supplementiert. Letztlich bleibt in der Formulierung unklar, ob das vermeintlich Innere (›Natur‹) von außen (durch ›Kunst‹) gebildet wird oder die innere Entwicklung des Subjekts die ›Kunst‹ ausmacht, die sich in der äußeren ›Natur‹ bewähren muss. Da mit dem Auftritt Lydies die Ausführungen des Abbés abrupt enden, stehen sie genauso unentschieden zwischen ›Natur‹ und ›Kunst‹ da wie die meisten angesprochenen Bildungsanstrengungen.

Dieses ›unendliche‹ Verhältnis von Bildung zu ›Natur‹ und ›Kunst‹ ließe sich thematisch etwa mit Goethes Arbeiten zur Morphologie in Konstellation bringen und von daher beleuchten.[8] Im hier vorgestellten Zusammenhang ist jedoch eine eher implizit mitlaufende als explizit verhandelte Problematik von Interesse: Ohne richtig an die Oberfläche des Diskurses zu treten, ist strukturell mit dieser Suspension der Wechselwirkung von ›Kunst‹ und ›Natur‹ die Problematik einer nicht bloß als Imitation verstandenen Mimesis angesprochen – also einer Mimesis, die sich eben nicht auf das poetologische Vorgängerparadigma zu demjenigen vom ›Genie‹ reduzieren lässt: auf *imitatio*. In seiner *Physik* begreift

---

7   Vgl. Zumbusch: »Wilhelm Meisters Entwicklungskrankheit«, S. 122f.
8   Vgl. z.B. Volker Zumbrink: *Metamorphosen des kranken Königssohns. Die Shakespeare-Rezeption in Goethes Romanen »Wilhelm Meisters Theatralische Sendung« und »Wilhelm Meisters Lehrjahre«.* Münster 1997. Vgl. Eva Geulen: »Funktionen von Reihenbildung in Goethes Morphologie«, in: Bettine Menke/Thomas Glaser (Hg.): *Experimentalanordnungen der Bildung. Exteriorität – Theatralität – Literarizität.* Paderborn 2014, S. 209-223.

Aristoteles Mimesis als eine die *physis* (›Natur‹) ergänzende *téchne* (›Kunst‹). Insbesondere die ästhetisch-philosophischen Entwürfe Hölderlins und Schellings nehmen diese Struktur wenige Jahre später dezidiert auf, wo sie im Zeichen Rousseaus *téchne* als vervollständigende Selbstreflexion der *physis* fassen.[9] Ein solches differentielles statt gegensätzliches Modell evoziert die Rede des Abbés nicht nur. Durch den Abbruch seiner Ausführungen scheint das Modell außerdem dynamisiert, denn die Suspension lässt den Prozess der Supplementierung zu keinem teleologischen Ende kommen, sondern zwischen ›Natur‹ und ›Kunst‹ verharren.

Diese weder in *imitatio* aufgehende noch in Einbildungskraft gewendete Dynamik entspricht bezüglich der vom Abbé behandelten Erziehungs- wie Subjektbildungsdiskurse einer Mimesis, wie diese seit Platon zum Stichwort wie zum Problem wird:[10] als Subjektbildungsgeschehen, das unentscheidbar zwischen der Orientierung an äußeren kulturellen Einflüssen (z.b. ›Kunst‹) und innerer Entäußerung der Anlagen (z.b. ›Natur‹) fluktuiert. Laut Philippe Lacoue-Labarthes Rekonstruktionen der inneren Spannungen des Mimesis-Begriffs stellt ein solches Subjektbildungsgeschehen den Unterschied zwischen einer passivischen, destruktiven Mimesis im platonischen und einer aktivischen, produktiven Mimesis im aristotelischen Sinne grundlegend infrage: Mimesis benennt in diesem Sinne den Bezug auf ein Außen, der jede Innerlichkeit eines Subjekts erst bedingt. Mimesis lässt sich dann weder als Kraft eines Subjekts beschreiben, dessen Bildung bereits als seine innere Möglichkeit vorausgesetzt wird, noch als ursprüngliche Orientierung am äußeren Vorbild oder äußeren formierenden Kräften, welche vom Subjekt nie eingeholt werden kann.[11] Zwischen beiden Polen, die wie etwa in der Rede des Abbé ›Natur‹ und ›Kunst‹ heißen können, fluktuiert die Mimesis unfixierbar hin und her. Fluide entzieht sie sich, wo sie fixiert werden soll, und stört, wo eine feste Ordnung ohne sie auszukommen meint. Als nicht dingfest zu machendes ist das im Zeichen einer solchen Mimesis stehende Subjektbildungsgeschehen mit der Gefahr der Instabilität dessen verbunden, was sich durch eine solche Mimesis doch erst bilden soll: Mimesis im Sinne Lacoue-Labarthes konterkariert die herkömmlichen Vorstellungen von ›Bildung‹ – und damit auch viele der sich anbietenden Lesarten von *Wilhelm Meisters Lehrjahren*.

---

9 Vgl. Lacoue-Labarthe: *Die Nachahmung der Modernen*, S. 73-78. Vgl. Aristoteles: *Physikvorlesung*. Berlin 1983, S. 52f. (199a).

10 Vgl. Kapitel III.

11 Vgl. insgesamt Lacoue-Labarthe: *Die Nachahmung der Modernen*.

Die dynamische Struktur einer solchen Mimesis entspricht den ›unendlichen Operationen‹, von denen hier die Rede ist und deren kontrollierte diskursive Entfaltung durch die Erzieherfigur des Abbés dann vom Auftritt einer erziehungs- und bildungsfernen Figur unterbrochen und fehlgeleitet wird. Bei dieser laut textueller Inszenierung also immer vom Fehlgehen bedrohten Mimesis handelt es sich, wie in den vorigen Kapiteln gezeigt, um dasjenige am Theater der Erziehung um 1800, was die im pädagogischen Alltag verankerten Texte (Salzmanns und anderer) zu sehr beunruhigt, als dass sie ihm freien Lauf lassen könnten – sei es im Sinne einer nach außen gerichteten Nachahmung, sei es im Sinne einer von innen kommenden Einbildungskraft.[12] Und es handelt sich, wie einleitend dargestellt, um dasjenige, was bei der Neuauflage dieses Theaters im 21. Jahrhundert oft vergessen wird: um die Unverfügbarkeit dieser Bedingtheit von Subjektbildung.[13] Goethes *Lehrjahre* spielen die epistemologische wie praktische Problematik von solchen ›unendlichen Operationen‹ in der Schutzzone des Literarischen durch: an der Wilhelmfigur und anderen im Kontext ihrer jeweiligen ›Natur‹, aber auch im Kontext der ›Kunst‹ im weiten und engen Sinne. Sie problematisieren das Erlernen von Lebenskunst, liefern aber gleichzeitig mit Friedrich Schlegels berühmtem Wort auch eine »Naturgeschichte des Schönen«[14], die mit einer Sinnstiftung durch schöne Kunstwerke beginnt und die Kunst am Ende auf ein schmückendes Beiwerk der prosaischen Welt reduziert.

Die *Lehrjahre* gehen, wie im Folgenden zu zeigen sein wird, bei ihrer Auseinandersetzung mit der Mimesis einen Schritt weiter als die zeitgenössischen Bildungskonzepte und Erziehungspraktiken: Statt wie diese die Mimesis produktiv zu machen, um sie desto effektiver zu domestizieren, bleibt die Wilhelm-Figur Mimetikerin und damit in den ›unendlichen Operationen‹ von ›Natur‹ und ›Kunst‹ suspendiert. Die Wilhelm in ihren Bann ziehende Turmgesellschaft will ihn nicht, wie es die Rede von der ›Bildung‹ suggeriert, umformen; ihr geht es darum, das Unbeständige der Mimesis nicht außer Kontrolle geraten zu lassen und ihre (Un-)Produktivität in Reserve zu halten – oder doch zumindest zu demonstrieren, dass die eigene pädagogische und politische Macht zur Subjektbildung nicht von der Unkontrollierbarkeit der Mimesis aus der Bahn zu werfen ist.

---

12 Vgl. Kapitel V.

13 Vgl. Kapitel I.

14 Friedrich Schlegel: »Über Goethes Meister«, in: Ders.: *Kritische Friedrich-Schlegel-Ausgabe*. Erste Abteilung, Band 2. München 1967, S. 126-147, hier: S. 131.

2. IN RESERVE: DIE FIGUR DES MIMETIKERS[15]

Die theatralen Irrungen und Wirrungen von Wilhelms Entwicklungsweg in den *Lehrjahren* (von dem die Germanistik des 19. Jahrhunderts in Anschluss an Körner und Morgenstern annimmt, es sei eben einer der ›Bildung‹[16]) werden

---

15 Die Frage nach einer anarchischen Eigendynamik der Mimesis scheint zwar durchaus konträr zu Goethes Ästhetik, vor allem in ihrer klassizistischen Variante, sowie zu seinen sonstigen poetologischen wie ästhetischen Positionen zu stehen. Diese Frage ist aber durchaus anschlussfähig: etwa an die mit einer mit einer »Lust am Unordentlichen« einhergehende »Ästhetik des Selbstseins«, die Friedmar Apel in Goethes gegen eine Poetik der geregelten Nachahmung gerichtete Winckelmann-Schrift von 1805 (*Winckelmann und sein Jahrhundert*) ausmacht. Oder, und mit einem ganz anderen und scheinbar zunächst konträren Akzent, an das hysterische und nachgerade pathologische Moment, das Avital Ronell in Goethes poetischer Produktion und Selbstinszenierung markiert, die das Trauma des unzugänglichen Ursprung jedes Schreibens, jeder Produktivität und jedes Selbstseins umschreibe. Vgl. Friedmar Apel: »Die Ästhetik des Selbstseins. Goethes Kunstanschauung 1805-1806«, in: Johann Wolfgang von Goethe: *Ästhetische Schriften 1805-1816*. Frankfurt a.M. 1998, S. 727-757, hier: S. 735, S. 729. Vgl. Avital Ronell: *Der Goethe-Effekt. Goethe – Eckermann – Freud*. München 1994, S. 109-145.

16 Nach der von Morgenstern überlieferten, von Körner inspirierten Lesart handelt es sich beim Text bekanntlich um das Urbild einer literarischen Gattung, die vorrangig nicht eine institutionelle Erziehung eines Zöglings, sondern die Selbstbildung eines der Schule entwachsenen jungen Mannes in seiner Auseinandersetzung mit der Welt zur Darstellung bringt. Dieses Deutungsschema ist so wirkmächtig, dass sich auch die Interpretationen ab dem 20. Jahrhundert noch stets durch Abgrenzung oder Ironisierung auf es beziehen müssen. Zwar geht im Roman viel von ›Bildung‹ die Rede; insbesondere seine letzten drei Bücher wimmeln von Bildungsdebatten und -sentenzen. Aber wenig lässt auf die Bildungsfrage im engeren Sinne als das Kompositionsprinzip des Gesamttexts schließen – schon gar nicht die das Textende prägende, streng durchkomponierte Vermischung von komödiantischem Partnertausch und mehr oder weniger tragischem Scheitern einmal quer durch einen Großteil des Figurenarsenals hindurch. Rüdiger Campes Rede vom »Institutionenroman« für die Bildungsromane um 1900 wäre mit Hinblick auf die *Lehrjahre* auf das Theater als Institution oder vielleicht gerade Anti-Institution zu überprüfen. Vgl. Rüdiger Campe: »Kafkas Institutionenroman. *Der Proceß, Das Schloß*«, in: Ders./Michael Niehaus (Hg.): *Gesetz, Ironie*. Heidelberg 2004, S. 197-208. Vgl. für die *Lehrjahre* z.B. Zumbusch: »Wilhelm Meisters Entwicklungskrankheit«, S. 111-115. Vgl. für einen Forschungsüberblick Uwe

vom Text als in seiner kindlichen Erziehung verwurzelt gekennzeichnet – bzw. in deren mütterlicher Laxheit: Vom »verwünschten Puppenspiel […], […] das euch zuerst auf den Geschmack am Schauspiele beibrachte« (L 12) und das der Mutter die beständige Kritik des Vaters einbringt, spricht Wilhelms Haupterziehungsverantwortliche bereits auf den ersten Seiten. Doch diese Markierung einer mütterlichen Schuld[17] überdeckt nur den eigentlichen und viel früher zu verortenden Fehler des Vaters, auf den Wilhelms Replik hindeutet: »Schelten Sie das Puppenspiel nicht […]! Es waren die ersten vergnügten Augenblicke, die ich in dem neuen leeren Hause genoß« (L 12). ›Neu‹ und ›leer‹ ist dieses Haus, weil Wilhelms Kaufmannsvater Bildung, vor allem ästhetische Bildung, zugunsten des größeren Besitzes verworfen hat. Die aus Italien stammenden Kunstsammlung von Wilhelms Großvater hat er verkauft und von dem Erlös das größere Haus erworben. Die Turmgesellschaft stilisiert diesen »Schatz« (L 68), dessen der kindliche Wilhelm verlustig geht, zu einem geradezu biblischen Ursprungsort, den ihr erster Abgesandter sich wie in göttlicher Arbeit erschließt: »Sechs Tage besah ich das Kabinett, und am siebenten riet ich« (L 69) zum Kauf.

Die Sammlung aus Gemälden und Plastiken geht auf die Turmgesellschaft über. Der Verlust dieses Paradieses bringt die ›Leere‹ des neueren und größeren Hauses hervor, die die Mutter zwar nicht verschuldet hat, mit dem Puppenspiel aber füllen kann. Die Unbeständigkeit des Theaters stellt in diesem Sinne nicht den mütterlichen (und in der Sprache Lacans der Ordnung des Imaginären angehörigen) Widerpart zur (symbolischen) Ordnung der väterlichen Autorität dar.[18] Bei der Wilhelm vom Textanfang an zum Vorwurf gemachten Unbeständigkeit, mit der das Theater seinen Charakter infiziert, handelt es sich vielmehr um ein direktes Korrelat zur Abwendung dieser Autorität von der ästhetischen Erziehung bzw. zu ihrer Hinwendung zum ökonomischen Erfolg. Entsprechend verschwindet die Mutter im weiteren Verlauf weitgehend aus der Handlung des Romans, während Vater- und Autoritätsfiguren in dieser zum Problem werden. Demgemäß geht es in

Steiner: »*Wilhelm Meisters Lehrjahre*«, in: Bernd Witte/Peter Schmidt/Gernot Böhme (Hg.): *Goethe Handbuch in vier Bänden*. Band 3. Stuttgart 1997, S. 113-152, hier: S. 131-143. Vgl. Bernd Hamacher: *Einführung in das Werk Johann Wolfgang von Goethes*. Darmstadt 2013, S. 113-123.

17 Die sozialhistorische Referenz auf die Entstehung der bürgerlichen Kleinfamilie arbeiten Friedrich Kittler und Franziska Schößler deutlich heraus. Vgl. Friedrich Kittler: »Über die Sozialisation Wilhelm Meisters«, in: Gerhard Kaiser/Ders.: *Dichtung als Sozialisationsspiel*. Göttingen 1978, S. 13-124. Vgl. Schößler: *Goethes Lehr- und Wanderjahre*, S. 25-50.

18 So bekanntlich Kittler: »Über die Sozialisation Wilhelm Meisters«, S. 14-28.

der Auseinandersetzung mit Vaterfiguren (vor allem mit der Theaterfigur des väterlichen Geists aus dem *Hamlet*), die Wilhelm später in eben der unbeständigen Sphäre des Theaters suchen wird, untergründig um die Auseinandersetzung mit der von dieser Autorität aufoktroyierten ›Leere‹, die keine Fixpunkte und damit auch keine Stabilität des Subjekts zuzulassen scheint. Korreliert wird eine solche Stabilität des Subjekts so mit der Stabilität der in sich ruhenden Werke der bildenden Kunst, deren schockhaftes Verschwinden eben der sich beständig verändernden Unbeständigkeit des Theaters Tür und Tor öffnet.

Der Einbruch des Theaters wird möglich durch einen Verlust, der Wilhelm »die ersten traurigen Zeiten meines Lebens« (L 69) und einen Bruch in seiner Entwicklung beschert: Als er auf den ersten Abgesandten der Turmgesellschaft trifft, ist er immer noch auf sein künstlerisch nicht hochwertiges »Lieblingsbild« vom »kranke[n] Königssohn« fixiert, das wegen dieser Minderwertigkeit in den »äußersten Vorsaale« verbannt war, »wo wir Kinder immer spielen durften [...] und wo dieses Bild einen unauslöschlichen Eindruck auf mich machte«. Allerdings zielt seine Fixierung rein thematisch auf den »Gegenstand« ab, nicht auf die »Kunst« im Sinne von dessen ästhetischer Durchkomponiertheit. Sein Gegenüber vermutet, dass Wilhelm »nach und nach der Sinn für die Werke selbst aufgegangen« (L 70) wäre, hätte man ihn mit zunehmendem Alter und seinem Entwicklungsstand gemäß in das Innere der Sammlung eingeführt. Der ökonomisch motivierte Bruch des Vaters mit der vom Großvater mühsam zusammengetragenen Bildung verhindert eine solche (an Prinzipien Rousseaus erinnernde) altersäquivalente Stufenerziehung. Der Vater erzeugt damit jene den Bildungsgang Wilhelms unterbrechende ›Leere‹, die vom so unseriösen wie wechselhaften Theater ausgefüllt wird, zu Wilhelms tragischer Liebe zur Mariannefigur führt und über die ersten fünf Romanbücher sein Leben bestimmen wird, ohne dass Wilhelm die ihm ursprünglich vorgezeichnete Entwicklung nachholt. Als er sein minderwertiges Lieblingsbild im Besitz der Turmgesellschaft wiederentdeckt, scheint es ihm »noch immer [...] reizend und rührend« (L 516). Die Turmgesellschaft kompensiert, indem sie Wilhelm wieder mit der Sammlung und ihrem Versprechen geordneter ästhetischer Bildung vereinigt, zwar den Bruch und die ›Leere‹ in seiner Erziehung. Welche Wirkungen das Theater hinterlassen hat und wie schädlich diese denn nun eigentlich gewesen sind, das halten die *Lehrjahre* jedoch weitgehend in der Schwebe.

Berühmt ist Goethes Äußerung in einem Brief an Schiller von 1794, Wilhelm »Schüler«[19] sei der treffendere Name für Wilhelm, dem sein »schülerhaf-

---

19 Johann Wolfgang von Goethe: *Sämtliche Werke. Briefe, Tagebücher und Gespräche.* Band 4. Frankfurt a.M. 1998, S. 46.

te[s] Wesen« (L 257) zwar bewusst ist, der aber wenig daran ändern zu können oder zu wollen scheint. Diese Beschreibung konterkariert die nach Publikation sämtlicher Bücher der *Lehrjahre* z.b. zwischen Schiller, Körner und Humboldt geführte Diskussion über Art und Gelingen von Wilhelms ›Bildung‹.[20] Der Nachname ›Meister‹ stößt der Figur in Goethes Kennzeichnung ebenso zufällig zu wie die meisten seiner ›Bildungserlebnisse‹. Wilhelms Bildungsgang bleibt unabgeschlossen, er sein Leben lang ein Lernender – allerdings oft ohne dass seine Entwicklung mit der von seinen Gesprächspartnern, Beobachtern und Manipulatoren erwarteten oder erwünschten Schnelle und Zielgerichtetheit vonstatten ginge. In diesem Sinne ist das *Wilhelm Meister*-Projekt nicht nur im am Ende der 1770er im deutschsprachigen Raum entstehenden Diskurs von einer potentiell unendlichen und durch keine äußeren Kriterien dingfest zu machenden ›Selbstbildung‹ zu verorten.[21] In diesem Projekt gibt sich auch eine Vorgeschichte jenes ›lebenslangen Lernens‹ zu lesen, wie es ›nie zu einem Ende kommt‹[22] und um das Jahr 2000 herum zum Topos der gesamtgesellschaftlichen Bildungspolitik und zum je individuellen Anforderungsprofil an das einzelne Subjekt geworden ist.[23]

Sicherlich nicht zufällig geht diese Darstellung des ›lebenslangen Lernens‹ aus dem Entwurf eines Theaterromans hervor und arbeitet sich durch die beiden publizierten Romane hindurch am Theater ab. Scheinbar erhält das Theater eine negative Konnotation: In den *Lehrjahren* wird im dem Reformadel zuzurechnenden Milieu der Turmgesellschaft, das Wilhelm von Kindesbeinen an beobachtet, zu beeinflussen sucht und dann an sich zieht und bindet, seine zwei Drittel des Texts andauernde Bindung an das Theatermilieu als Verirrung abgetan, und auch die Wilhelm-Figur teilt am Ende dieses Urteil emphatisch. Dem erwachsenen Wilhelm wird am Ende der *Lehrjahre* sein Sohn Felix zur Seite gestellt, dessen Erziehung die *Wanderjahre* parallel zum weiteren Zickzackweg seines Vaters erzählen. In den *Wanderjahren* bringt Wilhelm Felix, der ja in allererster Linie ein aus Wilhelms Liebe zum Theater hervorgegangenes Kind ist, in der pädagogischen Provinz unter. Aus dieser Erziehungsanstalt erhält das emanzipatorische Projekt der Turmgesellschaft seinen Nachwuchs. Zu allen in irgendeiner Form als sinnvoll erachteten Berufen kann man sich ausbilden lassen,

---

20 Vgl. Steiner: »*Wilhelm Meisters Lehrjahre*«, S. 132-135.

21 Vgl. Bosse: *Bildungsrevolution*, S. 47-155.

22 Vgl. Deleuze: »Postskriptum über die Kontrollgesellschaften«.

23 Vgl. Vogl: »Lernen, lebenslanges«. Vgl. für die *Lehrjahre* Netzwerk Kunst & Arbeit: *art works*, S. 111-136 (nämlich das von Anja Lemke und Martin Jörg Schäfer abgefasste Kapitel: »Erziehung und Bildung als ästhetische Arbeit am Selbst«).

auch in allen Künsten. Nur das Theater hat, wie dargestellt,[24] nicht nur keinen Ort in der Provinz; diese muss laut eigenem Reglement sogar durchgängig von allen theatralen Elementen befreit und bereinigt werden. In beiden Fällen geht die Rolle des Theaters aber nicht in den von den literarischen Figuren getroffenen abwertenden (und von den Interpretationen der Romane über lange Zeit unhinterfragt übernommene) Aussagen auf. In den *Lehrjahren* wie in den *Wanderjahren* wiederholt die proklamierte Theatrophobie vielmehr die von Erziehungsdiskursen seit Platon bekannte Doppelstrategie gegenüber der Mimesis: Diese soll als produktives Vermögen nutzbar gemacht, aber gleichzeitig in ihrer potentiell überbordenden Anarchie auch kontrolliert werden. Die Turmgesellschaft und die Pädagogen der Provinz nutzen die Mimesis verschwiegen und kontrollieren sie nicht zuletzt dadurch, dass diese Benutzung durch die lautstarke Verdammung des Theaters als des ureigenen Milieus der Mimesis übertönt wird. Das ›Theater der Erziehung‹ besteht letztlich auch im *Wilhelm Meister*-Projekt des ›lebenslangen Lernens‹ daraus, die eigene Theatralität zu überdecken und fortzuinszenieren.

In diesem Kontext springt an der in den späten 1810ern entstandenen Passagen zur pädagogischen Provinz besonders ins Auge, wie zu diesem frühen Zeitpunkt bereits in einem Rückblick auf die Erziehungsdiskurse des späten 18. Jahrhunderts deren theaterfeindlichen Urtexte von Platon und Rousseau noch einmal aufgerufen und mit den ihnen eigenen Inszenierungsmustern ausgestellt werden. Etwas anders liegen die Dinge jedoch im Falle von Felix' Vater. Im vorliegenden Kapitel soll für dessen ›Lernen‹ gezeigt werden, dass aus der Perspektive einer Theatralität von Erziehung und Bildung die *Lehrjahre* an der Wilhelm-Figur einen weiteren Aspekt ins Spiel bringen: Wilhelm tritt auch im Erwachsenenalter noch als weitgehend bestimmungsfreies Wesen auf. Immer wieder wird er von den auf ihn äußerlich einwirkenden Umständen determiniert, an denen sich die Rudimente seiner kindlichen Einbildungskraft festmachen. Er erinnert nicht nur über weite Strecken an Platons Horrorvision vom mimetischen Wesen aus der *politeia*; der Text legt ihm dies auch als Selbstbeschreibung in den Mund. Ausgerechnet sein Heiratsantrag an die theaterfeindliche, selbstkontrollierte und rein auf Funktionalität ausgerichtete Therese, die als das komplette Gegenteil der chaotischen Schauspielerin Marianne auftritt (und wohl am ehesten als Sprachrohr der vom Autor Goethe andernorts geäußerte Lebensphilosophie)[25], »ist vielleicht der erste [Entschluß], der ganz rein aus mir selbst kommt« (L 534). Der Text lässt wie auch meist sonst diese Selbstbeschreibung Wilhelms, der sich zu-

---

24 Vgl. Kapitel II.
25 Vgl. Kinzel: *Ethische Projekte*, S. 262-272.

vor ungeniert der ihm vom Turm in seiner Initiation zugewiesenen Fremdbeschreibungen bedient hat, unkommentiert. Offen bleibt so, inwieweit es sich
beim scheinbar ›rein aus mir selbst kommenden Entschluss‹ vielleicht auch seinerseits nur um ein mimetisches Anschmiegen an die stets entschlossene Therese
handelt (und damit um die gelungene Nachahmung der ›Selbsttätigkeit‹ im Sinne
von Campes philantropinistischer Erziehung). Schließlich wird dieser Entschluss
Wilhelm wenig später wieder entgleiten: einerseits durch Einwirkungen von außen, andererseits durch das innere Fortleben seiner kindlichen Theaterphantasie,
die sich an die »schöne Amazone« (L 226) Natalie geheftet hat. Nachdem die
Turmgesellschaft seine Lehrjahre für beendet erklärt, wird Wilhelm sich immer
noch zuallererst als unbestimmt empfinden: »[W]as ich kann, will oder soll,
weiß ich [...] am allerwenigsten.« (L 550)

In der *Theatralischen Sendung* ist die Wilhelm-Figur noch als Genie konzipiert, das sein Verhältnis zu der Welt, in der es sich verwirklichen soll, austarie-
ren muss – in erster Linie zur Welt des Theaters. In den *Lehrjahren* wird aus
dem Theaterroman zuerst einer über die Lebenskunst.[26] Mit dem Eintritt in die
Turmgesellschaft geht dieser in einen Sozialroman über.[27] Das aus der *Theatralischen Sendung* importierte Theatermilieu der ersten fünf Bücher stellen die letzten beiden Bücher dann als Laboratorium dar, in dem Wilhelm eine solche Kunst
des Lebens zu erlernen versuchte, aber erst durch die Abkehr vom Theater den
eigentlich nötigen Schritt tut. Vor lauter entsprechender Emphase, die vom fast
gesamten Figurenpersonal geäußert wird, gerät in Vergessenheit, dass weder diese Lebenskunst noch Wilhelms Ort in seinem neuen Sozialzusammenhang der-
weil eine tiefere Bestimmung erfahren haben. Wilhelm, als dessen Lieblings-
gangart immer wieder das »ohne Überlegung [H]inschlendern« (L 71) angeführt
wird, ist als die verkörperte »Ungewißheit« (L 62) immer noch eine vom Charakter und den Talenten ebenso unbestimmte Figur wie am Anfang des Textes.

Die Sphäre des Theaters ist in den *Lehrjahren* eine der Instabilität, in der die
Dinge kaum dem Leben zuträgliche und oft wenig sinnvolle Mischverhältnisse
eingehen wie in Mariannes Wohnung:

---

26 Vgl. Hans-Jürgen Schings: »›Agathon‹, ›Anton Reiser‹, ›Wilhelm Meister‹. Zur Pathogenese des modernen Subjekts im Roman«, in: Wolfgang Wittkowski (Hg.): *Goethe im Kontext. Kunst und Humanität, Naturwissenschaft und Politik von der Aufklärung bis zur Restauration. Ein Symposium.* Tübingen 1984, S. 42-68, hier: S. 44f.

27 Vgl. Wilhelm Voßkamp: »›Struktur und Gehalt (Lehrjahre)‹«, in: Johann Wolfgang
von Goethe: *Wilhelm Meisters theatralische Sendung. Wilhelm Meisters Lehrjahre.
Unterhaltungen deutscher Ausgewanderten.* Frankfurt a.M. 1992, S. 1363-1378.

»Die Trümmer eines augenblicklichen, leichten und falschen Putzes lagen [...] zerstreut in wilder Unordnung durcheinander. Die Werkzeuge menschlicher Reinlichkeit, als Kämme, Seife, Tücher, waren mit den Spuren ihrer Bestimmung gleichfalls nicht versteckt. Musikrollen und Schuhe, Wäsche und italienische Blumen, Etuis, Haarnadeln, Schminktöpfchen und Bänder, Bücher und Strohhüte, keines verschmähte die Nachbarschaft des andern, alle waren durch ein gemeinschaftliches Element, durch Puder und Staub, vereinigt«.

Nur der »glückliche[] Nebel« (L 59) seiner Blendung durch die Theaterliebe verhindert Wilhelms klaren Blick auf diese ungeordneten Verhältnisse, die auf das Gemeinwesen bezogen Platons Horrorvision des vom Theater infizierten politischen Körpers entsprechen. Dass bürgerliche »Reinlichkeit« kurz zuvor als »das Element, worin er atmete« und welches seine durchaus theatrale »Prunkliebe« (L 58) zur Entfaltung bringe, gekennzeichnet wurde, deutet auf zwei Parallelen hin: auf die bürgerlichen Versuche der ›Bereinigung‹[28] des Theaters, an der sich Wilhelm später versuchen wird, und darauf, dass diese ›Prunksucht‹ ihn durchaus aus der Sphäre der ›Reinlichkeit‹ hinausreißen können wird.

Zum Romanauftakt wird Wilhelm noch als mimetisches Wesen im platonischen Sinne dargestellt, erweitert um die aus dem Inneren kommende Produktivität der Einbildungskraft im Sinne des späten 18. Jahrhunderts: als theaterbegeistertes Kind, das ›alles aus allem machen kann‹, dabei dann aber nichts Eigentliches zustande bringt und vom Medium des Theaters ziellos durch seine narzisstischen Heldenidentifikationen geführt wird, ohne irgendwo anzukommen oder diese Identifikationen in Auseinandersetzung mit der Welt produktiv zu machen. Am Ende hat Wilhelm sich der einer durchorganisierten, ›sinnvollen‹ und spezialisierten Tätigkeit verschriebenen Turmgesellschaft zwar ergeben, harrt aber immer noch seiner eigenen näheren Bestimmung. Diese Bestimmungslosigkeit wird sogar zum Ausgangspunkt der späteren *Wanderjahre* werden: Wilhelm bleibt, mit Cornelia Zumbusch gesprochen, geradezu »pathologisch unentschieden[]«[29]. Die Turmgesellschaft schickt ihn auf Wanderschaft, auf dass er sich im Modus der erzwungenen Bestimmungslosigkeit endlich finde. Seine Wahl der beruflichen Spezialisierung zum Wundarzt passt zwar einerseits in die schon die *Lehrjahre* durchziehende poetische Programmatik einer Immunisierung des Subjekts gegen seine schwärmerischen Auswüchse,[30] ist aber

---

28 Vgl. für die von Gottsched ausgehenden Tendenzen Heßelmann: *Gereinigtes Theater?*.

29 Zumbusch: »Wilhelm Meisters Entwicklungskrankheit«, S. 127.

30 Vgl. ebd. Vgl. zu Wilhelms Berufswahl auch Thomas Weitin: »Die Kunst des Unterscheidens. Kritik und Distinktion in Goethes *Wilhelm Meister*«, in: *Zeitschrift für Literaturwissenschaft und Linguistik*. Heft 166 (2012), S. 120-149.

gleichzeitig einer letztlich kontingenten Assoziation dieses Berufs mit seiner ehemaligen Theaterphantasie verbunden: Die Figur des Wundarztes verweist auf die Begegnung mit der ›schönen Amazone‹, diese Figur wiederum auf seine jugendliche Begeisterung für die Chlorinde-Figur. Auch in seine verantwortungsvolle soziale Rolle ›schlendert‹ Wilhelm also letztlich hinein.

Die Pointe des experimentellen Erziehungskonzepts der Turmgesellschaft, welches sich an Wilhelm durchexerziert findet,[31] liegt nun im Unterschied zu den pädagogischen Phantasien von Platon bis zu den Philantropinisten darin, Wilhelm gerade nicht mit einer stabilen Identität auszustatten (bzw. sie ihm durch theatrale Manipulation aufzuoktroyieren). Wilhelm tritt vielmehr der von der Turmgesellschaft kontrollierten Sphäre bei und wird ihrer Autorität unterworfen, ohne seine grundlegende Unbestimmtheit und mimetische Unbeständigkeit zu verlieren. D.h. auch als ›erzogener‹ bleibt er ein mimetisches Wesen, allerdings ohne dass seine Unbeständigkeit den traditionell der Mimesis zugeschriebenen bedrohlichen Charakter erhielte. Die Turmgesellschaft scheint vielmehr durchaus in der Lage, die immer noch überschüssige und potentiell gefährliche Mimesis auszuhalten und vielleicht bei Gelegenheit oder langfristig für die eigenen Zwecke produktiv zu machen. Zwar gibt es auch hier die scheinbare Verabschiedung der Mimesis durch ihre Weginszenierung: Man denke nur an Wilhelms ostentativen Abschied vom Theater als einer kulturellen Institution. Auch hier gibt es in Wilhelms Berufswahl die Behauptung einer spezifischen, wenn auch recht willkürlich aufgepfropften Identität. Aber für das pädagogische Konzept der Turmgesellschaft scheint es nicht vonnöten, die Gefahr einer ›Zerstückelung und Zerstoppelung‹ als solche zu bannen. An der Figur Wilhelm Meister findet sich ein Erziehungs- und Bildungskonzept durchgespielt, das die anarchische (Un-)Produktivität der Mimesis nicht mehr regulieren (wie Salzmann) oder gar bändigen (wie Platon) will. Vielmehr wird auch noch diese Überschüssigkeit selbst in die Sphäre des gebildeten Lebens einbezogen: nur manchmal, um produktiv gemacht, über weite Strecken aber auch, um sich scheinbar selbst überlassen zu werden.

Beschreiben lässt sich diese scheinbare Freiheit nicht mehr im Rahmen von Foucaults ›Disziplinargesellschaft‹ des 18. und 19. Jahrhunderts, in deren Erziehung Zwänge internalisiert werden; und wohl auch nicht im Rahmen von der im Anschluss an Foucault von Deleuze seit der zweiten Hälfte des 20. Jahrhunderts beschriebenen ›Kontrollgesellschaft‹, die scheinbare Freiheiten durch beständige Prüfungs- und Kontrollregime steuert, nicht zuletzt durch die eines ›lebenslan-

---

31 Vgl. Pethes: *Zöglinge der Natur*, S. 298-311. Vgl. Zumbusch: *Die Immunität der Klassik*, S. 270-299.

gen Lernens‹: Wilhelms als auf gewisser Ebene als abgeschlossen dargestellte Erziehung und Bildung durch die Turmgesellschaft ist über weite Teile durch die Indifferenz gegenüber seinem den Prinzipien dieser Erziehung und Bildung eigentlich zuwiderlaufenden mimetischen Charakter geprägt. Der vorgegebene Rahmen darf von der nicht fixierbaren, frei fluktuierenden Mimesis nicht gesprengt werden. Dass Wilhelm oft aus den falschen Gründen und Motivationen innerhalb dieses Rahmens verbleibt, scheint hingegen gleichgültig. Häufig wirkt die Figur wie ein Reservist, der sich am Spielfeldrand fortdauernd warmmachen muss, um im Notfall für die Zwecke der Turmgesellschaft, wie behelfsmäßig auch immer, eingesetzt werden zu können. Statt der Gouvernementalität der ›Kontrollgesellschaft‹ verkörpert Wilhelm die Gouvernementalität einer Formation, die man ›Bereitschaftsgesellschaft‹ nennen könnte. Anhand seiner Auseinandersetzung mit der gesellschaftlichen Transformation um 1800 probiert der Text an der Wilhelm-Figur eine entsprechende Lebensform durch; in vielen Aspekten weist diese strukturell voraus auf die Tendenz der ›westlichen‹ Gesellschaften des 21. Jahrhunderts, die vorherrschende Indifferenz gegenüber den von ihr Ausgeschlossenen oder nicht in sie Passenden durch die beständige Simulation einer potentiellen zukünftigen Inklusion zu überspielen. Gefährliche Devianzen werden so in Schach gehalten; innerhalb eines bestimmten Rahmens und auf das Versprechen ihrer zukünftigen Nutzbarmachung ausgerichtet können sie sich ihren anarchischen Tendenzen anscheinend hingeben.[32] Dies ändert jedoch nichts an einem Status der »assigned disposibility«[33]: nicht nur wie der von Rousseaus Erziehung angestrebte Mensch disponibel einsetzbar zu sein,[34] sondern auch potentiell jederzeit entsorgbar. In diesem Sinne findet sich im *Wilhelm Meister*-Projekt das Konzept von Bildung als einem Prozess des ›lebenslangen Lernens‹ nicht nur ausgestellt und gleichzeitig ironisiert. Im Wilhelm als Mimetiker betreffenden Erzähl- und Motivstrang läuft auch ein den gängigen Lesarten gegenläufiges Narrativ mit.

Im Romantext selbst sind Handlungsablauf und die dabei aufgerufenen Bilder mit äußerster Strenge statt mit mimetischer Anarchie konstruiert. Für diese Bilder böte es sich also durchaus an, immanent eine Entwicklung nachzuzeich-

---

32 Vgl. Lazzarato: *Die Fabrik des verschuldeten Menschen*, S. 6-21. Vgl. Achille Mbembe: *Kritik der schwarzen Vernunft*. Berlin 2014. Demgegenüber verbleibt Goethes Roman natürlich in der Sphäre der Literatur: Von materieller Not ist das Bürgerkind Wilhelm im Unterschied zu etwa Anton Reiser nicht bedroht.

33 Judith Butler/Athena Athanasiou: *Dispossession. The Performative in the Political.* Cambridge 2013, S. 20.

34 Vgl. Kapitel IV.

nen, wie dies Goethe selbst in seinem Morphologie-Projekt als »Verwandlungs-lehre«[35] betreibt. Auch für die Figur des Protagonisten ist so eine geregelte Formverwandlung auszumachen.[36] Nimmt man dem Wort ›Bildung‹ ein wenig seines zielgerichteten und positiven Gehalts, dann ist *Wilhelm Meisters Lehrjahre* sicherlich ein ›Bildungsroman‹, vielleicht sogar der einer die ›Leere‹ der kindlichen Traurigkeit überwindenden ›Heilung‹.[37] – Aber eine solche Lesart überdeckt die mimetische Anarchie, die bei Wilhelms ›Bildung‹ durchgängig am Werk ist und die er auch nach seiner Abkehr vom Theater nie richtig loswird. Im Folgenden soll zwar nicht Karl Schlechtas einseitige Polemik der 1950er gegen die Goethe-Philologie, eine positive Bewertung der Turmgesellschaft und die Herabwürdigung des dargestellten Theatermilieus erneuert werden.[38] Es gilt jedoch, und durchaus mit einigen Argumenten Schlechtas, zu zeigen, wie sehr die Problematik der mimetischen Anarchie in die ›Formverwandlungen‹ des Romans mit hineinkonstruiert ist. Die streng durchkomponierte textuelle Ordnung von Symbolen und Verweisen zeigt auch immer wieder auf das Uneinheitliche und Zerstückelte einer Mimesis, die Wilhelm nicht zum Prototypen des modernen Bildungsromansprotagonisten werden lässt, zu dem ihn vor allem das 19. Jahrhundert verklärt hat.[39] ›Modernes‹ Individuum ist Wilhelm in dem Maße, in dem er eine Figur dieser unabschließbaren und gänzlich offenen Mimesis darstellt, vor der es den pädagogischen Konzepten der Zeit (und nicht nur dieser Zeit) so graut.

Der *Lehrjahre*-Text kennzeichnet die Mimesis als Problem der Bildung (und insbesondere einer ästhetischen Bildung, wie Wilhelm sie nach Verlust der

---

35 Johann Wolfgang von Goethe: *Schriften zur Morphologie*. Frankfurt a.M. 1987, S. 349. Vgl. Geulen: »Funktionen von Reihenbildung in Goethes Morphologie«, S. 211-213.

36 Vgl. Zumbrink: *Metamorphosen des kranken Königssohns*, S. 93-123, S. 223-228.

37 Vgl. Schings: »›Agathon‹, ›Anton Reiser‹, ›Wilhelm Meister‹. Zur Pathogenese des modernen Subjekts im Roman«, S. 55f.

38 Vgl. Karl Schlechta: *Goethes Wilhelm Meister*. Frankfurt a.M. 1953, S. 46-75, S. 97-104.

39 Von der Radikalität seiner ästhetischen Konstruktion her gehört der *Lehrjahre*-Roman durchaus zu jenen Schriften Goethes, die Karl Heinz Bohrer zu seinen rein ästhetischen, sich jeder Funktionalisierung verweigernden rechnet (auch gegen Bohrers eigene Unterordnung unter den Primat des Bildungsdiskurses). In die ästhetische Konstruktion einbezogen findet sich hier jedoch mit der Mimesis eben jenes formlose Moment, welches der ›Form‹, der Konstruktion oder auch dem ›Stil‹ zuwiderläuft. Vgl. Karl Heinz Bohrer: *Großer Stil. Form und Formlosigkeit in der Moderne*. München 2007, S. 120-145.

großväterlichen Sammlung verpasst hat), indem er mit Shakespeares *Hamlet* ein Stück über die Mimesis zu dem Bezugspunkt erhebt, an dem Wilhelm sich ästhetisch abarbeitet. Auf der einen Ebene lässt sich die ›Formverwandlung‹ Wilhelms hier als Entwicklung lesen. Auf einer anderen Ebene bietet der Text über Anspielungen auch eine Gegenlesart an: Die ästhetische Erziehung durch und am *Hamlet* unter Beobachtung der Turmgesellschaft liest sich wie eine Parodie auf Friedrich Schillers Entwurf in den zeitgleich entstehenden *Briefen über die Ästhetische Erziehung*.[40] Eine solche selbst mimetische, d.h. über Ähnlichkeiten zunächst Verweise und nach und nach eine Gegengeschichte evozierende Schicht soll die folgende Lektüre entfalten. Diese springt dazu zwischen der Shakespeare- bzw. *Hamlet*-Referenz, der Parallele zu bzw. Parodie auf Schillers *Briefe* sowie der jeweils damit einhergehenden Problematisierung der Mimesis hin und her.

3. FEHLBILDUNG DURCH DEN TURM: MIMETISCHE ANSTECKUNG MIT SHAKESPEARE

Literarisch verhandelt das *Wilhelm Meister*-Projekt widerstreitende Bildungskonzepte mit einem Problematisierungsgrad, den sich die praktischen Projekte der Zeit schon aus ganz pragmatischen Gründen nicht leisten können. Damit steht die Frage im Raum, inwieweit insbesondere der *Lehrjahre*-Text seinerseits auf Lesewirkung, d.h. auf ›Bildungseffekte‹ ausgerichtet ist: Inwieweit soll und will eine solche Lektüre ›bilden‹ bzw. ›erziehen‹?[41] Inwieweit kann sie dies überhaupt im Rahmen der ästhetischen Konzeption des Romans? Und in welchem Verhältnis steht eine solche Konzeption dann zu den im Text zur Darstellung gebrachten ›unendlichen Operationen von Natur und Kunst‹ wie sie oben als Unentscheidbarkeit der Mimesis gekennzeichnet wurden? Zur Frage steht also das Verhältnis ästhetischer Lektüreprozesse zum pädagogischen, moralischen, ethischen und im Endeffekt auch politischen Erziehungs- und Bildungsproblem, das von der Mimesisproblematik aufgeworfen wird. Zwar bleibt dieser literari-

---

40 Für eine Perspektive aus der dieser Studie zugrundeliegenden Frage nach der Aktualität der Erziehung um 1800 für die Gegenwart vgl. Anja Lemke: »Ästhetische Erziehung als Arbeit am Selbst. Schillers Bildungsprogramm aus der Perspektive postfordistischer Kontrollgesellschaften«, in: Bettine Menke/Thomas Glaser (Hg.): *Experimentalanordnungen der Bildung. Exteriorität – Theatralität – Literarizität*. Paderborn 2014, S. 131-146.

41 Vgl. Kinzel: *Ethische Projekte*, S. 193-219.

sche Text von der eigenen Programmatik her eine Antwort schuldig, aber er inszeniert diese Frage an sich selbst ebenso, wie er sie thematisch verhandelt.

Offensichtlich machen ästhetische Bildung und vor allem ihre Problematisierung einen Großteil des *Lehrjahre*-Romans aus. Aus Sicht der Vertreter der Turmgesellschaft ist Wilhelm durch die frühe Theaterbegeisterung auf einen falschen Weg gebracht worden: nämlich auf den mimetischen Abweg der falschen Identifikationen. Das ästhetisch vom Turm als minderwertig abgetane Bild vom ›kranken Königssohn‹, mit dem sich Wilhelm in der großväterlichen Sammlung identifiziert, zeugt davon. Aus diesem Bild heraus entwickelt der Text die literarischen Bilder von Wilhelms Subjektwerdung als Metamorphose: An deren Ende hat Wilhelm immerhin seinem tragisch eingefärbten Schicksalsglauben abgeschworen, ist bereit zu Verzicht und Unterordnung unter die größere Sache, kann immerhin schlagfertig seine Lenkung durch die Turmgesellschaft kommentieren und begreift seine *fortuna* bzw. sein »Glück« (L 610), angelehnt an das Narrativ vom ›Hans im Glück‹, eher nach dem Modell der Komödie von der Macht des Zufalls her.[42]

Der ästhetische Selbstbildungsprozess war aus Sicht der Turmgesellschaft zunächst als Fehlbildungsprozess erschienen. Erzieherisch greift einer ihrer Vertreter (nachdem im ersten und zweiten Buch einige freundliche Hinweise ungehört verhallt sind) im dritten Buch in ihn ein, indem er den gerade in der Mitte zwischen halbseidenem Theater- und dekadenten Adelsmilieu eingeklemmten Wilhelm mit den Theatertexten William Shakespeares in einer Gesamtausgabe bekannt macht.[43] Jarno, der Vertreter des Turms, geht dabei gut erzieherisch nach den Methoden Rousseaus und der Philantropinisten vor: Er holt Wilhelm auf seinem aktuellen Entwicklungsstand in der Hoffnung ab, ihn von dort in die gewünschte Richtung zu lenken. Der theaterbegeisterte Wilhelm kennt Shakespeare nur vom Hörensagen und bringt die Mitte des 18. Jahrhunderts aus dem englischen Neoaristotelismus in die deutsche Aufklärung importierten üblichen

---

42 Vgl. zum Modell der Komödie insgesamt Hans Reiss: »Lustspielhaftes in *Wilhelm Meisters Lehrjahre*«, in: Gerhart Hoffmeister (Hg.): *Goethezeit. Studien zur Erkenntnis und Rezeption Goethes und seiner Zeitgenossen*. Bern/München 1981, S. 129-144.

43 Einer historisch genauen Verortung gegenüber erweisen die *Lehrjahre* sich bekanntlich als widerspenstig. Anspielungen reichen von den 1750ern bis zur französischen Revolution. Da Wilhelm später im *Hamlet* die von Wieland nicht übersetzten Stellen nachbessert, ist anzunehmen, dass auch hier auf Wielands Übersetzung von 22 von Shakespeares Dramen aus den 1760ern angespielt ist – und Eschenburgs vervollständigte und verbesserte Ausgabe aus den 1770ern in der Handlungsrealität noch nicht vorliegt.

Vorurteile mit, nach denen es sich bei Shakespeares Dramen um »Ungeheuer [...], die über alle Wahrscheinlichkeit, allen Wohlstand hinauszuschreiten schei-nen«, handelt. Jarno hingegen kündigt die »Zauberlaterne« einer »unbekannten Welt« (L 180) an. Im Hintergrund scheint das ebenfalls aus der englischen Dis-kussion stammende und in der deutschsprachigen Rezeption von Wieland, der seiner Erstübersetzung das Vorwort Alexander Popes voranstellte, popularisierte Argument zu stehen, Shakespeares Regellosigkeit und manchmal nachgerade Geschmacklosigkeit gehe mit der Welthaltigkeit und höheren Wahrheit seiner Dramen einher.[44] Wer mit Shakespeare bekannt wird, lernt in diesem Sinne nicht eine neue Ästhetik kennen, sondern das Leben selbst. Von daher kann Jarno sich von Wilhelms Shakespearelektüre erhoffen, dieser werde in »ein tätiges Leben über[]gehen« und »die guten Jahre, die Ihnen gegönnt sind, wacker [...] nutzen« (L 193).

Die pädagogische Absicht ist offensichtlich: Aus seiner ästhetischen Befan-genheit in der kleinen und niederen Theaterwelt soll Wilhelm mit ästhetischen Mitteln, nämlich Theatertexten, herausgelöst werden, um sich in der wirklichen Welt nützlich zu machen.[45] So wie die Zöglinge in Platons Staat mimetisch die nicht von der mimetischen Schwäche befallenen Vorbilder aufnehmen und so von der mimetischen Schwäche befreit werden sollen, spekuliert die Turmgesell-schaft hier darauf, dass Wilhelm in Shakespeares Theaterkunst die Welt entdeckt und sich so vom theatralen Schein befreien kann. Dass die Absicht fehlschlägt, liegt daran, dass Shakespeare von Wilhelm nach einem dritten Modell gelesen wird, nämlich nach dem von Herder in den 1770ern für die Stürmer und Dränger popularisierten Shakespeare-Bild: als Genie, das die von Jarno gepriesene Welt-haltigkeit kraft seiner Kunst hervorbringt:[46] »Alle Vorgefühle, die ich jemals über Menschheit und ihre Schicksale gehabt, [...] finde ich in Shakespeares Stü-cken erfüllt und entwickelt. [...] Seine Menschen scheinen natürliche Menschen zu sein, und sie sind es doch nicht.« (L 192) Die Shakespeare-Lektüre drängt Wilhelm nicht wie erhofft in die Welt; sie lässt ihn sich vielmehr von dieser bis in eins »der hintersten Zimmer« des Schlosses zurückziehen, nur in Gesellschaft mit den von Jarno so scharf kritisierten, der Welt der Poesie angehörigen Figuren Mignon und Harfner: Dort »lebte und webte er in der shakespeareschen Welt, so

---

44 Vgl. Christoph Martin Wieland: »Alexander Pope's Vorrede zu seiner Ausgabe des Shakespears«, in: William Shakespeare: *Shakespear. Theatralische Werke.* Zürich 1762, S. 3-28, hier: S. 3-9.

45 Vgl. Zumbrink: *Metamorphosen des kranken Königssohns*, S. 197-200.

46 Vgl. Johann Gottfried Herder: »Shakespear«, in: Ders.: *Sämtliche Werke.* Band 5. Berlin 1891, S. 208-23.

daß er außer sich nichts kannte noch empfand« (L 185). Als Wilhelm wieder in der wirklichen Welt erscheint, ist er schließlich der Phantasiewelt von Literatur und Theater nicht weniger zugetan, sondern mehr. Die beabsichtigte platonische Wegregulierung der Mimesis ist fehlgeschlagen.

Der pädagogische Einsatz, mit dem Jarno hier agiert, verdeutlicht, dass nicht nur der schülerhafte Wilhelm in seiner Theaterbegeisterung vom Text ironisiert wird, sondern ebenfalls die Theaterfeindlichkeit der Turmgesellschaft, auch wenn deren Vertreter ästhetisch tendenziell mit Goethes eigenem Klassizismus übereinstimmen. Zum Zeitpunkt der Veröffentlichung der *Lehrjahre* wirkt die Gleichsetzung von Shakespeares Texten mit der ›Wahrheit‹ (sowohl im Sinne Popes und Wielands wie auch im Sinne Herders) einigermaßen frisch veraltet. Wielands Shakespeare erstmals auf Deutsch zugänglich machende Prosaübersetzung der 1760er war zwar bei den Stürmern und Drängern (inklusive Goethe) nicht nur wegen ihrer abwertenden Fußnoten in die Kritik geraten, sondern auch, weil Wieland vor Shakespeares Metrik und Versifikation kapituliert. Aber gerade Shakespeares Prosa ist es dann, die etwa bei Lenz für Shakespeares tiefere ›Wahrheit‹ steht:[47] Seine Figuren gelten nicht wie aus der Kunst, sondern wie aus dem Leben gegriffen. Die hochartifizielle Shakespearsche Redekunst wirkt auf die Stürmer und Dränger so effektiv, dass sie wie der ideale Redner aus der Rhetorik des Aristoteles ihre eigene Kunsthaftigkeit vergessen lässt und als Natur erscheint. In den Worten des jungen Goethe: »[N]ichts so Natur als Shakspears Menschen.«[48] August Wilhelm Schlegels Ankündigung seiner neuen Übersetzung, die mit Metrik und Versmaß auch der Poetizität seiner Ausgangstexte gerecht werden will, wird zwar erst 1796 publiziert, in den 1790ern sind Shakespeares Texte aber bereits in ihrer ästhetischen Dimension bekannt.[49] Zumindest dem von der Turmgesellschaft erzogenen Jarno gestehen die *Lehrjahre* nicht genügend Kunstverstand zu, diese ästhetische Dimension zu bemerken. Zwar wird immer wieder deutlich, dass Kunstkennerschaft Jarnos Stärke sowieso nicht ist.

---

47 Vgl. Jakob Michael Reinhold Lenz: »Das Hochburger Schloß«, in: Ders.: *Werke und Schriften.* Band 1. Stuttgart 1966, S. 369-377, hier: S. 370.

48 Johann Wolfgang von Goethe: »Zum Shakespears Tag«, in: Ders.: *Sämtliche Werke. Briefe, Tagebücher und Gespräche.* Band. 18. Frankfurt a.M. 1998, S. 9-12, hier: S.11. Vgl. neben Herder auch Jakob Michael Reinhold Lenz: »Anmerkungen übers Theater«, in: Ders.: *Werke und Schriften.* Band 1. Stuttgart 1966, S. 329-363.

49 Vgl. Hansjürgen Blinn: »Einführung: Shakespeare in Deutschland 1790-1830«, in: Ders. (Hg.): *Shakespeare-Rezeption. Die Diskussion um Shakespeare in Deutschland. II. Ausgewählte Texte von 1793-1827.* Berlin 1988, S. 9-66, hier: S. 9-16.

Mit Jarnos Intervention deutet sich aber an, dass der vom Text suggerierte pan-
optische Blick des Turms, der »jederzeit unterrichtet« (L 521) ist und dem Wilhelm von Geburt an ausgesetzt scheint, in eben jenem Bereich, dem er Wilhelm
entreißen will, einen blinden Fleck aufweist. Die Schülerhaftigkeit des mimetischen Wilhelms geht mit einer mangelnden Kompetenz seiner selbsternannten
Erzieher für die Ästhetik einher – und damit für jene Sphäre, der sie Wilhelm
entreißen will.

So liegt es zumindest nicht nur an der Stärke von Wilhelms Verblendung,
wenn die Neuauflage der platonischen Erziehungsstrategie im dritten Buch dann
im vierten zunächst nicht nur fehlschlägt, sondern sogar katastrophale Folgen
zeitigt: Das komödiantische Missverständnis in der Kommunikation zwischen
Wilhelm und dem Turm mischt sich fast mit einem ins Reich der Tragödie gehö-
rigen Ausgang. Der Text imitiert in Prosa jenes ›Ungeheuer‹ der Gattungsmi-
schungen, als das die Aufklärung Shakespeares Texte noch wahrnahm: Der pan-
optische Blick des Turms erweist sich als kurzsichtig, da Wilhelm Shakespeares
Protagonisten schlicht in die Reihe seiner Heldenidentifikationen aus Kinder-
dramen und mittelmäßigen Bildern aufnimmt. Durch Mimesis an den wagemuti-
gen Prince Henry aus Shakespeares *Heinrich*-Dramen führt er die Theatergesell-
schaft auf Abwege und überzeugt sie, durch gefährliches Gebiet zu reisen. Nicht
zuletzt der Lärm des inspiriert durch Shakespeares Dramen wieder aufgenommenen Fechttrainings scheint in direkter Folge das marodierende Freikorps anzu-
locken, vor dem so ausdrücklich gewarnt worden war. Wilhelm wird beinahe
tödlich verwundet; durch seine Schuldgefühle glaubt er sich zum Eingehen eben
jenes professionellen Theaterengagements verpflichtet, von dem seine versteckten Erzieher ihn fernhalten wollten: Die Neuauflage der platonischen Erziehung
durch einen Vertreter des Turms bewirkt ihr Gegenteil.

In jenen ›unendlichen Operationen von Natur und Kunst‹ bewirkt der Miss-
erfolg aber auch die ästhetische Erziehung bzw. Selbstbildung Wilhelms auf einer anderen Ebene: im Theater als »Medium der Selbstbildung«[50]. Das Engage-
ment am Theater bietet Wilhelm die Möglichkeit, sich mit der eigenen Identifikation mit Shakespeares Hamlet-Figur auseinanderzusetzen und diese sogar auf
die Bühne zu bringen. (In diese ästhetische Bildung wird die Turmgesellschaft
erneut eingreifen und sich diesen Eingriff rückwirkend als entscheidend für Wilhelms Loslösung vom Theater zuschreiben.) Allerdings folgen Wilhelms Lektüre
und Inszenierung nicht mehr den Maßgaben, unter denen Jarno Wilhelm noch
verführen wollte. Wilhelm geht es nicht mehr um eine ›Wahrheit‹ und Welthaltigkeit der dramatischen Figuren, wie das Theater von Aufklärung und ›Sturm

---

50 Ortrud Gutjahr: *Einführung in den Bildungsroman*. Darmstadt 2007, S. 88.

und Drang‹ sie in Shakespeare sah. D.h. auch die Heldenidentifikation mit einem auf seine Melancholie reduzierten Hamlet läuft höchstens noch implizit mit. Sätze wie folgenden aus der *Theatralischen Sendung* lassen sich in den *Lehrjahren* nicht mehr finden: »Auch die Last der tiefen Schwermut war er bereit auf sich zu nehmen, und die Übung der Rolle verschlang sich dergestalt in sein einsames Leben, daß endlich er und Hamlet eine Person zu werden anfingen.«[51] Wilhelm ist nun vielmehr die ästhetische Dimension von Shakespeares Texten bewusst geworden. Diese Dimension versucht er für die Bühne zu gestalten, denn unter dem Einfluss Serlos hat er gelernt, »auf den Sinn und Ton des Ganzen« (L 341) zu achten.

Das komödiantische Missverständnis der Shakespeare-Initiation überlagert die möglichen tragischen Folgen. So zufällig wie die mangelnder ästhetischer Bildung geschuldete pädagogische Intervention der Turmgesellschaft keine tödlichen Folgen für Wilhelm hat, so zufällig initiiert sie auch Wilhelms ästhetische Selbstbildung: nicht in der passiven Kunstrezeption, sondern nun als aktiv Beteiligter. Keineswegs zufällig im Zusammenhang für die Verschränkung von Bildungs- und Erziehungsfragen mit der Theaterproblematik des Romans fällt Wilhelms besonderes Interesse auf Shakespeares *Hamlet*. Die lange Rezeptionsgeschichte von Wilhelms identifikatorischer Auslegung des Stücks zunächst als Goethes ungebrochener Shakespeare-Interpretation, die nicht zu geringem Anteil an der internationalen Karriere des *Hamlet* beteiligt ist,[52] droht oft die Funktion des *Hamlet*-Verweises in der ästhetischen Konstruktion der *Lehrjahre* zu überlagern: *Hamlet* ist in erster Linie ein Stück über die theatrale Dimension der Mimesis.[53] Diese kommt hier nicht nur als *imitatio* ins Spiel, auch wenn Hamlet sich ›wahnsinnig‹ stellt, sondern in allererster Linie als Vorspielen, Zuschauen und Verstellen. Die Figuren des Dramas, die sowieso schon innerhalb der theatralen Rituale der höfischen Repräsentation agieren, spielen die ganze Zeit vor Publikum: Hamlet spielt verrückt, Polonius und die Höflinge spielen ihm Interesse und Freundschaft vor, Ophelias wahrhaftige Liebe wird vom Spiel kontaminiert. In der für das Stück so zentralen *mousetrap*-Szene, die in den *Lehrjahren* ungenannt bleibt, auf die aber, wie im Weiteren zu zeigen sein wird, an markan-

---

51 von Goethe: »Wilhelm Meisters theatralische Sendung«, S. 316.

52 Vgl. Hans Jürg Lüthi: *Das deutsche Hamletbild seit Goethe*. Bern 1951. Vgl. Kurt Ermann: *Goethes Shakespeare-Bild*. Tübingen 1983, S. 293-353. Vgl. Mark Evan Bonds: »Die Funktion des Hamlet-Motivs in *Wilhelm Meisters Lehrjahre*«, in: *Goethe-Jahrbuch* 96 (1979), S. 101-110.

53 Vgl. Robert Weimann: »›Mimesis‹ in *Hamlet*«, in: Patricia Parker/Geoffrey Hartman (Hg.): *Shakespeare and the Question of Theory*. New Haven 1985, S. 275-291.

ten Stellen angespielt wird, beobachten alle Akteurinnen und Akteure statt der Theateraufführung einander als Zuschauer beim Zuschauen. Und während Wilhelm der von seiner mimetischen Shakespeare-Verstrickung ausgelösten tödlichen Katastrophe beim Raubüberfall im vierten Buch noch knapp entrinnt, kommt in Shakespeares Stück über die Mimesis niemand mit dem Leben davon.

An der Darstellung von Wilhelms ästhetischer Selbstbildung und ihren Kontexten gilt es daher zu rekonstruieren, inwieweit dabei auch das Problem der Mimesis direkt und indirekt verhandelt wird. In den Blick genommen werden soll dabei nicht die *Hamlet*-Bildung im Detail,[54] sondern das Zusammenspiel der Kontexte, in denen *Hamlet* als Theatertext und als Figur in *Wilhelm Meisters Lehrjahren* seinen Auftritt hat. Zu deren Einordnung ist nicht zuletzt die Einbeziehung einer weiteren intertextuellen Schicht vonnöten; in den Blick zu nehmen gilt es seinerseits einen poetologischen und ästhetiktheoretischen Kontext des Romans, von dem sich das eigenwillige Verhältnis aus Ästhetik der Klassik, ästhetischer Bildung und Mimesisproblematik auffächern lässt, das die *Lehrjahre* aufmachen: Ausgehend von den in Friedrich Schillers Briefen *Über die Ästhetische Erziehung des Menschen* vertretenen Thesen lässt sich verdeutlichen, was im Wechselverhältnis zwischen Wilhelms *Hamlet* und dem Erziehungsprojekt der Turmgesellschaft auf dem Spiel steht: die Einhegung des Mimetikers. Von verschiedenen Aspekten der Schillerschen Briefe her stellen die folgenden Teilkapitel die Verbindungslinien zwischen *Hamlet*-Strang und Turmpädagogik her.

4. ›BILDUNG‹ ALS KEHRSEITE EINER ÄSTHETISCHEN ERZIEHUNG NACH SCHILLER

Goethes Arbeit an *Wilhelm Meisters Lehrjahren* wird bekanntlich in einem parallelen Briefwechsel mit Friedrich Schiller intensiv diskutiert und durch dessen Rückmeldungen beeinflusst. In dieselbe Zeit fällt auch Schillers Abschluss seiner klassizistischen Ästhetik in den *Briefen Über die Ästhetische Erziehung des Menschen* mit ähnlichen Fragen, nicht zuletzt die Auseinandersetzung mit von der französischen Revolution aufgeworfenen Problemstellungen.[55] In den *Lehr-*

---

54 Grundlegend für die Zusammenfassung und weiterführende Beobachtungen: Zumbrink: *Metamorphosen des kranken Königssohns*, S. 223-296.

55 Vgl. Terence James Reed: »Revolution und Rücknahme. ›Wilhelm Meisters ›Lehrjahre‹ im Kontext der französischen Revolution«, in: Bernd Hamacher/Rüdiger Nutt-Kofoth (Hg.): *Johann Wolfgang Goethe. Romane und theoretische Schriften. Neue Wege der Forschung.* Darmstadt 2007, S. 38-58.

jahren lässt sich daher umgekehrt auch eine Auseinandersetzung mit Schillers Konzepten rekonstruieren.[56] Nicht nur lassen sich sowohl die Wilhelm-Figur wie auch viele der vom Text vorgestellten sozialen Welten als Manifestationen des bei Schillers so zentralen ›Spieltriebs‹ sehen.[57] Vor allem besteht das von Kant herkommende Anliegen der *Briefe* in einer Bestimmung des Verhältnisses von Erziehung (bzw. der äquivalent benutzten Bildung) zu Moral, Ästhetik und Politik: Für Schillers Autonomieästhetik ist der *imitatio*-Topos wie für Goethe Anathema. Der als autonom gefassten Kunst kommt »Immunität«[58] gegenüber der Wirklichkeit zu. Sie folgt einerseits ihrem Selbstgesetz; andererseits soll dieses Selbstgesetz aber über sich hinaus wirken: Das »vollkommenste[] aller Kunstwerke« liegt im »Bau einer wahren politischen Freiheit«[59], d.h. konsequent zu Ende gedacht im »ästhetische[n] Staat«[60]. Bei Freiheit im Sinne Kants handelt es sich um eine moralische Kategorie, denn der freie Mensch tut das Gute und ist ehrlich. Für Schiller soll diese Freiheit nun nicht von einer Erziehung wie der philantropinistischen, sondern durch die ästhetische Erfahrung des sich im Kunstwerk manifestierenden Schönen gebildet werden. Das Kunstwerk ist also prinzipiell eine öffentliche Angelegenheit[61] und weist so strukturelle Parallelen zum Theater (und zu den entsprechenden Bildungsphantasien) auf.

Das Schöne begreift Schiller mit Kant als Versöhnung von Vernunftgesetz und der ungeregelten Mannigfaltigkeit der sinnlichen Eindrücke, in deren Beschreibung als wuchernd und formlos sich durchaus Nachklänge der platonischen Mimesisphobie zeigen, die sich ebenfalls primär gegen eine als instabil gefasste Sphäre des Sinnlichen richtet: »Darin besteht das eigentliche Kunstgeheimnis des Meisters, daß er den Stoff durch die Form vertilgt.«[62] Radikaler bezeichnet Schiller diese Formgebung sogar als »Krieg gegen die Materie«[63]. Auf

---

56 Vgl. z.B. Hans-Jürgen Schings: »Einführung«, in: Johann Wolfgang von Goethe: *Wilhelm Meisters Lehrjahre. Ein Roman. Sämtliche Werke nach Epochen seines Schaffens*. Münchener Ausgabe. Band 5. München 1988, S. 613-643.

57 Vgl. Pierre Batteaux: *Gar schöne Spiele spiel' ich mit dir! Zu Goethes Spieltrieb*. München 1986, S. 199-203.

58 Friedrich Schiller: *Über die Ästhetische Erziehung des Menschen in einer Reihe von Briefen*, in: Ders.: *Werke und Briefe*. Frankfurt a.M. 1992, 556-705, hier: S. 583.

59 Ebd., S. 558.

60 Ebd., S. 582.

61 Vgl. Jürgen Habermas: *Der philosophische Diskurs der Moderne. Zwölf Vorlesungen*. Frankfurt a.M. 1988, S. 59-64.

62 Schiller: *Über die Ästhetische Erziehung*, S. 641.

63 Ebd., S. 648.

die platonische Tradition bezogen heißt dies: Die Instabilität der Mimesis wird in der Stabilität der Form (bei Platon der ›Idee‹) gebannt. Die Passivität und Nachträglichkeit der Mimesis ist verkehrt in das Ziel jeglicher Erziehung um 1800, die vernünftige Selbsttätigkeit: »[N]och in seinem Leiden muß [der Mensch] seine Selbsttätigkeit, noch innerhalb seiner sinnlichen Schranken seine Vernunftfreiheit beginnen«[64].

Durch ästhetischen Erfahrung dieser ›Versöhnung‹ findet sich das Subjekt selbst in einen versöhnten Zustand gebracht, den »ästhetischen Zustande«[65]. Nunmehr gegen Kant entsprechen bei Schiller die aus der Sinnlichkeit kommenden Neigungen des Subjekts seiner moralischen Pflicht. Und da, jetzt wieder mit Kant, die moralischen Pflichten allgemeingültige sind, können die ästhetisch erzogenen Subjekte gemeinsam den ›schönen Staat‹ als das ›vollkommenste aller Kunstwerke‹ bilden. Dazu bedarf es aber nicht nur »schöner Künstler«, sondern auch »pädagogische[r] und politischer[r] Künstler« und letztlich »Staatskünstler«[66] – also Befähigte in denjenigen Künsten, die Kant in seiner Pädagogik als die schwierigsten bezeichnet.[67] Dieser ›Staatskünstler‹ macht »den Menschen zugleich zu seinem Material wie zu seiner Aufgabe«[68].

Schiller kennzeichnet (immer noch mit Kant) seinen vernünftigen, aber gleichzeitig mit den Sinnen versöhnten Entwurf als nie erreichbare regulative Idee. Von diesem ist auch der Glaube an die Vernünftigkeit der Vernunft übernommen. Ist diese Theorie in sich doch nur schlüssig, wenn Natur des Sinnlichen und Kunst des Vernünftigen tatsächlich in einem gemeinsamen Nenner versöhnbar sind und sich also aus einer gemeinsamen Quelle speisen, die für Kant und in seiner Nachfolge für Schiller nur in der Sphäre des Vernünftigen und Gesetzmäßigen liegen kann.[69]

Zwar hat Schillers Kunsttheorie weder affirmativ noch ablehnend in *Wilhelm Meisters Lehrjahren* einen Auftritt; schon gar nicht liefert sie einen Schlüssel zu den Konstruktionsprinzipien des Romans. Wie etwa der im selben Zeitraum wie die *Lehrjahre* entstandene Text *Das Märchen* vorführt, steht Goethe Schillers Entwurf eher kritisch gegenüber.[70] Bezüglich der Problematik der Erziehung und

---

64 Ebd., S. 648.

65 Ebd., S. 636.

66 Ebd., S. 566.

67 Vgl. Kant: »Über Pädagogik«, S. 702.

68 Schiller: *Über die Ästhetische Erziehung*, S. 566.

69 Vgl. Jacques Derrida: *Die Wahrheit in der Malerei*. Wien 1992, S. 144.

70 Vgl. Peter Pfaff: »Das *Horen-Märchen*. Eine Replik Goethes auf Schillers *Briefe über die ästhetische Erziehung*«, in: Herbert Anton (Hg.): *Geist und Zeichen*. Heidelberg

ihrer Verzahnung mit Ästhetik und Politik werden in *Wilhelm Meisters Lehrjahren* allerdings immer wieder Elemente aus Schillers politisch-pädagogischer Ästhetik evoziert: Die Ideale des Turms etwa entsprechen den von Schiller implizierten, bei aller Kunstaffinität vernunftgemäßen Leitlinien: Der die Turmgesellschaft begründende Oheim und der an seiner Seite stehende Abbé entwerfen diese Sozietät[71] als Keimzelle einer zukünftigen, in sich wie bei Schiller vernünftig durchorganisierten Gesellschaft, in die auch die Versöhnung mit dem Sinnlichen einbezogen ist, z.B. als künstlerische Durchgestaltung des Wohnsitzes des Oheims, insbesondere des »Saal[s] der Vergangenheit« (L 541), der der Kunst gleich vom Namen her jegliche bedeutende Rolle für das politische und soziale Zukunftsprojekt abspricht. Denn aus Schillers erstrebenswerter regulativer Idee ist ein noch nicht erreichter zukünftiger Zustand geworden, dessen Verwirklichung auch in den *Wanderjahren* noch in der Ferne liegt. Nach dem Tode des Oheims ist ein politischer ›Staatskünstler‹ nicht in Sicht. Der eigentlich die entsprechende Position ausfüllende Lothario scheint schon von seinem Namen her (und trotz seiner späteren Verbindung mit der durch und durch vernünftigen Therese) etwas zu sehr den Sinnesfreuden der Liebe zugeneigt, und stellt die für Schiller ›höchste‹ der Künste dadurch infrage. Einen ›pädagogischen Künstler‹ gibt es aber durchaus: eben jenen Abbé,[72] der in einem schwachen Moment Bildung zwar als überkomplexes und letztlich nicht steuerbares Ergebnis der ›unendlichen Operationen von Natur und Kunst‹ bezeichnet, aber ansonsten durchgängig auf die Möglichkeit gelingender Bildung spekuliert.

Der vernünftige Staat, wie er dem Abbé vorschwebt, hat nun zwar einen Sinn für die Kunst; jedoch wird sie in einem allumfassenden Anspruch, wie er im Geniediskurs des jungen Wilhelm noch zum Ausdruck kommt, dann im ›Saal der Vergangenheit‹ zu Grabe getragen. Anlässlich der Beerdigung der für diesen Anspruch stehenden Mignon-Figur erläutert der Abbé seine Konzeption eines Bildung und Erziehung dienenden Verhältnisses der Künste, die als säuberlich in Sparten unterschiedene immer jeweils einzelne Organe ansprechen und ausbil-

---

1977, S. 320-332. Vgl. Bernd Witte: »Das Opfer der Schlange. Zur Auseinandersetzung Goethes mit Schiller in den *Unterhaltungen deutscher Ausgewanderten* und im *Märchen*«, in: Wilfried Barner/Eberhard Lämmert/Norbert Oellers (Hg.): *Unser Commercium. Goethes und Schillers Literaturpolitik.* Stuttgart 1984, S. 461-484.

71 Für deren spezifische Verfasstheit vgl. Schößler: *Goethes Lehr- und Wanderjahre*, S. 142-154.

72 Vgl. Rosemarie Haas: *Die Turmgesellschaft in ›Wilhelm Meisters Lehrjahren‹. Zur Geschichte des Geheimbundromans und der Romantheorie im 18. Jahrhundert.* Münster 1975, S. 66ff.

den sollen. Wo Schiller die Kunst zwar mit der Würde der Autonomie ausstattet, dann aber zu einer bloßen Durchgangsstation zum ›ästhetischen Staat‹ erklärt, da findet sich im Turm auch die wohlgeordnete Kunst den erzieherischen und politischen Endzwecken untergeordnet: zwei Künsten eigentlich im Sinne von den älteren Begriffen *ars* und *téchne*, und eben nicht im von Schiller proklamierten Sinne ästhetischer Autonomie. Mit einem Theater, wie ihm Wilhelm sich verschrieben hat, steht der Turm entsprechend auf Kriegsfuß. Auf der Realitätsebene des Romans tut er dies nicht ganz zu Unrecht: Der Traum von einem aus den Theaterreformen des 19. Jahrhunderts hervorgehenden Nationaltheater und seiner gebildeten Öffentlichkeit wird in *Wilhelm Meisters Lehrjahren* zwar immer wieder aufgerufen, aber stets findet sich die im real existierenden Theater versammelte Menge desavouiert: als bis auf wenige Ausnahmen vergnügungssüchtig, oberflächlich, urteilsschwach, unkultiviert oder schlicht desinteressiert. Die an die Geheimgesellschaften des 18. Jahrhunderts erinnernde Turmgesellschaft hingegen besteht aus einer kleinen, ihre weiteren Mitglieder kooptierenden Gruppe. Während in Schillers *Briefen* die den Werken der Kunst vorbehaltene Sonderzone zu einem Umweg wird, über den der ›ästhetische Staat‹ sich bilden kann, bildet das ideal geordnete Gemeinwesen, wie es der Turmgesellschaft vorschwebt, selbst eine Sonderzone, die versucht sich von den Sphären der Unbildung autonom zu machen. Sie ist ein politisches Kunstwerk, das auf Ordnung und Beständigkeit setzt. In diesem Sinne ist sie am von Schiller privilegierten Kunstmodell der antiken Statue orientiert, deren Stoff/Form-Metaphorik Schiller dann auf die Erziehungs- und Staatskunst überträgt. Strukturgleich ähnelt der sentenzhafte »*Lehrbrief*« (L 496), den Wilhelm erhält und der ihm recht unbrauchbar als Lebensanleitung erscheint, einem Anweisungskatalog für bildende Künstler, der sich jedoch auf eine Lebenskunst bezogen findet.[73]

Nicht nur die soziale Fragwürdigkeit des weitgehend noch nicht verbürgerlichten Theatermilieus muss aus solch einer Perspektive problematisch erscheinen, sondern auch die ungeordnete Fülle der sinnlichen Eindrücke einer Theateraufführung sowie die Flüchtigkeit und Einmaligkeit des Ereignisses.[74] In seiner berühmten Polemik gegen die langjährige Privilegierung der Perspektive der Turmgesellschaft durch die Goethe-Philologie verweist Schlechta auf einen Ausspruch Wilhelms aus der *Theatralischen Sendung*, der der Bewertung des Theaters durch den frühen Text entspricht, in den *Lehrjahren* aber nicht wieder auftaucht:

---

73 Vgl. Steiner: »*Wilhelm Meisters Lehrjahre*«, S. 145.
74 Vgl. Kapitel II.

»Und ich behaupte sogar, daß, je mehr das Theater gereinigt wird, es zwar verständigen und geschmackvollen Menschen angenehmer werden muß, allein von seiner ursprünglichen Wirkung immer mehr verliert. Es scheint mir, wenn ich ein Gleichnis brauchen darf, wie ein Teich zu sein, der nicht allein klares Wasser, sondern auch eine gewisse Portion von Schlamm, Seegras und Insekten enthalten muss, wenn Fische und Wasservögel sich darin wohl befinden sollen.«[75]

Ebenso einseitig nimmt Schlechta nun umgekehrt für die Seite des Theaters Stellung und übersieht, dass die Realitätsebene des Romans die Vorbehalte der Turmgesellschaft zu bestätigen scheint. Jedes gelungene Theaterereignis führt, sobald es ausklingt, ins Unglück: Die ekstatische gemeinsame Lektüre eines Ritterdramas im zweiten Buch wird von der Katerstimmung des nächsten Tages abgelöst. Auf die beglückende Probe eines kommenden republikanischen Theaters im vierten Buch folgt der für Wilhelm fast tödlich endende Raubüberfall. Auf *Hamlet*-Premiere, Premierenfeier und Liebesnacht im fünften Buch folgt nicht nur die Bedrückung durch den grauen (Theater-)Alltag, sondern die Brandkatastrophe.[76]

Die ohne endgültige Festlegung für oder gegen das Theater auskommende Erzählinstanz der *Lehrjahre* steht weder ganz auf Seiten der Turmgesellschaft und ihres an Schiller gemahnenden Projekts, noch, wie Schlechta mit rhetorischer Wucht suggeriert, auf Seiten einer vom Zivilisationsprozess domestizierten Lebensfülle, welche sich privilegiert in der Sphäre des Theaters ausdrücke. Der Text verhandelt vielmehr die Spannung zwischen dem pädagogisch-politischen Projekt des Turms und demjenigen, was in diesem Projekt nicht aufgeht und sich ihm immer zu entziehen droht. In ihrer konkreten Ausprägung bezieht sich die Vernünftigkeit des Turms eher auf das platonische Gemeinwesen als auf Kant und Schiller: In jedem Menschen soll sein besonderes Talent zur Ausprägung gebracht werden; die Gesamtheit der spezialisierten Turmmitglieder bilden dann ein Gemeinwesen, in dem jedem und jeder seine oder ihre spezifische Stelle zugewiesen ist. Schlechtas Polemik gegen den Turm und für das Theater kommt dieser Spannung eigentlich sehr nahe: Müsste Wilhelm doch für den Turm uninteressant sein, da er keine besonderen Merkmale oder Talente aufweist. Er ist deswegen auch kein Protagonist des Romans: »[D]ieser Roman [...] hat keinen Helden: Wilhelm hat keinen ›Charakter‹«[77]. Er geht in seiner Liebe zum Theater

---

75 Goethe: »Wilhelm Meisters theatralische Sendung«, S. 100f. Vgl. Schlechta: *Goethes Wilhelm Meister*, S. 99.

76 Vgl. Primavesi: *Das andere Fest*, S. 116-125.

77 Schlechta: *Goethes Wilhelm Meister*, S. 11. Für die Frage nach dem Charakter und der ihm im 18. Jahrhundert zugeschriebenen Prägekraft vgl. Heide Volkening: *Charakter*

auf, die sich in der Liebe zur Schauspielerin Marianne manifestiert, aber in ihr nur das Theater sieht.[78] Dieses ist das ewig Wandelbare, in dem nur eines gleich bleibt: Dass Wilhelm sich als ganzheitliches Subjekt in ihm imaginieren kann: »Ich [pflegte] mich meist an den Platz der Haupthelden zu setzen« (L 21), lautet seine prägende Erinnerung an die eigene kindliche Theaterfaszination. Wilhelm ist ganz bei sich, ist sein eigener Held, immer wenn er sich verändert. Daher rührt auch seine Hingabe an die kulturelle Institution Theater.

Im Theater findet Wilhelm zwar nicht das erwartete Glück. Bei den Achtungserfolgen, die er bei der vom Roman als objektiv auf der Höhe der Theaterkunst befindlichen Truppe einfährt, kann aber von dem von Turm und insbesondere Jarno stets suggerierten völligen Mangel an Talent keine Rede sein. Wilhelm passt weder gut noch schlecht ans Theater. Er hat so wenig und so viel ein Talent dafür wie für andere Dinge auch: Er ist ein Mann ohne (hervorstechende) Eigenschaften. In seiner Offenheit für äußere Eindrücke verkörpert er das von der platonischen Erziehung und Politik so gefürchtete mimetische Wesen, das zu vielem werden kann, ohne eine feste Gestalt anzunehmen: zu Schillers Stoff, dem es an Form mangelt. In diesem Sinne sollte er zwar eigentlich für die Turmgesellschaft nicht von Interesse sein; dennoch scheint der Abbé ihn als privilegiertes Objekt der eigenen Erziehung auserkoren zu haben: »[E]s will schon etwas heißen, in dem hohen Grade seine Aufmerksamkeit auf sich zu ziehen.« (L 550) Schlechta markiert trotz seiner einseitigen Perspektive einen springenden Punkt, wenn er argumentiert, an Wilhelm müsse das Erziehungsprojekt des Abbés sich beweisen: Schafft er es, den ›Mann ohne Eigenschaften‹ in den Bann des Turms zu ziehen, dann ist ihm auch die Erziehung desjenigen gelungen, was seinem Projekt gänzlich zuwiderläuft. – Durch die Erziehung des eigentlich Unerziehbaren würde sein Projekt sich bestätigen und bekräftigen.[79]

Eine solche Selbstbestätigung ist nicht zuletzt nötig, weil der Abbé und Wilhelm sich strukturell auf unheimliche Weise ähneln: Auch beim Abbé handelt es sich um einen ›Mann ohne Eigenschaften‹. Laut dem scharfsinnigen Jarno hat dieser eine philosophisch-pädagogische »Sinn für alles, Lust an allem, es zu erkennen und zu befördern« (L 552). In dieser ›Lust an allem‹ entwickelt die Figur des Ab-

---

  – *Arbeit. Zur literarischen Produktivität des tätigen Menschen* (zgl. Habil. Ludwig-Maximilians-Universität 2015). Publikation in Vorbereitung.

78 Vgl. die inzwischen klassische Definition der Metonymie Wilhelms durch Marianne vermittelter Theaterliebe bei David E. Wellbery: »Übertragen: Metapher und Metonymie«, in: Heinrich Bosse/Ursula Renner (Hg.): *Literaturwissenschaft. Einführung in ein Sprachspiel*. Freiburg i.Br. 2010, S. 121-136.

79 Vgl. Schlechta: *Goethes Wilhelm Meister*, S. 136-138.

bés formwandlerische Qualitäten, an die Wilhelms mimetisches ›Herumschlendern‹ und seine Schauspielversuche nicht heranreichen. Ob und in wie vielen Rollen der Abbé als Abgesandter an Wilhelm aufgetreten ist, bleibt auch den anderen Turmgesellschaftern unklar, die vage von einem ebenfalls assoziierten »Zwillingsbruder« (L 551) reden. Auch der Reigen der theatralen Auftritte bei Wilhelms Initiationszeremonie schafft hier der weiteren Erkenntnis keine Abhilfe, da Wilhelm so sehr der Illusion der jeweiligen Bühnenfiktion verfällt, dass er sogar die Stimme seines toten Vaters zu vernehmen meint. Dass es Wilhelm im zweiten Buch scheint, als habe er den Abbé »schon irgendwo gesprochen«, deutet einerseits auf seine Identität mit dem Fremden im ersten Buch hin, aber da es allen Begleiterinnen und Begleitern ebenso geht, ist dieses Indiz bedeutungslos. Die lebenspraktische Philine kennzeichnet sein Äußeres als das eines »Mensch[en]« im Unterschied zu dem eines »Hans oder Kunz« (L 123): also doch wohl eines allgemeinen und beispielhaften statt eines x-beliebigen Menschen. In dieser nicht festlegbaren Allgemeinheit (die Schlechta als Entleerung abtut)[80] wird der Abbé eine Parallelfigur zu Wilhelm bzw. zu dessen Spiegelbild: Er befördert zwar Formen und ist in diesem Sinne schöpferische Mimesis, besteht selbst aber nicht aus einem geformten Stoff. In dieser Hinsicht ähnelt er dem ungeformten Wilhelm, in dem sich gar keine zu befördernde Form abzeichnet.

Der einzige vom Text der *Lehrjahre* gegebene Konnex zwischen Wilhelm und der Turmgesellschaft lässt es indes offen, was die ›Aufmerksamkeit‹ für Wilhelm provoziert. Beim Kauf der Kunstsammlung, deren Verlust Wilhelm dem Theater in die Arme treibt, provoziert der kindliche Wilhelm selbst eine solche: »Sie hatten […] ein Lieblingsbild darunter, von dem Sie mich gar nicht weglassen wollten.« (L 69f) Ob die Ausstrahlungskraft des mimetischen Kindes, das den Kunstkenner von seiner sechstägigen Bewertungsarbeit anscheinend zumindest teilweise abhielt, die Anstrengungen der Turmgesellschaft hervorruft, oder die spätere Zufallsbegegnung im ersten Buch, bei der sich der langfristige Kollateralschaden dieses Kaufes abzeichnet, bleibt offen. Strukturell hat in beiden Fällen der Zögling mit seiner mimetischen Kraft einen Erzieher angezogen, der entweder nicht von ihm ablassen kann oder sich seiner später erinnern muss. Die Erziehungsinstanz hat bezüglich Wilhelms von vornherein einen Teil jener in der sich selbst zugeschriebenen tätigen wie formenden Vernunft gegründeten Macht abgegeben und gewinnt sie nur zurück, indem sie Wilhelm in die Sphäre der Turmgesellschaft holt.

In diesem Sinne wirkt auch das von Wilhelm plötzlich gefundene ›Glück‹, seine Paarbildung mit der ›schönen Amazone‹ Natalie am Ende der *Lehrjahre*,

---

80 Vgl. ebd., S. 49, S. 137f.

nicht in dem Ausmaß von einem von der Lenkung durch den Turm losgelösten ›Glück‹ der *fortuna* abhängig, wie es Wilhelm vorkommt.[81] Vielmehr scheint es aus Sicht des Turms durchaus logisch: Auch Natalie, die wohltätige Erzieherin und Menschenbildnerin, beschreibt sich selbst als Gegenpol zu den experimentellen Erziehungsprinzipien des Abbés. Während dieser die Suche nach der je eigenen Bestimmung als großangelegte Erprobung des eigenen Lebens bestimmt, gibt Natalie ihren weiblichen Zöglingen »Gesetze« vor. Sie unterläuft damit tendenziell die Spezialisierungstendenzen des Turms und die Forderung nach einem radikal eigenverantwortlichen Selbstentwurf, die mit diesen einhergehen. Da sie aber selbst ihren Selbstentwurf so radikal lebt, wie das pädagogische Projekt es verlangt, bringe man ihr die »unglaubliche Toleranz« (L 527) entgegen, die diesem Projekt insgesamt eigen sei.

Zum Ausdruck kommt mit dieser Zuschreibung allerdings auch der von der eigenen Spezialisierung wohl eingeschränkte Blick der Nataliefigur: Wurde das Kapitel, in dem diese Worte fallen, doch durch ein Gespräch mit Wilhelm über Nataliens Tante, die ›schöne Seele‹, begonnen, der Natalie äußerlich gleicht und innerlich nachzustreben behauptet. »Im Praktischen ist doch kein Mensch tolerant.« (L 419), weiß diese von einer Turmgesellschaft zu sagen, die sie von der Erziehung Nataliens ausgeschlossen hat. Kein (wohl letztlich mimetischer) Einfluss war dieser Tante also auf einen Zögling erlaubt, der sich laut Selbsteinschätzung unter eben diesem mimetischen Einfluss wähnt. Nicht in Betracht zieht Natalie dabei, dass sie im Herzen des Reichs der Turmgesellschaft, nämlich auf dem Anwesen ihres Gründers, diese abweichende Erziehungsphilosophie verwirklicht. Ihre Devianz steht ebenso unter Dauerbeobachtung wie Wilhelm, dessen Devianz sich komplementär zu ihrer Spezialisierung organisiert, aber doch ganz anders begründet ist: Wilhelm ist nicht falsch, sondern zu gar nichts besonders talentiert. An Natalie kontrolliert der Turm das von ihm als fremd Identifizierte, an Wilhelm eine grundsätzlichere Andersheit mimetischer Fluidität. An Wilhelm muss sich daher nicht nur beweisen, ob das Projekt des Turms allgemeine Gültigkeit hat, also potentiell ein Menschheitsprojekt ist oder ob es sich auf eine Gruppe kontingent Ausgesuchter bzw. Auserwählter beschränkt. Kann der Abbé Wilhelm zum Teil seines Projekts machen, ist auch noch – nun von einer weiteren Theorietradition her gesehen – der platonische Albtraum ab-

---

81 Für die Widerspenstigkeit solcher Glücksmomente im ganzen Roman, allerdings ohne Rückbezug auf die eher Willhelm in ihrem Bereich haltende als ihn ›bildende‹ Struktur der Turmgesellschaft vgl. Jochen Hörisch: *Gott, Geld und Glück. Zur Logik der Liebe in den Bildungsromanen Goethes, Kellers und Thomas Manns.* Frankfurt a.M. 1993, S. 30-99.

gewendet und die Mimesis als solche unter eine höchst ›tolerante‹ Kontrolle gebracht. Die Mimesis wird nicht gebannt, sondern in Reserve bzw. vielleicht sogar Bereitschaft für Kommendes gehalten.

All das scheint im Kontext des *Wilhelm Meister*-Projekts in keiner Weise zu
heißen, dass die mimetische Fluidität an einem festen Ort gebannt werden muss.
Ganz im Gegenteil ist Wilhelm in den *Wanderjahren* immer noch auf der den Titel gebenden Suche nach seiner Bestimmung und findet sie am Ende nur im Re-
kurs auf seine mimetischen Kindheitsträume. Nicht auf die Zuordnung zu einer
Funktion, hier die des Wundarztes, scheint es anzukommen, sondern darauf,
Wilhelm in der Sphäre des Turms zu halten. Die Mimesis muss sich nicht festle-
gen; etwaige Festlegungen dürfen auch Zufallszuckungen der Mimesis sein. Sie
muss sich nur den Rahmenbedingungen des Turms unterwerfen, d.h. für eine zukünftige Festlegung in Reserve halten bzw. die kontingenten Festlegungen mimetisch, wie sie ist, übernehmen.

Aber nicht nur mit der Turmgesellschaft scheint auf Schillers *Briefe Über die
Ästhetische Erziehung* angespielt, die aber beim Wort genommen und so gegen
sich selbst gewendet werden. In seiner Eigenschaftslosigkeit evoziert Wilhelm
das, was Schiller den ›ästhetischen Zustand‹ nennt, um diesen Zustand gleichzeitig zu konterkarieren:»In dem ästhetischen Zustande ist der Mensch also *Null*«[82].
Gemeint ist bei Schiller, dass im Zeichen der ästhetischen Erfahrung alle
menschlichen Vermögen ausgesetzt sind und weder der formende Verstand
agiert, noch die ungeformte Sinnlichkeit. Diese Suspension tendiert bekanntlich
immer zur Seite des Verstandes und seiner stabilisierenden Kräfte. Sie geschieht
angesichts der Erfahrung eines autonomen Kunstwerks und seiner in sich ruhenden Stabilität. Diese passive Schau ist für Schiller in diesem Sinne auch nicht
nur passivisch zu fassen, sondern selbst bereits ein aktivisches Formen:»[D]er
Schein der Dinge ist des Menschen Werk, und ein Gemüt, das sich am Scheine
weidet, ergötzt sich […] an dem, was es tut.«[83] Die von Platon der Mimesis zugeschriebene Zerrüttung ist Schillers ›ästhetischem Zustand‹ entsprechend fremd,
»denn der unausbleibliche Effekt des Schönen ist Freiheit von Leidenschaften«[84].
Wilhelms ›ästhetischer Zustand‹ äußert sich als komplette Verkehrung von
Schillers Ideal: als ganz seinen Leidenschaften hingegeben statt in einem Nullzustand suspendiert; beweglich von diesem in jenen Zustand überwechselnd, ohne doch je eine eigene Eigenschaft anzunehmen.

---

82 Schiller: *Über die Ästhetische Erziehung*, S. 636.
83 Ebd., S. 661.
84 Ebd., S. 642.

Der junge Wilhelm erfährt die eigene Nichtfestgelegtheit auf eine Eigenschaft als die ästhetische Ganzheitlichkeit seiner kindlichen Theaterliebe, die er später in der Sphäre des Theaters erneut suchen und in Marianne gefunden zu haben meinen wird. Als das Gegenteil von Schillers Ideal entspricht dieser ›ästhetische Zustand‹ aber doch Schillers Beschreibung. Wilhelm ist »ein Ganzes in sich selbst. […] [U]nd unsre Menschheit äußert sich mit einer Reinheit und *Integrität*, als hätte sie von der Einwirkung äußrer Kräfte noch keinen Abbruch erfahren.«[85] Von der rhetorischen Inszenierung wie argumentativen Abfolge her rückt Schillers Text diesen Zustand ins Zentrum seiner Ausführungen. Nur am Rande wird benannt, dass die Kunst so autonom, wie sie dargestellt wird, gar nicht ist, sondern Mittel zum pädagogisch-politischen Zweck. Indem die Schiller-Anleihen der *Lehrjahre* Erziehungsprinzip und ästhetischen Nullzustand durch Entgegensetzung und Domestikation des zweiten durch den ersten aufeinander beziehen, stellen sie diesen Zusammenhang pointiert aus. Und von dieser Pointierung her gibt sich auch das ästhetische Selbsterziehungsprogramm, in das Wilhelm mit dem *Hamlet* durch die Fehlkalkulation der Turmgesellschaft hineinstolpert, als Ironisierung von Schillers *Briefen* zu lesen: Nur aus Versehen schickt die Turmgesellschaft Wilhelm (und damit die Kehrseite von Schillers ›ästhetischem Nullzustand‹) in seine ästhetische Selbstbildung am *Hamlet*. Aus Schillers in den *Briefen* im hohen Ton vorgetragener Trias von Kunst, Erziehung und Politik ist ein komödiantisches Stolpern vom ersten ins zweite geworden. Die Weiterführung des Projekts im dritten Schritt liegt in einer noch ungewissen Zukunft.

5. DIE THEATRALITÄT ÄSTHETISCHER ERZIEHUNG

Wilhelm gerät über seine mimetische Identifikation an *Hamlet* und so auch an das Stück als ästhetisches Ganzes. Damit ist in seiner Bildung ein großer Schritt getan. Statt als ›Genie‹ höhere Wahrheiten zu produzieren und sich vor allem selbst als Dichter zu einer Heldenfigur zu erheben, denkt er jetzt fast schon in Kategorien der Autonomieästhetik, wie Schiller sie in den *Briefen* entwickelt. Die von der Turmgesellschaft bewirkte Ansteckung mit dem ›Shakespeare-Fieber‹ führt nicht von der Kunstbesessenheit in die Realität, sondern in eine ästhetische Erziehung, an der es der Turmgesellschaft zu mangeln scheint – auch wenn diese einen Erziehungskünstler und einen zumindest potentiellen Staatskünstler aufweist. Aus Perspektive von Schillers Ästhetik komplementiert die

---

85 Ebd., S. 638.

›Null‹ Wilhelm in ihrem ›ästhetischen Zustand‹ die Turmgesellschaft, aber ohne dass diese das zu würdigen wüsste.

Gleichzeitig steht das Kunstwerk, an dem Wilhelm sich ästhetisch bildet, aber auch quer zu der der Kunst von Schiller zugeschriebenen Autonomie: Als Theaterstück über soziales Theater der gegenseitigen Inszenierungen, Verstellungen und Beobachtungen kommt im *Hamlet* eine gänzlich andere Mimesis auf die Bühne als die Mimesis, die Schillers Ästhetik impliziert. In Anschluss an die traditionellen teils platonischen, teils aristotelischen Argumentationsmuster ist auch für Schiller das Theater zentral. Die *Briefe* übernehmen für die Mimesis das Ursprungstheorem; sie klären Mimesis zum Anfang der Kunst als eines Anfangs von Kultur überhaupt. Und, da die Erziehung zur politischen Freiheit ja auf Kunst angewiesen ist, wird die Mimesis gleich am Anfang der Kultur auch zum indirekten Ursprung des möglichen guten Lebens im ›ästhetischen Staat‹ erhoben. Mit der Mimesis kommt die Kultur ins Spiel, bzw. der »Eintritt in die Menschheit«. Sie ist, so heißt es im 26. Brief, aber ein nicht selbst produzierbares »Geschenk der Natur«[86], aus dem sich dann, wie der 21. Brief entwickelt hatte, die »Schenkung der Menschheit«[87] ergeben wird. Alle vorzivilisierten ›Wilden‹ haben bereits »die Freude am *Schein*, die Neigung zum *Putz* und zum *Spiele*«[88]. Während der Text sonst mit Metaphern der bildenden Kunst arbeitet, ist hier nun das Theater in jedem der Begriffe mitangesprochen: die Freude zu scheinen im Sinne von Ausstellung, spielerischer Verstellung und Auftritt, die Freude am Putz auch im Sinne von Kostüm und Dekoration, die Freude am Spiel auch im Sinne von verkleidet eine Rolle Übernehmen. Die ganze Abhandlung *Über die Ästhetische Erziehung* lässt sich in diesem Sinne auch als Auseinandersetzung mit der theatralen Dimension der Mimesis und ihrem Titel gemäß als Beitrag zur Diskussion über die Theatralität einer Erziehung, die nicht unbedingt an die kulturelle Institution Theater gebunden ist. Insbesondere ›Spiel‹ und ›Schein‹ sind Kernwörter der Abhandlung, die sich nicht auf ihren Kontext bei Kant reduzieren lassen: ›Spiel‹ ist nicht nur das freie Spiel zwischen Verstand und Sinnlichkeit, ›Schein‹ nicht nur die aisthetische Stimulation wie Stimulation der Augen und anderer Sinne. Insbesondere im ›Schein‹ kommt auch die Dimension des ›Erscheinens‹ und der Sichtbarwerdung hinzu, wie sie zum Vokabular und zur Bedeutungsproduktion von Theater und Theatralitätsgefügen gehören. Die ›Gabe‹ seiner ästhetischen Befähigungen stellt für Schiller die erste Emanzipation des Naturwesens Mensch von der *physis* dar. Er blickt jetzt auf

---

86 Ebd., S. 660.
87 Ebd., S. 636.
88 Ebd., S. 661.

diese; »es erscheint ihm eine Welt«[89]. Der ästhetische Schein ist in diesem Sinne nicht nur die Doppelung dieses ursprünglicheren Erscheinens; er ist auch dessen Vorstufe.

Mit der Betonung der ›Freude‹ an Schein, Putz und Spiel, stellt sich der Text eindeutig auf die aristotelische Seite der Debatte um die Mimesis: Mimesis bereitet eine Lust, die auf Wissen ausgerichtet ist. Denn dass man durch sie, ganz im Sinne von Aristoteles, auch lernt, haben die 25 vorhergehenden Briefe bereits beschrieben. Schillers Autonomiehypothese wäre ohne die aristotelische Mimesiskonzeption kaum denkbar: Kommt der Mimesis doch hier kein nachgeordneter Charakter zu, sondern der eines Modells, um mögliche Welten durchzuspielen. Für die Legitimierung seiner Autonomiehypothese greift Schiller auf die grundlegende Unterscheidung zwischen platonisch verstandener und aristotelisch verstandener Mimesis zurück. Die Daseinsberechtigung des ›ästhetischen Scheins‹ ist für Schiller nur gegeben, wenn er nicht der Schein der Lüge und Täuschung ist. Sein Bezug zur Wirklichkeit ist gekappt. Den »Schein […] von der Wirklichkeit [zu] reinigen« heißt auch, die »Wirklichkeit von dem Scheine frei zu machen.«[90] Die unwirklichen Räume der Kunst sollen auf eine nicht von Lüge und Täuschung kontaminierte Wirklichkeit wirken: auf die Sphäre jener Aufrichtigkeit, zu der bürgerliche Erziehung seit Rousseau ihren Beitrag leisten will.

In diesen Zusammenhang fällt auch Schillers Absage an eine Abbildästhetik oder *imitatio*-Poetik: »Auf die Frage ›*Inwieweit darf der Schein in der moralischen Welt sein?*‹ ist also die Antwort so kurz als bündig diese: *in so weit es ästhetischer Schein ist*, d.h. Schein, der weder Realität vertreten will, noch von derselben vertreten zu werden braucht.«[91] Der Schein selbst findet sich in diesem Sinne auf zwei Hauptanliegen verpflichtet, die beide auch Anliegen der rousseauistischen Erziehung zum aufrichtigen, stabil in sich selbst ruhenden Menschen sind:

»Nur soweit er *aufrichtig* ist, (sich von allem Anspruch auf Realität ausdrücklich lossagt) und nur soweit er selbständig ist, (allen Beistand der Realität entbehrt) ist der Schein ästhetisch. Sobald er falsch ist und Realität heuchelt, und sobald er unrein und der Realität zu seiner Wirkung bedürftig ist, ist er nichts als ein niedriges Werkzeug zu materiellen Zwecken«[92].

---

89 Ebd., S. 655.
90 Ebd., S. 663.
91 Ebd., S. 665, Fußnote 20.
92 Ebd., S. 664.

Von der aristotelischen Mimesis wäre ein solcher ›Schein‹ zur platonischen Mimesis herabgestiegen. Präziser noch wäre er zu dem herabgestiegen, was die christliche Tradition seit Tertullian aus dem platonischen Vorurteil gegen die Mimesis gemacht hat: ein Medium von Lüge und Betrug. – Diesen Vorwurf richtet Rousseau dann auch noch an die adelige Erziehung, die statt zur Aufrichtigkeit zur kühlen Selbstkontrolle, Gesichtswahrung und Manipulation der anderen im höfischen Umgang, wie ihn etwa Machiavellis Prinzenerziehung beschreibt, befähigen möchte.[93]

In eben eine solche Sphäre der Verstellung wird der naive Wilhelm aber vom Text versetzt. Als er durch Jarno mit Shakespeare bekannt wird, bewegt er sich an den Rändern eben des adeligen Milieus. Auch in den reformadeligen Kreisen der Turmgesellschaft findet Wilhelm nach seiner Abkehr vom Theater wieder wie »überall Schauspieler und Theater« (L 428) vor, wie Jarno es pointiert.[94] Jarno selbst, der die Charakterschwächen der Menschen als die Schwächen einer von ihnen sozial geforderten Schauspielerei bestimmen wird,[95] ist als ›natürlicher Sohn‹ Produkt der entsprechenden adeligen Erziehung. Obwohl er Wilhelm auf deren Grenzen hinweist, bleibt diesem seine Faszination für den Adel auch nach dem bunten Intermezzo bei Hofe erhalten. Davon kündet (in Anspielung Christian Garves Beschreibungen des ›vornehmen Anstands‹) Wilhelms sogenannter ›Bildungsbrief‹: Wilhelm will bekanntlich »eine öffentliche Person [...] sein [...]. Auf den Brettern erscheint der gebildete Mensch so gut persönlich in seinem Glanz als in den obern Klassen; Geist und Körper müssen bei jeder Bemühung gleichen Schritt gehen, und ich werde da so gut sein und scheinen können als irgend anderswo.« (L 292) An der Oberfläche sind hier nicht zuletzt die traditionellen pädagogischen Konzepte des historisch gerade im Verschwinden begriffenen Schultheaters aufgerufen, die konkret das Auftreten, die körperliche Haltung, das stimmliche Vermögen sowie allgemein die gesellschaftlichen Umgangsformen der Zöglinge verbessern wollen. Ihre Residuen finden sich noch in den zeitgenössischen Debatten um das ›Nationaltheater‹ als ›Bildungsinstitution‹.[96] Strukturell proklamiert Wilhelm hier eine Bildung, die tatsächlich vom äußeren Schein ausgeht und sich davon Effekte der inneren Bildung erhofft.[97]

---

93 Vgl. E 138f. Vgl. Niccolò Machiavelli: *Der Fürst*. Berlin 2012. Vgl. auch Lethen: »›Schein zivilisiert!«.

94 »Auf dem Theater geht es wie im Leben zu, und auch im Leben ist alles nur Theater.« (Stefan Blessin: *Goethes Romane. Aufbruch in die Moderne*. Paderborn 1996, S. 123)

95 Vgl. L 434f.

96 Vgl. Bosse: *Bildungsrevolution*, S. 193-236.

97 Vgl. Primavesi: *Das andere Fest*, S. 88-93.

Die Faszination für die Hamlet-Figur und das dadurch ausgelöste Interesse
für die Dramaturgie des zugehörigen Theaterstücks konterkarieren jedoch, parallel zum vollzogenen Bildungsschritt in die richtige Richtung, die daran hängende
Hoffnung auf innere Bildung. Die ästhetische Weiterbildung ausgerechnet am
Hamlet wirkt zunächst eher wie ein Auf-der-Stelle-Treten: Handelt es sich bei
dem Stück doch um eine groß ausgesponnene Hofintrige, in der theatraler
›Schein‹ eben als das von Schiller gegeißelte ›niedrige Werkzeug zu materiellen
Zwecken‹ benutzt wird. Die Identifikation, die ihn zu Hamlet als Figur führt,
läuft nicht nur der ästhetischen Auseinandersetzung mit *Hamlet* als einem Stück
zuwider. Vor allem wird Wilhelms ›ästhetische Erziehung‹ weg von seiner narzisstischen Heldenidentifikation hin zur Auseinandersetzung mit ästhetischen
Gesamtzusammenhängen vom zur Bildung gewählten Kunstwerk ausgehebelt:
von der Darstellung mimetischer Verstellungs- und Täuschungskünste, wie sie
allen gängigen Erziehungskonzepten der Zeit als bedrohlich erscheinen. Wie so
häufig im Problemfeld der Theatralität von Erziehung um 1800 tritt auch in ihrer
fiktionalen Variante eine gute, Stabilität erzeugende, Erziehung gelingen lassen-
de und aristotelisch eingefärbte Mimesis gegen eine schlechte und Erziehung
verhindernde, platonisch konnotierte Mimesis an.

6. NACHAHMEN UND NACHÄFFEN IN DEN *LEHRJAHREN*: EINHEGUNG DER MIMESIS

Wie so viele Dinge, die in den *Lehrjahren* zwischen den Zeilen, perspektivisch
mehrfach gebrochen oder indirekt verhandelt werden, kommt auch die Problematik der Mimesis nie richtig zum Tragen. Dahinter lässt sich in einem Text, der
so sehr mit in den Debatten der Zeit über die Frage nach der Mimesis verhandelten Themen wie denen des Theaters, des Kunstdilettantismus oder der Erziehung
beschäftigt ist, poetisches Kalkül vermuten. Nur selten fällt die Vokabel ›Nachahmung‹. Auffälligerweise kommt im gesamten Roman nur genau einmal die
Rede auf den für die Klassik so unheimlichen und gefährlichen Doppelgänger
der Nachahmung, das ›Nachäffen‹,[98] vor. Dieses aber an zentraler Stelle, allerdings mehrfach gebrochen: Im Gespräch mit dem noch recht frisch in die Turmgesellschaft initiierten Wilhelm beschreibt Natalie das Erziehungskonzept des
Abbé, von dem ihr jüngst verstorbener Oheim sich bei ihrer Erziehung leiten lassen hat. Mit einem »wie er jetzt denkt, kann ich nicht sagen« (L 520) wird dieses
Konzept im selben Atemzug relativiert; dass es bis vor kurzem auch auf Wilhelm angewandt wurde, lässt sich nur vermuten. Bedeutsam erscheint in diesem

---

98 Vgl. Kapitel II.

Zusammenhang jedoch, dass der Abbé sein Erziehungskonzept über eine Analogie zur Kunst herleitet, also zu derjenigen Sphäre, der Wilhelm sich bis vor kurzem zugehörig fand.

Der Abbé definiert in Natalies Zusammenfassung (die sich weitgehend mit einer früheren ihrer Tante deckt) Menschlichkeit als Tätigkeit und evoziert damit die in der Aufklärung ubiquitäre Rede von ›Selbsttätigkeit‹. Die je spezifischen Tätigkeiten, in denen der je spezifische Mensch sich verwirklichen könne, seien aber von der inneren Anlage vorbestimmt. Den Theorien der Philantropinisten und Revisoren, die ›Triebe‹ einpflanzen zu können meinen, wird Blumenbachs biologische These von der Ausbildung immanenter Eigenschaften entgegengesetzt und mit Schillers Forderung aus den *Briefen* kombiniert, (kulturelle aufoktroyierte) Pflicht und (aus der sinnlichen Sphäre kommende) Neigung zu versöhnen: »[M]an könne nichts tun, ohne die Anlage dazu zu haben, ohne den Instinkt, der uns treibe.« Das heißt für den Abbé nicht nur, dass »jede, auch nur die geringste Fähigkeit uns angeboren« ist, sondern auch, dass es »keine unbestimmte Fähigkeit [gibt]« (L 520). Gegen die von Platon bis Locke gängige *tabula rasa*-These, nach der das unbestimmte kindliche Wesen prinzipiell in jede Richtung durch seine mimetische Veranlagung bildbar sei, wird hier eine Art Prädestination gesetzt. Durchaus platonisch ist dann aber die andernorts explizierte Argumentation bezüglich der misslichen Einwirkungen erzieherischer und sonstiger früher Einflüsse: Durch »die ersten Eindrücke der Jugend« (L 121) kann der Zögling »verbildet« und »auf falsche Wege gestoßen« werden. Dem gilt es »frühe Bildung« (L 120) entgegenzusetzen, allerdings in einem sehr eigenwilligen Sinne. Zunächst jedoch beschreibt der Abbé in Nataliens Wiedergabe die Erziehungspraktiken seiner Zeit (und überhaupt der menschlichen Kultur) mit der kulturkritischen Rhetorik Rousseaus: »Nur unsere zweideutige, zerstreute Erziehung macht die Menschen ungewiß« (L 520). Mit der Rede von der Zweideutigkeit und Zerstreuung ist die auch bei Rousseau wirksame Panik angesprochen, die bei Platon von der Mimesis ausgeht und der Sphäre des Theaters zugeschrieben wird. Die notwendige Gewissheit bezüglich seiner selbst sollen demgegenüber die »pädagogischen Versuche« (L 521) des Abbé bringen, die seine Zöglinge »auf ihrem eigenen Wege irrgehen lassen« in der Hoffnung, dass daraufhin ein besserer eingeschlagen und die »ihrer Natur gemäß[e]« (L 520) Fähigkeit bzw. Anlage gefunden werde.

Die eigene Gewissheit über die Eindeutigkeit dieser Anlagen zieht der Abbé nun markanter Weise aus der Evidenz der Kunst, und zwar in jenem eng gefassten, ästhetischen Sinne, dem ansonsten in der Sphäre des Turms bloß ein untergeordneter Rang zukommt: Die an der Wirklichkeit ablesbare Tatsache, dass Dichtertum wie Künstlertum überhaupt angeboren seien, ließe sich in einem weiteren Schritt durch genaue Beobachtung für alle übrigen Fähigkeiten nachweisen. Diese Behauptung steht und fällt allerdings mit der Tatsache der künstlerischen Naturbegabung. Hier kommt *ex negativo* das ›Nachäffen‹ ins Spiel:»Man gibt zu [...] daß Poeten geboren werden, man gibt es bei allen Künsten zu, weil man muß, und weil jene Wirkungen der menschlichen Natur kaum scheinbar nachgeäfft werden können« (L 520). Aufgegriffen findet sich mit dem von Kants Ästhetik für die Aufklärung mit der Handwerklichkeit der Kunst versöhnten Geniediskurs durchaus eine Redeweise, die auch dem zuvor seine Theaterphantasie auslebenden Wilhelm nicht fremd gewesen ist. Der Abbé argumentiert zunächst ganz im Stile der Rezeptionsästhetiken Kants und später Schillers nicht von der Produktion her: Der Zwang, das naturgegebene Genie anzuerkennen, rührt von der Wirkung des Kunstwerks auf eine Rezeption her, die es anzuerkennen in der Lage ist: ›Man muß.‹ Beide setzen sich gegenseitig voraus. Die vom Oheim und Abbé ansonsten proklamierte Ausbildung des Kunstgeschmacks durch Erlernen der Kunstgeschichte erübrigt sich ebenso wie die ansonsten proklamierte Ausbildung der diese Kunst Produzierenden; von der in den ersten fünf Büchern immer wieder anzitierten Problematik des Nationaltheaterprojekts, dass entweder das Theater oder in Serlos und Aureliens Fall (und eben auch bei Wilhelms Debüt als Hamlet) das Publikum noch nicht reif genug sei, ganz zu schweigen. Die Geniebehauptung überdeckt hier in einem ersten Schritt jene Verkomplizierungen eines Ursprungs und Telos von Bildung, die vom Roman an dieser Stelle schon lange entfaltet worden sind.

In einem zweiten Schritt kommt nun das im Diskurs der Zeit meist abwertend gemeinte und mit dem nicht als eigenständige Kunstform betrachteten Theater assoziierte ›Nachäffen‹ ins Spiel. Die Evidenz des Genies ist eine Sache der Wahrscheinlichkeit, ›weil jene Wirkungen der Natur kaum scheinbar nachgeäfft werden können‹. Niemand kann ein Genie spielen; niemand kann ›scheinen‹ wie ein Genie; niemand kann eine ›nachäffende‹ Zweitfassung geben. Damit ist mit der Geniethese auch gleichzeitig die theaterfeindliche Tradition aufgerufen: Genie und Theater schließen sich aus; das Theater ist hinterrücks für letztlich nicht kunstfähig erklärt worden.

Mit der Behauptung, dass die Fähigkeiten des Genies gänzlich unmimetisch seien, bewegt sich der Abbé noch auf dem Boden von Kants Ästhetik, deutet mit dem theaterfeindlichen Akzent aber schon auf die Problematik der philantropinischen Erziehung zu Aufrichtigkeit und Selbstidentität. Diese Problematik wird nun im zweiten Schritt noch überboten. Der Abbé überträgt nämlich die Geniestruktur auf alle anderen Fähigkeiten; suggeriert wird durch die ›genaue Beobachtung‹ wiederum jene wissenschaftliche Wahrscheinlichkeit, die auch der Geniethese Geltungskraft verleihen sollte. D.h. auch, dass letztlich gar keine Fähigkeit ›scheinbar nachgeäfft‹ werden kann. Dies kann nun aber nur von der ›genauen Betrachtung‹, welcher der Abbé sich rühmt, bestimmt werden, da schließlich die Welt um ihn herum bereits ›zweideutig‹ und ›zerstreut‹ erzogen worden ist und aus ›scheinbaren Nachäffungen‹ von Fähigkeiten besteht. Der Albtraum, gegen den etwa Salzmanns Erziehung mit und gegen das Theater anarbeitet, ist für den Abbé schon lange Wahrheit. Er versucht nicht nur Wilhelm vom Theater als einer kulturellen Institution loszureißen, sondern kämpft gegen die vom mimetischen Prinzip des Theaters durchsetze Halb- und Scheinwelt an, welche die zeitgenössische Erziehung hervorgebracht hat. – Außer Natalie relativiert auch Jarno die philosophische Grundierung der Turmgesellschaft, wenn er Wilhelm gegenüber an anderer Stelle erklärt, dass diese schon lange an Substanz verloren habe und zum Ritual erstarrt sei, »über das nun alle gelegentlich nur lächeln« (L 548). Trotz aller vom Text aufgeworfenen Infragestellung der Geltung des Ausgeführten (nicht zuletzt durch die gemischten Ergebnisse dieser Erziehung bei Natalie und ihren Geschwistern), steht doch nie außer Frage, dass der Abbé sich dem Mimetiker Wilhelm durchgehend und bis zum Schluss widmen und ihn auch in den späteren *Wanderjahren* aus der Ferne anleiten wird.

Auch den weniger negativ als ›Nachäffen‹ besetzten Begriff der ›Nachahmung‹, der in zeitgenössischen Debatten meist im Sinne von *aemulatio* Verwendung findet und auch in Goethes ästhetischen Schriften und denen zum Dilettantismus vorkommt,[99] benutzt der Text trotz der durchgängig aufgerufenen Theater- und Dilettantismusdiskurse sparsam und fast nie in entsprechenden Kontexten. Einzig dem vom Text als der herausragende Schauspieler der Zeit gekennzeichneten Serlo wird die »Gabe der Nachahmung« (L 250) zugeschrieben, allerdings eher im Sinne eines Kuriosums bzw. eines virtuosen Zirkusartisten als einer ernsthaften Kunstausübung: »Seine Nachahmungsgabe überstieg allen Glauben.« (L 269) Die als mittelmäßige bis schlechte Schauspielerin beschriebene Philine ist im Sozialen und eben nicht auf dem Theater »von einer leichten nachahmenden Natur« (L 173) und weiß daraus ihren Vorteil zu ziehen. Ihre Kollegen üben sich im »Nachahmen« nur in Verbindung mit »Spotten« und »Necken« (L 211). In allen Fällen ist nicht die schauspielerische Darstellung, sondern ein Imitieren als Zweitfassung in dem bei Platon dominanten Gebrauch von Mimesis gemeint.

Als Zweitfassung im Sinne einer Abbildästhetik bestimmt auch der Gründer der Turmgesellschaft Nachahmung: »Gute Gemüter sehen so gerne den Finger Gottes in der Natur; warum sollte man nicht auch der Hand seines Nachahmers einige Betrachtung schenken?« (L 408), zitiert ihn die ›schöne Seele‹. In Wil-

---

99 Vgl. z.B. Hermann Bitzer: *Goethe über den Dilettantismus*. Bern 1969, S. 28-66.

helms aus Sentenzen bestehenden Lehrbrief wird diese Abbildästhetik zunächst evoziert und später verabschiedet: »Die Nachahmung ist uns angeboren, das Nachzuahmende wird nicht leicht erkannt.« (L 496) Damit ist nicht nur auf den bildenden Kunstdiskurs, sondern auch auf Campes ›Nachahmungstrieb‹ angespielt, der mit der Erziehungsphilosophie des Abbé kurzgeschlossen wird: Nachgeahmt werden soll, was schon da ist, und dieses bereits innerlich Angelegte gilt es zu suchen. »Nur ein Teil der Kunst kann gelehrt werden, der Künstler braucht sie ganz. Wer sie halb kennt, ist immer irre und redet viel« – so wie Wilhelm, der Theatertheoretiker und *Hamlet*-Exeget. Er stößt so nicht zum »Geist, aus dem wir handeln,« vor, der »das Höchste« ist. »Die Handlung wird nur vom Geiste begriffen und wieder dargestellt.« Eine solche ›Darstellung‹ wäre dann die wirkliche Kunst, der nichts Zweitrangiges zukommt. – In diesem Sinne übersetzen die Romantiker später Mimesis mit ›Darstellung‹. Aus einer solchen »spricht die Tat«, wie sie mit »[d]es echten Künstlers Lehre« (L 496) verbunden ist. Hier muss der »Schüler« die Zweitrangigkeit hinter sich lassen und mit dem »Meister« wettstreiten (im Sinne von *aemulatio*), statt ihn zu imitieren: »Der echte Schüler lernt aus dem Bekannten das Unbekannte entwickeln und nähert sich dem Meister.« (L 496f.) Er wird ein Künstler, der nicht so viel redet wie der Mimetiker Wilhelm, sondern aufgehört hat, ihm Vorgesetztes nachzuahmen. Auf die Kunst im engeren Sinne bezogen hieße das, dass Wilhelm tatsächlich selbst ernsthafter Dichter hätte werden müssen, statt im vierten und fünften Buch all seine Energie in eine Shakespeare-Bearbeitung zu stecken.[100] Auf die Lebenskunst bezogen heißt dies, dass Wilhelm mit dem ›Hinschlendern‹ aufhören müsste, das ihn von hier nach dort, aber nirgendwohin wirklich führt.

Der Verabschiedung der Nachahmung im ›Lehrbrief‹ entspricht ihr letzter versteckter Auftritt in der Architektur des ›Saals der Vergangenheit‹, in dem später die jeglicher Handwerklichkeit abholde Genie-Figur Mignon begraben wird. Die Nachahmung spielt eine winzig kleine Rolle in der Wilhelm überwältigenden Komposition aus Stein: »Die architektonischen Glieder waren mit dem schönen gelben Marmor, der ins Rötliche hinüberblickt, bekleidet, hellblaue Streifen von einer glücklichen chemischen Komposition ahmten den Lasurstein nach und gaben […] dem Ganzen Einheit und Verbindung.« Statt als Zweitrangigkeit der *imitatio* hintan zu stehen oder im Wettstreit ihr Vorbild als *aemulatio* zu übertreffen, wird Nachahmung hier zu einer Nahtstelle, die ›Einheit und Verbindung‹ im Sinne von Schillers Autonomieästhetik erst herstellt. Die ästhetische Erfahrung dieser ›Einheit‹ lässt die sie Betrachtenden die eigene Menschlichkeit spüren, wie die Erzählinstanz lapidar mitteilt: »[S]o schien jeder, der hi-

---

100 Vgl. Zumbrink: *Metamorphosen des kranken Königssohns*, S. 363-382.

neintrat, über sich selbst erhoben zu sein, indem er durch die zusammentreffende Kunst erst erfuhr, was der Mensch sei und was er sein könne.« (L 540) Das immer am Rande mitlaufende, aber kaum je Erwähnung findende Zweitrangige und Zweideutige an der Mimesis, findet sich am Ende ganz wie nebenbei in Stein gebannt und einer überwundenen Vergangenheit zugeordnet. – Dass Wilhelm den ›Saal der Vergangenheit‹ »ebensogut den Saal der Gegenwart und der Zukunft nennen« (L 541) möchte, stellt nicht nur aus, wie wenig er auch hier einmal wieder von dem ihm Mitgeteilten begriffen hat, das ihm durch Kenntnis der Kunstgeschichte doch eine ›gebildete‹ ästhetische Erfahrung ermöglichen soll. Dieser Ausspruch verweist nicht zuletzt darauf, dass Wilhelm die Bannung der Mimesis in der Vergangenheit nicht akzeptiert und auch in Gegenwart und Zukunft der rastlose, zweitrangige und zweideutige Mimetiker bleiben wird, als den die Turmgesellschaft ihn in ihren Bann zu schlagen versucht.

7. VOR HAMLETS MAUSEFALLE: OHR, AUGE, HAUT ALS SINNESMEDIEN GESTEUERTER ANSTECKUNG

Beim Verlassen des ›Saals der Vergangenheit‹ wird untergründig auch der *Hamlet*-Strang zu Grabe getragen – bereits kurz bevor es zum abschließenden Theatergespräch mit dem Shakespeare-Verführer Jarno kommt: Natalie lenkt Wilhelms Blick auf versteckte Balkone, die einen Chorgesang ermöglichen, ohne dass der Chor gesehen wird. In der Ästhetik des Oheims ist dies eine Strategie zur bereits erwähnten Spezialisierung der Künste untereinander; zum Hauptabgrenzungsprojekt wird erneut das Theater erklärt, weil es die Musik seinem Sinnenspektakel subsumiert: »Das Theater verwöhnt uns gar zu sehr« (L 542), während die Architektur des Oheims die Hörenden sich »auf den einzigen reinen Genuß des Ohrs […] konzentrieren« (L 543) lassen kann. Nur wenig später wird dies bei Beerdigung der Mignon-Figur, deren geniehafte Züge sie mit Wilhelms Shakespeare-Bild assoziieren, auch so geschehen. Indem die Musik direkt aufs Ohr wirkt, während implizit auch seine Shakespearebegeisterung ihre letzte Stätte findet, ist ein Grundmuster eben dieser Shakespearebegeisterung wieder aufgerufen: Die direkte Wirkung durchs Ohr steht sowohl bei Wilhelms Shakespeareinitiation durch Jarno als auch beim *Hamlet*-Strang im Hintergrund.

Jarno erhält von Wilhelm nicht lange Dankbarkeit für die Gabe Shakespeare; er wird vielmehr Opfer von Wilhelms ›Eintauchen‹ in die Shakespearewelt: Nicht nur distanziert sich Wilhelm von ihm, nachdem Jarno sich negativ über seinen Umgang mit den Geniefiguren Harfner und Mignon äußert. In seiner mimetischen Identifikation mit Hamlet projiziert Wilhelm all diejenigen Aspekte, die in seiner Stilisierung zum melancholischen, aber unproblematisch heldenhaften Jüngling (der von Schröders erfolgreicher Bühnenfassung der 1770er gelieferten Vereinfachung folgend)[101] keinen Platz haben, auf Jarno: Jarno wird in Wilhelms Augen zum anderen Teil Hamlets, zum höfischen Intriganten und Strategen mit den brutalen Plänen.[102] Bezüglich Intrige und Strategie hat er, da es sich bei Jarno ja um einen Abgesandten der Turmgesellschaft handelt, nicht ganz unrecht. Man muss die Buchstaben seines Namens nur ein wenig zerstückeln und verschieben, dann wird aus dem in den *Wanderjahren* abgelegten Namen derjenige des größten von Shakespeares Intriganten: Jarno klingt fast wie Iago aus *Othello*, der im Deutschen auch oft Jago geschrieben wird, etwa in Wielands Erstübersetzung, und ebenfalls einen Offizier darstellt. Seine Intrige, die Othello und Desdemona in den Ruin treibt, füllt als »poison«[103] eine metaphorische Pest in Othellos Ohr: »I'll pour this pestilence into [Othello's] ear.«[104] Was Iago, wie es bei Wieland in einer geradezu erläuternden Übersetzung heißt, dem Othello »als giftigen Argwohl in die Ohren blasen«[105] kann, hat bekanntlich so katastrophale wie tragische Folgen, während Jarno das Shakespeare-Gift eigentlich als Heilmittel gibt,[106] dies aber ebenso hinterrücks und mit versteckten Absichten tut. Um Wilhelm vom Theater zu befreien, bedient Jarno sich einer Theaterintrige, infiziert Wilhelm aber nur noch stärker mit dem Theatervirus: Die Ansteckung ist eine mit der seit Platon als ansteckend imaginierten Mimesis selbst.

---

101 Vgl. Schröders Hamburger Bearbeitung von 1778: William Shakespeare: *Hamlet. Prinz von Dänemark. Trauerspiel in sechs Aufzügen. Nach Shakspeare. Nebst Brockmann's Bildniß, als Hamlet, und der zu dem Ballet verfertigten Musik.* Berlin 1785. Vgl. Dieter Hoffmeier: »Die Einbürgerung Shakespeares auf dem Theater des Sturm und Drang«, in: Rolf Rohmer (Hg.): *Schriften zur Theaterwissenschaft.* Band 3.II. Berlin 1964, S. 9-266, hier: S. 27-48. Vgl. Renata Häublein: *Die Entdeckung Shakespeares auf der deutschen Bühne des 18. Jahrhunderts. Adaption und Wirkung der Vermittlung auf dem Theater.* Tübingen 2005, S. 56-93.

102 Vgl. Zumbrink: *Metamorphosen des kranken Königssohns*, S. 199f.

103 William Shakespeare: *The Complete Works. Second Edition.* Oxford 2005, S. 891.

104 Ebd., S. 887.

105 William Shakespeare: *Theatralische Werke in einem Band. Übersetzt von Christoph Martin Wieland.* Frankfurt a.M. 2003, S. 732.

106 Als eine Art ›Impfung‹ steht das Shakespeare-Gift eigentlich im Rahmen der von Cornelia Zumbusch so nachdrücklich wie überzeugend für die *Lehrjahre* aufgezeigten Poetik der Impfung. Die platonische Konnotation der Regulierung und Umlenkung liegt allerdings zu diesem Kontext leicht quer. Vgl. Zumbusch: *Die Immunität der Klassik*, S. 278-288.

Das Bild vom ins Ohr geträufelten Gift wird bezüglich Jarno/Iago evoziert, nicht aber genannt. Erst rückblickend wird die Anspielung deutlich: Das Bild ist nämlich das zentrale für die Theatralität des *Hamlet*. Es steht im Zentrum der die Theatralität als solche reflektierenden und ausstellenden *mousetrap*-Szene, wird aber, da alle Zuschauenden sich gegenseitig beobachten, nur halb von allen gesehen: Für die Aufführung der bei Hofe auftretenden Schauspieler-truppe schreibt Hamlet ein pantomimisches Vorspiel, das den von ihm ange-nommenen Mord an seinem schlafenden Vater durch dessen Bruder zur Auf-führung bringen soll: einen von mimetischer Rivalität generierten Akt.[107] Die-ser Mord findet durch ins Ohr geträufeltes Gift statt. Aus der Reaktion des Onkels will Hamlet auf die Stichhaltigkeit der Vorwürfe schließen, während er selbst wegen seines Wahnsinns und der etwaigen heilenden Kraft der Liebe Ophelias unter der Beobachtung von Onkel Claudius und Mutter Gertrud steht. Das Stück im Stück, *The Murder of Gonzago*, wird dadurch zentral und gleichzeitig zum Requisit: zum Beiwerk der bei Hofe gegeneinander gespon-nenen Intrigen.

In Wilhelms ganzer Faszination und Obsession mit dem Protagonisten, dem Stück und vor allem seiner dramaturgischen Struktur findet diese Szene jedoch keine Erwähnung. Der Text spielt ähnlich wie im dritten Buch die Ver-führerfigur Jarno/Iago auf sie an, aber nun mit dem deutlichen Verweis darauf, dass hier etwas verschoben, weggelassen oder nicht gesehen wird: »Bei all eu-rer Gewissenhaftigkeit, den großen Autor nicht verstümmeln zu wollen, laßt ihr doch den schönsten Gedanken aus dem Stücke.« (L 316) Philine verweigert, als Wilhelm wissen möchte, worauf der Vorwurf sich bezieht, die Antwort. Stattdessen singt sie ein erotisches Lied. Anzunehmen ist, dass sie auf Hamlets erotisches Geplänkel mit Ophelia in der *mousetrap*-Szene anspielt. In deren Schoß legt er sich nicht als Zeichen seiner Liebe, sondern für den besseren Blick auf Claudius: »That's a fair thought to lie between maids' legs«[108]. Weil die Stelle vom sonst Anstößiges in seiner Übersetzung oft vermeidenden Wie-land durchaus übersetzt ist (als »Das ist ein hübscher Gedanke, zwischen eines Mädchens Beinen zu ligen – – «[109]), kann sie als der am Erotischen und Sexu-ellen stets interessierten Philine bekannt gelten. Ebenfalls große Bekanntheit, wenn nicht geradezu Berühmtheit, hat in der Zeit der Publikation der *Lehrjah-re* der Kupferstich Daniel Chodowieckies zur Mausefalle, der den Höhepunkt

---

107 Vgl. René Girard: *Shakespeare. Theater des Neids*. München 2011, S. 434-463.

108 Shakespeare: *The Complete Works*, S. 700.

109 Shakespeare: *Theatralische Werke in einem Band*, S. 817. Vgl. auch Zumbrink: *Me-tamorphosen des kranken Königssohns*, S. 242f.

einer zum Gedenken an Brockmanns Berliner Gastspiel von 1777/78 (als Hamlet in der Hamburger Schröder-Fassung) entstandenen Reihe bildet (Abbildung 7).[110] Auf die Erkennbarkeit der *mousetrap*-Referenzen bei Teilen der Leserschaft kann der Text also durchaus spekulieren. Philines Einwurf verweist aber nicht nur auf die theatrale Rahmung der in den *Lehrjahren* nicht genannten *mousetrap*-Szene. Verwiesen ist damit auf den Blick, den Hamlet (und mit ihm Ophelia) auf die *mousetrap*-Szene und damit auf das übers Ohr eingeflößte Gift erhält.

Der Witz von Philines Anspielung liegt nicht nur darin, dass Wilhelm nach der *Hamlet*-Premiere ja durchaus zwischen Philines Beinen ›zu liegen‹ kommen wird. Vor allem ruft Philine damit die zentrale Stelle der *Lehrjahre* auf, die (lässt man die *Bekenntnisse einer schönen Seele* weg) auch vom Umfang her genau in der Mitte der *Wilhelm Meister*-Handlung steht: Als Wilhelm durch seine Mimesis an Shakespeares Prince Henry fast zu Tode gekommen ist und aus seiner Ohnmacht erwacht, »fand er sich in Philines Schoß, in den er auch wieder zurücksank« (L 224). Die beiden Figuren stellen die Publikumsposition Hamlets und Ophelias gegenüber der *mousetrap*-Szene nach.[111] Von hier erblicken sie die für das ›glückliche‹ Ende des Romans zentrale Szene, in der sich eine komplexe Verzahnung von Auge, Ohr, Übertragung und Theatralität rekonstruieren lässt: die Erscheinung der ›schönen Amazone‹ Natalie, an die sich einerseits Wilhelms von Theater und Mimesis geprägte Jugendphantasie wegen Nataliens Ähnlichkeit zu deren Heldinnen heften kann und die ihn andererseits fest an die Turmgesellschaft binden wird. Mit dem in ihrer Begleitung auftretenden und Wilhelm versorgenden Wundarzt wird noch dazu auch Wilhelms spätere Berufsspezialisierung in den *Wanderjahren* an die Bedingtheit seiner sich an diese Szene heftenden Phantasie angeschlossen. Während ihm durch Jarno das Shakespearegift ohne sein Wissen eingeträufelt wurde, ist Wilhelm nun fast zum Zuschauer aufgestiegen, aber eben noch nicht ganz: Zwar bekommt er eine Art Ansteckung zu sehen, doch findet hier die eigene Ansteckung ebenfalls statt – jetzt über das Auge.

---

110 Vgl. Abbildungsanhang zu Bruno Voelcker: *Die Hamlet-Darstellungen Daniel Chodowieckies und ihr Quellenwert für die Theatergeschichte des 18. Jahrhunderts.* Leipzig 1916.

111 Vgl. Zumbrink: *Metamorphosen des kranken Königssohns*, S. 360-362.

Abbildung 7

Nicht nur Wilhelm erscheint Natalie als »Heilige«, deren »Haupt mit Strahlen umgeben« (L 228) ist. Auch die Konstruktion des Gesamttexts erhöht diese Epiphanie zum zentralen Bild des Texts, welches letztlich für die Kehre hin zu Wilhelms gelingender ›Bildung‹, wenn nicht gar Heilung, zu stehen kommt.[112] Das Strahlen dieses Bilds verdeckt jedoch, dass an dieser zentralen Stelle auch der Patriarch der Turmgesellschaft seinen einzigen Auftritt in Wilhelms Welt hat: Der später verstorbene Oheim befindet sich in Natalies Begleitung und drängt darauf, nicht bei dem Verwundeten zu verweilen. Der in Hamlets Position befindliche Wilhelm sieht Nataliens Barmherzigkeit in das Ohr des ihm unbekannten Patriarchen der Turmgesellschaft dringen. Im Sinne einer solchen positiven Vergiftung zeichnet sich an der Oberfläche nur Natalie verantwortlich für die Wilhelm entgegengebrachte Anteilnahme: Als ›Heilige‹ erscheint sie, indem sie ihren Mantel ablegt und so ihre Schönheit sichtbar macht. Der Mantel wird dadurch zunächst zum Vorhang, dessen Wegziehen Natalie eben als ›Heilige‹ auftreten lässt. Dann wird Wilhelm mit diesen Mantel bedeckt, woraufhin der Vorhang sich wieder schließt: Hören und Sehen vergeht ihm in einer Ohnmacht;

---

112 Vgl. Schings: »›Agathon‹, ›Anton Reiser‹, ›Wilhelm Meister‹. Zur Pathogenese des modernen Subjekts im Roman«, S. 62-65.

»[d]ie Heilige verschwand vor den Augen des Hinsinkenden« (L 228). Vom Zuschauer ist er zu einer Figur geworden, dem wie Shakespeares Theaterfiguren und metatheatralen Figuren ein unwiderstehlicher Wirkstoff eingeflößt wird, nur statt in die Ohren in die Augen: seine Obsession mit der ›schönen Amazone‹.

Doch diese Rollenverteilung täuscht. Als »von einem ihrer Gesellschafter geborgt« (L 227) wird der Mantel der ›Amazone‹, die darunter ganz ›Frau‹ ist, eingeführt. Mit der Frage »[D]arf ich auf Ihre Kosten freigebig sein?« (L 228) an den Oheim wird vor der Mantelübergabe deutlich gemacht, von wem oder was Wilhelm hier eingehüllt wird: vom Mantel der Turmgesellschaft. Der theatrale Auftritt Nataliens überspielt ebenso wie ihre Barmherzigkeit, dass die Geste ein Band zwischen dem Vater der Turmgesellschaft und Wilhelm schmiedet. Erst rückblickend stellt sich heraus, dass Natalie dem Oheim nicht nur ins Ohr und Wilhelm nicht nur ins Auge gewirkt, sondern dass sie Wilhelm ganz direkt über die Haut mit einer Gabe der Turmgesellschaft infiziert hat. Des Mantels »Wärme schien aus der feinen Wolle in seinen Körper überzugehen« (L 229). Der Lockvogel bringt ein Gift, das Wilhelm, der hier eigentlich hilfloser Zuschauer ist, eingeflößt wird.

Ob es sich auch bei Wilhelms Infizierung mit dem Natalie-Bild um eine Inszenierung der Turmgesellschaft (die vielleicht den vorherigen Missgriff mit Shakespeare kompensieren will) oder um den von allen Beteiligten inklusive Erzählinstanz suggerierten Zufall handelt, lässt der Text offen. Aber vor diesem Hintergrund wirkt es zutiefst ironisch, wenn ausgerechnet Natalie im ›Saal der Vergangenheit‹ die versteckte Positionierung des Chores damit begründet, dass »im Theater« »die Musik [...] nur gleichsam dem Auge [dient]« (L 542). Ist ihr eigenes Bild doch in einer Szene, die auf die Affizierung des Ohres anspielt, übers Auge in Wilhelms Phantasie eingedrungen. Im ›Saal der Vergangenheit‹ zumindest hat sich das Spiel der gegenseitigen Beobachtungen, Auslassungen und blinden Flecken erledigt. Wilhelm, den in der ihm zwischenzeitlich als so (höfisch-)intrigant wie gleichzeitig unorganisiert erscheinenden Turmgesellschaft der Wunsch hält, Mignons toten Körper (und damit auch den Körper einer seinem früheren Geniebegriff entsprechenden Kunst) zu sehen,[113] ist von der Beerdigungszeremonie, bei welcher der Chor nach den ästhetischen Vorgaben des Oheims auftritt, so mitgenommen, dass er als einziger nicht den einbalsamierten Körper betrachtet: »Nur Wilhelm blieb in seinem Sessel sitzen, er konnte sich nicht fassen« (L 577).

---

113 »Was das Äußere betraf, hätte er nun immer abreisen können, allein sein Gemüt war noch [...] gebunden.« (L 570)

Dies lässt sich im Sinne von Wilhelms ›Bildung‹ als Formentwicklung durchaus positiv als ›Bildung‹ und Reife deuten: Die von seinem ›Hinschlendern‹ im Leben anderer (namentlich denen Mariannes, der schönen Gräfin und Mignons) angerichteten Verwüstungen überwältigen ihn. Doch die Szene lässt sich auch von der ästhetischen Konzeption der Turmgesellschaft lesen: Der vom Oheim anvisierte reine Kunstgenuss wird hier zu einem Stupor, der Wilhelm in der Turmgesellschaft hält. Die architektonische Verortung des Chors durch den Oheim will mit Ohr und Auge auch noch diejenigen Sinnesorgane voneinander differenzieren, welche laut der Kulturtheorie der Zeit (nicht zuletzt laut Schillers *Briefen*) gemeinsam für die Distanzierung des Menschen von seinem tastenden und fühlenden Naturzustand verantwortlich sind, und einen wissenschaftlichen Blick auf die erscheinende Welt ebenso wie theatrale Praktiken ermöglichen.[114] Auf Wilhelm hat die anvisierte Reinheit der Musik den gegenteiligen Effekt. Die größtmögliche Reinigung und ›Dienstbarmachung‹ der Ästhetik führt in jene Überwältigung zurück, aus der sie befreien wollte: Sie hüllt ihn ein wie vormals der von Natalie übergebene Mantel der Turmgesellschaft. Aber in einer nicht enden wollenden ironischen Drehung hält eben diese Verkehrung Wilhelm hier bildlich im Bereich der Turmgesellschaft: Über Umwege hat das Gift, das Jarno als Iago im dritten Buch in sein Ohr träufelte, seine Wirkung getan. In den Gemäuern, von denen der Text andeutet, dass hier auch die ›Nachahmung‹ domestiziert wurde, ist nun auch Wilhelm bildlich gefangen und seines (meist mimetischen) Bewegungsdrangs wie seiner persönlichen Wünsche (z.B. eben des Wunsches, Mignons toten Körper noch einmal zu sehen) beraubt.

8. Ungesteuerte Ansteckung: Heisskalte Schauspielerei und Alltagscharismatik

Wilhelms ästhetische Bildung an Shakespeares *Hamlet* als Theaterstück bis zum berühmten Premierenabend ist schnell skizziert:[115] Zwar bleibt sein Blick auf das Stück durch die Hervorhebung von Hamlets melancholischem Zaudern extrem verkürzt, doch betätigt er sich durchaus eigenständig als Bearbeiter und Dramaturg. Wilhelm nimmt so Schillers erwähntes Diktum beim Wort, bei ästhetischer Erfahrung handle es sich bereits um eine aktivische Tätigkeit und nicht um ein

---

114 Vgl. Schiller: *Über die Ästhetische Erziehung*, S. 662f.

115 Für eine ausführliche Darstellung vgl. Zumbrink: *Metamorphosen des kranken Königssohns*, S. 264-289.

passives Rezipieren. Für Wilhelm bedeutet ästhetische Bildung nunmehr, dass er selbst ästhetischen Stoff bildet, allerdings nicht als der Produzent, als den er sich seit seiner Jugend imaginiert. Er eifert Shakespeare nach, ist also nachahmend bzw. mimetisch tätig. Noch in den *Wanderjahren* wird es reminiszenshaft in den »Betrachtungen im Sinne der Wanderer« heißen: »Shakespeare ist für aufkeimende Talente gefährlich zu lesen; er nötigt sie, ihn zu reproduzieren; und sie bilden sich ein, sich selbst zu produzieren.« (W 295)

Dass Wilhelm sich bei seiner Bearbeitung der Übersetzung Wielands annimmt ist nicht nur als Hinweis auf die zeitliche Einordnung der Handlung zu verstehen. Insofern eine solche vom Roman ansonsten notorisch unterlaufen wird, weist der Name Wieland eher auf den Stand von Wilhelms Bildung hin: Wieland übersetzt Shakespeare in Prosa; vor der ästhetischen Form kapituliert er. Auch Wilhelms kindliche und jugendliche Kunstbegeisterung wusste mit ästhetischen Formen noch nichts anzufangen. Wie in der Identifikation mit dem bloß mittelmäßigen Bild vom ›kranken Königssohn‹ beschränkt er sich auf den dargestellten Inhalt. Auch zu Shakespeare hat er, vermittelt durch Wielands Prosafassung, zunächst noch ein solches Verhältnis: Wielands Verzicht auf eine Orientierung an der Form mit ihren meist komplexen Blankversen und manchmal weiter variierenden Versmaßen tendiert immer noch zum dargestellten ›Gegenstand‹ und nicht so sehr zur ›Kunst‹ insgesamt.[116]

Erst im Laufe der Auseinandersetzung erlangt Wilhelm jenes Verständnis für die ästhetische Form, das sich in den 1790ern durchzusetzen beginnt und in der Schlegel-Übersetzung kulminiert. In Wielands ausschnitthaft übersetztem *Hamlet* füllt er die Lücken und erkämpft, gegen Serlos Argumente für ein pragmatisches, ›zerstückeltes und zerstoppeltes‹ Theater, das Recht des Kunstwerks auf seine Unversehrtheit. Doch die von Wilhelm benutzte organologische Metapher, die Herder in den Diskurs eingebracht hatte und über Herder hinaus den Weg für Schlegels Blick auf Shakespeares selbstreflexive Poetik ebnet, ist in vieler Hinsicht schief: In der Debatte mit dem Theatermann Serlo antwortet Wilhelm auf die Vorwürfe der Aufklärung, Shakespeare bestehe nicht nur aus großen Schönheiten, sondern auch aus großen Fehlern: »Es ist nicht Spreu und Weizen durcheinander [...,] es ist ein Stamm, Äste, Zweige, Blätter, Knospen, Blüten und Früchte. Ist nicht eins mit dem andern und durch das andere?« (L 294) ›Knospen, Blüten und Früchte‹ werden an dieser Stelle von Wilhelm aber noch gemeinsam dargeboten, nicht in ihrer einander bedingenden zeitlichen Abfolge. Im Laufe der immer wiederkehrenden Diskussion des *Hamlet*-Stoffs zielen seine dramaturgischen Überlegungen immer stärker darauf, eine solche Abfolge als Form-

---

116 Vgl. ebd., S. 142-159.

entwicklung im *Hamlet* zu erblicken und für die Bühnenfassung dramaturgisch zu konzipieren. Parallel lässt sich auch die Entfaltung der Romanhandlung selbst als eine solche Abfolge rekonstruieren.[117]

Ein wichtiger Schritt für die ›Bildung‹ der Wilhelm-Figur wird aus der Konzeption der *Theatralischen Sendung* importiert[118] und auf die dramaturgische Arbeit am *Hamlet* übertragen: Der sich bisher dem eigenen ›Hinschlendern‹ und seinen Liebeshändeln widmende Wilhelm schließt Kompromisse mit der Realität, statt sich von den auf ihn einströmenden Impulsen leiten zu lassen oder gar in diesen Impulsen die eigene Selbstverwirklichung zu sehen. Er kann gegenüber Serlo auf der Unversehrtheit des Stücks, insbesondere seines tragischen Endes, beharren und erklärt sich gleichzeitig bereit, eine Strichfassung zu liefern, die das Kunstwerk in seinem von Wilhelm ausgemachten Gehalt belässt und trotzdem für die Theaterbühne spielbar macht. Wilhelm bewährt sich hier nicht zuletzt sozial in einer im Wechselspiel mit anderen verrichteten Tätigkeit.

In der Auseinandersetzung mit *Hamlet* hört Wilhelm auf, »ein Stück aus einer Rolle zu beurteilen« (L 216), hier der Heldenrolle des Hamlet, und schaut stattdessen auf den als organisches Ganzes verstandenen Text. Bei aller Entwicklung und bei aller Souveränität im ästhetischen Umgang mit *Hamlet* als einem Textkunstwerk gelingt es Wilhelm jedoch nicht, sich von der eigenen mimetischen Identifizierung mit seinem einseitigen Bild von Shakespeares Protagonisten freizumachen. Entsprechend bleibt seine Schauspielkunst in dem psychologischen Realismus der Hamlet-Interpretation stecken, mit dem von den 1750ern bis 1770ern Garrick in England und dann Brockmann und Schröder im deutschsprachigen Raum große Erfolge feiern und diese Figur so zum Paradigma des psychologischen Realismus in der Schauspielerei machen: Sie sind, so der einflussreiche zeitgenössische Kritiker und Dramaturg Johann Friedrich Schink, in der Lage »auf[zu]hören Schauspieler zu sein«[119] und stattdessen »Wirklichkeit«[120] darzustellen. In diesem Sinne legt die Wilhelmfigur die Kunst des Schauspielens eindimensional und letztlich unästhetisch aus: eben als eine des völligen Aufgehens in der Rolle, die das Theater vergessen lässt.[121] Deutlich

---

117 Vgl. ebd., S. 324-335.

118 Vgl. ebd., S. 1162-1177.

119 Johann Friedrich Schink: *Ueber Brockmanns Hamlet.* Berlin 1778, S. 62.

120 Ebd., S. 28.

121 Vgl. neben Schink auch Johann Jacob Engel: *Ideen zu einer Mimik. Erster Teil. Mit erläuternden Kupfertafeln.* Berlin 1785. Vgl. Erika Fischer-Lichte: *Semiotik des Theaters. Band 2. Vom »künstlichen« zum »natürlichen« Zeichen. Theater des Barock und der Aufklärung.* Tübingen 1983, S. 156-176.

markiert der Text aber, dass es sich hier um ein Vergessen Wilhelms handelt: Während auf die *mousetrap*-Szene bloß angespielt wird, gibt der Text der Suche nach einem Akteur in Serlos Schauspielertruppe, der den Hauptdarsteller dieses Spiels im Spiel darstellen kann, großen Raum. Wilhelm zitiert aus der eigenen Übersetzung Hamlets Bewunderung für dessen gekonnt gespielte Leidenschaft bei der Trauer um eine mythologische Figur: »Sein ganzes Wesen von einem Gefühl durchdrungen! und das alles um nichts – um Hekuba! – Was ist Hekuba für ihn oder er für Hekuba, daß er um sie weinen sollte?« (L 304) Er lässt aber Hamlets nachfolgenden Worte weg, die Hamlets Reflexionsniveau beweisen. Bei Wieland lauten sie: »Was würd er thun, wenn er die Ursache zur Leiden-schaft hätte, die ich habe?«[122] Für Shakespeares Hamlet liegt die Kunst des Schauspielens in der Fähigkeit zur kalkulierten wie künstlichen, emotional ei-gentlich unmotivierten Verstellung; für Wilhelm liegt sie in der Hervorbringung von Wirklichem – und, in Anlehnung an die platonische Mimesiskonzeption, in der Ansteckung an und Identifikation mit den dargestellten Leidenschaften.

Die *Lehrjahre* spielen hier auf die beiden widerstreitenden Prinzipien der Schauspieltheorie in der Mitte des 18. Jahrhunderts zunächst in Paris geführten Diskussion an: auf die Prinzipien der ›heißen‹ und ›kalten‹ Schauspielerei, die in den 1790ern schon leicht anachronistisch wirken.[123] Pierre Rémond de Saint-Albine argumentiert (in Weiterführung der verbreiteten Argumentation Jean-Baptiste Dubos' und im weiteren Fahrwasser der Autoaffektion der antiken Rhe-torik) in einem Text von 1747, Schauspielen heiße, die dargestellten Gemütszu-stände selbst zu fühlen: Darstellende müssen, so heißt es in Lessings Überset-zung, »sich einbilden, das würklich zu seyn, was sie vorstellen. [...] eine glück-liche Raserey muß sie überreden«[124]. 1750 publiziert Francesco Riccoboni die Gegenposition, nach der Schauspielerei kalkuliert und technisch die entspre-chenden Zustände vorstellen, die Akteure aber nicht von ihnen ergriffen sein sol-len. Ebenfalls in einer Übersetzung Lessings: »Man muß die Bewegungen der Natur bei andern vollkommen wissen und von seiner Seele allezeit Meister blei-ben, damit man sie nach Belieben der Seele eines andern ähnlich machen

---

122 Shakespeare: *Theatralische Werke in einem Band*, S. 817. Vgl. auch Zumbrink: *Me-tamorphosen des kranken Königssohns*, S. 243f.

123 Allerdings bestimmen die beiden Prinzipien die Diskussion bis weit ins 20. Jahrhun-dert hinein. Vgl. Roselt: »Seelen mit Methode. Einführung«, S. 17f.

124 Pierre Rémond de Saint-Albine: »Der Schauspieler«, in: Jens Roselt (Hg.): *Seelen mit Methode. Schauspieltheorien vom Barocktheater bis zum postdramatischen The-ater*. Berlin 2005, S. 101-109, hier: S. 105.

kann.«[125] Für sein Gegenargument hat Riccoboni schlicht technische Gründe: Wegen der auf der Bühne erzählten Zeitraffungen könne man die wahren Gefühle erstens nicht schnell genug an-, aus- und umschalten. Zweitens gelte es, sie sowieso je nach Größe des Aufführungshauses noch zu übertreiben; eine direkte Reproduktion verbiete sich also. Völlig einig allerdings sind sich die beiden Autoren über die ästhetische Wirkung der jeweils dargestellten Gefühle: Sowohl die kühl kalkulierte wie die heiß empfundene Emotion haben nach Riccoboni eine theatrale Darbietung zum Effekt, »welcher sich die Zuschauer notwendig überlassen müssen, und die sie wider Willen mit sich fortreißt«[126]. Rémond de Saint-Albine spricht gar von einer »epidemischen Krankheit der Seele, deren Fortgang eben so schnell, als erstaunlich ist«[127]. Nur die heiße Schauspielerei praktiziert eine sich hingebende und identifizierende Mimesis im platonischen Sinne. Die von Platon ausgemachte ansteckend-mimetische Wirkung auf das Publikum haben die heiße wie die kalte Schauspielerei jedoch gleichermaßen. Der gelungenen Schauspielerei kommt unter beiden Vorzeichen zu, was die Diskussion des 20. und 21. Jahrhunderts »Aura«[128] nennen wird: eine quasi-magische Wirkung der darstellerischen Präsenz, die das Publikum in den Bann schlägt.[129]

In den 1790ern sind diese Schauspieltheorien, obwohl z.B. Friedrich Ludwig Schröder in Hamburg sich in der Praxis stark an Riccoboni orientiert, nicht mehr auf dem neuesten Stand. Lessing und Diderot haben sie bereits transformiert.[130]

---

125 Francesco Riccoboni: »Die Schauspielkunst. An die Madame *** durch Herrn Franziskus Riccoboni den Jüngeren«, in: Jens Roselt (Hg.): *Seelen mit Methode. Schauspieltheorien vom Barocktheater bis zum postdramatischen Theater.* Berlin 2005, S. 116-123, hier: S. 119.

126 Ebd., S. 118.

127 Rémond de Saint-Albine: »Der Schauspieler«, S. 106.

128 Walter Benjamin: »Das Kunstwerk im Zeitalter seiner technischen Reproduzierbarkeit«, in: Ders.: *Gesammelte Schriften. Band I.2. Abhandlungen.* Frankfurt a.M. 1974, S. 471-508, hier: S. 477. Vgl. Fischer-Lichte: *Ästhetik des Performativen*, S. 114-126, S. 160-175.

129 Vgl. Erika Fischer-Lichte: »Der Körper als Zeichen und als Erfahrung. Über die Wirkung von Theateraufführungen«, in: Dies./Jörg Schönert (Hg.): *Theater im Kulturwandel des 18. Jahrhunderts. Inszenierung und Wahrnehmung von Körper – Musik – Sprache.* Göttingen 1999, S. 53-68.

130 Vgl. die Kapitel zu Lessing und Diderot in Jens Roselt (Hg.): *Seelen mit Methode. Schauspieltheorien vom Barocktheater bis zum postdramatischen Theater.* Berlin 2005, S. 124-147. (Allerdings wird Denis Diderots 1770 entstandener »Paradoxe sur le comédien« erst 1830 publiziert.).

Bereits für das Illusionstheater eines Schröders oder Brockmanns gelten beide Schauspielstile als zu exaltiert theatral und damit wirklichkeitsfern.[131] Verführt werden soll nunmehr zum Glauben an die Realität des Vorgeführten: Die »eigene Überzeugung, man sei ein ganz anderer Mensch«, soll laut Serlo »den Zuschauer gleichfalls zur Überzeugung hinreiße[n]« (L 309).[132] Und die in Weimar unter dem Theaterdirektor Goethe eingeübte klassizistische Ästhetik lässt auch das Illusionstheater hinter sich. Sie will das Publikum nunmehr erheben und bilden, statt es mit Leidenschaften zu infizieren oder mit vorgespiegelter Wirklichkeit zu täuschen.[133]

Im *Lehrjahre*-Roman finden sich jedoch trotzdem die komplementären Ansteckungstheorien von der heißen und kalten Schauspielerei aufgerufen: als Elemente, anhand derer sich eben die im Text unterschwellig verhandelten Fragen nach der Mimesis, ihren Orten und ihren Wirkungen weiterführen lassen. Der von Wilhelm zum Schicksal stilisierte Zufall führt ihn zum Ziel seiner Jugendträume, nämlich zur hervorragenden Theatertruppe seiner Zeit, die mit einem vorklassischen, realistischen Theaterstil reüssiert. Hier findet Wilhelm sich zwischen das Geschwisterpaar Serlo und Aurelie gestellt: Der in der *Theatralischen Sendung* noch deutlich mehr nach dem historischen Schröder modellierte Prinzipal Serlo steht mit der »Kälte seines Gemütes« (L 272) bei gleichzeitiger Abwesenheit von eigener »Erfindungskraft« (L 271) für eben den kalten Schauspieler, der »natürlich zu spielen und doch immer verstellt zu sein« (L 272) gelernt hat. Seine leidenschaftliche Schwester Aurelie verkörpert die heiße Schauspielerin, die die von ihr als Ophelia oder der Gräfin Orsina in *Emilia Galotti* gespielten »dunkeln, heftigen, unbestimmten Anklänge« (L 278) nicht nur selbst empfindet, sondern im wirklichen Leben an den Folgen ihrer Bühnenexzesse zugrunde gehen wird.[134]

---

131 Vgl. Schink: *Ueber Brockmanns Hamlet*, S. 61f.

132 Das Prinzip des von Serlo verkörperten Illusionstheaters ist insofern in die Konstruktion des so gar nicht auf Illusion zielenden Romantexts eingelassen, als in ihm der zentrale Komplex über Illusionierung und Desillusionierung der Hauptfigur reflektiert wird. Vgl. Matthias Mayer: *Selbstbewußte Illusion. Selbstreflexion und Legitimation der Dichtung im »Wilhelm Meister«*. Heidelberg 1989.

133 Vgl. zur Abwehr der Leidenschaft in Goethes Kunstprogramm Zumbusch: *Die Immunität der Klassik*, S. 230-269.

134 Vgl. Thorsten Valk: »›Alles macht einen ewigen Zirkel in mir‹. Aurelie als Melancholikerin in Goethes ›Wilhelm Meister‹«, in: *Goethe-Jahrbuch* 116 (1999), S. 259-270.

Mit der von beiden Schauspieltheorien nicht zu trennenden theatralen Ansteckungstheorie brechen die *Lehrjahre* jedoch bzw. ironisieren sie. Zum einen wird die Ansteckungstheorie parodiert, denn nicht Serlos kalkuliertes Schauspiel großer Leidenschaften wirkt ›epidemisch‹ von der Bühne, sondern sein in jeder Lebenslage durch und durch gemütliches Naturell:

»Die innere Behaglichkeit seines Daseins schien sich über alle Zuhörer auszubreiten, und die geistreiche Art, mit der er die feinsten Schattierungen der Rollen leicht und gefällig ausdrückte, erweckte um soviel mehr Freude, als er die Kunst zu verbergen wußte, die er sich durch eine anhaltende Übung eigen gemacht hatte.« (L 250f)

Das Publikum wird im Theater weder von einer quasi-magischen Aura affiziert, noch im Sinne des Nationaltheaterkonzepts gebildet, sondern findet dort einen Ort der gepflegten Unterhaltung, deren Grundstimmung durch Serlos Ausstrahlung bestimmt wird: eine nicht magische, sondern ›behagliche‹ Aura. Der Text führt auch keine ›dunkle‹ Wirkung der melancholischen Aurelie von der Bühne herab vor, sehr wohl aber die private Wirkung ihres übersteigerten Leidensberichts auf den mimetischen Wilhelm: »Er empfand die Foltern der unglücklichen Anspannung mit: sein Gehirn zerrüttete sich, und sein Blut war in einer fieberhaften Bewegung.« (L 279)

Mimetische Übertragung existiert also; das mimetische Wesen Wilhelm wird bis in die *Wanderjahre* hinein als für sie empfänglich geschildert. Solche Übertragungen finden aber nicht von der Theaterbühne herab statt, stattdessen kommt im Text immer wieder die einigen, nicht allen Menschen eigene auratische Ausstrahlung im sozialen Umgang zum Tragen. Natalie und ihr Bruder Lothario brauchen nicht die Theaterbühne und das Publikum Aureliens und Serlos, um »den reinsten Einfluß« (L 526) zu entfalten. Sie entwickeln vielmehr eine charismatische Präsenz im persönlichen Umgang. »Ausstrahlung«, »Ausdruck«, »Wirkung« auf der einen Seite, »Wirkung« und »Empfängnis« auf der anderen sind die entsprechenden Vokabeln, die auch andere Goethe-Texte, und nicht nur die literarischen, zur Beschreibung solcher Zusammenhänge benutzen.[135] Als Macht von »Daimon« bzw. »Dämon« findet sich dieses Phänomen des Charis-

---

135 Vgl. für »ausstrahlen«: Berlin-Brandenburgische Akademie der Wissenschaften/ Akademie der Wissenschaften zu Göttingen/Heidelberger Akademie der Wissenschaften (Hg.): *Goethe-Wörterbuch.* Band 1: *A - azurn.* Stuttgart 1978, Spalte 1263-1265. Vgl. für »Eindruck«: Dies. (Hg.): *Goethe-Wörterbuch.* Band 2: *B - einweisen.* Stuttgart 1989, Spalte 1436-1438. Vgl. für »empfangen«: Dies. (Hg.): *Goethe-Wörterbuch.* Band 3: *Einwenden - Gesäusel.* Stuttgart 1998, Spalte 56-59.

mas vom *Egmont* bis zu *Dichtung und Wahrheit* in all seiner Mehrdeutigkeit thematisiert.[136] In Goethes kunsttheoretischen und poetologischen Texten tritt in den 1790ern immer mehr die Entwicklung einer Ästhetik des Symbols in den Vordergrund, in dem eine so geartete Wirkmacht der Präsenz sich verdichten soll.[137] Auf der Handlungsebene der *Lehrjahre* tritt an die Stelle der Faszination für Bühnenmagie diejenige für Alltagscharismatiker. Die wichtige Funktion der Aura in Wilhelms Leben bleibt bestehen, sie verändert aber ihre Qualität: Es ist keine Aura des Schauspielaktes, die sich aus einem Charisma der Schauspielerin oder des Schauspielers speisen mag, die in ihren Rollen aufgehen. Die Charismatikerinnen und Charismatiker der Turmgesellschaft treten als sie selbst auf. Der Text der *Lehrjahre* macht überdeutlich, dass die Turmgesellschaft Wilhelm in eine Sphäre zieht, in der ein Umgang mit diesen Alltagscharismatikern die Bühnenmagie ablöst. Gleichzeitig haben die Plötzlichkeit dieses Umbruchs und Wilhelms beinahe umstandslose Adoption durch den Turm jedoch strukturell eher etwas von der epidemischen Wirkung des Theaters als von der vernünftig organisierten Tätigkeit, wie der Turm sie predigt.

Der Text lässt es offen, inwieweit der von Natalie, Lothario und anderen in den Bann geschlagene Wilhelm seine Bindung an den Turm überhaupt richtig einzuordnen weiß. Das ironischerweise durch und durch theatrale Ritual, mit dem die Turmgesellschaft seine Befreiung vom theatralen Irrweg behauptet, vermag Wilhelm zumindest nicht als ein Theaterereignis zu deuten. Er regrediert zum Kind, das Bühnenfiktion und soziale Situation nicht unterscheiden kann: Nicht nur will er auf von der Bühne gestellte Fragen antworten, auch »glaubte [er] die Stimme seines Vaters« tatsächlich zu hören, als das Ritual den Geist von Hamlets Vater als Reminiszenz an die *Hamlet*-Aufführung auftreten lässt und mit Wilhelms wirklichem, gerade verstorbenen Vater verdichtet. Während die dekontextualisierte Bühnenfigur behauptet, sie »scheide getrost« (L 495), da sie Wilhelm auf einem guten Weg wisse, ist dieser durch die recht basale Erfahrung, dass das von der Bühne wie real auf ihn wirkende Geschehen wohl so real gar nicht sei, in die »verworrenste[] Lage« (L 496) gebracht. Mit den ausgerechnet im Moment der Übernahme der natürlichen Rolle der Vaterschaft gesprochenen Worten des Abbés »Heil dir, junger Mann! deine Lehrjahre sind vorüber; die Natur hat dich losgesprochen!« (L 497) ist wohl vor allem das Theater gemeint. Im

---

136 Vgl. Lars Friedrich/Eva Geulen/Kirk Wetters (Hg.): *Das Dämonische. Schicksale einer Kategorie der Zweideutigkeit nach Goethe.* Paderborn 2014.

137 Vgl. Frauke Berndt: »The Myth of Otherness: Goethe on Presence«, in: *Goethe Yearbook* 19 (2012), S. 49-66. Vgl. zum Charisma Eckart Goebel: *Charis und Charisma. Grazie und Gewalt von Winckelmann bis Heidegger.* Berlin 2006, S. 9-15.

Moment seiner Lossprechung vom Theater befindet Wilhelm sich in exakt demjenigen Modus, den Platon in seiner Theaterkritik als von der Mimesis korrumpierten beschreibt. Wie so häufig in den *Lehrjahren* (und auch noch in den *Wanderjahren*) endet diese Verwirrung nicht durch innere Stärke, sondern durch eine
weitere äußere Stimulation: Das Ritual geht weiter; anstelle der seit seinen theatralen Kinderphantasien imaginierten Heldenrolle wird Wilhelm nun der Lehrbrief als »kleine Rolle« (L 496) im ganz wörtlichen Sinne überreicht. Über die
Etymologie der Schauspielerrolle als Textvorlage ist der Bezug zur großen Rolle
beim Theater wie zur Unterordnung unters Allgemeinwohl im Zirkel der Turmgesellschaft einerseits gegeben. Andererseits wird dieser Übergang dadurch konterkariert, dass der unter dem Bann des (hier rituellen) Theaters stehende Wilhelm in die ihm von seinem neuen Umfeld zugedachte ›kleine Rolle‹ ebenso hi-
neingezogen wird wie vorher ins Theatermilieu. Sein ›Hinschlendern‹ ist auch
hier eher ein Stolpern.

Aber Wilhelm steht nicht nur im Bann auratischer Charismatiker. Er selbst
hat ebenfalls Aura bzw. Charisma und übt mit diesen Einfluss aus – auch wenn
er einen solchen Einfluss nicht richtig zu kontrollieren weiß. Im Unterschied zur
Titelfigur aus Moritz' *Anton Reiser*-Roman fliegen ihm die Herzen und die
Sympathien zu. In der heterosexuellen Ordnung des Texts sind dies die Freundschaft der Männer und die Liebe der Frauen. Der von seiner Bücherwelt beses-
sene Bürgersohn mutiert schnell zum Mittelpunkt des Zirkels zunächst der halb-
professionellen und dann der ganz professionellen Schauspieler; ein gleiches Geschick wird ihm im adeligen Milieu zuteil. Von seiner Identifikation mit Prince
Henry beflügelt, kann er fast nach Belieben Melinas Schauspieltruppe mit dem
eigenen Begeisterungszustand infizieren.[138] Dass er hinterher angesichts der katastrophalen Folgen dieser Begeisterung auf dem zuvor formal eingehaltenen
demokratischen Prozess und der kollektiven Verantwortung beharrt, deutet darauf hin, dass seine Aura ihm eher von der mimetischen Identifikation verliehen
wird, als dass er die Rolle des Charismatikers souverän und kontrolliert spielen
könnte. Wilhelms auratische Wirkung beruht auf seiner eigenen Begeisterung
und diese weist ihn als ›heißen Schauspieler‹ aus.

Anlässlich Wilhelms Bühnendebüt in der Rolle des Hamlets parodieren die
Lehrjahre dann sowohl eine ›heiße Schauspielerei‹ im Sinne Rémond de Saint-
Albines, als auch die von Riccoboni bei ihr ausgemachten Probleme: Wilhelm
betritt mit seinen echten Gefühlen die Bühne, die aber nun so ›heiß‹ gar nicht
sind. Vielmehr machen die Eile und das Lampenfieber ihn aufgeregt und hek-
tisch. So wie Hamlet am Hofe seines Stiefvaters fühlt er sich dadurch »recht un-

---

138 Vgl. Schößler: *Goethes Lehr- und Wanderjahre*, S. 82-88.

behaglich«. In der von Garricks Londoner Hamlet berühmt gemachten und zur Nagelprobe des psychologischen Schauspielstils erhobenen Szene der Geistererscheinung »erschrak [Wilhelm] wirklich« (L 321), wo diese ja in der Tat auch für die Truppe auf der Bühne gänzlich unerwartet erscheint. »[D]as ganze Publikum schauderte« (L 322) – wie bei Garrick seit den 1750ern in London, wie bei Brockmann und Schröder in den 1770ern in Hamburg und dann Wien.[139] Dieses Schaudern ist wohl empathischer Natur, eben weil das Schaudern Wilhelms so echt ist: Seine von Riccoboni als Schreckgespenst an die Wand gemalte Unbeholfenheit führt zufällig zu den von Rémond de Saint-Albine bestimmten Effekten. Als der gute Schauspieler, den von Philine bis zum Vollprofi Serlo alle Figuren in ihm vermuten, steht der Mimetiker Wilhelm damit allerdings in keiner Weise da; einzig seine »Fechtübungen« (L 312) finden die Anerkennung der Erzählstimme – was wohl impliziert, der Rest sei nicht weiter bemerkenswert gewesen.[140]

Wilhelm scheitert also nicht als Schauspieler, weil es sich bei ihm um ein modernes bürgerliches Individuum handelt statt um einen im Bann der *imitatio*-Logik stehenden Komödianten.[141] Die auf Friedrich Ludwig Schröders in den 1770ern entwickelten ›Hamburger Stil‹ anspielende Schauspielpraxis, die Wilhelm (im Unterschied zum im Weimar unter Goethe eingeübten ästhetisierten Stil) anstrebt, soll ja gerade eine solche Individualität auf die Bühne bringen; die verkürzte Shakespeare-Interpretation von Aufklärung wie Sturm und Drang erhebt dessen Stücke gerade zum Paradigma moderner Individualität.[142] Wenn Jarno später behauptet, Wilhelm habe »sich nur selbst« (L 551) gespielt, nur die Züge des eigenen »Charakter[s]« aufgeführt und ansonsten kein Talent zur Verstellung, dann stellt sich die Frage, welches Selbst des eigenschafts- und charakterlosen Wilhelm denn gemeint sein könnte: Wilhelms Scheitern scheint eher von zu viel statt zu wenig an Mimesis zu rühren. Vielmehr führt Jarno hier erst

---

139 Vgl. Georg Christoph Lichtenberg: »Briefe aus England. An Heinrich Christian Boie. [Erster Brief]«, in: Ders.: *Schriften und Briefe. Dritter Band. Aufsätze, Entwürfe, Gedichte. Erklärung der Hogarthischen Kupferstiche*. München 1992, S. 326-338. Vgl. Häublein: *Die Entdeckung Shakespeares auf der deutschen Bühne des 18. Jahrhunderts*, S. 56-93.

140 Vgl. Zumbrink: *Metamorphosen des kranken Königssohns*, S. 289.

141 So in seiner ansonsten so einschlägigen Interpretation Kittler: »Über die Sozialisation Wilhelm Meisters«, S. 57-83.

142 Vgl. z.B. Herder: »Shakespear«, S. 208-231. Allerdings findet sich das Motiv von Shakespeare als ›Menschenbildner‹ auch bereits in der noch seine ›großen Fehler‹ bemängelnden englischen Kritik des 18. Jahrhunderts.

die Idee ein, dass Wilhelm überhaupt solch ein Selbst und einen solchen ›Charakter‹ haben könnte. Diese Idee wird dann Wilhelms weiteren Verbleib in der Turmgesellschaft regulieren.

Wilhelms Mittelmäßigkeit als Schauspieler scheint innerhalb der Realität des Romans aber nicht weiter folgenreich: Mit der Aufführung des *Hamlet* ist die ästhetische Bildung am Kunstwerk zum Abschluss gekommen. Sieht man in den *Lehrjahren* den geregelten Bildungsweg Wilhelms, dann lässt sich von Goethes theoretischen Schriften her argumentieren, über das Erlangen einer versinnlichten und verbildlichten Wahrheit habe Wilhelm sich von eben der Sphäre des Bildes emanzipiert und sei jetzt bereit, sich der Sphäre der Wirklichkeit zuzuwenden.[143] Aber wo Wilhelm sich auch vom Theater als Institution lossagt, da bleibt er doch durch und durch zunächst Theatraliker: Gleich nach seiner Beschwerde über das Theater gegenüber dem wie zufällig getroffenen Abbé trainiert er im Geiste die Rolle, mit der er Lothario über Aurelies Tod beschämen will. Er probt weiter den großen Auftritt, wird aber durch drei Dinge aus der Bahn geworfen: zunächst dadurch, dass ihm sein Timing vom Rhythmus des Turms durcheinander gebracht wird, denn Lothario empfängt ihn nicht so wie erwartet und ist dann mit anderen Dingen beschäftigt. Zweitens dadurch, dass die Turmgesellschaft ihm spiegelt, was es auch jenseits der Theaterbretter heißt, ein beobachtendes Publikum zu haben: Die geplante Beschämung Lotharios endet in Wilhelms eigener Beschämung über die dem Turm bekannten Folgen der Tändelei mit der jungen Gräfin, wie sich herausstellt der Schwester Lotharios (und auch Nataliens). Wilhelms erster Auftritt im Turm ist nicht nur wie sein Theater-Hamlet ein potentielles Desaster, sondern ein wirkliches. Den Ausweg bietet die passive Dimension der Mimesis: Drittens nämlich gerät Wilhelm durch Lotharios auratisches Charisma, dem er sich ergibt, aus dem Konzept und wird, während er selbst im Turm als Schauspieler nichts taugt, von dieser Ausstrahlung gebunden: »Lotharios Gegenwart [stimmte] ihn zu ganz anderen Gefühlen« (L 425). Wilhelm hat sich also auch nach der *Hamlet*-Aufführung nicht vom Theater emanzipiert, wie er es später stilisieren wird. Er ist auch nicht, wie von der Turmgesellschaft zu diesem Anlass aufgefordert, geflohen. Vielmehr bindet die Turmgesellschaft Wilhelm durch die vom Text zuvor durchgehend dem Theater zugeschriebenen, aber dann nicht zugestandenen Mittel an sich.

---

143 Vgl. Zumbrink: *Metamorphosen des kranken Königssohns*, S. 290-296.

9. INITIATION IN DER MAUSEFALLE: DER GEIST DER ENTFERNTEN AUTORITÄT

Als Autorität für die Erziehungs- und Bildungspolitik der Turmgesellschaft nimmt der Abbé eine Vaterrolle ein, auch wenn diese vom Text immer wieder verunsichert, eingeklammert und ironisiert wird. Die Erziehungs- und Bildungspolitik der Turmgesellschaft ist einerseits keine, die der Text letztlich in Gänze als autoritative vertritt. Andererseits wird diese Politik eben gänzlich dadurch bestimmt, dass sie aus dem Verborgenen wirkt und ihre Befürworter und Praktiker sich nicht fassen lassen. Der Mimetiker Wilhelm findet sich gesteuert, aber nicht vom Referenzpunkt einer zunächst als externer und dann als internalisierter Erzieher fungierenden stabilen Autorität im Sinne Platons, Rousseaus, Salzmanns etc. aus. Die Kontrolle und Steuerung der von Wilhelm verkörperten mimetischen Unbeständigkeit wirkt anders. Vielleicht tritt auch von daher der Abbé zwar gleich zweimal in der Rolle eines Vaterersatzes auf: nämlich jeweils in der Rolle des Geists von Hamlets Vater, der Hamlet bzw. den sich mit ihm mimetisch identifizierenden Wilhelm zum »[G]edenke mein« (L 495)[144] aufruft und so sein nachfolgendes Handeln bestimmt bzw. bestimmen will. Aber in beiden Fällen ist nicht ganz ausgemacht, ob es sich tatsächlich um den Abbé handelt. Der Geist kommt »in voller Rüstung« (L 495); seine Zuordnung zu einem Schauspieler bleibt letztlich unsicher. Die Wirkung ist dafür jeweils umso realer: In beiden Fällen, sowohl bei der *Hamlet*-Premiere als auch beim Initiationsritual in die Turmgesellschaft, findet sich für Wilhelm die theatrale Fiktion zugunsten eines Erlebens von Wirklichkeit ausgesetzt. Er nimmt die Zuschauerrolle in einem gelingenden Illusionstheater im Stile jener Truppe, von der er sich gerade getrennt hat, ein – mit dem einzigen Unterschied, dass er sich in diesem Fall hinterher über die Täuschung empören wird.[145] Das Theater ohne einen erkennbaren Schauspieler, die Vaterfigur ohne erkennbare Identität, übersteigt sämtliche ansonsten geschilderten Theatereffekte und lenkt Wilhelm, wo nicht auf einen ›vernünftigen‹ Lebensweg, so doch in den Bannkreis der Turmgesellschaft.[146]

---

144 Bei Wieland heißt die Stelle: »Gedenke meiner, Sohn!« (Shakespeare: *Theatralische Werke in einem Band*, S. 802)

145 Vgl. für den Initiationskomplex auch Michael Neumann: *Roman und Ritus. »Wilhelm Meisters Lehrjahre«*. Frankfurt a.M. 1992.

146 Nur schwer lässt Wilhelms Verwirrung an der Stelle sich als eine von der Turmgesellschaft kalkulierte lesen, bei der Wilhelm die Diskrepanz zwischen Schicksalsglauben und Erkenntnis der Lenkung durch den Turm langsam aufgeht. So Hanno

Der gespielte Vatergeist aus Hamlet usurpiert bekanntlich die Stimme von Wilhelms kürzlich verstorbenen leiblichen Vater, und transformiert dabei die Worte Shakespeares bzw. Wielands: »Ich bin der Geist deines Vaters [...] und scheide getrost, da meine Wünsche für dich, mehr als ich sie selbst begriff, erfüllt sind. [...] Lebe wohl und gedenke mein, wenn du genießest, was ich dir vorbereitet habe.« (L 495) Der Aufruf, der bei Shakespeares Geist noch zur Rache an seinem falschen Stellvertreter Claudius, Hamlets Onkel und Stiefvater, auffordert, bringt hier keine permanente Heimsuchung hervor. Der Vatergeist gibt seine Autorität über einen Sohn ab, der nunmehr ›wohlleben‹ statt sich gleich Hamlet in Rache verzehren soll. Aus Hamlets schuldhafter Erinnerung soll das dankbare Andenken beim ›Genießen‹ des von der väterlichen Autorität Gestifteten werden.

Einigermaßen dreist behauptet die Stimme des Turms, dass Wilhelms Vaters ›Wünsche‹ für den Sohne ›mehr als ich sie selbst begriff‹ erfüllt sind. Erwähnt hat der Text an Wünschen des Vaters das ökonomische Wohlergehen und eine gewisse Weltläufigkeit, die man auch ›Bildung‹ nennen könnte. Erstere kann die Turmgesellschaft letztlich garantieren; zweitere besitzt Wilhelm immer noch nicht richtig. Die Fiktion, dass er diese ›Bildung‹ besitzt, ist es aber, die seine Unbeständigkeit auf Dauer im Bannkreis der Turmgesellschaft zu halten verspricht. Dass Wilhelm die Stimme seines Vaters wirklich zu hören meint, verdeckt hier, dass Shakespeares Theatergeist sich seinerseits inzwischen die Stimme des biblischen Gottvaters angeeignet hat. Durch diesen wurde für Wilhelm seine neue Welt ›vorbereitet‹: »Denn wir sind sein Werk, geschaffen in Christo Jesu zu guten Werken, zu welchen Gott uns zuvor bereitet hat, daß wir darinnen wandeln sollen.«[147] heißt es parallel im *Epheser-Brief* des Paulus. Aus den Wünschen des Vaters ist eine von einer gottgleichen Autorität gestiftete Welt geworden.

Getilgt scheint in der Überformung des Vaters durch den Turm nicht zuletzt die väterliche Schuld, die Wilhelm ans Theater führte. Hatte doch die vom kaufmännischen Denken erzeugte ›Leere‹ des Hauses Wilhelm ans Theater getrieben: Den Verlust der von der Sammlung des Großvaters garantierten ästhetischen Bildung kompensiert Wilhelm mit Unbeständigkeit und Tand des Theaters. Die Bibelreferenz unterstreicht diese Verzahnung von kaufmännischer und theatraler Disposition: Mit Paulus' Brief an die Epheser wird ein Ort aufgerufen, der berühmt nicht zuletzt für sein großes antikes Theater ist. Laut Teilen 19 und 20 der Apostelgeschichte des Lukas ist dieses Theater der Ort eines großen »Auf-

---

Beriger: *Goethe und der Roman. Studien zu »Wilhelm Meisters Lehrjahre«.* Zürich 1955, S. 151f.

147 Lutherbibel, Epheser 2.10.: Haffmanns/Haffmans (Hg.): *Das neue Testament*, S. 777.

ruhrs«[148], bei dem sich die Silberschmiede des Orts gegen Paulus Missionie-rungsanstrengungen stellen.[149] Diese bedrohen ihr Geschäftsmodell, das auf dem Verkauf heidnischer Statuen beruht. Neben der später von Tertullian hergestell-ten Parallele zwischen Theaterpraxis und Götzendienst,[150] wie sie auch noch die zeitgenössischen Erziehungskonzepte Campes oder Salzmanns prägt, assoziiert diese Passage das Theater auch mit kaufmännischem Denken und verweist so auf den Beginn von Wilhelms Irrwegen. Ebenso verweist sie auf deren Ende: Paulus verzichtet auf eine Konfrontation mit jenem ›Aufruhr‹, der gleichzeitig das Theater wie auch die Kaufleute betrifft. Er zieht sich aus Ephesus zurück und wirkt aus der Ferne durch eben seinen Brief: strukturgleich zur Wirkung der Turmgesellschaft auf Wilhelms Leben. Noch dazu zählt der *Epheser-Brief* zu den sogenannten Deuteropaulinen: Seit 1792, also in etwa seit der Zeit von Goe-thes Arbeit an der endgültigen Fassung der *Lehrjahre*, findet sich die Authentizi-tät des Schriftstücks angezweifelt – und zwar, weil er zu unpersönlich und abs-trakt geschrieben sei und damit eben nicht dem individuellen Stil des Paulus ent-spreche.[151] Von der durch Gottvater autorisierten, aber höchst abstrakt gehalte-nen Aufforderung per Brief aus der Ferne, lässt sich also gar nicht wissen, durch welchen Agenten sie denn nun wirklich vermittelt wird. Zwar tritt mit der Figur des Geists von Hamlets Vater eine Theaterfigur auf; diese spricht jedoch Worte, die einem Brief statt der sie sprechenden Stimme zuzuordnen sind und statt der vorgeschobenen biblischen Autorität wohl einer so anonymen wie abstrakten Schreibinstanz.

Mit der Referenz zum wohl berühmtesten und effektvollsten von Shakespeares Theatereffekten, dem Auftritt des Geists, wird auch gleichzeitig die Verabschie-dung des Theaters behauptet. – Der Abbé (oder wer immer hier sprechen mag) spielt an dieser Stelle allerdings nicht nur mit einer Rolle aus Wilhelms Theater-

---

148 Lutherbibel, Apostelgeschichte nach Lukas, 19.: Ebd., S. 563.

149 Goethes späteres Gedicht »Groß ist die Diana der Epheser« aus den 1810ern, das im Titel die Lutherübersetzung zitiert, stellt sich auf die Seite der Kunst und damit auf die von Heidentum, Götzendienst und letztlich Theater. Vgl. Lutherbibel, Apostel-geschichte nach Lukas, 19.: Ebd., S. 562f. Vgl. Johann Wolfgang von Goethe: »Groß ist die Diana der Epheser«, in: Ders.: *Goethes Werke I. Gedichte und Epen I.* München 1998, S. 285f.

150 Vgl. Tertullianus: *De spectaculis*, S. 11f., S. 19-29.

151 Vgl. Edward Evanson: *The Dissonance of the Four Generally Received Evangelists and the Evidence of Their Respective Authenticity, Examined; with that of Some Other Scriptures Deemed Canonical.* Gloucester 1792, S. 312f. Vgl. Harold Hoehner: *Ephesians: An Exegetical Commentary.* Grand Rapids 2002, S. 6.

identifikation; er spielt auch mit der Rolle von Wilhelms Vater und lässt beide Ordnungsmuster zugunsten der Autorität der Turmgesellschaft hinter sich: Dass Wilhelm nunmehr die (unbewussten) Wünsche des Vaters übererfüllen werde, bleibt, wie man aus dem weiteren Verlauf der *Lehrjahre* wie auch aus den späteren *Wanderjahren* weiß, ebenso bloße theatrale Behauptung wie die Ankündigung, Wilhelm stehe nun eine Zeit des ›Genießens‹ bevor. Nur als zirkuläre ergibt diese Behauptung Sinn: Sein Leben *per definitionem* ›genießen‹ wird Wilhelm demnach, solange er sich an der Autorität der Turmgesellschaft orientiert.

Der zweite Auftritt von Hamlets Vater inklusive seiner doppelten Überblendung mit Wilhelms Vater und der Autorität der Turmgesellschaft rundet auch die untergründig mitlaufende Referenz auf Shakespeares *mousetrap*-Szene ab, bevor sie im ›Saal der Vergangenheit‹ endgültig zu Grabe getragen wird. Von dieser Referenz her wird Wilhelms theatral erzeugte Bindung an die Autorität der Turmgesellschaft gleichzeitig infrage gestellt: Der Abbé (bzw. einer seiner mutmaßlichen Stellvertreter) zeigt sich vor allem in eben einer Stellvertreterrolle. Er vertritt die fehlende Rolle von Hamlets Vater in Wilhelms Inszenierung; als Hamlets Vater vertritt er Wilhelms Vater noch aus dem Grabe. Im Stück *Hamlet* hat der Vater ja aber durchaus einen Stellvertreter, wenn auch einen falschen: den Stiefvater Claudius, der Hamlet zunächst ebenso in seinem Bannkreis halten will wie die Turmgesellschaft Wilhelm und ihm später, nachdem er in der *mousetrap*-Szene die von seinem Neffen und Stiefsohn ausgehende Gefahr erkennt, so nach dem Leben trachtet wie zuvor dessen Vater.

Ein falscher Stellvertreter von Wilhelms Vater ist im Initiationsschauspiel der Abbé. Die Existenz eines ›Zwillingsbruders‹ als Doppelgänger verweist auf eine strukturelle Ähnlichkeit zur Brüderschaft von Hamlets Vater und Claudius, die ja zumindest von Hamlets Mutter Gertrud nicht ausreichend auseinandergehalten werden können. Wenn Wilhelm als Hamlet in der *mousetrap*-Szene die Schauspieler stellvertretend den Mord an Hamlets Vater nachspielen sieht, ist also keineswegs ausgemacht, ob analog der Abbé (oder sein Stellvertreter) für den ermordeten König steht oder vielmehr für den Mord am König. In dem Maße, in dem der Abbé für Claudius steht und der alte Hamlet gleichzeitig für Wilhelms Vater, Wilhelms Abstammung und damit Wilhelm selbst und letztlich seine Theaterleidenschaft, sieht Wilhelm als Hamlet hier seine eigene Vergiftung durch die Turmgesellschaft. – Oder er hätte sie gesehen, hätte er bereits den Abbé als Stellvertreter von Hamlets Vater und vom eigenen Vater erkannt. Im Romantext sieht Wilhelm diese Szene jedoch ebenso wenig wie die Lesenden sie zu lesen bekommen: Die Vergiftung bzw. Eingemeindung Wilhelms bedient sich zwar der Mittel des Theaters, wirkt aber (wie Paulus mit seinen Briefen) aus dem Verborgenen.

Wilhelms *Hamlet*-Version steht im Zeichen der vor dem Palast, in dem *Hamlet* spielt, lagernden norwegischen Flotte und gibt dem Stück so einen abwesenden wie gleichzeitig sichtbaren Fixpunkt, der das Stück im Unterschied zu den die deutschsprachigen Bühnen der Zeit dominierenden, auf den Norwegen-Plot verzichtenden Versionen zusammenhält.[152] Mit der Behandlung der *mousetrap*-Szene in den *Lehrjahren* ist ein solcher Fixpunkt für den Gesamttext ins Unzugängliche verschoben. Die infizierende Dimension der Mimesis, die diese Szene vor die Augen stellt, wirkt aus dem Verborgenen und Unfasslichen. Wer sie in dieser Unfasslichkeit zwar nicht dingfest machen, aber doch in den eigenen Bannkreis ziehen kann wie die Turmgesellschaft, hat vielleicht an konkreter Steuerungsmacht im Einzelfall verloren, aber doch an abstrakter Macht über den Gesamtzusammenhang gewonnen: Der Mimetiker Wilhelm sitzt in der Mausefalle – und mit ihm die Mimesis.

Mit der gleich an die zweite Übernahme von Shakespeares Geist durch den Abbé anschließende Übergabe des Lehrbriefs zeigt sich, dass die Wilhelm bestimmende Ordnung endgültig von der konkret-nahen Unbeständigkeit des Theatermilieus auf die abstrakte-distanzierte Undurchsichtigkeit der Archive der Turmgesellschaft übergegangen ist.[153] Die Autorität der Turmgesellschaft bleibt unzugänglich. Sie operiert mit theatralen Mitteln, ist aber nicht an Theater oder Theatralität insgesamt interessiert. Diese Autorität will vom Mimetiker Wilhelm eigentlich nichts Besonderes, zumindest keine direkte Formung nach einem ihm vorgeschriebenen Bilde. Diese Autorität will vor allem eines: dass Wilhelm sich bei aller Unbeständigkeit dauerhaft in ihrem Bannkreis bewege.

Genau beim Auftritt des Geists im Ritual der Turmgesellschaft hat Wilhelm einen kurzen diesbezüglichen Disput mit der Hinterbühne. Auf die Frage, warum er denn eben nicht »strenger« geführt worden wäre, antwortet »eine Stimme«: »Rechte nicht mit uns! [...] du bist gerettet, und auf dem Wege zum Ziel. Du wirst keine deiner Torheiten bereuen und keine zurückwünschen, kein glücklicheres Schicksal kann einem Menschen werden.« (L 495) Markant ist hier die zeitliche Struktur: Die ›Rettung‹ ist nicht das ›Ziel‹, sondern der ›Weg‹ dorthin. Die in sich plurale, aber mit einer Stimme sprechende Autorität des Turms darf bis dahin aber nicht angezweifelt werden; der ›Weg‹ wird unter ihrer Führung beschritten. Dafür spricht der Turm jetzt plötzlich Wilhelms Sprache, wenn vom ›Schicksal‹ die Rede ist. Kurz vorher sollte Wilhelm noch begreifen, dass es sich

---

152 Schröder stellt den politischen Norwegen-Plot zugunsten des Familienzwists zurück. Vgl. zu ›Wilhelm Meisters Meisterstück‹ als einer kongenialen Lesart Shakespeares Anselm Haverkamp: *Hamlet. Hypothek der Macht*. Berlin 2004, S. 67-82.

153 Vgl. Kittler: »Über die Sozialisation Wilhelm Meisters«, S. 99-114.

auch in der Sphäre des Theaters um eine der unsteten Zufälle statt um eine der Verwirklichung seines Schicksals handelt. Glücklich soll dieses nicht nur im Sinne des Zufälligen sein, weil er weder Ressentiment noch Nostalgie gegenüber den ›Torheiten‹ der Vergangenheit empfinden werde – wohl nachdem er sie begangen habe, um sie anschließend zu überwinden. Dieser stoische und in sich ruhende *amor fati* suggeriert nach der Zerrüttung und Zersplitterung durch das Theater eine stabile Selbstidentität, ist aber fehl am Platz: Eher zufällig, nämlich durch die weitere ›Torheit‹, sich als Rächer Aurelies aufspielen zu wollen, ist Wilhelm ja dem Theater entkommen. Seine Reaktion auf das vom Turm aufgeführte theatrale Ritual zeigt, dass er sich keineswegs von dessen Wirkmacht befreit hat. Und dies gilt auch für die Zeit nach seiner Initiation: Wilhelms ›Torheit‹ gegenüber Marianne bleibt unentschuldbar, auch wenn er die Vaterschaft für Felix übernimmt. Seine ›Torheit‹ im Umgang mit Mignon ist noch nicht an ihr Ende gekommen. Und auch die Autoritäten der Turmgesellschaft scheinen nicht arm an eigenen ›Torheiten‹ zu sein, die etwa zum Freitod des Harfners führen werden. Die aus dem *Off* sprechende Stimme kann Wilhelm nur mittels einer höchst selektiven Wahrnehmung sein ›Schicksal‹ als ›glücklich‹ suggerieren, weil es jetzt nach den mimetischen Irrungen und Wirrungen des Theaters Stabilität erlangt habe. Sie kann ihm nur mittels dieser selektiven Wahrnehmung die jetzige wie zukünftige Infragestellung ihrer Autorität verweigern: Die der Subjektkonstitution des Mimetikers Wilhelm inhärente Instabilität wird nun für Gegenwart und Zukunft auf die stabile, aber weitgehend unbestimmte Autorität des Turms ausgerichtet und bedient sich dazu teils des völligen, teils des umwertenden Vergessens jener Aspekte, die nicht in diese Neuorganisation passen. Aus ›Zufall‹ wird hier wieder ›Schicksal‹,[154] aber ohne dass dieses ›Schicksal‹ je sämtliche ›Torheiten‹ umfassen könnte.

10. DOPPELTES VERGESSEN: UMLENKUNG DER MIMESIS

Der Instabilität der Mimesis ist das Vergessen wesentlich. Die Mimesis muss sich flexibel an ein neues Vorbild hängen können, ohne dass ein altes wirklich Spuren hinterließe. Die implizite *tabula rasa*-Vorstellung macht das mimetische Vermögen für Konzepte von Lernen und Erziehung so interessant, aber auch so problematisch: Nicht nur gilt es stets die Angemessenheit der Wiederholung des

---

154 Dies konterkariert die von Wilhelm selbst vorgetragene Gattungstheorie, im »Drama« gehe es um »Schicksal«, im »Roman« hingegen um den »Zufall« (L 308).

Vorbilds zu kontrollieren.[155] Auch bleibt die Kontrolle darüber stets prekär, ob das neu Erlernte oder Anerzogene nicht gleich im nächsten Moment durch noch Neueres ersetzt wird. Verkompliziert wird diese Struktur dadurch, dass zum wirklichen Vergessen auch das Vergessen des Vergessens gehört: Damit ist nicht nur ein speicherndes Gedächtnis und ein auf dieses zugreifendes Erinnerungsvermögen gemeint, ohne die sich vom Vergessen nicht sprechen ließe. Vielmehr hat die *tabula rasa*-Vorstellung in sich bereits vergessen, welche vergessene Vorgeschichte unter der scheinbar unbeschriebenen Tafel liegt oder doch zumindest welche materiellen Bedingungen, unter denen die Mimesis statthaben soll.[156] In diesem Sinne bringt der mimetische Akt keine Kopie des Originals hervor, sondern jenes von Platon so gefürchtete Hybridwesen: nicht nur wegen der zwischen den unterschiedlichen Vorbildern schwankenden Instabilität, sondern auch wegen der Überlappungen zwischen den verschiedenen Vorgeschichten. Zum Vergessen gehört auch, dass der Prozess des Vergessens nicht völlig kontrolliert werden kann und ab und an unpassende Erinnerungsspuren jeglicher Art hervortreten können.

Von der Problematik des Vergessens her ist Wilhelms Freispruch eher ein Imperativ: Er soll eben ›keine seiner Torheiten bereuen‹, was beinhaltet, dass er die Vergangenheit eben nur als jugendliche Torheiten wahrnehmen soll und nicht als Zerstörung des großen, auratisch aufgeladenen Lebensentwurfs mit den Marianne betreffenden katastrophalen Folgen. Die Erinnerungsspuren aus der Vergangenheit sollen nicht verschwinden, Unpassendes soll aber vergessen und dem ›Weg‹ des Turms untergeordnet werden. Für die ›Bildung‹, über die insbesondere im achten Buch so gerne und so häufig von allen Beteiligten gesprochen wird, ist dieses Vergessen, das in dem ›Gedenke‹ des Geists wohnt, essentiell. Vergessen und nur ungern erinnert wird z.B. in der Bindung an den Turm, die später eine an Natalie sein wird, dass ja die Wilhelm erotisch faszinierende Philine als erstes Wilhelm zum »Gedenke mein« (L 94/557) aufforderte und er das entsprechende Geschenk immer bei sich führt. Die Umwertung des Verabschiedungsaspekts des ›Lebewohls‹ in ein ›Wohlleben‹ überspielt, dass hier durchaus

---

155 Dies ist durchaus als Affirmation und vielleicht auch Herstellung eines Originals durch Tabuisierung von Devianz zu verstehen im Sinne von Butler: *Gender Trouble,* S. 128-141.

156 Durchaus im Sinne der Gedächtnistheorie von Sigmund Freud: »Notiz über den ›Wunderblock‹«, in: Ders.: *Gesammelte Werke. Band XIV. Werke aus den Jahren 1925-1931.* Frankfurt a.M. 1991, S. 1-8. Vgl. auch Jacques Derrida: »Freud und der Schauplatz der Schrift«, in: Ders.: *Die Schrift und die Differenz.* Frankfurt a.M. 1976, S. 302-350.

eine Verabschiedung vollzogen werden soll: die Verabschiedung der Unkontrollierbarkeit einer mimetischen Instabilität, die sich für die Zukunft am Turm ausrichten soll.

In den Gesprächen mit den Vertretern des Turms findet sich Wilhelms theatrale Karriere vor allem auf seine Ambitionen als Schauspieler reduziert. Dass er »Bildung suchte, wo keine zu finden war«, als er sich »einbildete, ein Talent erwerben zu können, zu dem [er] nicht die geringste Anlage hatte« (L 495), ist eine vom Turm ausgesprochene und teils übernommene Einschätzung, die angesichts der teilweise sehr positiven Reaktionen Serlos und des Publikums ebenso wenig ernst genommen werden kann wie Wilhelms andere Selbstbeschreibungen.[157] Unter den Tisch fällt, dass Wilhelm nicht nur Schauspieler, sondern auch Theaterpraktiker für das angestrebte ›Nationaltheater‹ war und dies durchaus mit Erfolg: als Dramaturg, Regisseur, Theaterdichter und Mitarbeiter in der Theaterleitung hat er sich (und auch das Theater) in seiner Arbeit am *Hamlet* durchaus ästhetisch gebildet. In der spielerischen Sphäre der Ästhetik hat er zahlreiche Fähigkeiten erworben, die ihm langfristig den sozialen Umgang im Zirkel des Reformadels der Turmgesellschaft ermöglichen können: in der Sprache des 21. Jahrhundert sogenannte ›Kompetenzkompetenzen‹[158], die ihm die Aneignung weiterer Kompetenzen ermöglichen. Wilhelms Abkehr vom Theater scheint mit seinem angeblichen Dilettantismus gar nicht allzu viel zu tun zu haben. Prägender ist eher die bereits in der *Theatralischen Sendung* markierte Diskrepanz zwischen den von Wilhelm aus Texten der deutschsprachigen Theaterreform des 18. Jahrhunderts zusammengetragenen Kunstidealen und der sozialen Realität des Theatermilieus. Allen Beteiligten auf der Bühne wie im Zuschauerraum fehlt es an den Voraussetzungen, um ein Theater der ästhetischen Bildung, wie es Wilhelm vorschwebt, zu konstituieren und weiterzuentwickeln. Während Wilhelm in Goethes *Theatralischer Sendung* aus den 1770ern noch Kompromisse schließt, verlässt er in den *Lehrjahren* das Theater. Seine Bemühungen um eine Theaterreform fallen dem Vergessen anheim, ohne vom Theater oder der Turmgesellschaft anerkannt zu werden.[159] Die (Un-)Produktivität von Wilhelms mimetischen ›Hinschlendern‹ muss vergessen werden, um die Mimesis auf die Autorität der Turmgesellschaft hin auszurichten.

Diese Art des Vergessens scheint fast eine des Texts der *Lehrjahre* selbst zu sein, denn nur sehr indirekt findet es sich markiert: in Wilhelms Erinnerungen an das sich nicht in den *amor fati* des Turms Fügende wie z.B. im ›Saal der Ver-

---

157 Vgl. z.B. Schlechta: *Goethes Wilhelm Meister*, S. 65, S. 114.

158 Vgl. Vogl: »Lernen, lebenslanges«, S. 229.

159 Vgl. für das Argument Netzwerk Kunst & Arbeit: *art works*, S. 119-127.

gangenheit‹ anlässlich der Beerdigung Mignons. Aber auch während Wilhelm sich bei den Vorbereitungen zu seiner *Hamlet*-Produktion auf dem Höhepunkt seiner Theaterkarriere befindet, bricht die Erinnerung ein und lässt nicht wieder los: nun die an Marianne.[160] Liebte Wilhelm in Marianne ursprünglich das Theater, so wird das Theater, namentlich ein Bühnenbild, nun zum Verweis auf die ehemalige Geliebte, der Wilhelm aus seiner Probenarbeit völlig herausreist und eine glückliche Zukunft verspricht – weder die der Theaterrealität noch des Turms. »Er setzte sich nieder [...] und glaubte zu ahnen, daß er sie vielleicht auf diesem Platz bald wiedersehen werde.« Wilhelms mimetische Reaktion führt zu einer auratischen Aufladung dieses Augenblicks, der nun Vergangenheit, Zukunft und Gegenwart zusammenführt. Eine solche Fähigkeit zur Auratisierung der Welt und des eigenen Auftretens darin hatte Wilhelm bis hierhin jenes Charisma verliehen, welches ihn sein ›Hinschlendern‹ durch die Welt bei allen Wirrungen so sozial unbeschadet überstehen lässt. Auch sein sozialer Erfolg in der Turmgesellschaft speist sich nicht zuletzt aus diesem Charisma. Hier zeigt sich die Kehrseite der Trias von Mimesis, Auratisierung von Welt und Charisma: Mit der Erinnerung an Marianne bricht das ehemals Auratisierte, aber im mimetischen ›Hinschlendern‹ Verlorene und Zerstörte ein. Ebenso wenig wie Wilhelms sonstiges mimetisches Fluktuieren, seine sonstigen auratischen Aufladungen der Welt und seine sonstigen charismatischen Auftritte lässt sich aber auch dieser Einbruch auf Dauer stellen; er wird von der schnöden Realität des Theaters eingeholt: »Ach, und es war weiter nichts [...] als [...] Dekoration« (L 310).

Die beiden genannten Arten des Vergessens schließen einander aus und gehören doch zusammen: Im zuletzt genannten Beispiel wird die Gegenwart angesichts der einbrechenden Vergangenheit vergessen. Wilhelms mimetische Veranlagung lässt sich ebenso wenig kontrollieren wie die von ihr hervorgebrachten auratischen Effekte. Das zuerst genannte Vergessen im Zeichen der Initiation in die Turmgesellschaft vergisst die auratische Aufladung der Vergangenheit, um Wilhelms mimetische Veranlagung für die Zukunft in den Bann des Turms zu stellen. Damit eignet sich die Turmgesellschaft für die Zukunft einerseits auch Wilhelms Fähigkeit zur Auratisierung seiner Welt an. – Nur dass diese Fähigkeit andererseits immer gleich vergessen und entwertet werden muss, um für die Zukunft weiter produktiv gemacht werden zu können.

Das auratisch aufgeladene ›Fest‹ des Theaters, das Wilhelm durch den Text hindurch immer wieder feiert (ob als Besäufnis, Probe oder Premierenfeier), lässt sich nicht auf Dauer stellen. Auch im Bann der Turmgesellschaft bleibt Wilhelm zwar ein Suchender und ›Hinschlendernder‹; das ›Fest‹ ist nun aber

---

160 Vgl. Schlechta: *Goethes Wilhelm Meister*, S. 126-128.

dauerhaft in die Zukunft aufgeschoben. Wenn seine ›Bildung‹ einen Effekt hatte, dann denjenigen, dass er den Narzissmus des ›kranken Königssohns‹ durch ›Entsagung‹ (und Sorge um den eigenen Sohn) ersetzt. Die Utopie, die für Wilhelm als Individuum im Leben mit Natalie und für Wilhelm als soziales Wesen im gemeinsamen Auswandern der Turmgesellschaft nach Amerika besteht, ist ein Zukunftsversprechen, das in der Gegenwart alle ihm Unterworfenen zu disziplinieren in der Lage ist. So auch, zu einem gewissen Grade, das mimetische Wesen ohne weitere eigene Eigenschaften. Die Wilhelm-Figur steht in dem Maße für das moderne Individuum, das so viele Interpretationen seit dem 19. Jahrhundert in ihr haben finden wollen, in dem sie für diese unabschließbar offene Instabilität der Mimesis steht.

Im Jahrzehnte später vollendeten Roman *Wilhelm Meisters Wanderjahre*, der die Grenzen des gerade erst in den Rang ernsthafter Literatur erhobenen Genres bereits wieder sprengt, nimmt die Figur Wilhelm Meisters folgerichtig eine immer kleinere Rolle ein. Er ist ein Reservist, dessen mimetischen Fähigkeiten die Turmgesellschaft aus zwei Gründen in der Hinterhand zu behalten scheint: zum einen, um sich ihrer bei Bedarf bemächtigen zu können. Zum anderen, um die eigene Macht zur ›Bildung‹ des sozialen Lebens auch anhand der Verkörperung all dessen zu beweisen, was dieser Macht entgegenläuft – nämlich der instabilen mimetischen Fluktuation und (Un-)Produktivität.

VIII Nachspiel

Allerneueste Erziehungspläne

Die neuen Erziehungs- und Bildungsdiskussionen des späten 18. Jahrhunderts machen, wie die vorangegangenen Kapitel beschrieben haben, in ihrer impliziten und expliziten Auseinandersetzung mit Theatralität und Theater Anleihen bei althergebrachten Diskursen. Nicht zuletzt als zur Sphäre des Theaters gehörig bestimmt wird die spektakuläre Dimension des Ereignishaften,[1] das es einerseits für die Erziehung zu nutzen gilt, von dem diese sich andererseits aber auch nicht aus der Bahn werfen lassen darf: Das Theater soll instrumentalisiert werden; es darf sich jedoch auf keinen Fall verselbstständigen. – In der Gouvernementalität des lebenslangen Lernens im 21. Jahrhundert findet sich wohl nicht zufällig inmitten zahlreicher Theatersemantiken[2] auch ein solcher Anspruch auf Neuheit aufgenommen und radikalisiert: Nicht nur soll dauerhaft neu gelernt werden. Auch gibt es beständig neue Lern- und Bildungsangebote, welche unverbrauchte Fähigkeiten für einen innovationshungrigen Markt versprechen.

Ein Spektakel nutzt sich allerdings in der Wiederholung ab und verliert seine Ereignishaftigkeit;[3] das Theaterereignis ist in den Repertoirevorstellungen schnell kein Ereignis mehr. Bereits historisch verliert die Neuheit des aufklärerischen Erziehungsprojekts schnell an Glanz und fordert Parodien auf den Plan, nicht zuletzt solche, die das Neuheitsversprechen selbst kritisch angehen. In seinen *Berliner*

---

1 Mit einem solchen Anspruch auf Ereignishaftigkeit und Neuheit tritt das aufklärerische Projekt der Erziehung im 18. Jahrhundert selbst auf und legitimiert zu einem nicht geringen Grad über diesen. Eine ganz eigene Analyse könnte man in diesem Zusammenhang den Tagen der offenen Tür widmen, an denen die Philantropine z.B. in Dessau ihre wundersam gebildeten Zöglinge der interessierten Öffentlichkeit vorführten.

2 Vgl. Kapitel I.

3 Vgl. Nikolaus Müller-Schöll: »Vorwort«, in: Ders. (Hg.): *Ereignis. Eine fundamentale Kategorie der Zeiterfahrung. Anspruch und Aporien.* Bielefeld 2003, S. 9-17.

Abendblättern publiziert Heinrich von Kleist 1810 einen Text mit dem plakativen Titel »Allerneuester Erziehungsplan«. Dieser parodiert das Wirken der Philantropinisten deutlicher als die spätere, von vielen für bare Münze genommene Pädagogik in Goethes Provinz. Dieser kurze Text spricht mit zwei Stimmen: Der Konkretor C.J. Levanus wird von der Redaktion kommentiert, hinterfragt, korrigiert und beschimpft. Das Projekt der Zeit, die Erziehung zum in sich stabilen, einheitlichen Subjekt, zeigt sich damit als eine bereits in sich zerstückelte Angelegenheit. Entsprechend ist der Text auf zwei Ausgaben der Tageszeitung verteilt, was nicht weiter ungewöhnlich für Kleists Strategien in diesem Publikationsorgan ist. Sehr wohl ungewöhnlich ist die extrem lange Publikationslücke von mehreren Wochen zwischen den beiden Teilen. Dies lässt Zweifel daran aufkommen, inwieweit der zweite Teil, der dann den vom Titel versprochenen Erziehungsplan bringt, überhaupt gemeinsam mit dem ersten konzipiert worden ist.[4] Dieser erste Teil beschreibt das aus der »Experimental-Physik« entnommene »Gesetz des Widerspruchs«[5], nach dem sich durch Kompensation elektrischer Ladung »das ursprüngliche Gleichgewicht«[6] von Spannung in der Natur wieder herstellt. Anekdotisch erfolgt dann eine Analogiebildung zur Sphäre moralischer Entscheidungsfindung[7] mit einer Beispielreihe »von Meinungen und Begehrungen, [...] von Gefühlen, Affekten, Eigenschaften und Charakteren«, bei denen nicht ganz klar ist, ob sie das ›Gesetz des Widerspruchs‹ eigentlich illustrieren oder durch Konterkarrieren performativ zur Durchführung bringen.[8]

Nachdem der erste Teil derart in der Luft hängen bleibt, liefert der nachgeschobene zweite tatsächlich ein Erziehungskonzept, und nun in deutlicher Analogie zum ›Gesetz des Widerspruchs‹. Die Ausführungen laufen nämlich auf ei-

---

4 Vgl. Sibylle Peters: *Heinrich von Kleist und der Gebrauch der Zeit. Von der MachArt der Berliner Abendblätter.* Würzburg 2003, S. 157-172.

5 Heinrich von Kleist: »Allerneuester Erziehungsplan«, in: Ders.: *Sämtliche Werke und Briefe in vier Bänden. Band 3. Erzählungen. Anekdoten. Gedichte. Schriften.* Frankfurt a.M. 1990, S. 545-552, hier: S. 546.

6 Kleist: »Allerneuester Erziehungsplan«, S. 545.

7 Vgl. für das Ineinanderspiel von aufgerufenen naturwissenschaftlichem und pädagogischen Diskurs Michael Gamper: »Elektrische Blitze. Naturwissenschaft und unsicheres Wissen bei Kleist«, in: *Kleist-Jahrbuch* (2007), S. 254-272. Vgl. Roland Borgards: »›Allerneuester Erziehungsplan‹. Ein Beitrag Heinrich von Kleists zur Experimentalkultur um 1800 (Literatur, Physik)«, in: Marcus Krause/Nicolas Pethes (Hg.): *Literarische Experimentalkulturen. Poetologien des Experiments im 19. Jahrhundert.* Würzburg 2005, S. 75-102.

8 Vgl. Peters: *Heinrich von Kleist und der Gebrauch der Zeit*, S. 157-166.

ne Umkehrung der grundlegenden Erziehungsstrategie der Philantropinisten hinaus: »[A]lle Sittenschulen« waren »bisher nur auf dem Nachahmungstrieb gegründet«[9]. Ihr Erziehungskonzept besteht in deutlicher Anspielung auf die platonische Ader der darin so gar nicht neuen Philantropinisten einzig in der »Aufstellung sogenannter guter Beispiele«, ohne dass diese Sittenschulen damit »für den Fortschritt der Menschheit Bedeutendes und Erkleckliches hervorgebracht haben«[10]. Mit dieser frechen Komplexitätsreduktion, die aber doch den Finger auf eine Bruchstelle des aufgerufenen pädagogischen Einsatzes legt, ist zunächst unter namentlicher Erwähnung der Philantropine von »Basedow und Campe«[11] eine zeitliche Spannung in den neuen Erziehungskonzeption des 18. Jahrhunderts markiert: Sie behaupten eine Revolution, operieren aber im Tradierungsmodus der Nachahmung. Diese Spannung ist bereits bei Rousseau angelegt: Erziehung ist ein in die Zukunft gerichtetes Projekt, das aber eine in der Vergangenheit verlorene ›Natürlichkeit‹ wiederbelebt.[12]

Nicht ganz ernst zu nehmen ist diese Kritik nicht nur wegen der einseitigen Hervorhebung des Nachahmungstriebs. Der ›Allerneueste Erziehungsplan‹ richtet sich ja selbst an einem ›ursprünglichen Gleichgewicht‹ aus und nicht an einem ›Fortschritt der Menschheit‹. In Analogie zum Widerspruchsgesetz skizziert der Text anschließend eine zukünftige »*Lasterschule*«, in der »*Tugend durch Laster*«[13] als einem zu widersprechenden Vorbild erzeugt werden soll: Statt nachzuahmen sollen die Zöglinge durch Abwehr der gegebenen Beispiele erzogen werden.[14] Die Herrschaft von Campes Nachahmungstrieb bleibt intakt; sie findet sich bloß umgewertet. Während von Rousseau bis Salzmann die nicht wünschenswerten Eigenschaften der Kinder dem schlechten Vorbild der Erziehungsinstanzen angerechnet werden, bringt die anvisierte Erziehung nun das Gute aus dem Schlechten, das Neue aus dem Alten und das Überdurchschnittliche aus dem Mediokren hervor. In diesem Sinne fällt die grob-satirische Skizze nach dem ganzen Vorlauf äußerst knapp aus. Gruppendynamische Prozesse zwischen Kindern wie die von Goethes Pädagogen in der Provinz ausgemachte *peer pressure* oder andere Komplexitäten reflektiert sie nicht. Auch zu ihrem Titel verhält

---

9   Kleist: »Allerneuester Erziehungsplan«, S. 549.

10 Ebd., S. 550.

11 Ebd., S. 549. Vgl. Kapitel V.

12 Vgl. Kapitel IV.

13 Kleist: »Allerneuester Erziehungsplan«, S. 550.

14 Allerdings handelt es sich bei einer negativen Mimesis um eine Strategie, die im Bannkreis der Mimesis verbleibt: als »*Gegen-Nachahmung*« (Tarde: *Die Gesetze der Nachahmung*, S. 13).

sie sich gemäß des Widerspruchsgesetzes: Der allerneueste Erziehungsplan ist nur eine Variation der alten, tritt aber wie diese alten Erziehungspläne des 18. Jahrhunderts mit revolutionärem Gestus auf. Wichtig an dieser Erziehung scheint weniger, was sie leistet, und mehr, was sie für die Zukunft ankündigt. Die Erziehungsanstrengungen des pädagogischen 18. Jahrhunderts reduziert Kleists kurzer Text handstreichartig auf eine Zukunftsversprechensmaschinerie und markiert damit eine in diesem Erziehungskomplex angelegte Möglichkeit, die das 21. Jahrhundert als ›lebenslanges Lernen‹ aktualisieren und einer Ökonomisierung überliefern wird: Neueste und ›allerneueste‹ Erziehungspläne versprechen nunmehr den Zugriff auf eine bestmögliche Zukunft, die durch immer neuere Pläne immer weiter aufgeschoben wird.

Wichtiger als die Umkehrungsthese des allerneuesten Erziehungsplans der Erziehungsanstrengungen des 18. Jahrhundert scheint jedoch der von der Erzählinstanz des Haupttexts angefügte Nachsatz zu sein. In diesem wird zuerst die vorher verweigerte Komplexität nachgeliefert. Diese ist allerdings keine der Erziehung: Unter den »tausend Fäden«, in denen sich das Leben fortwebe, sei erstens »die Erziehung Einer«. Ihr Einfluss solle deswegen nicht überbewertet werden. Zweitens handle es sich beim Kind nicht um undeterminiertes »Wachs«[15], das nicht erst seit Locke und Rousseau in ihm gesehen wird, sondern es sei in seinen Eigenschaften vorherbestimmt. Erziehung entpuppt sich, wo *nature* über *nurture* obsiegt, also als nutzlos. Drittens zeigt sich die geplante Lasterschule in diesem Sinne auch gegenüber jeglicher Kritik erhaben. Stattdessen gilt die völlig unaufgeklärte Weisheit eines Sprichworts: »›Hilft es nichts, so schadet es nichts.‹« – und dies gilt auch für die »Virtuosen der neuesten Erziehungskunst«[16]. Der Text lebt ein letztes Mal sein eigenes Widerspruchsgesetz aus: Auch der eigene Erziehungsplan bleibt nicht unwidersprochen. Im Sinne des ›ursprünglichen Gleichgewichts‹ ist alle Erziehung letztlich redundant. Bildung und Erziehung laufen auf eine (mit einem Wort Niklas Luhmanns) »Automatik der Sozialisation«[17] hinaus, in der sich die Zöglinge irgendwie schon entwickeln werden: obwohl oder gerade weil laut »Allerneuestem Erziehungsplan« »die Menschheit, wie bekannt, fortschreiten soll«[18]. Denn aus dem Bekannten kann es keinen Fortschritt geben; eine Bekanntheit des Fortschritts schließt diesen geradezu aus.

---

15 Kleist: »Allerneuester Erziehungsplan«, S. 551.

16 Ebd., S. 552.

17 Luhmann: *Das Erziehungssystem der Gesellschaft*, S. 53. Vgl. S. 48-81.

18 Kleist: »Allerneuester Erziehungsplan«, S. 551.

Der lapidare Verweis auf das sprichwörtliche ›Hilft es nichts, so schadet es nichts.‹ führt auch deswegen das Widerspruchsgesetz satirisch vor, weil die aufgerufenen abgelehnten und allerneuesten Erziehungspläne ja mit übergroßem Aufwand daherkommen. Auf der Kehrseite dieser Behauptung erscheint Erziehung als zutiefst selbstbezogene Operation: im Sinne Luhmanns als eine kontingente Art, wie sich Gesellschaft reproduziert, indem sie ihre teilnehmenden Subjekte bestimmte Stufen durchlaufen lässt – auch wenn die moralische oder epistemologische Legitimierung dieses Durchlaufs letztlich nicht tragfähig ist.[19] Mit der Behauptung dieser Leere der Erziehungslehre lenkt der Text den Blick im Sinne Foucaults auch auf die vorher durchaus beschriebenen Machttechniken, die in der Erziehung und anderswo zur Anwendung kommen und um ihrer eigenen Aufrechterhaltung willen zu existieren scheinen.[20] Es zeigt sich, dass sich das Zukunftsversprechen einer ›Neuheit‹ der Erziehung nicht nur in solche Machttechniken integrieren lässt, sondern auch, dass es dabei nicht zuletzt auf die Inszenierung dieses Versprechens ankommt: in Kleists Falls auf die literarische Inszenierung durch die zwei Stimmen des Konkretors und der Redaktion, durch Ab- und Umbrüche etc. In diesem Sinne handelt es sich beim Zukunftsversprechen der Erziehung nicht zuletzt um ein theatrales Unterfangen.

Die vorhergehenden Kapitel dieser Studie gingen davon aus, dass die Erziehung und Bildung im späten 18. Jahrhundert auch immer ihr Verhältnis zum Theater verhandelt – und dies mit der im Hintergrund stehenden Vermutung, dass sich dieses Verhältnis von Erziehung bzw. Bildung einerseits und Theater bzw. Theatralität andererseits im lebenslangen Lernen des 21. Jahrhunderts radikalisiert. Rückblickend seien im Folgenden die Stationen benannt und das jeweils angenommene Verhältnis zum späteren lebenslangen Lernen skizziert.

Ein lebenslanges Lernen, wie es im 21. Jahrhundert zum Motto des Bildungs- und Arbeitsmarkts ausgerufen wird, macht nicht nur Kinder, wenn auch an den unterstellten Entwicklungsstand angepasst, durch ›frühkindliche Entwicklung‹ zu jenen kleinen Erwachsenen, die sie vor Rousseaus Etablierung der Kindheit als eigenständiger Sphäre angeblich waren.[21] Vormals Erwachsene werden auch wieder zu Schülerinnen und Schülern, was aber nicht ausschließt, dass sie an anderer Stelle als Lehrerinnen und Lehrer tätig sind. Gleichzeitig sind sie auf beiden Ebenen Bewerberinnen und Bewerber für kommende Arbeitszusammenhänge oder viel-

---

19 Vgl. Luhmann: *Das Erziehungssystem der Gesellschaft*, S. 111-141.

20 Vgl. Foucault: *Die Geburt der Biopolitik.*

21 Vgl. die umstrittene These von Philippe Ariès: *Geschichte der Kindheit*. München 1975, S. 69-90.

leicht auch für weiterführende Bildung. Bei dieser gesteigerten Durchökonomisierung von Lebenswelt und Subjektivität tauchen Semantiken und Techniken, die sich traditionell dem Theater zugeschrieben finden, als Modi der Inszenierung, der Überzeugung sowie der Vorläufigkeit auf: als Mimesis, die sich Fremdes aneignet oder vor anderen zur Aufführung bringt, als Inszenierung, die sich und andere affizieren oder manipulieren soll, als Probe, die in der jetzigen Arbeit oder Bildung eine Qualifizierungsphase für ein kommendes Projekt sehen muss (Kapitel I).

Die im lebenslangen Lernen mitlaufende selektive Theatersemantik und -metaphorik unterstellt daher ein Gelingen: die gelingende Nachahmung, die kontrollierte Aufführung, die erfolgreiche Beeinflussung. Die Verantwortung für ein Scheitern verschiebt sich auf das lebenslang lernende Subjekt,[22] welches Fehler höchstens als den Horizont erweiternden Erfahrungsschatz in der eigenen Bildungs- und Arbeitsbiographie abbuchen kann. Der implizite Theaterdiskurs setzt solch ein Subjekt seinerseits als eine Größe in Szene, die von den traditionell mit dem Theater verbundenen Unwägbarkeiten unbeschadet bleibt: der verfehlten Nachahmung, der misslingenden Aufführung, der nicht gelingenden Verführung. Vor allem fehlt in der Ökonomisierung der eigenen Subjektivität dasjenige, was die Feinde des Theaters seit Platon an diesem am meisten fürchten: eine unkalkulierbare, wenn nicht gar verschwenderische Dimension der Unverfügbarkeit. Diese sollte sich gerade nicht als lebendiger Überschuss der Subjektivität abschöpfen und in der ökonomischen Sphäre produktiv machen lassen. Die Gouvernementalität des lebenslangen Lernens zielt darauf, auch ein solches Nichtökonomisches zu ökonomisieren.

Mit der unkalkulierbaren Dimension des Theaters setzt sich die Erziehung auseinander, die 200 Jahre zuvor literarisch in Goethes pädagogischer Provinz skizziert wird (Kapitel II): damit, wie diese Dimension für die Erziehung produktiv, und damit, wie diese ihre Gefährlichkeit zumindest unsichtbar gemacht werden kann. Die lautstarke Austreibung des Theaters dissimuliert, dass hinterrücks ein reguliertes Theater die Bedingung für die Erziehung in der Provinz darstellt. Damit rezitiert und parodiert Goethes Text nicht nur die Erziehungsdiskurse und Erziehungspraktiken des ›pädagogischen‹ 18. Jahrhunderts. Rezitiert, parodiert und auf eine mögliche Kritik hin geöffnet finden sich auch Praktiken und Diskurse, die die Semantik des Theaters im 21. Jahrhundert im positiven Sinne für Erziehung und Bildung entdeckt haben. Latent vorhanden sind Ansätze

---

22 Vgl. Ulrich Bröckling: »Totale Mobilmachung. Menschenführung im Qualitäts- und Selbstmanagement«, in: Ders./Susanne Krasmann/Thomas Lemke (Hg.): *Gouvernementalität der Gegenwart. Studien zur Ökonomisierung des Sozialen.* Frankfurt a.M. 2000, S. 131-167, hier: S. 153-161.

zu einer solchen Kritik in den Vorgeschichten, die Goethes Text aufruft, in Szene setzt und in ihrem Funktionieren bloßstellt.

Platons *politeia* (Kapitel III) erzählt nicht zuletzt vom Rhythmus, in dem die Aneignung der mit dem Theater assoziierten mimetischen Produktivkraft sich durch die Zeit hindurch vollzieht. Der Text verweist aber auch auf eine seiner eigenen Zielsetzung zuwiderlaufende rhythmisch-offene Struktur der beschriebenen Mimesis: Diese wird als zu regulierende Gefahr gleichzeitig im Inneren und Äußeren des Gemeinwesens verortet. Die mimetisch herstellbaren Subjekte und ihre Zusammenhänge sind instabil, dynamisch und anarchisch-offen. In der Feindschaft gegen das Theater etabliert der Text einen Schauraum, zu dem die Hierarchie von Sehen und Gesehenwerden gehört und damit ein erstes Ordnungsprinzip etabliert. Bereits diese Setzung verhindert eine dynamische und anarchische horizontale Vernetzung der im Gemeinwesen organisierten Subjekte. Platons sprichwörtlich gewordene Theaterfeindschaft richtet sich also nicht primär gegen das Theater. Die Theaterfeindschaft stellt auch, aber nicht nur wie später bei Goethes Pädagogen ein Ablenkungsmanöver dar, um die Abhängigkeit der eigenen Erziehungs- und Bildungskonzeption vom Theater zu überspielen. Die Theaterfeindschaft lenkt darin auch von dem Umstand ab, dass in dieser Abgrenzung das Theater als ein Dispositiv des distanzierten Sehens überhaupt erst etabliert wird und dadurch andere Möglichkeiten mimetischer Vernetzung, Verkettung und Organisation ausschließt. Vom Entwurf Platons her lässt sich auch das Modell des virtuosen Arbeitens und seines Erlernens respektive Trainierens kritisieren, von dem die Arbeitswelt des 21. Jahrhunderts geprägt ist:[23] Das virtuose Arbeiten soll einerseits als eine Aufführung für andere vor sich gehen. Andererseits muss im Netzwerken und im Verbünden mit diesen die beständige Trennung des distanzierten Schauens als nichtexistent erachtet werden.[24] Durch dieses Double-Bind widersprüchlicher Maßgaben ist ein Scheitern des lebenslang lernenden, flexiblen Subjekts vorprogrammiert. Eine Absage an das theatrale Schaudispositiv, mit der z.B. der *social turn* in den Künsten seit den 1990ern[25] operiert, kommt der Reichweite der platonischen Geste nicht bei, die das Theater als Ordnungsdispositiv gleichzeitig zur Konkurrenz wie Bedingung von Wissen, Erziehung bzw. Subjektbildung und Gemeinwesen erklärt. Eine diesbezügliche Analyse und Kritik steht sowohl für die Subjektdisposition des

---

23 Vgl. Virno: *Grammatik der Multitude*, S. 63-91.
24 Vgl. Schäfer: *Die Gewalt der Muße*, S. 516-537. Vgl. Gesa Ziemer: *Komplizenschaft. Neue Perspektiven auf Kollektivität*. Bielefeld 2013, S. 64-70, S. 97-105.
25 Vgl. ebd., S. 129-163. Vgl. van Eikels: *Die Kunst des Kollektiven*, S. 184-190.

lebenslangen Lernens und flexiblen Arbeitens wie auch für die szenischen Künste des *social turn* noch aus.

Das Verhältnis der neuen Pädagogik des 18. Jahrhunderts steht im Zeichen der platonischen Setzungen. Als theatrale Produktivkraft gilt es die Mimesis in all ihren Varianten (nachahmend, vorführend, zuschauend) und mit ihr die dem Theater als Institution zugeschriebenen Praktiken zu regulieren: sie einerseits zu nutzen und andererseits einer strengen Kontrolle zu unterwerfen. In seinem *Émile* (Kapitel IV) verlegt Rousseau die eigentliche mimetische Gefahr in einen begrenzten Abschnitt der kindlichen Entwicklung. Die Abwehr des entfremdenden Sogs einer mit allen theatralen Insignien ausgestatteten Einbildungskraft, die sich für den Abfall des Menschen von seiner Menschlichkeit verantwortlich zeichnet, bestimmt aber sein gesamtes erzieherisches wie politisches Projekt. Der Erzieher tritt hier durchaus als Regisseur von kontrollierten Erziehungsanordnungen mit theatralem Charakter auf, die den Zögling manipulieren und zur Menschlichkeit im Stile Rousseaus mit allen Mitteln des Theaters geradezu verführen sollen. Auch die ansonsten abgewerteten Schauspieler und Gaukler dürfen dafür vom Erzieher eingestellt werden. Letztlich lernt der Zögling dem theatralen Bezug zu anderen, den Rousseau als die Eitelkeit des Auftretens vor Publikum bestimmt, zu entsagen und den Auftritt auf sich selbst zurückzubeziehen: Der Mensch Rousseaus muss allen Proklamationen einer wiedergefundenen Natürlichkeit zum Trotz sich selber spielen, und dieses auch vor sich selbst. Das heißt, dass er dieses Spielen seiner selbst verstecken muss: Rousseau erfindet im *Émile* (und anderswo) einen Glauben an die eigene Wahrhaftigkeit, welcher der Aufrechterhaltung der eigenen Existenz dient. Die manipulative Internalisierung einer solchen Wahrhaftigkeit bei Rousseau wirft den Blick auch auf die Authentizitätsmythen der flexiblen Arbeitswelt des 21. Jahrhunderts. In die wechselnden Projekte soll sich das Subjekt als es selbst in seiner ganzen und wahrhaftigen Subjektivität einbringen[26] – und steht so in einem weiteren, sein Scheitern vorprogrammierenden Double-Bind: Es muss diese Authentizität schließlich auch erst einmal durch Inszenierung erzeugen. Und diese Inszenierung muss es auf seinem lebenslangen Bildungsweg erlernen.

Die neuen Pädagogen im deutschsprachigen Raum (Campe, Trapp, Salzmann u.a., Kapitel V) machen Rousseaus Erziehungsfiktion praxistauglich. Das heißt, sie simplifizieren und instrumentalisieren sie und beschneiden damit einem Großteil ihrer Komplexität. Die Frage nach der Praktikabilität führt aber neue Komplexitätsstufen in die Anordnungen ein, mit denen aus eigenschaftslosen und nur mit dem Nachahmungstrieb ausgestatteten Zöglingen selbsttätige,

---

26 Vgl. Boltanski/Chiapello: *Der neue Geist des Kapitalismus*, S. 226-259.

disziplinierte, aber auch in ihrem Bildungsanspruch nicht zu überambitionierte Bürger gemacht werden sollen. Expliziter als bei Rousseau unterliegt die mimetische Produktivkraft der Zöglinge dabei gänzlich ihrer Abschöpfung und Regulierung. Deutlicher wird auch die Differenz zwischen dem Nachahmen des Zöglings und einem ebenso gefährlichen und ebenso zu regulierenden Vormachen der Erziehungsinstanz. Diese spielt den Zöglingen, um sie zur Nachahmung zu animieren, Theater vor. Die Erziehungsinstanz muss sich – darauf verweisen Salzmanns Ausführungen – entsprechend fortbilden. Erziehung ist zuallererst Weiterbildung: In ersten Ansätzen findet sich hier bereits eine Dynamik angedeutet, in der Erziehungsbedürftige gleichzeitig Erziehende sind und umgekehrt: In letzter Konsequenz läuft dies auf die Erziehung zu Subjekten hinaus, welche auf das sich-theatral-Produzieren vor Publikum eingestellt sind: nicht mehr notwendig um zu lehren, sondern auch um überhaupt eine entlohnte Tätigkeit ausführen zu dürfen. Deutlich ausbuchstabiert wird bereits, dass es dieses ubiquitäre Theater strikt zu regulieren gilt, um es produktiv zu machen: Die mimetische Kraft kommt nicht um ihrer selbst willen zur Entfaltung, sondern zum Nutzen einer sich über ihre Abschöpfung reproduzierende Ordnung. In das Dispositiv des lebenslangen Lernens im 21. Jahrhundert ist dieses Verhältnis zum Theater so tief eingelassen, dass die nichtregulierbaren Aspekte am Theater der mangelnden Kontrolle der Subjekte angelastet werden können: Nicht mehr in der überschüssigen Dimension am Theater und am Theatralen liegt die Bedrohung für das Gemeinwesen, sondern das je individuelle Scheitern wird von der mangelnden Kontrolle der eigenen mimetischen Produktivität verschuldet, die diese eben nicht produktiv werden lässt, sondern verschwendet. Für die gelingende Theateraufführung in Lernen, Lehren oder Arbeit muss dann weiter probiert werden. Und oft genug besteht die flexibilisierte Arbeit aus eben einem solchen Probieren.[27]

Im *Anton Reiser* von Karl Philipp Moritz (Kapitel VI) wird der zerstückelte Bildungsweg der Titelfigur, der immer wieder weg vom Wissen und hin zur Institution des Theaters und dem Beruf der Schauspielerei führt, zwar mit allen seit Platon gängigen Argumenten dämonisiert. Aber eine theatrale Disposition des lernenden Subjekts wird doch gleichzeitig vom Text indirekt auch als Bedingung gelingender Bildung gekennzeichnet. Das sich bildende Subjekt imaginiert der Text in Anklang an die zeitgenössische Subjektphilosophie als seine eigene Bühne. Weil sich dadurch eine Lücke im Subjekt auftut, bleibt bereits vom Bild her unsicher, ob ein solches Subjekt sich in seinem eigenen Theater selbst überzeugen kann: d.h., ob es ein ›Selbstgefühl‹ herstellen kann. Für diese Unsicher-

---

27 Vgl. Palladini: *The Scene of Foreplay.*

heit sich selbst gegenüber macht die Erzählinstanz ein Fehlgehen der frühkindlichen Erziehung verantwortlich. Eine solche Verirrung bedarf des Theaterspielens vor anderen, deren Blick das eigene ›Selbstgefühl‹ bestätigen soll. Der zerstückelte Bildungsweg, der bei allen Demütigungen nicht unerfolgreich ist, lässt sich nicht mehr von einem Spiel um die Anerkennung der Anderen trennen. In der flexiblen Arbeitswelt des lebenslangen Lernens des 21. Jahrhunderts ist ein solches Spiel um Anerkennung zu Bedingung einer gelungenen oder auch nicht gelungenen Arbeitsbiographie geworden.[28] Die Titelfigur kommt aus Perspektive des 21. Jahrhunderts paradigmatisch für die bei allem Einsatz der eigenen Subjektivität vom Arbeitsmarkt Abgehängten zu stehen: Sie findet bei aller Leidenschaft keine Anstellung an einem Theater; dieses zerfällt als Institution am Ende des Texts ebenso wie die Subjektivität des Protagonisten.

Nicht aus dem Arbeits- und Bildungsmarkt hingegen fällt die Figur des jungen Wilhelm Meisters aus Goethes *Lehrjahren* (Kapitel VII). Der vom 19. Jahrhundert als ›Bildungsroman‹ schlechthin gefeierte Text gibt sich aus dieser Perspektive auch anders zu lesen: als die Vorführung der Figur eines ständig dem Eindruck seiner neuen Erlebnissen erliegenden mimetischen Wesens, dessen Bildung noch lange nicht stattgefunden hat, als seine Lehrjahre für beendet erklärt werden. Der Text inszeniert auf verschiedenen Bedeutungebenen, dass die mimetische Produktivkraft, für die diese Figur zu stehen kommt, nicht wie in den Programmatiken der neuen Pädagogen domestiziert wird. Vielmehr fängt die Turmgesellschaft die Wilhelm-Figur selbst in jener ›Mausefalle‹, die sein literarisches Vorbild Hamlet der väterlichen Autorität stellen will: Die anonyme Autorität der Turmgesellschaft hält die mimetische (Un-)Produktivität in Reserve. Die Mimesis bleibt eine potentielle Ressource, ohne aktuellen Gebrauch zu finden. Bei Bedarf ist sie funktional einsetzbar (wie später in den *Wanderjahren* als Wundarzt). Vom 21. Jahrhundert her scheint die zerstückelte und von Scheitern geprägte Bildungs- und Arbeitsbiographie Anton Reisers aus Perspektive des an seiner eigenen theatralen Disposition scheiternden Subjekts geschrieben. Demgegenüber sprechen die *Lehrjahren* inklusive ihrer ironischen Brechungen die Sprache einer zukünftigen Ordnung: Nicht alle Subjekte werden für das Funktionieren des flexiblen Systems gebraucht; einige oder auch viele können mitsamt ihrer theatralen Disposition und mimetischen (Un-)Produktivität in Reserve gehalten werden, ohne dass das Theater die Ordnung stört. Dass dies im Unterschied zum *Anton Reiser* fast ohne eine leibliche Versehrtheit der psychisch in der Mausefalle gefangenen Titelfigur geschehen kann, gehört zur vom Text an seinem Ende evozierten märchenhaften Sphäre der Literatur.

---

28 Vgl. Bröckling: *Das unternehmerische Selbst*, S. 65-75.

Aus Literatur, d.h. aus Fiktionen, die nichtsdestotrotz regulativen Charakter annehmen, bestehen auch die Ideologien des deregulierten und flexibilisierten Bildungs- und Arbeitsmarkts im 21. Jahrhundert. Anhand ihrer Vorgeschichten im 18. Jahrhundert kann man die Auseinandersetzung mit und die Verwendung von selektiven Theatersemantiken betrachten und analysieren, die dann im 21. Jahrhundert wie selbstverständlich in den gouvernementalen Diskursen und Praktiken mitlaufen. Die gouvernementale Pädagogik des 18. Jahrhunderts bekämpft das Theater diskursiv und praktisch, um es hinterrücks zu regulieren und produktiv zu machen. In der Ideologie des lebenslangen Lernens im 21. Jahrhundert wird das Subjekt wie selbstverständlich zu einem theatralen erklärt, die Implikationen dieses Diskurses aber geraten ins Vergessen: Dieses Theater ist durchkalkuliert und auf ökonomischen Erfolg ausgerichtet. Diese selektive Theatralisierung des Subjekts dient seiner Flexibilisierung und Individualisierung genauso wie sie Subjektivität für die ökonomische Sphäre abschöpfbar macht (Kapitel I). Bei aller mitlaufender Modernekritik im ›Altersroman‹ verweist Goethes Evokation und Bloßstellung der Vorgeschichten dieser Konstellation aus dem späten 18. Jahrhundert in seiner pädagogischen Provinz doch auf diese am Anfang des 21. Jahrhunderts aktuell gewordene Problematik.

Die vorgestellten Texte, Konzepte und Praktiken des 18. Jahrhunderts setzen sich mit demjenigen auseinander, was im 21. strategisch dem Vergessen anheim gegeben wird: eben dem Uneinholbaren, Unkalkulierbaren, Überschüssigen, Unökonomischen und deswegen mit der theaterfeindlichen Tradition als gefährlich angesehenem Moment am Theater. Nicht erst das Theater und die szenische Kunst der sogenannten Avantgarden, Neo-Avantgarden, Performance Art und Postdramatik spielen immer wieder mit dieser Dimension.[29] Während diese für das Verständnis des 21. Jahrhunderts von Theater und szenischer Kunst unabdingbar ist, lebt in der Bildungs- und Arbeitsgouvernementalität des lebenslangen Lernens ein anderes Theater fort, dessen zeitgleiches Verschwinden in der Kunst von der Kritik gerne beklagt wird: eines der Perfektion, Kalkulation, kontrollierten Verwandlung und gelungenen Verzauberung. Während die szenischen Künste des 21. Jahrhunderts gerne die ›Wirklichkeit‹ auf die Bühne holen und oft gar ›authentische‹ Menschen zeigen,[30] verlangt diese Wirklichkeit ein sehr traditionelles Theater: die ›kalte‹ Schauspielerei nach Diderot ohne Reste und ohne Heimsuchung durch die technische Unfähigkeit und Unkontrolliertheit der

---

29 Für die im deutschsprachigen Raum paradigmatisch gewordenen Positionen vgl. Fischer-Lichte: *Ästhetik des Performativen.* Vgl. Lehmann: *Postdramatisches Theater.*

30 Vgl. Boris Nikitin/Carena Schlewitt/Tobias Brenk (Hg.): *Dokument, Fälschung, Wirklichkeit. Materialband zum zeitgenössischen Dokumentarischen Theater.* Berlin 2014.

›heißen‹. Durch diese implizite Setzung wird Idiosynkratisches, das sich nicht für Bildungsweg und Arbeitsbiographie produktiv machen lässt, zu Scheitern erklärt. Die Ausrichtung des lebenslangen Lernens auf die Zukunft macht aber auch die ›kalte‹ Schauspielerei zu einem nie abgeschlossenen Unterfangen, das immer weiter an sich arbeiten und sich immer weiter perfektionieren muss. Dieses Moment von Unverfügbarkeit dem kontrollierten Aufschub zu entreißen und es in die Praktiken der Bildung und des Arbeitens einzubeziehen ist eine Aufgabe nicht zuletzt von Theaterkritik: nicht der Kritik am institutionellen Theater,[31] sondern an den theatralen Aspekten einer Gouvernementalität des 21. Jahrhunderts.

---

31 Dies geschieht daher auch nicht mit den Wertungen, wenn auch nicht in Ablehnung aller Denkfiguren aus Bernd Stegemann: *Kritik des Theaters*. Berlin 2013.

Anhang

Abbildungen

Abbildung 1 (S. 159): »Es giebt bey alle Religione gute Leute.« Salzmann, Christian Gotthilf: *Moralisches Elementarbuch. Nachdruck der Auflage von 1785, mit 67 Illustrationen v. Daniel Chodowiecki.* Dortmund 1980, S. 288-289.

Abbildung 2 (S. 160): »Wie unglücklich macht mich der Eigensinn!« Salzmann: *Moralisches Elementarbuch*, S. 122-123.

Abbildung 3 (S. 161): »Was für ein haeßliches Ding ist nicht die Unreinlichkeit.« Salzmann: *Moralisches Elementarbuch*, S. 8-9.

Abbildung 4 (S. 162): »Wer einmal gelogen hat, dem glaubt man nicht leicht wieder.« Salzmann: *Moralisches Elementarbuch*, S. 198-199.

Abbildung 5 (S. 168): [Ohne Bildunterschrift]. Salzmann: *Moralisches Elementarbuch*, S. 20-21.

Abbildung 6 (S. 169): »Uhuhu!« Salzmann: *Moralisches Elementarbuch*, S. 24-25.

Abbildung 7 (S. 239): »Die Mausfalle«. Voelcker, Bruno: *Die Hamlet-Darstellungen Daniel Chodowieckies und ihr Quellenwert für die Theatergeschichte des 18. Jahrhunderts.* Leipzig 1916, S. 257.

Siglen

A: Karl Philipp Moritz: *Anton Reiser. Ein psychologischer Roman*, in: Ders.: *Anton Reiser. Dichtungen und Schriften zur Erfahrungsseelenkunde.* Frankfurt a.M. 2006, S. 85-518.

E: Jean-Jacques Rousseau: *Emile oder Über die Erziehung.* Stuttgart 1963.

L: Johann Wolfgang von Goethe: *Wilhelm Meisters Lehrjahre*, in: Ders.: *Goethes Werke. Band 7. Romane und Novellen II.* München 1998, S. 8-610.

P: Platon: *Der Staat.* Zürich/München 1991.

W: Johann Wolfgang von Goethe: *Wilhelm Meisters Wanderjahre oder Die Entsagenden*, in: Ders.: *Goethes Werke. Band 8. Romane und Novellen III.* München 1998, S. 7-486.

Literatur

Adelung, Johann Christoph: *Grammatisch-kritisches Wörterbuch der hochdeutschen Mundart*. Band 3. Leipzig 1798.

Agamben, Giorgio: *Kindheit und Geschichte. Zerstörung der Erfahrung und Ursprung der Geschichte*. Frankfurt a.M. 2004.

Ders.: *Was ist ein Dispositiv?* Zürich/Berlin 2008.

Albrich, Konrad: *Goethe und Christian Gotthilf Salzmann*. Langensalza 1917.

Andree, Martin: *Wenn Texte töten. Über Werther, Medienwirkung und Mediengewalt*. München 2006.

Anonym: *Über die Mode und deren Folgen*. Frankfurt a.M./Leipzig 1771.

Apel, Friedmar: »Die Ästhetik des Selbstseins. Goethes Kunstanschauung 1805-1806«, in: von Goethe, Johann Wolfgang: *Ästhetische Schriften 1805-1816*. Frankfurt a.M. 1998, S. 727-757.

Arendt, Hannah: *The Human Condition*. Chicago/London 1998.

Ariès, Philippe: *Geschichte der Kindheit*. München 1975.

Aristoteles: *Poetik*. Stuttgart 1982.

Ders.: *Physikvorlesung*. Berlin 1983.

Arndt, Ernst Moritz: *Ueber Sitte, Mode und Kleidertracht. Ein Wort aus der Zeit*. Frankfurt a.M. 1814.

Austermann, Simone: *Die »Allgemeine Revision«. Pädagogische Theorieentwicklung im 18. Jahrhundert*. Bad Heilbrunn 2010.

Bade, Claudia: *Lebenslanges Lernen. Von der Vorschule bis zur Erwachsenenbildung*. Hamburg 2014.

Badiou, Alain: *Platons ›Staat‹*. Zürich/Berlin 2013.

Baecker, Dirk: *Wozu Theater?* Berlin 2013.

Bahr, Petra: *Darstellung des Undarstellbaren. Religionstheoretische Studien zum Darstellungsbegriff bei A.G. Baumgarten und I. Kant*. Tübingen 2004.

Bahrdt, Carl Friedrich: *System der Moraltheologie*. Eisenach 1780.

Balke, Friedrich: »Possessive Mimesis. Eine Skizze und ein Beispiel«, in: Koch, Gertrud/Vöhler, Martin/Voss, Christiane (Hg.): *Die Mimesis und ihre Künste*, München 2010, S. 111-126.

Barish, Jonas: *The Antitheatrical Prejudice*. Berkeley/London 1981.

Baschera, Marco: *Das dramatische Denken. Studien zur Beziehung von Theorie und Theater anhand von Kants »Kritik der reinen Vernunft« und Diderots »Paradoxe sur le comédien«*. Heidelberg 1989.

Baumann, Steffi: *»Geschichten, die helfen, die Seele zu erkunden«. Karl Philipp Moritz' ›Anton Reiser‹ und das ›Magazin zur Erfahrungsseelenkunde‹*. Berlin 2009.

Benjamin, Walter: »Das Kunstwerk im Zeitalter seiner technischen Reproduzierbarkeit«, in: Ders.: *Gesammelte Schriften. Band I.2. Abhandlungen*. Frankfurt a.M. 1974, S. 471-508.

Ders.: »Programm eines proletarischen Kindertheaters«, in: Ders.: *Gesammelte Schriften. Band II.2. Aufsätze. Essays. Vorträge*. Frankfurt a.M. 1991, S. 763-769.

Benthien, Claudia/Martus, Steffen (Hg.): *Die Kunst der Aufrichtigkeit im 17. Jahrhundert*. Tübingen 2006.

Benthien, Claudia: *Tribunal der Blicke. Kulturtheorien von Scham und Schuld und die Tragödie um 1800*. Köln 2011.

Benveniste, Émile: »Der Begriff des ›Rhythmus‹ und sein sprachlicher Ausdruck«, in: Ders.: *Probleme der allgemeinen Sprachwissenschaft*. München 1974, S. 363-373.

Beriger, Hanno: *Goethe und der Roman. Studien zu »Wilhelm Meisters Lehrjahre«*. Zürich 1955.

Berlin-Brandenburgische Akademie der Wissenschaften/Akademie der Wissenschaften zu Göttingen/Heidelberger Akademie der Wissenschaften (Hg.): *Goethe-Wörterbuch. Band 1: A – azurn*. Stuttgart 1978.

Dies. (Hg.): *Goethe-Wörterbuch. Band 2: B – einweisen*. Stuttgart 1989.

Dies. (Hg.): *Goethe-Wörterbuch. Band 3: Einwenden – Gesäusel*. Stuttgart 1998.

Berndt, Frauke: »The Myth of Otherness: Goethe on Presence«, in: *Goethe Yearbook* 19 (2012), S. 49-66.

von Bernstorff, Elise: »Das Undisziplinierte im Transdisziplinären«, in: Peters, Sibylle (Hg.): *Das Forschen aller. Artistic Research als Wissensproduktion zwischen Kunst, Wissenschaft und Gesellschaft*. Bielefeld 2013, S. 95-119.

Bez, Martin: *Goethes »Wilhelm Meisters Wanderjahre«: Aggregat, Archiv, Archivroman*. Berlin 2013.

Bezold, Raimund: *Popularphilosophie und Erfahrungsseelenkunde im Werk von Karl Philipp Moritz*. Würzburg 1984.

Bhabha, Homi: *The Location of Culture*. London 1994.

Bishop, Claire: *Artificial Hells. Participatory Art and the Politics of Spectatorship*. New York/London 2012.

Bitzer, Hermann: *Goethe über den Dilettantismus*. Bern 1969.

Blamberger, Günter: »Agonalität und Theatralität. Kleists Gedankenfigur des Duells im Kontext der europäischen Moralistik«, in: *Kleist-Jahrbuch* (1999), S. 25-40.

Blessin, Stefan: *Goethes Romane. Aufbruch in die Moderne*. Paderborn 1996.

Blinn, Hansjürgen: »Einführung: Shakespeare in Deutschland 1790-1830«, in: Ders. (Hg.): *Shakespeare-Rezeption. Die Diskussion um Shakespeare in Deutschland. II. Ausgewählte Texte von 1793-1827*. Berlin 1988, S. 9-66.

Blome, Eva: »Zerstückte Laufbahn. Karl Philipp Moritz' *Anton Reiser*«, in: *IASL* (43/2016). Im Erscheinen begriffen.

Blumenbach, Johann Friedrich: *Über den Bildungstrieb*. Göttingen 1791.

Bohrer, Karl Heinz: *Großer Stil. Form und Formlosigkeit in der Moderne*. München 2007.

Boltanski, Luc/Chiapello, Ève: *Der neue Geist des Kapitalismus*. Konstanz 2003.

Bonds, Mark Evan: »Die Funktion des *Hamlet*-Motivs in *Wilhelm Meisters Lehrjahre*«, in: *Goethe-Jahrbuch* 96 (1979), S. 101-110.

Borgards, Roland: »›Allerneuester Erziehungsplan‹. Ein Beitrag Heinrich von Kleists zur Experimentalkultur um 1800 (Literatur, Physik)«, in: Krause, Marcus/Pethes, Nicolas (Hg.): *Literarische Experimentalkulturen. Poetologien des Experiments im 19. Jahrhundert*. Würzburg 2005, S. 75-102.

Bosse, Heinrich: *Bildungsrevolution 1770-1830*. Heidelberg 2013.

Ders.: »Der geschärfte Befehl zum Selbstdenken. Der Erlaß des Ministers v. Fürst an die preußischen Universitäten im Mai 1770«, in: Kittler, Friedrich/Schneider, Manfred/Weber, Samuel (Hg.): *Diskursanalysen. Band 2. Institution Universität*. Opladen 1993, S. 31-62.

Bourdieu, Pierre: *Sozialer Sinn. Kritik der theoretischen Vernunft*. Frankfurt a.M. 1987.

Brandes, Peter: *Leben die Bilder bald? Ästhetische Konzepte bildlicher Lebendigkeit in der Literatur des 18. und 19. Jahrhunderts*. Würzburg 2013.

Ders.: »St. Joseph der Zweite. Bildtheologie in Goethes *Wanderjahren*«, in: Sauerland, Karol/ Wergin, Ulrich (Hg.): *Literatur und Theologie. Schreibprozesse zwischen biblischer Überlieferung und geschichtlicher Erfahrung*. Würzburg 2005, S. 107-126.

Brandstetter, Gabriele/Brandl-Risi, Bettina/van Eikels, Kai (Hg.): *Szenen des Virtuosen*. Bielefeld 2015.

Bröckling, Ulrich: *Das unternehmerische Selbst. Soziologie einer Subjektivierungsform*. Frankfurt a.M. 2007.

Ders.: »Totale Mobilmachung. Menschenführung im Qualitäts- und Selbstmanagement«, in: Ders./Krasmann, Susanne/Lemke, Thomas (Hg.): *Gouvernementalität der Gegenwart. Studien zur Ökonomisierung des Sozialen*. Frankfurt a.M. 2000, S. 131-167.

Brown, Wendy: *Undoing the Demos. Neoliberalism's Stealth Revolution*. New York 2015.

Buchmann, Sabeth/Ruhm, Constanze: »Subjekte auf Probe«, in: *Texte zur Kunst* 90 (2013), S. 89-107.

Burk, Karin: *Kindertheater als Möglichkeitsraum. Untersuchungen zu Walter Benjamins »Programm eines proletarischen Kindertheaters«*. Bielefeld 2015.

Butler, Judith: *Gender Trouble. Feminism and the Subversion of Identity*. New York 1990.

Dies.: *Undoing Gender*. New York 2004.

Dies.: *Gefährdetes Leben. Politische Essays*. Frankfurt a.M. 2005.

Dies./Athanasiou, Athena: *Dispossession. The Performative in the Political*. Cambridge 2013.

Campe, Joachim Heinrich: *Ueber Empfindsamkeit und Empfindelei in pädagogischer Hinsicht*. Hamburg 1779.

Ders. (Hg.): *Allgemeine Revision des gesamten Schul- und Erziehungswesens: von einer Gesellschaft practischer Erzieher*. Band 12. Wien/Braunschweig 1789.

Ders.: *Robinson der Jüngere. Zur angenehmen und nützlichen Unterhaltung für Kinder*. Stuttgart 1981.

Ders.: »Ueber die früheste Bildung junger Kinderseelen im ersten und zweiten Jahre der Kindheit«, in: Ders. (Hg.): *Allgemeine Revision des gesamten Schul- und Erziehungswesens: von einer Gesellschaft practischer Erzieher*. Band 2. Braunschweig 1785, S. 3-296.

Ders.: »Soll man Kinder Komödien spielen lassen?«, in: *Braunschweigisches Journal* 1 (1788), S. 206-219.

Campe, Rüdiger: »Affizieren und Selbstaffizieren. Rhetorisch-anthropologische Näherung ausgehend von Quintilian, *Institutio oratoria* VI, 1-2«, in: Kopperschmidt, Josef (Hg.): *Rhetorische Anthropologie*. München 2000, S. 135-152.

Ders.: »Kafkas Institutionenroman. *Der Proceß, Das Schloß*«, in: Ders./Niehaus, Michael (Hg.): *Gesetz, Ironie*. Heidelberg 2004, S. 197-208.

Debord, Guy: *Die Gesellschaft des Spektakels*. Berlin 1996.

DeJean, Joan E.: *Literary Fortifications: Rousseau, Laclos, Sade*. Princeton 1984.

Deleuze, Gilles: »Postskriptum über die Kontrollgesellschaften«, in: Ders.: *Unterhandlungen*. 1972-1990. Frankfurt a.M. 1993, S. 254-263.

Derrida, Jacques: *Grammatologie*. Frankfurt a.M. 1974.

Ders.: *Die Wahrheit in der Malerei*. Wien 1992.

Ders.: *Dissemination*. Wien 1995.

Ders.: *Das Tier, das ich also bin*. Wien 2010.

Ders.: »Freud und der Schauplatz der Schrift«, in: Ders.: *Die Schrift und die Differenz*. Frankfurt a.M. 1976, S. 302-350.

Diderot, Denis: *Das Paradox über den Schauspieler*. Frankfurt a.M. 1964.

Ders.: *Das Theater des Herrn Diderot*. Leipzig 1981.

Ders.: *Paradoxe sur le comédien*. Paris 2001.

Dietrich, Theo: *Mensch und Erziehung in der Pädagogik Christian Gotthilf Salzmanns*. München 1963.

Dreßen, Wolfgang: *Die pädagogische Maschine. Zur Geschichte des industrialisierten Bewußtseins in Preußen/Deutschland*. Frankfurt a.M./Berlin 1982.

dan Droste, Gabi (Hg.): *Theater von Anfang an! Bildung, Kunst und frühe Kindheit*. Bielefeld 2009.

Dünne, Jörg/Friedrich, Sabine/Kramer, Kirsten (Hg.): *Theatralität und Räumlichkeit. Raumordnungen und Raumpraktiken im theatralen Mediendispositiv*. Würzburg 2009.

Ders.: »Jean-Jacques Rousseau: *Émile*«, in: Borgards, Roland et al. (Hg.): *Literatur und Wissen. Ein interdisziplinäres Handbuch*. Stuttgart 2013, S. 317-321.

DuPeyrou, Pierre-Alexandre (Hg.): *Collection complete des œuvres de J. J. Rousseau, citoyen de Geneve*. Band 7-10. Genf 1782.

Egger, Irmgard: *Diätik und Askese. Zur Dialektik der Aufklärung in Goethes Romanen*. München 2000.

van Eikels, Kai: *Die Kunst des Kollektiven. Performance zwischen Theater, Politik und Sozio-Ökonomie*. München 2013.

Elias, Norbert: *Der Prozeß der Zivilisation. Soziogenetische und psychogenetische Untersuchungen. Band 1: Wandlungen des Verhaltens in den weltlichen Oberschichten des Abendlandes*. Frankfurt a.M. 1976.

Ellrich, Robert: *Rousseau and His Reader. The Rhetorical Situation of the Major Works*. Chapel Hill 1969.

Engel, Johann Jacob: *Ideen zu einer Mimik. Erster Teil. Mit erläuternden Kupfertafeln*. Berlin 1785.

Ermann, Kurt: *Goethes Shakespeare-Bild.* Tübingen 1983.

Esselborn, Hans: »Der gespaltene Autor. *Anton Reiser* zwischen autobiographischem Roman und psychologischer Fallgeschichte«, in: *Recherches Germanique* 25 (1995), S. 69-90.

Etzold, Jörn: »Armes Theater«, in: Meyzaud, Maud (Hg.): *Arme Gemeinschaft: Die Moderne Rousseaus.* Berlin 2015, S. 50-74.

Evanson, Edward: *The Dissonance of the Four Generally Received Evangelists and the Evidence of Their Respective Authenticity, Examined; with that of Some Other Scriptures Deemed Canonical.* Gloucester 1792.

Fabian, Bernhard/Schmidt-Biggemann, Wilhelm/Vierhaus, Rudolf (Hg.): *Deutschlands kulturelle Entfaltung. Die Neubestimmung des Menschen.* München 1980.

Fénelon, François: *Über Mädchenerziehung. Traite de l'éducation des filles.* Stuttgart 1963.

Fink, Gonthier-Louis: »Die Pädagogik und die Forderungen des Tages in ›Wilhelm Meisters Wanderjahren‹«, in: *Euphorion* 93/2 (1999), S. 251-291.

Fischer-Lichte, Erika: *Semiotik des Theaters. Band 2. Vom »künstlichen« zum »natürlichen« Zeichen. Theater des Barock und der Aufklärung.* Tübingen 1983.

Dies.: *Ästhetik des Performativen.* Frankfurt a.M. 2004.

Dies.: »Der Körper als Zeichen und als Erfahrung. Über die Wirkung von Theateraufführungen«, in: Dies./Schönert, Jörg (Hg.): *Theater im Kulturwandel des 18. Jahrhunderts. Inszenierung und Wahrnehmung von Körper – Musik – Sprache.* Göttingen 1999, S. 53-68.

Dies.: »Theatralität«, in: Dies./Kolesch, Doris/Warstatt, Matthias (Hg.): *Metzler Lexikon Theatertheorie.* Stuttgart 2005, S. 358-364.

Fleming, Paul: »The Promises of Childhood: Autobiography in Goethe and Jean Paul«, in: *Goethe-Yearbook* 14 (2007), S. 27-37.

Formey, Jean Henri Samuel: *Anti-Emile.* Berlin 1763.

Foucault, Michel: *Die Ordnung der Dinge.* Frankfurt a.M. 1974.

Ders.: *Überwachen und Strafen. Die Geburt des Gefängnisses.* Frankfurt a.M. 1976.

Ders.: *Die Geburt der Biopolitik. Geschichte der Gouvernementalität.* Band II. Frankfurt a.M. 2004.

Ders.: *Die Heterotopien. Der utopische Körper: Zwei Radiovorträge.* Berlin 2005.

Frank, Manfred: *Selbstgefühl. Eine historisch-systematische Erkundung.* Frankfurt a.M. 2002.

Freud, Sigmund: »Notiz über den ›Wunderblock‹«, in: Ders.: *Gesammelte Werke. Band XIV. Werke aus den Jahren 1925-1931.* Frankfurt a.M. 1991, S. 1-8.

Frey, Christiane: »Der Fall *Anton Reiser*. Vom Paratext zum Paradigma«, in: Krupp, Anthony (Hg.): *Karl Philipp Moritz. Signaturen des Denkens.* Amsterdam 2010, S. 19-43.

Fried, Michael: *Absorption and Theatricality. Painting and Beholder in the Age of Diderot.* Berkeley 1980.

Friedrich, Lars/Geulen, Eva/Wetters, Kirk (Hg.): *Das Dämonische. Schicksale einer Kategorie der Zweideutigkeit nach Goethe.* Paderborn 2014.

Fuest, Leonhard: *Poetik des Nicht(s)tuns. Verweigerungsstrategien in der Literatur seit 1800.* München 2008.

Gamper, Michael: »Elektrische Blitze. Naturwissenschaft und unsicheres Wissen bei Kleist«, in: *Kleist-Jahrbuch* (2007), S. 254-272.

Garber, Jörn (Hg.): *»Die Stammutter aller guten Schulen«. Das Dessauer Philanthropinum und der Dessauer Philanthropismus 1774-1793.* Tübingen 2008.

Gebauer, Gunter/Wulf, Christoph: *Mimesis. Kultur – Kunst – Gesellschaft.* Hamburg 1992.

Dies.: *Spiel – Ritual – Geste. Mimetisches Handeln in der sozialen Welt.* Hamburg 1998.

Geisenhanslüke, Achim: *Masken des Selbst. Aufrichtigkeit und Verstellung in der europäischen Literatur.* Darmstadt 2006.

Gelhard, Andreas: *Kritik der Kompetenz.* Zürich/Berlin 2012.

Georgiades, Thrasybulos: *Musik und Rhythmus bei den Griechen. Zum Ursprung der abendländischen Musik.* Hamburg 1958.

Geulen, Eva: »Erziehungsakte«, in: Fohrmann, Jürgen (Hg.): *Rhetorik. Figuration und Performanz.* Stuttgart 2004, S. 629-652.

Dies./Pethes, Nicolas: »Einleitung«, in: Dies./Pethes, Nicolas (Hg.): *Jenseits von Utopie und Entlarvung. Kulturwissenschaftliche Untersuchungen zum Erziehungsdiskurs der Moderne.* Freiburg i.Br. 2007, S. 7-12.

Dies.: »Betriebsgeheimnisse der ›Pädagogischen Provinz‹ in Goethes *Wanderjahren*«, in: *Zeitschrift für Medien- und Kulturforschung* 1 (2010), S. 33-50.

Dies.: »Funktionen von Reihenbildung in Goethes Morphologie«, in: Menke, Bettine/Glaser, Thomas (Hg.): *Experimentalanordnungen der Bildung. Exteriorität – Theatralität – Literarizität.* Paderborn 2014, S. 209-223.

Girard, René: *Der Sündenbock.* Zürich 1988.

Ders.: *Das Heilige und die Gewalt.* Frankfurt a.M. 1992.

Ders.: *Shakespeare. Theater des Neids.* München 2011.

Giuriato, Davide: »»Kinderzeit‹. Zu Franz Kafkas ›Jäger Graccus‹«, in: Battegay, Caspar/Christen, Felix/Groddeck, Wolfgang (Hg.): *Schrift und Zeit in Kafkas Oktavheften*. Göttingen 2010, S. 101-117.

Glaser, Thomas: »Theater vs. Archi-Politik. Zur Einrichtung der Politik durch die Mimesis in Platons *Politeia*«. Unveröffentlichtes Manuskript.

Goebel, Eckart: *Charis und Charisma. Grazie und Gewalt von Winckelmann bis Heidegger*. Berlin 2006.

von Goethe, Johann Wolfgang: *Schriften zur Morphologie*. Frankfurt a.M. 1987.

Ders.: *Sämtliche Werke. Briefe, Tagebücher und Gespräche*. Band 4. Frankfurt a.M. 1998.

Ders.: »Einfache Nachahmung der Natur, Manier, Stil«, in: Ders.: *Goethe Werke. Band 12. Schriften zur Kunst, Schriften zur Literatur, Maximen und Reflexionen*. München 1998.

Ders.: »Groß ist die Diana der Epheser«, in: Ders.: *Goethes Werke I. Gedichte und Epen I*. München 1998.

Ders.: »Über die bildende Nachahmung des Schönen, von Karl Philip Moritz. Braunschweig 1788«, in: Ders.: *Goethe Werke. Band 11. Autobiographische Schriften III*. München 1998, S. 534-541.

Ders.: *Wilhelm Meisters Lehrjahre*, in: Ders.: *Goethes Werke. Band 7. Romane und Novellen II*. München 1998, S. 8-610.

Ders.: »Wilhelm Meisters theatralische Sendung«, in: Ders: *Goethes Werke. Band 8. Romane und Novellen III*. München 1998, S. 487-516.

Ders.: *Wilhelm Meisters Wanderjahre oder Die Entsagenden*, in: Ders.: *Goethes Werke. Band 8. Romane und Novellen III*. München 1998, S. 7-486.

Ders.: »Zum Shakespears Tag«, in: Ders.: *Sämtliche Werke. Briefe, Tagebücher und Gespräche*. Band. 18. Frankfurt a.M. 1998, S. 9-12.

Goffman, Erving: *Wir alle spielen Theater. Die Selbstdarstellung im Alltag*. München 1969.

Gottsched, Johann Christoph: *Versuch einer critischen Dichtkunst durchgehend mit Exempeln erläutert*. Leipzig 1751.

Greene, Thomas M.: *The Light in Troy. Imitation and Discovery in Renaissance Poetry*. New Haven 1982.

Greven Schalit, Mechthild: *Pädagogische Provinzen. Johann Michael von Loens ›Der redliche Mann am Hofe‹ und Johann Wolfgang von Goethes ›Wilhelm Meisters Wanderjahre‹*. Göttingen 2012.

Grosse, Roswitha: *Christian Gotthilf Salzmanns ›Der Bote aus Thüringen‹, Schnepfenthal 1788-1816. Eine Zeitschrift der deutschen literarischen Volksaufklärung an der Wende vom 18. zum 19. Jahrhundert*. Frankfurt a.M. 1989.

Guggisberg, Kurt: *Philipp Emanuel von Fellenberg und sein Erziehungsstaat. Band II. Das Werk.* Bern 1953, S. 420-434.

Gundolf, Friedrich: *Goethe.* Berlin 1916.

Gustafson, Susan: »›Ich suchte meinen Freund‹: Melancholy Narcissism, Writing, and Same-Sex Desire in Moritz's *Anton Reiser*«, in: *Lessing Yearbook* (2008/2009), S. 135-159.

Gutjahr, Ortrud: *Einführung in den Bildungsroman.* Darmstadt 2007.

Haas, Rosemarie: *Die Turmgesellschaft in ›Wilhelm Meisters Lehrjahren‹. Zur Geschichte des Geheimbundromans und der Romantheorie im 18. Jahrhundert.* Münster 1975.

Habermas, Jürgen: *Der philosophische Diskurs der Moderne. Zwölf Vorlesungen.* Frankfurt a.M. 1988.

Haffmans, Peter/Haffmans, Gerd (Hg.): *Das Neue Testament. Viersprachig. Archetypum Greacum. Vulgata Latina. Das Neue Testament nach der Übersetzung von Martin Luther. The New Testament in the Translation of the King James Bible.* Berlin/Zürich 2011.

Halliwell, Stephen: *Aristotle's Poetics.* London 1986.

Hamacher, Bernd: *Einführung in das Werk Johann Wolfgang von Goethes.* Darmstadt 2013.

Hammerstein, Notker/Herrmann, Ulrich (Hg.): *Handbuch der deutschen Bildungsgeschichte. Band II. 18. Jahrhundert. Vom späten 17. Jahrhundert bis zur Neuordnung Deutschlands um 1800.* München 2005.

Hardt, Michael/Negri, Antonio: *Empire. Die neue Weltordnung.* Frankfurt a.M. 2003.

Häublein, Renata: *Die Entdeckung Shakespeares auf der deutschen Bühne des 18. Jahrhunderts. Adaption und Wirkung der Vermittlung auf dem Theater.* Tübingen 2005.

Havelock, Eric A.: *Preface to Plato.* Cambridge/London 1963.

Haverkamp, Anselm: *Hamlet. Hypothek der Macht.* Berlin 2004.

Havermann-Feye, Maria/Funcke, Amelie: *Training mit Theater. Wie Sie Theaterelemente in Trainings und Unternehmensveranstaltungen erfolgreich einsetzen.* Bonn 2015.

Heeg, Günther: *Das Phantasma der natürlichen Gestalt. Körper, Sprache und Bild im Theater des 18.* Jahrhunderts. Frankfurt a.M. 2000.

Hegel, Georg Wilhelm Friedrich: *Phänomenologie des Geistes*, in: Ders.: *Werke.* Band 3. Frankfurt a.M. 1986.

Ders.: *Vorlesungen über die Ästhetik III*, in: Ders.: Werke. Band 15. Frankfurt a.M. 1986.

Heidegger, Martin: *Kant und das Problem der Metaphysik.* Frankfurt a.M. 1973.

Heinz, Jutta: *Wissen vom Menschen und Erzählen vom Einzelfall. Untersuchungen zum anthropologischen Roman der Spätaufklärung.* Berlin 1996.

Dies.: *Narrative Kulturkonzepte. Wielands ›Aristipp‹ und Goethes ›Wilhelm Meisters Wanderjahre‹.* Heidelberg 2006.

Held, Klaus: »Zeit als Zahl. Der pythagoreische Zug im Zeitverständnis der Antike«, in: Forum für Philosophie Bad Homburg (Hg.): *Zeiterfahrung und Personalität.* Frankfurt a.M. 1992, S. 13-33.

Herder, Johann Gottfried: »Shakespeare«, in: Ders.: *Sämtliche Werke.* Band 5. Berlin 1891, S. 208-23.

Herrmann, Ulrich (Hg.): *»Das pädagogische Jahrhundert«. Volksaufklärung und Erziehung zur Armut im 18. Jahrhundert in Deutschland.* Weinheim 1981.

Ders.: »Pädagogisches Denken«, in: Hammerstein, Notker/Herrmann, Ulrich (Hg.): *Handbuch der deutschen Bildungsgeschichte. Band II. 18. Jahrhundert. Vom späten 17. Jahrhundert bis zur Neuordnung Deutschlands um 1800.* München 2005, S. 97-133.

Heßelmann, Peter: *Gereinigtes Theater? Dramaturgie und Schaubühne im Spiegel deutschsprachiger Theaterperiodika des 18. Jahrhunderts (1750-1800).* Frankfurt a.M. 2002.

Hoehner, Harold: *Ephesians: An Exegetical Commentary.* Grand Rapids 2002.

Hoffmeier, Dieter: »Die Einbürgerung Shakespeares auf dem Theater des Sturm und Drang«, in: Rohmer, Rolf (Hg.): *Schriften zur Theaterwissenschaft.* Band 3.II. Berlin 1964, S. 9-266.

Hölderlin, Friedrich: »Anmerkungen zum Oedipus«, in: Ders.: *Sämtliche Werke. Band 16. Sophokles.* Frankfurt a.M. 1988, S. 247-258.

Hollmer, Heide/Meier, Albert: »Deutungsaspekte«, in: Moritz, Karl Philipp: *Werke in zwei Bänden.* Band 1. Frankfurt a.M. 1999, S. 982-989.

Hörisch, Jochen: *Gott, Geld und Glück. Zur Logik der Liebe in den Bildungsromanen Goethes, Kellers und Thomas Manns.* Frankfurt a.M. 1993.

Horn, Eva: *Zukunft als Katastrophe.* Frankfurt a.M. 2014.

Huber, Martin: *Der Text als Bühne. Theatrales Erzählen um 1800.* Göttingen 2003.

Huck, Christian: *Fashioning Society, or, The Mode of Modernity: Observing Fashion in Eighteenth Century Britain.* Würzburg 2010.

Jackson, Shannon: *Social Works. Performing Art, Supporting Publics.* New York 2011.

Jahn, Bernhard: *Die Sinne und die Oper. Sinnlichkeit und das Problem ihrer Versprachlichung im Musiktheater des nord- und mitteldeutschen Raumes (1680-1740).* Tübingen 2005.

Jahn, Kurt: »Zu den *Wanderjahren*«, in: *Goethe-Jahrbuch* 26 (1905), S. 275-278.

Jurké, Volker/Linck, Dieter/Reiss, Joachim (Hg.): *Zukunft Schultheater: Das Fach Theater in der Bildungsdebatte.* Hamburg 2008.

Kant, Immanuel: *Kritik der reinen Vernunft,* in: Ders.: *Werkausgabe.* Band 3. Frankfurt a.M. 1974.

Ders.: *Kritik der Urteilskraft,* in: Ders.: *Werkausgabe.* Band 10. Frankfurt a.M. 1974.

Ders.: *Die Metaphysik der Sitten,* in: Ders.: *Werkausgabe.* Band 8. Frankfurt a.M. 1977.

Ders.: »Über Pädagogik«, in: Ders.: *Werkausgabe. Band XII. Schriften zur Anthropologie, Geschichtsphilosophie, Politik und Pädagogik.* Frankfurt a.M. 1977, S. 691-761.

Kemper, Herwart/Seidelmann, Ulrich (Hg.): *Menschenbild und Bildungsverständnis bei Christian Gotthilf Salzmann.* Weinheim 1995.

Kinzel, Ulrich: *Ethische Projekte- Literatur und Selbstgestaltung im Kontext des Regierungsdenkens. Humboldt, Goethe, Stifter, Rabe.* Frankfurt a.M. 2000.

Kirby, Michael: »On Acting and Non-Acting«, in: *The Drama Review* 16/1 (1972), S. 3-15.

Kittler, Friedrich: *Aufschreibesysteme* 1800/1900. München 2003.

Ders.: »Über die Sozialisation Wilhelm Meisters«, in: Kaiser, Gerhard/Ders.: *Dichtung als Sozialisationsspiel.* Göttingen 1978, S. 13-124.

von Kleist, Heinrich: »Allerneuester Erziehungsplan«, in: Ders.: *Sämtliche Werke und Briefe in vier Bänden. Band 3. Erzählungen. Anekdoten. Gedichte.* Schriften. Frankfurt a.M. 1990, S. 545-552.

Klepacki, Leopold et al. (Hg.): *Grundrisse des Schultheaters. Pädagogische und ästhetische Grundlegung des Darstellenden Spiels in der Schule.* Weinheim/München 2005.

Klingenberg, Anneliese: *Goethes Roman »Wilhelm Meister oder die Entsagenden«. Quellen und Komposition.* Berlin/Weimar 1972.

Kluge, Friedrich: *Etymologisches Wörterbuch der deutschen Sprache.* Berlin/ New York 1999.

Klünker, Wolf-Ulrich: *Goethes Idee der Erziehung zur Ehrfurcht – die Pädagogische Provinz in dem Roman »Wilhelm Meisters Wanderjahre oder die Entsagenden«.* Göttingen 1988.

Koller, Hans-Christoph: »Erziehung zur Arbeit als Disziplinierung der Phantasie. J. H. Campes *Robinson der Jüngere* im Kontext der philanthropischen Pädagogik«, in: Segeberg, Harro (Hg.): *Vom Wert der Arbeit. Zur literarischen Konstitution des Wertkomplexes ›Arbeit‹ in der deutschen Literatur (1770- 1930).* Tübingen 1991, S. 40-76.

Koschorke, Albrecht: *Wahrheit und Erfindung. Grundzüge einer Allgemeinen Erzähltheorie.* Frankfurt a.M. 2012.

Košenina, Alexander: *Karl Philipp Moritz. Literarische Experimente auf dem Weg zum psychologischen Roman.* Göttingen 2006.

Köstler-Holste, Silke: *Natürliches Sprechen im belehrenden Schreiben: J. H. Campes »Robinson der Jüngere« (1779/80).* Tübingen 2004.

Kotte, Andreas: *Theatergeschichte. Eine Einführung.* Köln 2013.

Kunst, Bojana: *Artist at Work. Proximity of Art and Capitalism.* London 2015.

Lacan, Jacques: *Schriften I.* Berlin 1986.

Ders.: »Das Drängen des Buchstaben im Unbewußten oder die Vernunft seit Freud«, in: Haverkamp, Anselm (Hg.): *Theorie der Metapher.* Darmstadt 1996, S. 175-215.

Lachmann, Rainer: *Die Religions-Pädagogik Christian Gotthilf Salzmanns.* Jena 2004.

Lacoue-Labarthe, Philippe: *Die Fiktion des Politischen. Heidegger, die Kunst und die Politik.* Stuttgart 1990.

Ders.: *Typography. Mimesis, Philosophy, Politics.* Stanford 1998.

Ders.: *Die Nachahmung der Modernen. Typographien II.* Basel/Wien 2003.

Ders.: *Poetik der Geschichte.* Zürich 2004.

Ders.: »Typographie«, in: Agacinski, Sylviane et al.: *Mimesis des articulations.* Paris 1975, S. 165-270.

Latour, Bruno: *Die Hoffnung der Pandora.* Frankfurt a.M. 2002.

Ders.: *Wir sind nie modern gewesen. Von einer symmetrischen Anthropologie.* Frankfurt a.M. 2008.

Lazzarato, Maurizio: *Die Fabrik des verschuldeten Menschen. Ein Essay über das neoliberale Leben.* Berlin 2012.

Lehmann, Hans-Thies: *Postdramatisches Theater.* Frankfurt a.M. 2011.

Ders.: »Einleitung«, in: Ders. (Hg.): *Beiträge zu einer materialistischen Theorie der Literatur.* Frankfurt a.M. 1977, S. 9-108.

Ders.: »Notiz über Mimesis«, in: Koch, Gertrud/Vöhler, Martin/Voss, Christiane (Hg.): *Die Mimesis und ihre Künste.* München 2010, S. 69-74.

Lehmann, Johannes Friedrich: *Der Blick durch die Wand. Zur Geschichte des Theaterzuschauers und des Visuellen bei Diderot und Lessing.* Freiburg 2000.

Lejeune, Philippe: *Der autobiographische Pakt.* Frankfurt a.M. 1994.

Lemke, Anja: »Das Drama der Gesetzgebung. Zur Rolle Lykurgs bei Rousseau, Schiller und Hölderlin«, in: *Turm-Vorträge* 7 (2008-2011). Tübingen 2012, S. 97-121.

Dies.: »Ästhetische Erziehung als Arbeit am Selbst. Schillers Bildungsprogramm aus der Perspektive postfordistischer Kontrollgesellschaften«, in: Menke, Bettine/Glaser, Thomas (Hg.): *Experimentalanordnungen der Bildung. Exteriorität – Theatralität – Literarizität.* Paderborn 2014, S. 131-146.

Dies.: »Räume der Verheißung. Zur räumlichen Dimension von Potentialität in Goethes Pädagogischer Provinz«. Unveröffentlichtes Manuskript.

Lessing, Gotthold Ephraim: *Hamburgische Dramaturgie,* in: Ders.: *Werke in drei Bänden.* Band 2. Leipzig 1962.

Lenz, Jakob Michael Reinhold: »Anmerkungen übers Theater«, in: Ders.: *Werke und Schriften.* Band 1. Stuttgart 1966, S. 329-363.

Ders.: »Das Hochburger Schloß«, in: Ders.: *Werke und Schriften.* Band 1. Stuttgart 1966, S. 369-377.

Lethen, Helmut: »›Schein zivilisiert!‹. Das Schicksal einer Maxime«, in: Geulen, Eva/Pethes, Nicolas (Hg.): *Jenseits von Utopie und Entlarvung. Kulturwissenschaftliche Untersuchungen zum Erziehungsdiskurs der Moderne.* Freiburg i.Br. 2007, S. 15-26.

Lichtenberg, Georg Christoph: »Briefe aus England. An Heinrich Christian Boie. [Erster Brief]«, in: Ders.: *Schriften und Briefe. Dritter Band. Aufsätze, Entwürfe, Gedichte. Erklärung der Hogarthischen Kupferstiche.* München 1992, S. 326-338.

Liebau, Eckart/Zirfas, Jörg (Hg.): *Die Sinne und die Künste. Perspektiven ästhetischer Bildung.* Bielefeld 2008.

List, Volker/Pfeiffer, Malte: *Kursbuch Darstellendes Spiel.* Stuttgart/Leipzig 2009.

Locke, John: *An Essay Concerning Human Understanding.* London 1836.

Ders.: *Einige Gedanken über die Erziehung.* Paderborn 1967.

Luckner, Andreas: »Erziehung zur Freiheit. Immanuel Kant und die Pädagogik«, in: *Pädagogik* 55, 7-8 (2003), S. 72-76.

Luhmann, Niklas: *Die Gesellschaft der Gesellschaft.* Frankfurt a.M. 1998.

Ders.: *Gesellschaftsstruktur und Semantik. Studien zur Wissenssoziologie der modernen Gesellschaft.* Band 3. Frankfurt a.M. 1989.

Ders.: *Das Erziehungssystem der Gesellschaft.* Frankfurt a.M. 2002.

Lüthi, Hans Jürg: *Das deutsche Hamletbild seit Goethe.* Bern 1951.

Machiavelli, Niccolò: *Der Fürst.* Berlin 2012.

Mairbäurl, Gunda: *Die Familie als Werkstatt der Erziehung: Rollenbilder des Kindertheaters und soziale Realität im späten 18. Jahrhundert.* München 1983.

Mall, Laurence: *Émile, ou, Les figures de la fiction.* Oxford 2002.

Marchart, Oliver: *Die Prekarisierungsgesellschaft. Prekäre Proteste. Politik und Ökonomie im Zeichen der Prekarisierung.* Bielefeld 2013.

Martin, Christophe: *»Éducations negatives«. Fictions d'experiméntation pédagogique au dix-huitième siècle.* Paris 2010.

Matzke, Annemarie: *Arbeit am Theater. Eine Diskursgeschichte der Probe.* Bielefeld 2012.

Mayer, Matthias: *Selbstbewußte Illusion. Selbstreflexion und Legitimation der Dichtung im »Wilhelm Meister«.* Heidelberg 1989.

Mbembe, Achille: *Kritik der schwarzen Vernunft.* Berlin 2014.

McLuhan, Marshall: *Understanding Media. The Extensions of* Man. Cambridge 1984.

Meier, Georg Friedrich: *Philosophische Sittenlehre.* Magdeburg 1753.

Menke, Bettine/Glaser, Thomas: *»Experimentalanordnungen der Bildung. Exteriorität – Theatralität – Literarizität. Ein Aufriss«, in: Dies. (Hg.): *Experimentalanordnungen der Bildung. Exteriorität – Theatralität – Literarizität.* München 2014, S. 7-21.

Dies.: *»Suspendierung des Auftritts«, in: Vogel, Juliane/Wild, Christopher (Hg.): *Auftreten: Wege auf die Bühne.* Berlin 2014, S. 249-275.

Menke, Christoph: Kraft. *Ein Grundbegriff ästhetischer Anthropologie.* Frankfurt a.M. 2008.

Ders./Rebentisch, Juliane (Hg.): *Kreation und Depression. Freiheit im gegenwärtigen Kapitalismus.* Berlin 2010.

Merkel, Johannes/Richter, Dieter: *»Robinson – der Bürger als Abenteuer«, in: Campe, Joachim Heinrich: *Robinson der Jüngere – ein Lesebuch für Kinder.* (Neuabruck der Ausgabe von 1848) München 1991, S. 417-446.

Meyzaud, Maud: *Die stumme Souveränität. Volk und Revolution bei Georg Büchner und Jules Michelet.* München 2012.

Mittermüller, Christian: *Sprachskepsis und Poetologie. Goethes Romane ›Die Wahlverwandtschaften‹ und ›Wilhelm Meisters Wanderjahre‹.* Tübingen 2008.

Moritz, Karl Philipp (Hg): *Gnothi sauton oder Magazin zur Erfahrungsseelenkunde als ein Lesebuch für Gelehrte und Ungelehrte.* Band 1 (1783). Nördlingen 1986.

Ders.: *Anton Reiser. Ein psychologischer Roman,* in: Ders.: *Anton Reiser. Dichtungen und Schriften zur Erfahrungsseelenkunde.* Frankfurt a.M. 2006, S. 85-518.

Ders.: *»Über die bildende Nachahmung des Schönen«, in: Ders.: *Werke. Band 2. Popularphilosophie. Reisen. Ästhetische Theorie.* Frankfurt a.M. 1997, S. 958-991.

Ders.: »Vorschlag zu einem Magazin der Erfahrungsseelenkunde«, in: Ders.: *Werke in zwei Bänden.* Band 1. Frankfurt a.M. 1999, S. 783-809.

Müller, Lothar: *Die kranke Seele und das Licht der Erkenntnis. Karl Philipp Moritz' ›Anton Reiser‹.* Frankfurt a.M. 1987.

Müller-Schöll, Nikolaus: »Vorwort«, in: Ders. (Hg.): *Ereignis. Eine fundamentale Kategorie der Zeiterfahrung. Anspruch und Aporien.* Bielefeld 2003, S. 9-17.

Münz, Rudolf: *Das andere Theater. Studien über ein deutschsprachiges teatro dell'arte der Lessingzeit.* Berlin 1979.

Ders.: *Theatralität und Theater. Zur Historiographie von Theatralitätsgefügen.* Berlin 1998.

Nancy, Jean-Luc: *Die undarstellbare Gemeinschaft.* Stuttgart 1988.

Ders.: *L'Experience de la liberté.* Paris 1988.

Naumann, Bernd: »›Merkt euch dies, meine Lieben!‹ Der didaktische Dialog in Joachim Heinrich Campes *Robinson der Jüngere* (1779)«, in: Hundsnurscher, Franz/Weigand, Edda (Hg.): *Beiträge zur Dialogforschung.* Band 1. Tübingen 1991, S. 377-389.

Netzwerk Kunst & Arbeit: *art works. Ästhetik des Postfordismus.* Berlin 2015.

Neumann, Michael: *Roman und Ritus. »Wilhelm Meisters Lehrjahre«.* Frankfurt a.M. 1992.

Niethammer, Friedrich Immanuel: *Der Streit des Philantropinismus und Humanismus in der Theorie des Erziehungs-Unterrichts unsrer Zeit.* Jena 1808.

Nikitin, Boris/Schlewitt, Carena/Brenk, Tobias (Hg.): *Dokument, Fälschung, Wirklichkeit. Materialband zum zeitgenössischen Dokumentarischen Theater.* Berlin 2014.

Ohly, Friedrich: »Zum Kästchen in Goethes ›Wanderjahren‹«, in: *Zeitschrift für deutsches Altertum und deutsche Literatur* 91/3 (1962), S. 255-262.

Palladini, Giulia: *The Scene of Foreplay: Theatre, Labor and Leisure in 1960s New York.* In Veröffentlichung begriffen.

Pestalozzi, Johann Heinrich: *Sämtliche Werke. Band 16. Schriften aus der Zeit von 1803-1804.* Berlin 1935.

Peters, Sibylle: *Heinrich von Kleist und der Gebrauch der Zeit. Von der MachArt der Berliner Abendblätter.* Würzburg 2003.

Dies. (Hg.): *Das Forschen aller. Artistic Research als Wissensproduktion zwischen Kunst, Wissenschaft und Gesellschaft.* Bielefeld 2013.

Pethes, Nicolas: *Zöglinge der Natur. Der literarische Menschenversuch des 18. Jahrhunderts.* Göttingen 2007.

Ders.: »›Und nun, ihr Pädagogen – beobachtet, schreibt!‹ Zur doppelten Funktion der Medien im Diskurs über Erziehung und Bildung im 18. Jahrhundert«, in: Geulen, Eva/Ders. (Hg.): *Jenseits von Utopie und Entlarvung. Kulturwissenschaftliche Untersuchungen zum Erziehungsdiskurs der Moderne*. Freiburg i.Br./Berlin/Wien 2007, S. 49-67.

Ders.: »Ästhetik des Falls. Zur Konvergenz anthropologischer und literarischer Theorien der Gattung«, in: Dickson, Sheila/Goldmann, Stefan/Wingertszahn, Christof (Hg.): *Fakta, und kein moralisches Geschwätz. Zu den Fallgeschichten im ›Magazin zur Erfahrungsseelenkunde‹*. Göttingen 2011, S. 13-32.

Pfaff, Peter: »Das *Horen-Märchen*. Eine Replik Goethes auf Schillers *Briefe über die ästhetische Erziehung*«, in: Anton, Herbert (Hg.): *Geist und Zeichen*. Heidelberg 1977, S. 320-332.

Plato: *Der Staat*. Berlin 1828.

Ders.: *nomoi*, in: Ders: *Sämtliche Werke*. Band 6. Hamburg 1959.

Ders.: *Der Staat*. Zürich/München 1991.

Potolsky, Matthew: *Mimesis*. New York 2006.

Primavesi, Patrick: *Das andere Fest. Theater und Öffentlichkeit um 1800*. Frankfurt a.M. 2008.

Ders./Mahrenholz, Simone: »Einleitung«, in: Dies. (Hg.): *Geteilte Zeit. Zur Kritik des Rhythmus in den Künsten*. Schliengen 2005, S. 9-33.

Prynne, William: *Histrio-Mastix: The Player's Scourge, or Actor's Tragedy*. London 1632.

Puchner, Martin: *Theaterfeinde. Die anti-theatralischen Dramatiker der Moderne*. Freiburg i.Br. 2006.

Ders.: *The Drama of Ideas. Platonic Provocations in Theater and Philosophy*. New York 2010.

Quintus Septimius Tertullianus: *De spectaculis/Über die Spiele*. Stuttgart 1988.

Raguse, Hartmut: »Autobiographie als Prozeß der Selbstanalyse. Karl Philipp Moritz' *Anton Reiser* und die *Erfahrungsseelenkunde*«, in: Cremerius, Johannes et al. (Hg.): *Über sich selber reden. Zur Psychoanalyse autobiographischen Schreibens*. Würzburg 1992, S. 145-157.

Rancière, Jacques: *Le philosophe et ses pauvres*. Paris 1983.

Ders.: *Das Unvernehmen. Politik und Philosophie*. Frankfurt a.M. 2002.

Ders.: *Das Unbehagen in der Ästhetik*. Wien 2007.

Ders.: *Der unwissende Lehrmeister. Fünf Lektionen über die intellektuelle Emanzipation*. Wien 2007.

Ders.: *Der emanzipierte Zuschauer*. Wien 2008.

Rebentisch, Juliane: *Die Kunst der Freiheit. Zur Dialektik demokratischer Existenz*. Berlin 2012.

Reckwitz, Andreas: *Die Erfindung der Kreativität. Zum Prozess gesellschaftlicher Ästhetisierung*. Frankfurt a.M. 2012.

Reed, Terence James: »Revolution und Rücknahme. ›Wilhelm Meisters ›Lehrjahre‹ im Kontext der französischen Revolution«, in: Hamacher, Bernd/Nutt-Kofoth, Rüdiger (Hg.): *Johann Wolfgang Goethe. Romane und theoretische Schriften. Neue Wege der Forschung.* Darmstadt 2007, S. 38-58.

Reinhard, Angelika: *Die Karriere des Robinson Crusoe vom literarischen zum pädagogischen Helden: Eine literaturwissenschaftliche Untersuchung des ›Robinson‹ Defoes und der ›Robinson‹-Adaptionen von Campe und For*ster. Frankfurt a.M. 1994.

Reiser, Anton: *Theatromania, Oder Die Wercke Der Finsterniß: In denen öffentlichen Schau-Spielen von den alten Kirchen-Vätern verdammet.* Nissen/Ratzeburg 1681.

Reiss, Hans: »Lustspielhaftes in *Wilhelm Meisters Lehrjahre*«, in: Hoffmeister, Gerhart (Hg.): *Goethezeit. Studien zur Erkenntnis und Rezeption Goethes und seiner Zeitgenossen.* Bern/München 1981, S. 129-144.

Rémond de Saint-Albine, Pierre: »Der Schauspieler«, in: Roselt, Jens (Hg.): *Seelen mit Methode. Schauspieltheorien vom Barocktheater bis zum postdramatischen Theater.* Berlin 2005, S. 101-109.

Riccoboni, Francesco: »Die Schauspielkunst. An die Madame *** durch Herrn Franziskus Riccoboni den Jüngeren«, in: Roselt, Jens (Hg.): *Seelen mit Methode. Schauspieltheorien vom Barocktheater bis zum postdramatischen Theater.* Berlin 2005, S. 116-123.

Ronell, Avital: *Der Goethe-Effekt. Goethe – Eckermann – Freud.* München 1994.

Dies.: *Loser Sons. Politics and Authority.* Chicago 2012.

Roselt, Jens (Hg.): *Seelen mit Methode. Schauspieltheorien vom Barocktheater bis zum postdramatischen Theater.* Berlin 2005.

Ders.: »Schauspieler mit Verstand. Denis Diderot«, in: Ders. (Hg.): *Seelen mit Methode. Schauspieltheorien vom Barock bis zur Gegenw*art. Berlin 2005, S. 134-136.

Ders.: »Seelen mit Methode. Einführung«, in: Ders. (Hg.): *Seelen mit Methode. Schauspieltheorien vom Barock bis zur Gegenwart.* Berlin 2005, S. 8-34.

Rousseau, Jean-Jacques: *Emil oder über die Erziehung. Erster Theil. Mit erläuternden, bestimmenden und berichtigenden Anmerkungen der Gesellschaft der Revisoren, aus dem Revisorenwerke besonders abgedruckt und herausgegeben von Joachim Heinrich Campe.* Braunschweig 1789.

Ders.: *Emile oder Über die Erziehung.* Stuttgart 1963.

Ders.: *Émile, ou, De l'éducation.* Paris 1969.

Ders.: »Vom Gesellschaftsvertrag, oder, Prinzipien des Staatsrechts«, in: Ders.: *Politische Schriften.* Band 1. Paderborn 1977, S. 59-208.

Ders.: »De l'imitation théâtrale, essai tiré des dialogues de Platon«, in: Ders.: *Œuvres.* Band 3. Paris 1846, S. 183-191.

Ders.: »Brief an d'Alembert über das Schauspiel«, in: Ders.: *Schriften.* Band 1. Frankfurt a.M. 1978, S. 333-474.

Ders.: »Abhandlung über den Ursprung und die Grundlagen der Ungleichheit unter den Menschen«, in: Ders.: *Schriften.* Band 1. Frankfurt a.M. 1988, S. 165-302.

Rutschky, Katharina (Hg.): *Schwarze Pädagogik. Quellen zur Naturgeschichte der bürgerlichen Erziehung.* Frankfurt a.M. 1977.

Salmen, Christina: *»Die ganze merkwürdige Verlassenschaft«. Goethes Entsagungspoetik in ›Wilhelm Meisters Wanderjahren‹.* Würzburg 2003.

Salzmann, Christian Gotthilf: *Gottesverehrungen, gehalten im Betsale des Dessauischen Philanthropins.* Leipzig 1784.

Ders.: *Ameisenbüchlein. Pädagogische Schriften*, 2. Teil. Weimar/Langensalza 1947.

Ders.: *Konrad Kiefer, oder, Anweisung zu einer vernünftigen Erziehung der Kinder. Ein Buch fürs Volk.* Bad Heilbrunn 1961.

Ders.: *Krebsbüchlein, oder, Anweisung zu einer unvernünftigen Erziehung der Kinder.* Bad Heilbrunn 1961.

Ders.: *Moralisches Elementarbuch.* Nachdruck der Auflage von 1785, mit 67 Illustrationen v. Daniel Chodowiecki. Dortmund 1980.

Sasse, Günter: *Auswandern in die Moderne. Tradition und Innovation in Goethes Roman Wilhelm Meisters Wander*jahre. Berlin 2010.

Schäfer, Jasmin: *Das Bild als Erzieher. Daniel Nikolaus Chodowieckis Kinder- und Jugendbuchillustrationen in Johann Bernhard Basedows ›Elementarwerk‹ und Christian Gotthilf Salzmanns ›Moralischem Elementarbuch‹.* Frankfurt a.M. 2013.

Schäfer, Martin Jörg: *Szenischer Materialismus. Dionysische Theatralität zwischen Hölderlin und Hegel.* Wien 2003.

Ders.: *Die Gewalt der Muße. Wechselverhältnisse von Arbeit, Nichtarbeit, Ästhetik.* Zürich/Berlin 2013.

Ders.: »Der ›erste unter allen Trieben‹. Regulierte Mimesis in der pädagogischen Literatur der Aufklärung«, in: *Archiv für Mediengesch*ichte 12 (2012), S. 65-77.

Ders.: »Die Theatralität des Philanthropinismus. Salzmanns Exempel«, in: Menke, Bettine/Glaser, Thomas (Hg.): *Experimentalanordnungen der Bildung. Exteriorität – Theatralität – Literarizität.* München 2014, S. 65-87.

Ders.: »Émile unter Schauspielern. Rousseaus Theater der Erziehung«, in: Meyzaud, Maud (Hg.): *Arme Gemeinschaft: Die Moderne Rousseaus.* Berlin 2015, S. 130-154.

Ders.: »Mimetischer Rhythmus. Zur Bedingtheit von Platons politischem Theater«, in: Etzold, Jörn/Hannemann, Moritz (Hg.): *rhythmos. Formen des Unbeständigen nach Hölderlin.* München 2016, S. 125-153.

Ders.: »Theaterereignisse. Anton Reisers Eitelkeit«, in: Häusler, Anna/ Schneider, Martin (Hg.): *Ereignis Erzählen.* Sondernummer *ZfdPh* (2016), S. 91-103.

Schaub, Mirjam: *Das Singuläre und das Exemplarische. Zu Logik und Praxis der Beispiele in Philosophie und Ästhetik.* Berlin/Zürich 2010.

Schechner, Richard: »Environmental Theater«, in: Roselt, Jens (Hg.): *Seelen mit Methode. Schauspieltheorien vom Barock bis zur Gegenwart.* Berlin 2005, S. 330-357.

Schiller, Friedrich: *Über naive und sentimentalische Dichtung.* Stuttgart 1969.

Ders.: »Über die Ästhetische Erziehung des Menschen in einer Reihe von Briefen«, in: Ders.: *Werke und Briefe.* Frankfurt a.M. 1992, 556-705.

Ders.: »Die Schaubühne als eine moralische Anstalt betrachtet«/»Was kann eine gute stehende Schaubühne eigentlich wirken?«, in: Ders.: *Sämtliche Werke. Band 8. Philosophische Schriften.* Berlin 2005, S. 84-97.

Schings, Hans-Jürgen: *Melancholie und Aufklärung. Melancholiker und ihre Kritiker in Erfahrungsseelenkunde und Literatur des 18. Jahrhunderts.* Stuttgart 1977.

Ders. (Hg.): *Der ganze Mensch. Anthropologie und Literatur im 18. Jahrhundert. DFG-Symposion 1992.* Stuttgart 1994.

Ders.: »›Agathon‹, ›Anton Reiser‹, ›Wilhelm Meister‹. Zur Pathogenese des modernen Subjekts im Roman«, in: Wittkowski, Wolfgang (Hg.): *Goethe im Kontext. Kunst und Humanität, Naturwissenschaft und Politik von der Aufklärung bis zur Restauration. Ein Symposium.* Tübingen 1984, S. 42-68.

Ders.: »Einführung«, in: von Goethe, Johann Wolfgang: *Wilhelm Meisters Lehrjahre. Ein Roman.* Sämtliche Werke nach Epochen seines Schaffens. Münchener Ausgabe. Band 5. München 1988, S. 613-643.

Schink, Johann Friedrich: *Ueber Brockmanns Hamlet.* Berlin 1778.

Schlaffer, Hannelore: *Wilhelm Meister. Das Ende der Kunst und die Wiederkehr des Mythos.* Stuttgart 1980.

Schlechta, Karl: *Goethes Wilhelm Meister.* Frankfurt a.M. 1953.

Schlegel, Friedrich: »Über Goethes Meister«, in: Ders.: *Kritische Friedrich-Schlegel-Ausgabe.* Erste Abteilung, Band 2. München 1967, S. 126-147.

Schmitt, Arbogast: »Mimesis bei Platon«, in: Koch, Gertrud/Vöhler, Martin/Voss, Christiane (Hg.): *Die Mimesis und ihre Künste*. München 2010, S. 231-254.

Schmitt, Hanno: *Vernunft und Menschlichkeit. Studien zur philanthropischen Erziehungsbewegung.* Bad Heilbrunn 2007.

Schneider, Wolfgang (Hg.): *Theater und Schule. Ein Handbuch zur kulturellen Bildung.* Bielefeld 2009.

Schönert, Jörg: »Johann Karl Wezels und Joachim Campes Bearbeitungen des Robinson Krusoe: Zur literarischen Durchsetzung des bürgerlichen Wertekomplexes ›Arbeit‹ in der Literatur des späten 18. Jahrhunderts«, in: Sagarra, Eda (Hg.): *Deutsche Literatur in sozialgeschichtlicher Perspektive. Ein Dubliner Symposium.* Dublin 1989, S. 18-34.

Schößler, Franziska: *Goethes Lehr- und Wanderjahre. Eine Kulturgeschichte der Moderne.* Tübingen 2002.

Schramm, Helmar: »Theatralität«, in: Barck, Karlheinz et al. (Hg.): *Ästhetische Grundbegriffe. Wörterbuch in sieben Bänden.* Band 6. Stuttgart 2005, S. 48-73.

Schuller, Marianne: »Wunde und Körperbild. Zur Behandlung des Wunden-Motivs bei Goethe und Kafka«, in: Schmidt, Gunnar/Schuller, Marianne/Reiche, Claudia (Hg.): *BildKörper. Verwandlungen des Menschen in der Medizin.* Münster 1998, S. 19-45.

Seidel, Wilhelm: »Rhythmus/numerus«, in: Riethmüller, Albrecht/Eggebrecht, Hans Heinrich (Hg.): *Handwörterbuch der musikalischen Terminologie.* Wiesbaden 1980, S. 1-32.

Selzer, Gertraude: *Der Wandel des aufklärerischen Selbstverständnisses gegen Ende des 18. Jahrhunderts. Untersuchungen zur Ideologiegeschichte des Bürgertums am Beispiel von Christian Gotthilf Salzmanns Roman ›Carl von Carlsberg, oder, Über das menschliche Elend‹.* Frankfurt a.M. 1985.

Sennett, Richard: *The Fall of Public Man.* New York 1977.

Ders.: *The Corrosion of Character. The Personal Consequences of Work in the New Capitalism.* New York 1998.

Shakespeare, William: *Hamlet. Prinz von Dänemark. Trauerspiel in sechs Aufzügen. Nach Shakspeare. Nebst Brockmann's Bildniß, als Hamlet, und der zu dem Ballet verfertigten Musik.* Berlin 1785.

Ders.: *Shakespeare. Theatralische Werke in einem Band. Übersetzt von Christoph Martin Wieland.* Frankfurt a.M. 2003.

Ders.: *The Complete Works. Second Edition.* Oxford 2005.

Sick, Franziska: »Mimesis und (Selbst-)Beobachtung. Notizen zu Diderot, Beckett und Zuckerberg«, in: *Archiv für Mediengeschichte* 12 (2012), S. 51-63.

Skorniakova, Kristina: *Moderne Transzendenz. Wie Goethes Wilhelm-Meister-Romane Sinn machen.* Leipzig 2010.

Stach, Reinhard: *Robinson der Jüngere als pädagogisch-didaktisches Modell des philantropistischen Erziehungsdenkens. Studie zu einem klassischen Kinderbuch.* Ratingen/Wuppertal/Kastellan 1970.

Starobinski, Jean: *Rousseau. Eine Welt von Widerständen.* Frankfurt a.M. 1993.

Stegemann, Bernd: *Kritik des Theaters.* Berlin 2013.

Steiner, Uwe: »*Wilhelm Meisters Lehrjahre*«, in: Witte, Bernd/Schmidt, Peter/Böhme, Gernot (Hg.): *Goethe Handbuch in vier Bänden.* Band 3. Stuttgart 1997, S. 113-152.

Stemme, Fritz: »Die Säkularisation des Pietismus zur Erfahrungsseelenkunde«, in: *Zeitschrift für Deutsche Philologie* 72 (1953), S. 144-158.

Sting, Wolfgang et al. (Hg.): *Irritation und Vermittlung. Theater in einer interkulturellen und multireligiösen Gesell*schaft. Berlin 2010.

Ders. et al. (Hg.): *TUSCH: Poetiken des Theatermachens. Werkbuch für Theater und Schule.* München 2012.

Tarde, Gabriel: *Die Gesetze der Nachahmung.* Frankfurt a.M. 2009.

Trapp, Ernst Christian: *Versuch einer Pädagogik. Unveränderter Nachdruck der 1. Ausgabe Berlin 1780. Mit Trapps Hallescher Antrittsvorlesung: Von der Nothwendigkeit, Erziehen und Unterrichten als eine eigne Kunst zu* studiren. Paderborn 1977.

Valk, Thorsten: »›Alles macht einen ewigen Zirkel in mir‹. Aurelie als Melancholikerin in Goethes ›Wilhelm Meister‹«, in: *Goethe-Jahrbuch* 116 (1999), S. 259-270.

Vinken, Barbara: *Die deutsche Mutter. Der lange Schatten eines Mytho*s. München 2001.

Virilio, Paul: *Rasender Stillstand. Essay.* Frankfurt a.M. 1997.

Virno, Paolo: *Grammatik der Multitude. Öffentlichkeit, Intellekt und Arbeit als Lebensformen. Mit einem Anhang: Die Engel und der General Intellect. Individuation bei Duns Scotus und Gilbert Simondon.* Wien 2005.

Voelcker, Bruno: *Die Hamlet-Darstellungen Daniel Chodowieckies und ihr Quellenwert für die Theatergeschichte des 18. Jahrhunderts.* Leipzig 1916.

Vogel, Juliane: »›Who's there?‹. Zur Krisenstruktur des Auftritts in Drama und Theater«, in: Vogel, Juliane/Wild, Christopher (Hg.): *Auftreten: Wege auf die Bühne.* Berlin 2014, S. 24-39.

Vogl, Joseph: »Lernen, lebenslanges«, in: Unbedingte Universitäten (Hg.): *Bologna-Bestiarium.* Zürich/Berlin 2013, S. 227-230.

Völkel, Barbara: *Karl Philipp Moritz und Jean-Jacques Rousseau. Außenseiter der Aufklärung.* New York 1991.

Volkening, Heide: *Charakter – Arbeit. Zur literarischen Produktivität des tätigen Menschen* (zgl. Habil. Ludwig-Maximilians-Universität 2015). Publikation in Vorbereitung.

Voßkamp, Wilhelm: »Struktur und Gehalt *(Lehrjahre)*«, in: von Goethe, Johann Wolfgang: *Wilhelm Meisters theatralische Sendung. Wilhelm Meisters Lehrjahre. Unterhaltungen deutscher Ausgewanderten.* Frankfurt a.M. 1992, S. 1363-1378.

Wagner, Ernst: »Chr. Gotth. Salzmanns Pädagogische Schriften«, in: Ders. (Hg.): *Die Klassiker der Pädagogik. Band III.* Langensalza 1887.

Weber, Samuel: *Theatricality as Medium.* New York 2004.

Ders.: »Taking Place: Toward a Theater of Dislocation«, in: Levin, David J. (Hg.): *Opera Through Other Eyes.* Stanford 1993, S. 107-146.

Weimann, Robert: »›Mimesis‹ in *Hamlet*«, in: Parker, Patricia/Hartman, Geoffrey (Hg.): *Shakespeare and the Question of Theory.* New Haven 1985, S. 275-291.

Weinkauff, Gina/von Glasenapp, Gabriele: *Kinder- und Jugendliteratur.* Paderborn 2010.

Weitin, Thomas: »Die Kunst des Unterscheidens. Kritik und Distinktion in Goethes *Wilhelm Meister*«, in: *Zeitschrift für Literaturwissenschaft und Linguistik.* Heft 166 (2012), S. 120-149.

Wellbery, David E.: »Übertragen: Metapher und Metonymie«, in: Bosse, Heinrich/Renner, Ursula (Hg.): *Literaturwissenschaft. Einführung in ein Sprachspiel.* Freiburg i. Br. 2010, S. 121-136.

Wergin, Ulrich: *Einzelnes und Allgemeines. Die ästhetische Virulenz eines geschichtsphilosophischen Problems; untersucht am Sprachstil von Goethes Roman ›Wilhelm Meisters Wanderjahre oder die Entsagenden‹.* Heidelberg 1980.

Wick, Nadja: *Apotheosen narzisstischer Individualität. Dilettantismus bei Karl Philipp Moritz, Gottfried Keller und Robert Gernhardt.* Bielefeld 2008.

Wieland, Christoph Martin: »Alexander Pope's Vorrede zu seiner Ausgabe des Shakespears«, in: Shakespeare, William: *Shakespear. Theatralische Werke.* Zürich 1762, S. 3-28.

Wild, Christopher J.: *Theater der Keuschheit – Keuschheit des Theaters. Zu einer Geschichte der (Anti-)Theatralität von Gryphius bis Kleist.* Freiburg i.Br. 2003.

Ders.: »Theorizing Theater Antitheatrically: Karl Philipp Moritz's Theatromania«, in: *MLN* 120/3 (2005), S. 507-538.

Wild, Reiner: *Die Vernunft der Väter. Zur Psychographie von Bürgerlichkeit und Aufklärung in Deutschland am Beispiel ihrer Literatur für Kinder*. Stuttgart 1987.

Wimmer, Michael: *Dekonstruktion und Erziehung. Studium zum Paradoxieproblem in der Pädagogik*. Bielefeld 2006.

Witte, Bernd: »Das Opfer der Schlange. Zur Auseinandersetzung Goethes mit Schiller in den *Unterhaltungen deutscher Ausgewanderten* und im *Märchen*«, in: Barner, Wilfried/Lämmert, Eberhard/Oellers, Norbert (Hg.): *Unser Commercium. Goethes und Schillers Literaturpolitik*. Stuttgart 1984, S. 461-484.

Wundt, Wilhelm: *Grundzüge der physiologischen Psychologie*. Band 1. Leipzig 1893.

Zeller, Konradin: *Pädagogik und Drama. Untersuchungen zur Schulcomödie Christian Weises*. Tübingen 1980.

Ziemer, Gesa: *Komplizenschaft. Neue Perspektiven auf Kollektivität*. Bielefeld 2013.

Zumbrink, Volker: *Metamorphosen des kranken Königssohns. Die Shakespeare-Rezeption in Goethes Romanen »Wilhelm Meisters Theatralische Sendung« und »Wilhelm Meisters Lehrjahre«*. Münster 1997.

Zumbusch, Cornelia: *Die Immunität der Klassik*. Frankfurt a.M. 2011.

Dies.: »Nachgetragene Ursprünge. Vorgeschichten im Bildungsroman (Wieland, Goethe und Stifter)«, in: *Poetica* 43/3-4 (2011), S. 267-299.

Dies.: »›beschädigt und wiederhergestellt‹. Kompensationslogik und Romanform in *Wilhelm Meisters Wanderjahren*«, in: *Deutsche Vierteljahrsschrift für Literaturwissenschaft und Geistesgeschichte* 88/1 (2014), S. 3-21.

Dies.: »Wilhelm Meisters Entwicklungskrankheit. Pädagogik der Vorsorge in Goethes Bildungsroman«, in: Menke, Bettine/Glaser, Thomas (Hg.): *Experimentalanordnungen der Bildung. Exteriorität – Theatralität – Literarizität*. Paderborn 2014, S. 111-127.

Dank

Eine großzügige Förderung im Heisenberg-Programm der Deutschen For-schungsgemeinschaft hat die Arbeit an diesem Buch ermöglicht. Am Rande an-derer Unternehmungen und Verpflichtungen ist es langsam aber stetig fertig ge-stellt worden. Seinen Anfang genommen hat das Vorhaben im Projekt »Bil-dungsexperimente« des Erfurter Forschungsforums »Texte. Zeichen. Medien.« und den in dessen Rahmen stattfindenden Veranstaltungen: in Workshops (mit Eva Geulen und Nicolas Pethes) sowie bei einer 2011 abgehaltenen gemeinsa-men Tagung. In Weiterführung meines Habilitationsvortrags zu Goethes »päda-gogischer Provinz« hatte ich bei meinen Stationen an der Universität Erfurt, der Universität Siegen und in meiner neuen (und alten) akademischen Heimat Ham-burg sowie bei verschiedenen auswärtigen Einladungen die Gelegenheit, meine Überlegungen mit Kolleginnen und Kollegen, mit Freundinnen und Freunden und ebenso mit Studierenden meiner Seminare zu diskutieren und zu schärfen. Allen Beteiligten sei hiermit herzlichst gedankt. Vor allem danke ich für die sorgfältige Endbetreuung des Manuskripts Ewelina Benbenek, Franziska Fleisch-hauer und Helen Kahlert.

Theater

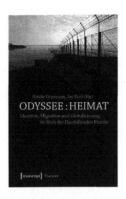

Natalie Driemeyer, Jan Deck (Hg.)
»Odyssee: Heimat«
Identität, Migration und Globalisierung im Blick
der Darstellenden Künste

Juni 2017, ca. 202 Seiten, kart., zahlr. Abb., ca. 26,80 €,
ISBN 978-3-8376-2012-2

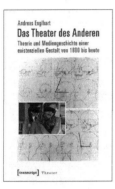

Andreas Englhart
Das Theater des Anderen
Theorie und Mediengeschichte
einer existenziellen Gestalt von 1800 bis heute

Mai 2017, ca. 420 Seiten, kart., zahlr. Abb., ca. 35,80 €,
ISBN 978-3-8376-2400-7

Katharina Rost
**Sounds that matter – Dynamiken des Hörens
in Theater und Performance**

Januar 2017, ca. 420 Seiten, kart., ca. 39,99 €,
ISBN 978-3-8376-3250-7

**Leseproben, weitere Informationen und Bestellmöglichkeiten
finden Sie unter www.transcript-verlag.de**

Theater

*Milena Cairo, Moritz Hannemann, Ulrike Haß,
Judith Schäfer (Hg.)*
Episteme des Theaters
Aktuelle Kontexte von Wissenschaft,
Kunst und Öffentlichkeit
(unter Mitarbeit von Sarah Wessels)

Oktober 2016, 664 Seiten, kart., zahlr. Abb. , 39,99 €,
ISBN 978-3-8376-3603-1

Tania Meyer
Gegenstimmbildung
Strategien rassismuskritischer Theaterarbeit

April 2016, 414 Seiten, kart., zahlr. Abb., 39,99 €,
ISBN 978-3-8376-3520-1

**Leseproben, weitere Informationen und Bestellmöglichkeiten
finden Sie unter www.transcript-verlag.de**

Zeitschrift für Kulturwissenschaften

Erhard Schüttpelz,
Martin Zillinger (Hg.)

Begeisterung und Blasphemie

Zeitschrift für
Kulturwissenschaften,
Heft 2/2015

Dezember 2015, 304 S., kart.,
zahlr. z.T. farb. Abb., 14,99 €,
ISBN 978-3-8376-3162-3
E-Book: 14,99 €,
ISBN 978-3-8394-3162-7

■ Begeisterung und Verdammung, Zivilisierung und Verwilderung liegen nah beieinander. In Heft 2/2015 der ZfK schildern die Beiträger_innen ihre Erlebnisse mit erregenden Zuständen und verletzenden Ereignissen. Die Kultivierung von »anderen Zuständen« der Trance bei Kölner Karnevalisten und italienischen Neo-Faschisten sowie begeisternde Erfahrungen im madagassischen Heavy Metal werden ebenso untersucht wie die Begegnung mit Fremdem in religiösen Feiern, im globalen Kunstbetrieb und bei kolonialen Expeditionen. Der Debattenteil widmet sich der Frage, wie wir in Europa mit Blasphemie-Vorwürfen umgehen – und diskutiert hierfür die Arbeit der französischen Ethnologin Jeanne Favret-Saada.

Lust auf mehr?
Die **ZfK** erscheint zweimal jährlich in Themenheften. Bisher liegen 18 Ausgaben vor. Die **ZfK** kann – als print oder E-Journal – auch im Jahresabonnement für den Preis von 20,00 € bezogen werden. Der Preis für ein Jahresabonnement des Bundles (inkl. Versand) beträgt 25,00 €. Bestellung per E-Mail unter: vertrieb@transcript-verlag.de

www.transcript-verlag.de